O autor de *Em defesa de Cristo*, um  a-
ção em Direito, examina com a ten.............................vas
da verdade do cristianismo bíblico. Tanto os fiéis quanto os agnósticos
aprenderão com este livro cujo ritmo é bem acelerado.

BRUCE METZGER, *in memoriam*

Lee Strobel expressa as dúvidas que um cético inflexível teria e traz
esclarecimentos convincentes para todas elas. Seu livro é tão bom que
eu o leio em voz alta para a minha esposa todas as noites depois do
jantar. Toda mente inquiridora deve ter este livro.

PHILLIP E. JOHNSON, escritor *best-seller* e professor
de Direito da Universidade da Califórnia, em Berkeley

Uma análise totalmente fascinante sobre o assunto. É, com certeza, um
livro único que eu recomendo de todo coração.

RAVI ZACHARIAS

Ninguém sabe peneirar a verdade da ficção como um repórter investigativo experiente, ou elaborar uma defesa como alguém treinado na
Faculdade de Direito de Yale. Lee Strobel alia essas duas qualidades a
este livro impressionante. Além do seu testemunho tremendo, de um
ateu que se tornou cristão, o escritor ordena os testemunhos irrefutáveis
de "testemunhas especializadas" reconhecidas para construir sua defesa
robusta de Jesus Cristo. Eu concordo que *Em defesa de Cristo* estabelece
um novo padrão entre as obras apologéticas contemporâneas.

D. JAMES KENNEDY, *in memoriam*

Nunca encontrei ninguém que tenha se esforçado tanto para transmitir aos pesquisadores e aos fiéis as bases racionais da fé cristã. Este livro
passará a ser um clássico.

BILL HYBELS, pastor sênior da Willow Creek Community Church

Fiquei muito feliz em participar de *Em defesa de Cristo*. É uma das leituras mais agradáveis sobre as provas da fé cristã à disposição no mercado, e eu creio que terá um grande impacto. Todo aquele que estiver interessado sobre a base histórica do cristianismo deve ler este livro.

J. P. MORELAND, professor de filosofia da Faculdade de
Teologia de Talbot, Universidade Biola, La Mirada, Califórnia

Formado em direito e em jornalismo, Lee Strobel entrevistou treze especialistas e autoridades de destaque e fez perguntas difíceis sobre Jesus de Nazaré e sobre o registro bíblico de sua vida. Lee conclui que se exigiria muito mais fé para um ateu se manter no ateísmo do que para confiar em Jesus. Creio que Lee está certo. *Em defesa de Cristo* apresenta provas históricas irresistíveis de que Jesus é a pessoa que ele afirmou ser.

LUIS PALAU

Uma defesa convincente, uma leitura empolgante.

PETER KREEFT, professor de filosofia da Faculdade de Boston

O jornalismo investigativo brilhante e repleto de base factual de Lee Strobel reúne, de modo habilidoso, as provas esmagadoras das afirmações de Cristo. Este livro é indispensável para a consulta e para a biblioteca de todo cristão, e deve ser passado adiante para outras pessoas.

DR. BILL BRIGHT, *in memoriam*

Como poucas pessoas em nossa geração, Lee Strobel entende a mentalidade dos céticos modernos. Além de ser uma obra apologética, esta obra excepcional responde às perguntas básicas das pessoas que examinam as afirmações de Cristo. Fascinante e convincente!

DR. ROBERT E. COLEMAN, diretor da Escola de Missões Mundiais
e Evangelismo do Instituto Central Billy Graham de Evangelismo

Lee Strobel escreveu um livro que, com certeza, será uma das obras mais lidas da apologética popular. Lee usa sua formação em direito e em jornalismo para construir a narrativa de suas conversas com mais de doze especialistas evangélicos. O ex-ateu sabe fazer as perguntas certas. De fato, as provas são convincentes no livro *Em defesa de Cristo*.

DR. THOM S. RAINER, presidente da Lifeway Christian Resources

Os escritos de Lee Strobel são sempre criativos, cativantes e convincentes. Acompanhei parte do seu trabalho bem de perto, e ele elaborou um livro que é persuasivo sem ser manipulador, estimulante sem ser pesado e fascinante sem ser superficial. Posso incentivar com entusiasmo a leitura desse livro inovador.

GARY COLLINS, PH. D., catedrático da
Richmont Graduate University

EM DEFESA DE
CRISTO

LEE STROBEL
Escritor *best-seller* do New York Times

EM DEFESA DE
CRISTO

A INVESTIGAÇÃO PESSOAL DE UM JORNALISTA SOBRE AS PROVAS A FAVOR DA EXISTÊNCIA DE JESUS

Título original: *The case for Christ*
Copyright © 2019, Lee Strobel

Todos os direitos desta publicação são reservados por Vida Melhor Editora, LTDA.
As citações bíblicas são da Nova Versão Internacional (NVI), da Bíblia, Inc., a menos que
seja especificada outra versão da Bíblia Sagrada.

Os pontos de vista desta obra são de responsabilidade de seus autores e colaboradores
diretos, não refletindo necessariamente a posição da Thomas Nelson Brasil, da HarperCollins
Christian Publishing ou de sua equipe editorial.

Gerente editorial	*Samuel Coto*
Editor	*André Lodos Tangerino*
Produção editorial	*Bruna Gomes*
Tradução	*Maurício Bezerra Santos Silva*
Copidesque	*Mauro Nogueira*
Revisão	*Davi Freitas, Bruna Ribeiro e Isabella Schempp*
Diagramação	*Sonia Peticov*
Capa	*Rafael Brum*

CIP–BRASIL. CATALOGAÇÃO NA FONTE
SINDICATO NACIONAL DOS EDITORES DE LIVROS, RJ

S913e
Strobel, Lee, 1952–
  Em defesa de Cristo: a investigação pessoal de um jornalista sobre as provas
a favor da existência de Jesus / Lee Strobel; traduzido por Maurício Bezerra
Santos Silva. — 1. ed. — Rio de Janeiro: Thomas Nelson Brasil, 2019.
  368 p.

  Tradução de: *The case for Christ: a journalist's personal investigation of the
evidence for Jesus*
  ISBN 978-85-7860-994-8

  1. Jesus Cristo — Personalidade e missão. 2. Apologética. 3. Jesus Cristo
— Historicidade. 4. Bíblia — Provas, autoridade, etc. I. Silva, Maurício Bezerra
Santos. II. Título.

18-53251   CDD: 239
                                                                                CDU: 27-285.2

Thomas Nelson Brasil é uma marca licenciada à Vida Melhor Editora, LTDA.

Todos os direitos reservados à Vida Melhor Editora LTDA.
Rua da Quitanda, 86, sala 601A — Centro
Rio de Janeiro — RJ — CEP 20091-005
Tel.: (21) 3175-1030
www.thomasnelson.com.br

SUMÁRIO

Introdução: Reabrindo a investigação de uma vida inteira   13

PARTE 1 – EXAMINANDO OS REGISTROS

CAPÍTULO 1: As provas testemunhais   25
Pode-se confiar nas biografias de Jesus?
Dr. Craig Blomberg

CAPÍTULO 2: Avaliando as provas testemunhais   49
As biografias de Jesus resistem à investigação detalhada?
Dr. Craig Blomberg

CAPÍTULO 3: As provas documentais   69
As biografias de Jesus foram preservadas de modo confiável para nós?
Dr. Bruce Metzger

CAPÍTULO 4: As provas corroborativas   93
Existem evidências confiáveis a favor de Jesus além de suas biografias?
Dr. Edwin Yamauchi

CAPÍTULO 5: As provas científicas   119
A arqueologia confirma ou contradiz as biografias de Jesus?
Dr. John McRay

CAPÍTULO 6: As provas de contestação   145
O Jesus da história é o mesmo Jesus da fé?
Dr. Gregory Boyd

PARTE 2 – ANALISANDO JESUS

CAPÍTULO 7: As provas de identidade   171
Jesus estava realmente convicto de que ele era o Filho de Deus?
Dr. Ben Witherington III

CAPÍTULO 8: As provas psicológicas   187
Jesus estava louco quando afirmou ser o Filho de Deus?
Dr. Gary Collins

CAPÍTULO 9: As provas descritivas   203
Jesus se enquadrava nos atributos de Deus?
Dr. D. A. Carson

CAPÍTULO 10: As provas das impressões digitais   223
Só Jesus se enquadra no perfil do Messias?
Louis Lapides, MDiv ThM

PARTE 3: PESQUISANDO A RESSURREIÇÃO

CAPÍTULO 11: As provas médicas   245
A morte de Jesus foi uma fraude e a sua ressurreição foi uma farsa?
Dr. Alexander Metherell

CAPÍTULO 12: As provas do corpo desaparecido   263
O corpo de Jesus realmente desapareceu do túmulo?
Dr. William Lane Craig

CAPÍTULO 13: As provas das aparições   289
Jesus foi visto vivo depois de sua morte na cruz?
Dr. Gary Habermas

CAPÍTULO 14: As provas circunstanciais   313
Existem fatos secundários que apontam para a ressurreição?
Dr, J. P. Moreland

Conclusão: O veridito final da história   331
O que as provas indicam e o que elas significam hoje

Apêndice: Entrevista com Lee Strobel   347

Sobre o autor: Conheça Lee Strobel   365

RECONHECIMENTO

Sou extremamente grato pelas dicas geniais e pelas contribuições que várias pessoas fizeram para este livro. Em particular, tenho uma dívida de gratidão com Bill Hybels, que me permitiu fazer uma série de apresentações sobre este assunto na Willow Creek Community Church; com minha esposa Leslie, que teve a ideia de verter este conceito para um livro; e com o meu editor, John Sloan, cuja contribuição criativa aprimorou o projeto em muitos aspectos.

Igualmente, sou grato pelo incentivo e pela ajuda constantes de Mark Mittelberg e de Garry Poole; pela pesquisa e ideias de Chad Meister, Bob Meister e Gretchen Passantino; pela perspectiva jurídica de Russ Robinson, pela ajuda inestimável de minha assistente, Jodi Walle; e pela ajuda nos bastidores de minha filha, Allison, e de meu filho, Kyle.

Finalmente, gostaria de agradecer aos especialistas que me deram a permissão de entrevistá-los para este livro. Impressionei-me várias vezes, não apenas com o seu conhecimento e sua visão, mas também com a sua fé humilde e sincera, e com seu desejo de ajudar os que estão em sua busca espiritual de investigar o ultrajante processo contra Jesus.

INTRODUÇÃO

Reabrindo a investigação de uma vida inteira

No linguajar dos promotores, o processo de tentativa de assassinato contra James Dixon era uma "vitória garantida". Simples assim. Mesmo uma leitura superficial das provas era suficiente para definir que Dixon atirou no sargento da polícia, Richard Scanlon, no abdômen durante uma briga na zona sul de Chicago.

Peça a peça, item a item, testemunha a testemunha, as provas apertavam o nó no pescoço de Dixon. Havia impressões digitais e uma arma, testemunhas oculares e uma motivação para o crime, um policial ferido e um réu com histórico de violência. Naquele momento, o sistema de justiça criminal estava na posição de abrir o alçapão que deixaria Dixon pendurado pelo peso da sua própria culpa.

Os fatos eram simples. O sargento Scanlon apressara-se para atender a ocorrência na West 108th Place, depois de um vizinho telefonar para a polícia para denunciar um homem com uma arma. Scanlon chegou ao local no momento em que Dixon, em frente à casa de sua namorada, brigava com ela aos gritos. O pai dela saiu ao ver Scanlon, pois pensou que era seguro fazer isso.

De repente, começou uma briga entre Dixon e o pai de sua namorada. O sargento rapidamente interferiu na tentativa de pará-la. Um tiro foi disparado; Scanlon se afastou cambaleante, ferido na região do abdômen. Bem naquele momento, duas outras viaturas chegaram, freando abruptamente, e os policiais logo saltaram dela para deter Dixon.

Uma arma de calibre 22, que pertencia a Dixon, coberta de suas impressões digitais e com uma bala deflagrada, foi encontrada nas imediações, no local onde aparentemente ele a jogou depois do tiro. O pai tinha sido desarmado; o revólver de Scanlon continuava em seu coldre. As queimaduras na pele de Scanlon, causadas pela pólvora, demonstraram que ele tinha levado o tiro à queima-roupa.

Felizmente, seu ferimento não trouxe risco de vida, apesar de ter sido grave o bastante para que ele recebesse uma medalha por ato de bravura, colocada com orgulho em seu peito pelo próprio superintendente da polícia. Quanto a Dixon, quando a polícia percorreu a sua ficha, eles descobriram que ele tinha sido condenado anteriormente por ter atirado em outra pessoa. Aparentemente, ela tinha propensão à violência.

E lá me sentava eu, quase um ano depois, escrevendo minhas anotações em um tribunal de Chicago quase deserto enquanto Dixon confessava publicamente que ele era culpado por atirar no veterano que tinha quinze anos de polícia. Com base em todas as outras provas, a confissão encerrou o caso. O juiz da vara criminal, Frank Machala, condenou Dixon à prisão, depois bateu o martelo para sinalizar que o caso estava encerrado. A justiça tinha sido feita.

Coloquei meu bloco de notas no bolso interno da jaqueta e andei lentamente em direção à sala de imprensa. No máximo, eu imaginava que o meu editor me daria três parágrafos para contar a história na edição do dia seguinte do *Chicago Tribune*. Com certeza, era exatamente o que a notícia merecia. Ela não era muito boa.

Pelo menos, assim eu pensava.

O SUSSURRO DE UM INFORMANTE

Atendi ao telefone na sala de imprensa e imediatamente reconheci aquela voz: era de um informante que eu tinha cultivado durante o ano

INTRODUÇÃO

em que eu estava cobrindo o prédio da vara criminal. Eu sabia que ele tinha algo muito importante para me contar, porque quanto maior era a dica, mais rápida e suavemente ele falava: e ele estava sussurrando bem agitadamente.

— Lee, você está a par do caso Dixon? — ele perguntou.

— Claro que sim! — respondi. — Acabei de cobri-lo há dois dias. Bem rotineiro.

— Não tenha tanta certeza disso. O que se conta é que algumas semanas antes do tiro, o sargento Scanlon estava em uma festa, mostrando a todos sua caneta-revólver.

— Sua o quê?

— Caneta-revólver. É uma pistola de calibre 22, feita para se parecer com uma caneta-tinteiro. O porte dessas canetas é ilegal, inclusive para os policiais.

Quando eu lhe disse que eu não conseguia ver a importância disso, a voz dele ficava cada vez mais animada.

— O negócio é o seguinte: Dixon não atirou no Scanlon. Scanlon se feriu no instante que a sua própria caneta-revólver disparou de forma acidental no bolso da sua camisa. Ele incriminou Dixon para que não tivesse problemas por porte de arma não autorizada. Não está vendo? Dixon é inocente!

— Isso é impossível! — exclamei.

— Examine as provas você mesmo! — veio a sua resposta. — Veja para onde elas apontam.

Coloquei o telefone no gancho e subi a escada correndo para o escritório do promotor, parando um pouco para ganhar fôlego antes de entrar.

— Você conhece o caso Dixon? — perguntei de forma casual, sem querer me intrometer cedo demais. — Se não se importar, eu gostaria de dar uma olhada nos detalhes mais uma vez.

O rosto dele ficou pálido. — Ah, eu não posso falar sobre isso — ele gaguejou. — Nada a declarar.

Aconteceu que o meu informante já tinha relatado suas suspeitas para o escritório do promotor. Nos bastidores, um grande júri estava sendo convocado para reconsiderar as provas. De um modo surpreendente e inesperado, o caso hermeticamente encerrado contra James Dixon estava sendo reaberto.

NOVOS FATOS PARA UMA NOVA TEORIA

Ao mesmo tempo, eu comecei a minha própria investigação, estudando a cena do crime, entrevistando as testemunhas, conversando com Dixon e examinando as provas materiais. Enquanto eu verificava de um modo abrangente, aconteceu algo bem estranho: todos os fatos novos que eu descobri, e até as provas antigas que apontavam de forma tão convincente para a culpa de Dixon, se adequavam perfeitamente à teoria da caneta-revólver.

- As testemunhas disseram que, antes de Scanlon chegar à cena do crime, Dixon tinha atirado na porta da casa de sua namorada. A caneta-revólver disparou de cima para baixo; no cimento da sacada da frente, havia uma lasca que era compatível com o impacto de uma bala. Isto explicaria a bala que estava faltando na arma de Dixon.
- Dixon disse que não queria ser flagrado com uma arma, então ele a escondeu em um mato do outro lado da rua antes da polícia chegar. Isso explica a razão de a arma ter sido encontrada com certa distância da cena do tiro, mesmo que ninguém tenha visto Dixon jogá-la.
- Havia pólvora concentrada dentro, mas não acima do bolso esquerdo da camisa de Scanlon. O furo da bala estava no fundo do bolso. Conclusão: uma arma tinha, de algum modo, disparado de dentro do bolso.
- De maneira oposta aos relatórios da polícia, a trajetória da bala tinha seguido um ângulo descendente. Embaixo do bolso da camisa havia um rasgo ensanguentado por onde a bala tinha saído depois de passar por um pouco de carne.
- A ficha criminal de Dixon não tinha contado toda a história a seu respeito. Apesar de ele ter passado três meses na prisão por um tiro anterior, o tribunal de apelação o inocentou depois de chegar à conclusão de que ele tinha sido condenado injustamente. Acontece

INTRODUÇÃO   17

que a polícia tinha ocultado uma testemunha importante da defesa
e que a testemunha de acusação tinha mentido. Lá se vai o registro
de tendências violentas de Dixon.

UM HOMEM INOCENTE É LIBERTADO

Finalmente, fiz a pergunta básica para o Dixon:

— Se você era inocente, por que se declarou culpado?

Dixon suspirou:

— Foi um acordo sobre a pena — ele disse referindo-se à prática
na qual os promotores recomendam uma pena reduzida se o réu confessa a sua culpa, e assim poupa todos do tempo e das custas de um
julgamento.

— Eles disseram que, se eu confessasse a minha culpa, me con-
denariam a um ano de prisão. Eu já tinha passado 362 dias preso à
espera do meu julgamento. Tudo o que tinha a fazer era admitir que
tinha praticado o crime, e voltaria para casa em alguns dias. Porém, se
eu insistisse com o julgamento e o júri me condenasse, bem, eles me
dariam a pena máxima. Eles me dariam vinte anos de prisão por ter
atirado em um policial. Não valia a pena. Eu queria ir para casa...

— E então — eu disse — você admitiu ter feito algo que não fez.

Dixon acenou com a cabeça:

— Isso mesmo!

No final, Dixon foi liberto, e depois ele ganhou uma ação judicial
contra o departamento de polícia. Scanlon teve sua condecoração retirada, foi incriminado pelo grande júri, considerado culpado por má
conduta policial, e demitido do departamento.[1]

Quanto a mim, as minhas notícias foram colocadas na primeira
página. E, mais importante que isso, aprendi algumas lições ótimas
como repórter novato.

Uma das lições mais óbvias foi que as provas podem ser alinhadas para
apontar para mais de uma direção. Por exemplo, havia provas suficientes

---

[1]STROBEL, Lee. "Four Years in Jail — and Innocent". *Chicago Tribune,* August 22,
1976 e "Did Justice Close Her Eyes?". *Chicago Tribune,* August 21, 1977.

para condenar Dixon por atirar no sargento. Mas as perguntas principais eram: A obtenção das provas tinha sido abrangente? Além disso, qual explicação que se encaixa melhor à totalidade dos fatos? A partir do momento em que veio à tona a teoria da caneta-revólver, ficou claro que tal cenário explicava todo o conjunto de provas da maneira mais adequada possível.

E havia outra lição. Uma razão pela qual as provas originalmente me pareciam tão convincentes era que elas combinavam com os meus preconceitos naquele momento. Para mim, Dixon era um encrenqueiro, um fracassado, um desempregado que era fruto de uma família dividida. Os policiais eram os mocinhos. Os promotores não cometiam erros.

Olhando através dessas lentes, todas as provas originais pareciam se encaixar perfeitamente. Quando havia incoerências ou falhas, eu as ignorava de forma ingênua. Quando a polícia me disse que o caso estava encerrado, acreditei nela e não o analisei com maior profundidade.

Porém, quando mudei essas lentes, trocando os meus preconceitos em busca da objetividade, enxerguei o caso de forma bem mais clara. Finalmente permiti que as provas me levassem à verdade, independentemente de se ajustarem aos meus pressupostos originais.

Isso foi há muito tempo. Minhas maiores lições ainda estavam por vir.

DE DIXON PARA JESUS

O motivo pelo qual eu contei esse caso incomum é que, de certo modo, minha caminhada espiritual se parece muito com a minha experiência com James Dixon.

Durante boa parte da minha vida, fui um cético. Na verdade, eu me considerava ateu. Para mim, havia muito mais provas que Deus era simplesmente um pensamento fantasioso, da mitologia antiga, da superstição primitiva. Como poderia haver um Deus de amor que manda as pessoas para o inferno apenas por não crerem nele? Como poderiam os milagres infringir as leis básicas da natureza? A evolução não foi capaz de explicar o modo pelo qual a vida surgiu? O raciocínio científico não descarta a crença no sobrenatural?

INTRODUÇÃO

Além disso, com relação a Jesus, você não sabia que ele jamais afirmou ser Deus? Ele era um revolucionário, um sábio, um judeu iconoclasta, mas Deus? Não, esse pensamento nunca lhe ocorreu! Eu poderia lhe indicar um número suficiente de professores universitários que disseram isso, e, com certeza, seu testemunho é confiável, não é? Que a verdade seja dita: até mesmo uma leitura superficial das provas mostra que Jesus tinha sido simplesmente um ser humano como você e eu, apesar de possuir dons incomuns de compaixão e de sabedoria.

Mas isso é tudo que eu realmente dei à evidência: um olhar superficial. Eu simplesmente li o básico da filosofia e da história para apoiar o meu ceticismo, um fato aqui, uma teoria cientistífica ali, uma citação concisa, um bom argumento. Com certeza, eu conseguia enxergar algumas falhas e incoerências, mas eu tinha uma motivação forte para ignorá-las: um estilo de vida egoísta e imoral que seria preciso abandonar se, em algum momento, mudasse de ponto de vista e me tornasse um seguidor de Jesus.

No que me diz respeito, o caso estava encerrado. Existiam provas suficientes para que eu não me preocupasse com a conclusão de que a divindade de Jesus não era nada mais do que uma invenção fantasiosa de pessoas supersticiosas.

Ou era assim que eu pensava.

RESPOSTAS PARA UM ATEU

Não foi o telefonema de um informante que me motivou a reexaminar a defesa de Cristo. Foi a minha esposa.

Leslie me deixou chocado, no outono de 1979, quando declarou que tinha se tornado cristã. Olhei para o alto e me preparei para o pior, sentindo-me vítima de uma isca de um esquema. Eu tinha me casado com uma Leslie engraçada, descontraída, empreendedora, e agora eu tinha medo de que ela se tornasse algum tipo de puritana sexualmente reprimida, que trocaria o nosso estilo de vida em ascensão por vigílias que levassem a noite inteira e por trabalho voluntário fazendo sopa em alguma cozinha encardida.

Mas, em vez disso, eu tive uma surpresa agradável, até mesmo certo fascínio, pelas mudanças radicais em seu caráter, em sua integridade e em sua confiança pessoal. Finalmente, quis ver a fundo o que estava motivando essas transformações sutis, porém importantes, nas atitudes da minha esposa, e então embarquei em uma investigação detalhada sobre os fatos relacionados à defesa do cristianismo.

Deixando de lado meu interesse pessoal e meus preconceitos o máximo que eu podia, li alguns livros, entrevistei alguns especialistas, expressei as minhas dúvidas, analisei a história, aprofundei-me na arqueologia, estudei a literatura antiga e, pela primeira vez, fiz uma análise crítica da Bíblia, versículo por versículo.

Mergulhei nesse tema com mais vigor do que em todas as reportagens que eu já tinha me envolvido. Apliquei o treinamento que tinha recebido na Faculdade de Direito de Yale, bem como a minha experiência como editor de questões jurídicas do *Chicago Tribune*. Então, com o passar do tempo, as provas do mundo (da história, da ciência, da filosofia, da psicologia) começaram a indicar o impensável.

Era como se estivesse analisando o caso de James Dixon novamente.

AVALIANDO POR SI MESMO

Talvez você também esteja baseando o seu ponto de vista espiritual em provas que você tenha observado ao seu redor ou coletado de livros, de professores da faculdade, familiares ou amigos. Mas sua conclusão é, de fato, a melhor explicação possível para as provas? Se você fosse mais a fundo para confrontar seus preconceitos e buscar as provas de forma sistemática, o que você encontraria?

Esse é o tema deste livro. Na realidade, eu farei uma reconstituição e um aprofundamento da jornada espiritual que trilhei por praticamente dois anos. Eu o levarei comigo para entrevistar treze especialistas importantes e autoridades que têm currículos acadêmicos impecáveis.

Atravessei os Estados Unidos: de Minnesota a Georgia, de Virginia a Califórnia, para obter as opiniões abalizadas deles, para provocá-los com as mesmas objeções que fazia quando eu era cético, para forçá-los a defender suas posições com dados sólidos e argumentos

INTRODUÇÃO

irrefutáveis, e para testá-los com as mesmas perguntas que você poderia fazer se tivesse a oportunidade.

Em meio a essa busca da verdade, lancei mão da minha experiência de jornalista de questões jurídicas para observar vários tipos de evidência: provas de testemunhas oculares, documentais, corroborativas, contraprovas, científicas, psicológicas, circunstanciais e, isso mesmo, dados dactiloscópicos (isso parece interessante, não é verdade?).

Essas são as mesmas classificações que se encontram em um tribunal. Além disso, analisar pelo ângulo do direito talvez seja a melhor maneira de visualizar o processo, tendo você no papel de jurado.

Se você fosse convocado para um júri, seria pedido que você não criasse nenhum preconceito quanto ao caso. Seria exigido que você jurasse ter uma mente aberta e justa, chegando às suas próprias conclusões depois de examinar a veracidade dos fatos alegados, e não com base em seus caprichos e preconceitos. Seria pedido que você refletisse com atenção sobre a credibilidade das testemunhas, peneirasse com cuidado o testemunho e submetesse as provas rigorosamente ao senso comum e à lógica. Peço-lhe que faça a mesma coisa enquanto lê este livro.

Em última instância, é responsabilidade dos jurados chegar a um veredito. Isso não quer dizer que eles tenham 100% de certeza, porque não se pode ter provas absolutas de nada na vida. Em um julgamento, pede-se aos jurados que considerem as provas e cheguem à melhor conclusão possível. Em outras palavras, voltando ao caso do James Dixon, em qual cenário os fatos se encaixam melhor?

Essa é a tarefa que você terá diante de si. Espero que você a leve a sério, porque pode estar em jogo muito mais do uma curiosidade improdutiva. Se é que devemos acreditar em Jesus, e eu tenho plena consciência de que nesse momento isso não passa de uma hipótese para você, então nada é mais importante do que a maneira que você responde a ele.

Mas quem era ele na realidade? Quem afirmava ser? Além disso, existe alguma prova confiável para fundamentar suas declarações? Isso é o que buscaremos estabelecer enquanto partimos para Denver em busca de nossa primeira entrevista.

PARTE 1

EXAMINANDO
OS REGISTROS

CAPÍTULO 1

As provas testemunhais

PODE-SE CONFIAR NAS BIOGRAFIAS DE JESUS?

Quando me encontrei com o tímido e quieto Leo Carter pela primeira vez, ele tinha dezessete anos de idade e morava no bairro mais sombrio de Chicago. Seu testemunho tinha colocado três assassinos na prisão. Ele ainda carregava uma bala calibre 38 no crânio, um lembrete terrível da saga macabra que começou quando ele presenciou Elijah Baptist atirando em um comerciante local.

Leo e um amigo, Leslie Scott, estavam jogando basquete quando viram Elijah, um delinquente de dezesseis anos, com trinta prisões em sua ficha criminal, matar Sam Blue em frente ao mercado do qual era dono.

Leo conhecia o comerciante desde a sua infância.

— Quando não tínhamos comida, ele nos arranjava um pouco — Leo me explicou falando baixo. — Por isso, quando fomos ao hospital e disseram que ele tinha morrido, eu sabia que eu tinha de testemunhar sobre o que vi.

O testemunho ocular é poderoso. Um dos momentos mais dramáticos em um julgamento é quando a testemunha descreve com detalhes o crime que viu, e depois aponta com confiança para o réu como culpado. Elijah Baptist sabia que o único modo de evitar que ele fosse para prisão era impedir que Leo Carter e Leslie Scott fizessem isso.

Então, Elijah e dois do seu bando saíram à procura deles. Logo localizaram Leo e Leslie, que caminhavam pela rua com Henry, o irmão do Leo, e, na mira das armas, arrastaram os três para um pier de carga escuro que ficava próximo.

— Eu gosto de você — o primo de Elijah disse a Leo —, mas preciso fazer isso. — Terminando de dizer essas palavras, ele encostou a pistola com força no dorso do nariz de Leo e apertou o gatilho.

A arma disparou; a bala penetrou em um ângulo inclinado, deixando Leo cego da vista direita e se alojando na sua cabeça. Quando ele caiu, levou outro tiro, e a bala ficou alojada a cinco centímetros da sua coluna.

Enquanto Leo observava, esparramado no chão, fingindo-se de morto, viu seu irmão e seu amigo, que choravam, serem cruelmente assassinados à queima-roupa. Quando Elijah e o seu bando fugiram, Leo foi rastejando para um lugar seguro.

De algum modo, contrariando todas as expectativas, Leo Carter sobreviveu. A bala, extremamente frágil para ser removida, permanecia em seu crânio. Apesar das terríveis dores de cabeça que nem mesmo os fortes remédios conseguiam aliviar, ele se tornou a única testemunha contra Elijah Baptist no seu julgamento por ter matado o comerciante Sam Blue. Os jurados acreditaram em Leo, e Elijah foi condenado a oitenta anos de prisão.

Além disso, ele foi a única testemunha ocular a depor contra Elijah e os seus dois amigos na acusação de assassinato de seu irmão e de seu amigo. E, mais uma vez, seu depoimento foi suficiente para colocar os três na prisão pelo resto das suas vidas.

Leo Carter é um dos meus heróis. Seu testemunho garantiu que a justiça fosse feita, mesmo tendo pago um preço monumental por ela. Quando eu penso sobre a prova do testemunho ocular, mais de vinte anos depois, seu rosto ainda aparece em minha mente.[1]

---

[1]STROBEL, Lee. "Youth's Testimony Convicts Killers, but Death Stays Near". *Chicago Tribune*, October 25, 1976.

TESTEMUNHO DE UMA ÉPOCA DISTANTE

É verdade! O testemunho ocular pode ser irrefutável e convincente. Quando uma testemunha teve ampla oportunidade de observar um crime, quando não há preconceito nem intenções ocultas, quando a testemunha é verdadeira e justa, o ponto culminante de apontar para o réu em um tribunal pode ser suficiente para condenar essa pessoa à prisão ou para algo pior.

Além disso, o testemunho ocular também é fundamental na investigação das questões históricas, até mesmo na questão sobre a possibilidade de Jesus Cristo ser o Filho único de Deus.

Entretanto, a que relatos de testemunhas oculares nós temos acesso? Temos o testemunho de alguém que interagiu pessoalmente com Jesus, que ouviu seus ensinos, que viu seus milagres, que presenciou sua morte, ou que talvez o encontrou depois de sua suposta ressurreição? Temos algum registro de "jornalistas" do primeiro século que entrevistaram testemunhas, fizeram perguntas difíceis e registraram fielmente o que eles cuidadosamente declararam ser verdade? De forma igualmente importante, com que eficácia tais relatos resistiriam à análise dos céticos?

Eu sabia que, do mesmo modo que o testemunho de Leo Carter trouxe a condenação de três assassinos brutais, os relatos de testemunhas oculares do nevoeiro das épocas distantes poderiam ajudar a resolver a questão espiritual mais importante de todas. Para obter respostas consistentes, marquei uma entrevista com o renomado especialista que escreveu um livro sobre esse assunto: Dr. Craig Blomberg, autor do livro *The Historical Reliability of the Gospels* [A confiabilidade histórica dos evangelhos].

Eu sabia que Blomberg era inteligente; na verdade, até mesmo sua aparência combina com esse estereótipo. Alto (1,87 m) e bem magro, com cabelos castanhos curtos e ondulados, penteados para frente sem cerimônia, uma barba irregular e grossa, e óculos sem aro, ele parecia com o tipo de pessoa que foi orador da sua turma do ensino médio (e ele foi), bolsista do governo por mérito (ele foi) e um bacharel com grande distinção acadêmica de um conceituado seminário (ele foi, da Faculdade Evangélica de Divindade Trinity).

Mas eu queria alguém que fosse mais que simplesmente inteligente e culto. Eu estava procurando um especialista que não se prendesse a pequenos detalhes ou ignorasse de forma despreocupada os questionamentos aos registros do cristianismo. Eu queria alguém íntegro, alguém que tivesse enfrentado as críticas mais poderosas contra a fé e que falasse com bases sólidas, mas que não fizesse afirmações genéricas que escondem em vez de enfrentar as questões fundamentais.

Disseram-me que Blomberg era exatamente o que eu estava procurando, então peguei o avião para Denver, imaginando se ele corresponderia às expectativas. Reconheço que eu tinha algumas dúvidas, especialmente quando a minha pesquisa me trouxe um detalhe que eu preferia que fosse omitido: Blomberg tinha esperança de que ainda veria os seus heróis da infância, o time de beisebol Chicago Cubs, ganharem a World Series.

Francamente, isso era o suficiente para me fazer suspeitar um pouco do seu juízo perfeito.

A PRIMEIRA ENTREVISTA

Craig L. Blomberg, Ph. D.

Craig Blomberg é amplamente considerado uma das autoridades mais importantes sobre as biografias de Jesus, que são chamadas de "os quatro evangelhos".

Ele recebeu seu doutorado em Novo Testamento da Universidade de Aberdeen, na Escócia, e depois trabalhou como pesquisador sênior da Tyndale House, na Universidade de Cambridge, Inglaterra, onde fez parte de uma tropa de elite de especialistas internacionais que produziu uma série de obras de referência sobre Jesus. Há pouco mais de uma década, ele ensina Novo Testamento no altamente respeitado Seminário de Denver.

Os livros de Blomberg incluem *Jesus e os evangelhos*, *Interpreting the Parables* [Interpretando as parábolas], *How Wide the Divide?* [Qual o tamanho da divisão?] e comentários sobre o evangelho de Mateus e 1Coríntios. Ele também ajudou a escrever o volume seis de *Gospel Perspectives* [Perspectivas do evangelho], que lida amplamente com os milagres de Jesus, e foi um dos autores de *Introdução à interpretação bíblica*. Ele contribuiu com alguns capítulos sobre a historicidade dos evangelhos no livro *Reasonable Faith* [Fé racional] e com o livro premiado *Jesus Under Fire* [Jesus criticado]. É membro da Sociedade de Estudos do Novo Testamento, da Sociedade da Literatura Bíblica e do Instituto de Pesquisa Bíblica.

Como eu esperava, seu escritório tinha um número incomum de livros especializados armazenados na estante (ele estava até usando uma gravata estampada com desenhos de livros).

Entretanto, observei rapidamente que as paredes do seu escritório não estavam dominadas por livros empoeirados de historiadores antigos, mas por trabalhos artísticos de suas filhas pequenas. Seus desenhos exóticos e coloridos de lhamas, casas e flores não tinham sido fixados nela de forma aleatória, como um pensamento posterior casual, mas tinham sido claramente tratados como prêmios: foram feitos com carinho, tinham as molduras bem feitas e tinham a assinatura cuidadosa de Elizabeth e Rachel. Claramente, pensei comigo, esse homem tem um coração à altura do seu cérebro.

Blomberg fala com a precisão de um matemático (sim, ele também ensinou matemática no início da carreira), medindo com cuidado cada palavra, a partir de certa relutância em passar algum detalhe que ultrapassasse o que as provas garantem. Exatamente a pessoa que eu estava procurando.

Enquanto ele se ajeitava em uma poltrona alta, com uma xícara de café na mão, eu tomava um pouco de café, para espantar o frio do Colorado. Como percebi que Blomberg era o tipo de pessoa bem objetiva, decidi começar a minha entrevista indo diretamente ao xis da questão.

AS TESTEMUNHAS OCULARES DA HISTÓRIA

— Diga-me uma coisa — eu disse com um tom de voz um tanto desafiador —, é realmente possível ser uma pessoa inteligente, que pense de uma forma crítica e ainda acreditar que os quatro evangelhos foram escritos pelas pessoas cujos nomes estão nos seus títulos?

Blomberg colocou a xícara na ponta da mesa e olhou nos meus olhos.

— A resposta é *sim* — ele disse com convicção.

Ele se ajeitou de novo na cadeira e continuou:

— É importante reconhecer que, rigorosamente falando, os evangelhos são anônimos. Porém, o testemunho uniforme da igreja primitiva é de que Mateus, também chamado de Levi, o coletor de impostos, e um dos doze discípulos, foi o autor do primeiro evangelho do Novo Testamento; que João Marcos, companheiro de Pedro, foi o autor do evangelho que nós chamamos de Marcos; e que Lucas, chamado por Paulo de "médico amado", escreveu tanto o evangelho de Lucas quanto os Atos dos Apóstolos.

— E quanto à crença de eles serem os escritores era uniforme? — perguntei.

— Não existem outras opções de autoria para estes três evangelhos — ele disse. — Ao que parece, simplesmente não se questionava sobre isso.

Mesmo assim, eu ainda quis entrar mais fundo nessa questão.

— Desculpe o meu ceticismo — eu disse —, mas será que alguém poderia ter algum motivo para mentir, afirmando que essas pessoas escreveram os evangelhos, sem que eles os tenham escrito de verdade?

Blomberg acenou com a cabeça que não.

— Provavelmente não. Lembre-se de que esses personagens eram bem improváveis — ele disse abrindo um sorriso. — Marcos e Lucas nem estavam entre os doze discípulos. Mateus sim, mas como ele era um cobrador de impostos odiado anteriormente, ele teria sido o menos cotado depois de Judas Iscariotes, que traiu Jesus! Perceba o contraste disso com o que aconteceu quando os evangelhos apócrifos fantasiosos foram escritos muito tempo depois. As pessoas escolheram nomes conhecidos e figuras exemplares para serem seus autores fictícios: Filipe, Pedro, Maria, Tiago. Esses nomes tinham muito mais peso que os de Mateus, Marcos e Lucas. Portanto, para responder a sua pergunta, não haveria motivo algum para atribuir a autoria a esses três indivíduos menos respeitáveis se eles não fossem os autores verdadeiros.

Isso parecia coerente, mas ele estava claramente deixando de lado um dos evangelistas.

— E João? — perguntei. — Ele era muito importante; na verdade, João não era somente um dos doze discípulos, ele era um dos três apóstolos mais íntimos de Jesus, juntamente com Tiago e Pedro.

— Sim, ele é a única exceção — admitiu Blomberg, sinalizando com a cabeça. — Além disso, o mais interessante é que o evangelho de João é o único sobre o qual existe alguma dúvida quanto à autoria.

— O que exatamente se questiona?

— O nome do autor não está em dúvida: com certeza era João — respondeu Blomberg. — A questão é se o autor foi João, o apóstolo, ou um João diferente. Sabe, o testemunho de um escritor cristão chamado Papias, com data aproximada de 125 d.C., refere-se a João, o apóstolo, e a João, o ancião, e pelo contexto não fica claro se ele está falando sobre uma única pessoa a partir de duas perspectivas diferentes, ou sobre duas pessoas diferentes. Mesmo considerando essa exceção, todo o restante do testemunho primitivo é unânime de que foi João, o apóstolo, o filho de Zebedeu, quem escreveu esse evangelho.

— E... — eu disse em um esforço para forçá-lo a definir a sua posição — ...você acha que foi ele mesmo quem escreveu?

— Sim, acredito que a maior parte do material se refere ao apóstolo — ele respondeu. — No entanto, se você ler o evangelho com atenção, poderá notar alguns indícios de que os seus últimos versículos receberam a forma final pela ação de um editor. Eu, pessoalmente, não tenho problemas em acreditar que alguém próximo a João tenha desempenhado esta tarefa, preparando os últimos versículos e possibilitando a criação de um estilo uniforme para todo o documento.

— Contudo, de qualquer maneira — ele destacou —, o evangelho de João se baseia claramente no relato de testemunhas oculares, do mesmo modo que os outros três.

ESTUDANDO OS DETALHES
COM MAIOR PROFUNDIDADE

Ainda que eu me sentisse grato pelos comentários de Blomberg até aquele momento, eu ainda não estava pronto para prosseguir. A questão sobre a autoria dos evangelhos é extremamente importante, e eu queria os detalhes específicos: nomes, datas e citações. Terminei o meu café e coloquei a xícara sobre a mesa. De caneta na mão, preparei-me para ir mais a fundo.

— Vamos voltar a Marcos, Mateus e Lucas — eu disse. — Quais são as provas específicas que você tem de que eles são os autores dos evangelhos?

Blomberg se inclinou para frente.

— Repetindo, o testemunho mais antigo e provavelmente o mais importante é o de Papias, que, por volta de 125 d.C., afirmou especificamente que Marcos tinha registrado de forma cuidadosa e precisa as observações do testemunho ocular de Pedro. Na verdade, ele disse que Marcos "não cometeu erro algum" e não incluiu "nenhuma declaração falsa". Papias ainda disse que Mateus também tinha preservado os ensinos de Jesus. Posteriormente, Irineu, escrevendo por volta do ano 180 d.C., confirmou a autoria tradicional. Na verdade, nesse contexto! — ele disse pegando um livro. Ele o abriu e leu as palavras de Irineu:

> Mateus publicou o seu próprio Evangelho entre os hebreus, na sua própria língua, na época em que Pedro e Paulo estavam pregando o Evangelho em Roma e fundando a Igreja naquele lugar. Depois da morte deles, Marcos, discípulo e intérprete de Pedro, passou-nos por escrito a essência da pregação de Pedro. Lucas, o companheiro de Paulo, registrou em um livro o evangelho pregado pelo seu mestre. Posteriormente, João, o discípulo do Senhor, aquele que se reclinou no seu peito, também produziu seu Evangelho enquanto morava em Éfeso, na Ásia.[2]

Levantei os olhos das anotações que eu estava fazendo.

— Está bem, deixe-me entender isso melhor — eu disse. — Se pudermos garantir que os evangelhos foram escritos por Marcos, companheiro do discípulo Pedro, através dos discípulos Mateus e João, e por Lucas, o historiador, companheiro de Paulo e um tipo de jornalista do primeiro século, poderemos ter certeza de que os

---

[2]Irineu de Lião. *Contra as heresias*, vol. 3. São Paulo: Editora Paulus, 2016. p. 247. (Coleção Patrística).

acontecimentos que eles registraram se baseiam direta ou indiretamente em testemunhos oculares.

Enquanto eu falava, Blomberg estava peneirando minhas palavras em sua mente. Quando terminei, ele acenou afirmativamente com a cabeça.

— Exatamente! — ele disse com convicção.

OS CONTRASTES ENTRE AS BIOGRAFIAS ANTIGAS E AS MODERNAS

Ainda havia alguns aspectos preocupantes sobre os evangelhos que eu precisava esclarecer. De forma particular, eu queria entender melhor o tipo de gênero literário que eles representavam.

— Quando vou à livraria e observo a seção de biografias, não vejo o mesmo tipo de literatura que observo nos evangelhos — eu disse.

— Quando alguém escreve uma biografia nos dias de hoje, muitos detalhes são trazidos sobre a vida da pessoa. Mas dê uma olhada em Marcos: ele não fala sobre o nascimento de Jesus e nem menciona a juventude do Salvador. Em vez disso, ele destaca um período de três anos e dedica metade de seu evangelho aos acontecimentos que levaram e que acabaram tendo o seu auge na última semana vivida por Cristo. Como você explica isso?

Blomberg levantou a mão fazendo um gesto com dois dedos.

— Existem duas razões — ele respondeu. — Uma é literária e a outra é teológica.

E continuou:

— A razão literária é que, basicamente, era assim que as pessoas escreviam biografias no mundo antigo. Elas não se importavam, como nós nos dias de hoje, em dar uma atenção igual para todas as fases da vida do indivíduo, ou com a necessidade de contar a história em uma ordem rigorosamente cronológica, ou até mesmo em citar as palavras exatas das pessoas, contanto que a essência do que eles disseram fosse preservada. Os gregos e os hebreus antigos nem mesmo tinham um sinal específico para indicar uma citação. O único propósito pelo qual eles achavam que a história devia ser registrada era a existência de algumas lições a serem aprendidas a partir dos personagens por ela descritos. Portanto, o biógrafo queria se concentrar mais nas partes da vida da pessoa que servissem de exemplo, que fossem um modelo, que pudessem ajudar as demais pessoas e que dessem sentido a um período específico da história.

— E qual é a razão teológica? — perguntei.

— Ela é uma consequência da questão que eu acabei de explicar. Os cristãos acreditam que, apesar de a vida de Jesus e os seus ensinos e milagres serem tão maravilhosos, eles ficariam sem sentido se não fosse historicamente comprovado que Cristo morreu e ressuscitou dentre os mortos, e que isto trouxe a expiação, ou o perdão, dos pecados cometidos pela humanidade.

— Portanto, Marcos, em particular, como escritor do evangelho que é provavelmente o mais antigo, dedica praticamente a metade de sua narrativa aos acontecimentos que conduzem e incluem aquele período de uma semana que culmina na morte e na ressurreição de Cristo.

— Quando se considera a importância da crucificação — ele concluiu —, isso faz muito sentido na literatura antiga.

O MISTÉRIO DE Q

Além dos quatro evangelhos, os especialistas geralmente se referem ao que eles chamam de Q, que representa a palavra alemã *Quelle*, que significa "fonte".[3] Por causa das semelhanças de linguagem e conteúdo, supõe-se tradicionalmente que Mateus e Lucas tenham se baseado no evangelho mais antigo de Marcos para escrever os seus evangelhos. Além disso, os especialistas também costumam dizer que Mateus e Lucas teriam também incluído material desse Q misterioso, material que não se encontra no livro de Marcos.

— Qual é a definição exata de Q? — perguntei ao Blomberg.

— Não passa de uma hipótese — ele respondeu, reclinando-se novamente de forma confortável na sua poltrona. — Salvo raras

---

[3]PATZIA, Arthur G. *The making of the New Testament*. Downers Grove: InterVarsity Press, 1995. p. 164.

exceções, trata-se apenas de palavras e ensinos de Jesus, que possivelmente formaram um documento independente em separado.

— Veja que a coletânea das palavras de mestres respeitados, do mesmo modo que hoje fazemos uma coletânea das melhores músicas de um cantor e colocamos em um álbum de melhores sucessos, era um gênero literário comum. O Q deve ter sido algo parecido. Pelo menos essa é a teoria.

Entretanto, se é que, de fato, Q surgiu antes de Mateus e de Lucas, ele se constituiria em um material primitivo sobre Jesus. Então, pensei que talvez ele pudesse esclarecer mais sobre a pessoa de Cristo.

— Deixe eu lhe fazer uma pergunta — eu disse. — Se alguém isolasse somente o material de Q, que tipo de retrato de Jesus ele teria?

Blomberg acariciou a barba e olhou para o teto por um tempo enquanto refletia sobre a pergunta.

— Bem, você sempre tem de se lembrar que o documento Q era uma coletânea de palavras, e, portanto, não possuía um material narrativo suficiente para nos proporcionar um retrato mais completo de Jesus — ele respondeu, falando devagar, escolhendo as palavras com cuidado. Mesmo assim, nele se encontra Jesus fazendo algumas declarações de peso, por exemplo, que ele era a personificação da sabedoria e era aquele pelo qual Deus julgará toda a humanidade, tanto a parte dela que o confessa quanto a parte que o rejeita. Recentemente, um livro acadêmico importante defendeu a ideia de que se alguém isolasse todas as palavras de Q, ele teria o mesmo retrato de Jesus (de alguém que dava declarações audaciosas sobre si mesmo) que se encontra de forma geral nos evangelhos.

Eu queria que Blomberg falasse mais sobre esse assunto.

— Será que ele é visto como fazedor de milagres? — eu lhe perguntei.

— Mais uma vez — ele respondeu —, você precisa se lembrar de que não se encontram muitas histórias de milagres de forma isolada, porque elas estão inseridas na narrativa, e Q se constitui basicamente em uma lista de citações.

Blomberg parou um pouco para estender a sua mão para a mesa, pegar uma Bíblia de capa de couro e virar de forma audível as suas páginas bem gastas.

— Mas, por exemplo, Lucas 7:18-23 e Mateus 11:2-6 dizem que João Batista enviou seus mensageiros para perguntar a Jesus se ele era realmente o Cristo, o Messias, que eles estavam esperando. Jesus basicamente lhes respondeu: "Digam-lhe para meditar sobre os meus milagres. Digam-lhe o que vocês acabaram de ver: os cegos veem, os surdos ouvem, os paralíticos andam e aos pobres se prega as boas novas".

— Portanto, mesmo dentro de Q — ele concluiu — existe claramente uma consciência do ministério de milagres de Jesus.

A referência de Blomberg a Mateus me fez lembrar de outra pergunta sobre a maneira pela qual os evangelhos foram redigidos.

Perguntei:

— Por que Mateus, supostamente uma testemunha ocular de Cristo, acrescentaria ao seu evangelho parte de um evangelho escrito por Marcos, uma pessoa sobre a qual todos concordam que não foi uma testemunha ocular? Se o evangelho de Mateus foi escrito, de fato, por uma testemunha ocular, pode-se imaginar que ele teria como base as suas próprias observações.

Blomberg sorriu.

— Isso só faz sentido se Marcos estivesse mesmo baseando o seu relato nas recordações da testemunha ocular chamada Pedro — ele disse. — Como você mesmo disse, Pedro fazia parte do círculo íntimo de Jesus e estava a par de acontecimentos e palavras que os outros discípulos não conheciam. Portanto, faria todo o sentido que Mateus, mesmo sendo uma testemunha ocular, confiasse na versão dos acontecimentos que foi transmitida através de Marcos.

É verdade, pensei comigo mesmo, isso fazia algum sentido. Na realidade, comecei a traçar na minha cabeça uma analogia com base na minha experiência de anos como repórter. Lembrei-me de ter participado de uma multidão de jornalistas que, em uma ocasião, acompanhou o famoso patriarca político de Chicago, o prefeito já falecido Richard J. Daley, para enchê-lo de perguntas sobre um escândalo que estava próximo de estourar no departamento de polícia. Ele fez alguns comentários antes de escapulir na sua limusine.

Mesmo sendo uma testemunha ocular do que aconteceu, fui imediatamente na direção de um repórter de rádio que estava mais perto de Daley e lhe pedi que tocasse de novo a fita cassete com aquilo que Daley tinha acabado de dizer. Deste modo, eu pude verificar se eu tinha anotado corretamente suas palavras.

Foi isso que eu achei parecido com o que Mateus fez com Marcos: apesar de Mateus ter suas próprias lembranças como um dos discípulos, a busca pela exatidão o levou a recorrer a alguns materiais que vieram diretamente de Pedro, que estava mais perto de Jesus.

A PERSPECTIVA ÚNICA DE JOÃO

Quando fiquei satisfeito com as respostas iniciais de Blomberg com relação aos três primeiros evangelhos, chamados de sinóticos — palavra que significa "ver ao mesmo tempo", por ter um mesmo aspecto geral e uma mesma relação entre eles[4] —, logo voltei a minha atenção para o evangelho de João. Toda pessoa que lê os quatro evangelhos reconhecerá imediatamente que existem diferenças óbvias entre os sinóticos e o evangelho de João, e eu queria saber se isso tinha a ver com a existência de contradições irreconciliáveis entre eles.

— Você poderia me explicar as diferenças entre os evangelhos sinóticos e o evangelho de João? — eu pedi para o Blomberg.

Ele levantou as sobrancelhas e exclamou:

— Que pergunta maravilhosa! Eu espero um dia escrever um livro inteiro sobre esse assunto!

Depois de lhe garantir que eu só queria conhecer os pontos principais sobre a questão, e que não queria esgotar o assunto, ele voltou a se ajeitar na poltrona.

— Bem, é verdade que João tem mais diferenças do que semelhanças com os sinóticos — ele começou a explicar. — Só uma amostra mínima das histórias mais importantes que aparecem nos outros três evangelhos reaparece em João, apesar de se notar claramente que isso muda bastante quando se aproxima da última semana de Cristo. Daí em diante, eles ficam mais parecidos.

— Parece haver também um estilo linguístico bem diferente. Em João, Jesus usa palavras diferentes, ele faz pregações extensas e parece

---

[4]Ibid., p. 49.

ter uma cristologia mais elaborada, isto é, uma cristologia que afirma de forma mais direta e com mais destaque que Jesus é um com o Pai, que é o próprio Deus, o Caminho, a Verdade, a Vida, a Ressurreição e a Vida.

— O que essas diferenças representam? — perguntei.

— Durante muitos anos, pensava-se que João soubesse tudo o que Mateus, Marcos e Lucas tinham escrito, e, por não achar necessário repetir, por isso ele conscientemente escolheu complementá-los. Mais recentemente, parte-se do princípio de que João é, em grande parte, independente dos outros três evangelhos, o que explicaria não somente as escolhas diferentes de material como também as perspectivas diferentes sobre Jesus.

A AFIRMAÇÃO MAIS AUDACIOSA DE JESUS

— Existem alguns aspectos teológicos diferentes em João — eu observei.

— Com certeza, mas será que merecem ser chamados de contradições? Acho que a resposta é não, e a razão é esta: para cada destaque temático ou aspecto diferente de João, podemos encontrar referências em Mateus, Marcos e Lucas, mesmo havendo uma frequência menor.

Essa foi uma afirmação corajosa. Decidi testá-la imediatamente, puxando o assunto que talvez seja o mais importante de todos com relação às diferenças entre os sinóticos e o evangelho de João.

— João faz afirmações bem explícitas de que Jesus é Deus, o que alguns atribuem ao fato de ele ter escrito depois dos outros e de ter começado a enfeitar as coisas — eu disse. — É possível encontrar esse tema da divindade nos sinóticos?

— Sim, é possível — ele disse. — Ele não é tão claro, mas pode ser encontrado. Pense no relato de Jesus andando sobre as águas, que se encontra em Mateus 14:22-33 e em Marcos 6:45-52. A maior parte das versões oculta o grego ao traduzir da seguinte forma as palavras de Cristo: "Não temam, sou eu". Na verdade, o grego diz literalmente: "Não temam, eu sou". Essas duas últimas palavras são idênticas às que Jesus diz em João 8:58, quando utiliza para si o nome divino "Eu Sou", que se refere à maneira que Deus se revelou a Moisés na sarça ardente, em Êxodo 3:14. Portanto, Jesus está se revelando como aquele que

AS PROVAS TESTEMUNHAIS   39

tem o mesmo poder divino sobre a natureza que tem Javé, o Deus do
Antigo Testamento.

— Esse é um exemplo — eu disse, concordando com a cabeça.

— Você teria outros?

— Sim, eu poderia seguir essa mesma linha — disse Blomberg. —
Por exemplo, o título que Jesus mais aplica a si mesmo nos primeiros
três evangelhos é "Filho do Homem" e ...

— Espere um pouco — eu disse, levantando a mão para interrompê-lo. Abri a minha maleta, tirei dela um livro e o folheei até localizar
o que estava procurando. — Segundo a Karen Armstrong, a ex-freira,
autora de um dos livros mais vendidos chamado *Uma história de Deus*,
diz que aparentemente o termo "Filho do Homem" servia para "enfatizar a fraqueza e a mortalidade da condição humana; portanto, ao
utilizá-lo, Jesus simplesmente destacava o fato de que 'ele era um ser
humano frágil que um dia haveria de sofrer e morrer'".[5] Se for verdade
— eu disse —, não me parece uma declaração de divindade tão forte.

Blomberg ficou irritado.

— Veja — ele disse com firmeza —, ao contrário da crença popular,
a expressão "Filho do Homem" não se refere originariamente à humanidade de Jesus. Em vez disso, trata-se de uma alusão direta a Daniel 7:13-14.

Enquanto ele falava, abriu o Antigo Testamento e leu as palavras
do profeta Daniel:

> Na minha visão à noite, vi alguém semelhante a um filho de um
> homem, vindo com as nuvens dos céus. Ele se aproximou do ancião e
> foi conduzido à sua presença. A ele foram dados autoridade, glória e
> reino; todos os povos, nações e homens de todas as línguas o adoraram.
> Seu domínio é um domínio eterno que não acabará, e seu reino jamais
> será destruído.

Blomberg fechou a Bíblia.

— Então veja o que Jesus está fazendo quando aplica a si mesmo a
expressão "Filho do Homem" — ele prosseguiu. — Trata-se de alguém

---

[5] ARMSTRONG, Karen. *Uma história de Deus*. São Paulo: Companhia de Bolso, 2008.

40 EM DEFESA DE CRISTO

que se aproxima do próprio Deus, na sua sala do trono celestial, alguém a quem são dados a autoridade e o domínio universais. Isso faz de "Filho do Homem" um título de grande exaltação, e não de uma simples humanidade.

Posteriormente, deparei-me com o comentário de um outro especialista, William Lane Craig, que pouco tempo depois eu entrevistaria para este livro, que fez a mesma observação.

> Geralmente se diz que a expressão "Filho do Homem" indica a humanidade de Jesus, do mesmo modo que a expressão contrária, Filho de Deus, indica a sua divindade. Na verdade, é justamente o contrário. "Filho do Homem" era uma figura divina do livro de Daniel, no Antigo Testamento, que surgiria no fim do mundo para julgar a humanidade e reinar para todo o sempre. Portanto, identificar-se como Filho do Homem seria, na verdade, declarar a sua própria divindade.[6]

— Além disso — Blomberg continuou —, Jesus afirma que perdoa pecados nos evangelhos sinóticos, algo que só Deus pode fazer. Jesus recebe orações e adoração. Ele diz: "Quem, pois, me confessar diante dos homens, eu também o confessarei diante do meu Pai que está nos céus" (Mt 10.32). O juízo final se baseia na reação de alguém diante de quem? Um simples ser humano? Não, essa seria uma reivindicação muito arrogante. O juízo final se baseia na reação de alguém a Jesus *como Deus*. Como você pode ver, existe farto material nos sinóticos sobre a divindade de Cristo, que em João simplesmente se torna mais explícito.

A PAUTA TEOLÓGICA DOS EVANGELHOS

Ao escrever o último evangelho, João realmente teve a vantagem de poder refletir sobre as questões teológicas por um período de tempo mais longo. Então, perguntei para Blomberg:

— O fato de João escrever com mais motivação teológica teria prejudicado o material histórico de seu evangelho, minando a sua credibilidade?

---

[6]CRAIG, William Lane. *The Son Rises: Historical Evidence for the Resurrection of Jesus*. Chicago: Moody Press, 1981. p. 140.

— Eu não acredito que João seja mais teológico — Blomberg destacou. — Ele simplesmente destaca um conjunto diferente de questões teológicas. Mateus, Marcos e Lucas, cada um deles quer destacar ângulos teológicos bem distintos. Lucas, o teólogo dos pobres e da atenção para as questões sociais; Mateus, o teólogo que tenta entender a relação entre o cristianismo e o judaísmo; Marcos, que mostra Jesus como o servo sofredor. Pode-se elaborar uma lista bem grande das diferenças teológicas de Mateus, Marcos e Lucas.

Interrompi porque achava que Blomberg não estava entendendo o motivo principal da minha pergunta.

— Tudo bem, mas essas motivações teológicas não põem em dúvida a capacidade e a disposição deles de informar com precisão o que aconteceu? — perguntei. — A pauta teológica deles os levou a maquiar e a distorcer a história que eles registraram?

— Isso significa, com certeza, que, da mesma forma que acontece com qualquer documento ideológico, temos que contar com essa possibilidade — ele admitiu. — Existem pessoas com segundas intenções que distorcem a história para servir aos seus propósitos ideológicos, mas, infelizmente, as pessoas deduzem que isto sempre acontece, o que é um equívoco. No mundo antigo, ainda não se tinha ouvido falar de alguma história isenta de paixões e objetiva, com o propósito de simplesmente registrar os acontecimentos, sem objetivo ideológico algum. Ninguém escrevia história se não tivesse alguma razão para aprender com ela.

Eu sorri.

— Imagino que se pode dizer que isso coloca tudo sob suspeita — sugeri.

— Sim, até certo ponto — ele respondeu. — Mas, já que podemos reconstruir de forma razoavelmente segura a história a partir dos tipos diversos de fontes antigas, temos a capacidade de fazê-lo a partir dos evangelhos, apesar de eles também serem ideológicos.

Blomberg pensou por um momento, buscando em sua mente uma analogia adequada para dar um rumo à sua explicação. Finalmente, ele disse:

— Veja esse paralelo moderno, que vem da experiência da comunidade judaica, que pode esclarecer o que eu quero dizer.

"Algumas pessoas, geralmente por motivos antissemitas, negam ou minimizam os horrores do Holocausto. No entanto, foram os especialistas judeus que fundaram museus, escreveram livros, preservaram artefatos e documentaram os depoimentos de testemunhas oculares sobre o Holocausto. Note, o propósito deles é ideológico, isto é, garantir que essa atrocidade nunca mais se repita, mas foram também os mais fiéis e objetivos possíveis no relato da verdade histórica.

"O cristianismo, de modo semelhante, baseou-se em certas afirmações históricas, segundo as quais Deus teria entrado no espaço e no tempo na pessoa de Jesus de Nazaré, portanto, a ideologia exata que os cristãos estavam tentando promover exigia o trabalho histórico o mais cuidadoso possível."

Ele deu um tempo para que a analogia fosse compreendida. Virando a cabeça para me encarar, ele perguntou:

— Você entende o que eu quero dizer?

Balancei a cabeça para indicar que sim.

A NOVIDADE HISTÓRICA

Uma coisa é dizer que os evangelhos se baseiam direta ou indiretamente no testemunho ocular; outra é afirmar que estas informações foram preservadas de forma confiável até que fossem finalmente escritas anos depois. Eu sabia que este era um dos questionamentos principais, e eu queria desafiar Blomberg com essa questão o mais rápido possível.

Lancei mão outra vez do livro popular de Karen Armstrong, *Uma história de Deus,* e lhe disse:

— Ouça um pouco mais do que ela escreveu:

> Sabemos muito pouco sobre Jesus. O primeiro relato mais abrangente sobre sua vida aparece no evangelho segundo São Marcos, que só foi escrito por volta do ano 70, cerca de 40 anos depois de sua morte. Àquela altura, os fatos históricos achavam-se misturados a elementos míticos que expressavam o significado que Jesus havia adquirido para

AS PROVAS TESTEMUNHAIS

seus seguidores. É esse significado, basicamente, que o evangelista nos apresenta, e não uma descrição direta e confiável.[7]

Colocando o livro de volta na minha maleta aberta, virei-me para Blomberg e continuei.

— Alguns especialistas dizem que os evangelhos foram escritos em uma época tão posterior aos acontecimentos por eles registrados que uma lenda se desenvolveu e distorceu o que foi finalmente escrito, transformando Jesus de um mero mestre sábio para o mitológico Filho de Deus. Essa é uma hipótese coerente ou existem provas fidedignas de que os evangelhos foram redigidos antes disso, antes que a lenda pudesse corromper totalmente o que finalmente ficou registrado?

Os olhos de Blomberg ficaram entreabertos, e ele disse em um tom bem firme:

— Temos duas questões distintas aqui, e é importante que elas continuem assim. Tenho certeza de que existem provas suficientes para sugerir datas mais antigas para a escrita dos evangelhos. Mas, ainda que esse não fosse o caso, o argumento de Armstrong não funciona do mesmo jeito.

— Por quê? — perguntei.

— As datas padrão acadêmico, mesmo nos círculos bem liberais, colocam Marcos na década de 70, Mateus e Lucas na década de 80 e João na década de 90 d.C. Mas escute: elas ainda se encontram dentro do tempo de vida de várias pessoas que foram testemunhas oculares da vida de Jesus, inclusive daquelas que lhe foram hostis, e que, por isso, poderiam atuar como retificadores, caso circulassem ensinos falsos sobre Jesus. Por essa razão, essas datas mais recentes para os evangelhos não são assim tão recentes. Na verdade, nós podemos fazer uma comparação bem instrutiva. As duas biografias mais antigas de Alexandre, o Grande, foram escritas por Ariano e Plutarco mais de 400 anos depois da morte de Alexandre, ocorrida em 323 a.C. e, mesmo assim, os historiadores geralmente as consideram muito confiáveis. Certamente surgiu um material lendário sobre Alexandre com o passar do tempo, mas isso só aconteceu nos séculos posteriores

---

[7]ARMSTRONG, op. cit, p. 79.

a esses dois escritores. Em outras palavras, nos primeiros 500 anos, a história de Alexandre ficou praticamente intacta. O material lendário começou a surgir nos 500 anos seguintes. Portanto, a hipótese de os evangelhos serem escritos sessenta ou trinta anos depois da morte de Jesus se torna insignificante quando se compara a isso. Ela é praticamente descartável.

Pude perceber o que Blomberg queria dizer. Ao mesmo tempo, eu tinha as minhas ressalvas. Para mim, parecia intuitivamente óbvio que, quanto menos tempo levasse entre um acontecimento e o momento que ele foi registrado por escrito, seria menos provável que esses escritos fossem distorcidos por lendas ou lembranças inexatas.

— Por enquanto eu aceito a sua explicação, mas voltemos à datação dos evangelhos — eu disse. — Você deu a entender que acredita que eles foram escritos antes da data mencionada.

— Isso mesmo, em uma data anterior — ele disse. — Podemos justificar isso observando o livro de Atos, que foi escrito por Lucas. Atos termina, aparentemente, sem uma conclusão: Paulo é a figura central do livro, e ele se encontra em prisão domiciliar em Roma. Com isso, o livro termina de forma abrupta. O que acontece com Paulo? Não descobrimos isso a partir de Atos, provavelmente porque o livro foi escrito antes de Paulo ser condenado à morte.

Blomberg se empolgava cada vez mais enquanto continuava.

— Isso significa que Atos não pode ter uma data posterior a 62 d.C. Tendo isso definido, podemos, então, recuar a partir desse ponto. Já que Atos é a segunda parte de uma obra dupla, sabemos que a primeira parte, o evangelho de Lucas, deve ter sido escrita ainda mais anteriormente. Além disso, já que Lucas inclui passagens do evangelho de Marcos, significa que Marcos é ainda mais antigo. Caso se conceda mais ou menos um ano para cada um deles, se concluirá que Marcos não pode ter passado de cerca de 60 d.C., talvez até mesmo do final da década de 50. Considerando que Jesus foi condenado à morte em 30 ou 33 d.C., temos aí um intervalo de mais ou menos trinta anos.

Blomberg voltou a se sentar na poltrona, com ares de triunfo.

— Em termos históricos, especialmente quando se compara a Alexandre, o Grande — disse ele, — é como se fosse uma notícia de última hora!

De fato, isso era impressionante à medida que diminuía o intervalo entre os acontecimentos da vida de Jesus e a escrita dos evangelhos, a ponto de ser desprezível sob o ponto de vista histórico. No entanto, eu ainda queria uma explicação melhor. Meu objetivo era retroceder no tempo o máximo possível até chegar às primeiras informações sobre Jesus.

VOLTANDO AO PRINCÍPIO

Levantei-me e fui até a estante.

— Vejamos se podemos recuar mais ainda no tempo — eu disse, voltando-me para Blomberg. — Quais são as referências mais antigas às crenças básicas sobre a expiação de Cristo, sobre a sua ressurreição e sobre a sua relação única para com Deus?

— É bom lembrar que os livros do Novo Testamento não estão em ordem cronológica — ele iniciou. — Os evangelhos foram escritos depois de praticamente todas as cartas de Paulo, cujo ministério epistolar provavelmente começou por volta do fim da década de 40 d.C. A maioria das suas cartas mais importantes surgiram durante a década de 50. Para encontrar a informação mais antiga, deve-se recorrer às cartas de Paulo e se perguntar: "Existem sinais de que fontes ainda mais antigas teriam sido usadas na redação dessas cartas?".

— E o que nós descobrimos? — falei para incentivar.

— Descobrimos que Paulo incluiu alguns credos, algumas confissões de fé ou hinos da igreja cristã primitiva. Eles remontam ao surgimento da igreja, logo depois da ressurreição. Os credos mais famosos são os de Filipenses 2:6-11, que fala de Jesus como igual a Deus, e Colossenses 1:15-20, onde Jesus é descrito como a "imagem do Deus invisível", que criou todas as coisas e através do qual todas as coisas se reconciliam com Deus, "estabelecendo a paz pelo seu sangue derramado na cruz". Certamente essas passagens são importantes porque explicam quais eram as convicções dos cristãos primitivos sobre Jesus. Porém, possivelmente, o credo mais importante quanto ao Jesus histórico é o de 1Coríntios 15, em que Paulo usa uma linguagem técnica para indicar que estava passando essa tradição oral de uma forma relativamente consistente.

Blomberg localizou a passagem na Bíblia e a leu para mim:

Pois o que primeiramente lhes transmiti foi o que recebi: que Cristo morreu pelos nossos pecados, segundo as Escrituras, foi sepultado e ressuscitou ao terceiro dia, segundo as Escrituras, e apareceu a Pedro e depois aos Doze. Depois disso apareceu a mais de quinhentos irmãos de uma só vez, a maioria dos quais ainda vive, embora alguns já tenham adormecido. Depois apareceu a Tiago e, então, a todos os apóstolos.[8]

— A questão — disse Blomberg — é esta: se a crucificação aconteceu por volta do ano 30 d.C., a conversão de Paulo foi mais ou menos no ano 32. Depois, Paulo foi levado imediatamente para Damasco, onde se encontrou com um cristão chamado Ananias e com alguns outros discípulos. Seu primeiro encontro com os apóstolos em Jerusalém teria acontecido em 35 d.C. Em algum momento nessa época, foi transmitido a Paulo este credo, que já tinha sido formulado e já estava sendo usado pela igreja primitiva.

"Nessa passagem, portanto, temos os principais fatos sobre a morte de Jesus pelos nossos pecados, além de uma lista detalhada daqueles para quem ele apareceu depois de ressuscitar: tudo isso acontecendo em um período entre dois e cinco anos depois dos acontecimentos propriamente ditos!

"Não se trata aí de mitologia inventada depois de 40 anos ou mais, como Armstrong supõe. Pode-se formular uma boa defesa dizendo que a crença cristã na ressurreição, mesmo que não tivesse ainda sido registrada por escrito na época, surgiu até dois anos depois do acontecimento em questão.

"Isso é extremamente importante — disse ele, empostando mais a voz para dar um destaque. — Com base nisso, não se compara trinta ou sessenta anos com os quinhentos anos normalmente aceitos para outros dados, fala-se de dois anos!"

Eu não conseguia ignorar a importância dessas provas. Elas pareciam, sem dúvida, quebrar as pernas da acusação de que a ressurreição, que é citada pelos cristãos como a confirmação suprema da divindade de Jesus, tenha sido simplesmente um conceito mitológico que se

---

[8]1Coríntios 15:3-7.

AS PROVAS TESTEMUNHAIS

desenvolveu por longos períodos, enquanto as lendas corrompiam os relatos das testemunhas oculares sobre a vida de Cristo. No que se refere a mim, isso me impactou profundamente: como cético, a ressurreição era uma das minhas principais objeções ao cristianismo.

Encostei-me na estante. A nossa conversa foi bem abrangente, e o argumento sublime de Blomberg parecia uma boa deixa para um intervalo.

UM PEQUENO RECESSO

A tarde estava chegando ao fim. Tínhamos conversado um bom tempo sem parar. Entretanto, não queria encerrar a nossa conversa sem antes submeter os relatos das testemunhas oculares ao mesmo tipo de teste utilizado por advogados ou jornalistas. Eu precisava saber se eles passariam nesse teste ou se, na melhor das hipóteses, iriam se mostrar questionáveis; ou, na pior delas, indignos de confiança.

Depois de terminar os preparativos, convidei o Blomberg a se levantar e a esticar as pernas antes de nos sentarmos novamente para retomar a discussão.

REFLEXÕES

PERGUNTAS PARA MEDITAÇÃO OU ESTUDO EM GRUPO

---

1. Em que medida suas opiniões foram influenciadas pelo testemunho ocular de alguém? Que critérios você costuma usar para avaliar se a história de alguém é honesta e precisa? Que avaliação você acha que os evangelhos receberiam de acordo com esses critérios?

2. Você acredita que os evangelhos podem ter uma agenda teológica e, ao mesmo tempo, manter a credibilidade no que relatam? Justifique a sua resposta afirmativa ou negativa. Você acha que a analogia de Blomberg sobre o Holocausto é útil para se refletir sobre essa questão?

3. De que modo e por qual motivo a explicação de Blomberg sobre as informações mais antigas sobre Jesus influencia a sua opinião sobre a confiabilidade dos evangelhos?

OUTRAS FONTES DE PROVAS

MAIS RECURSOS SOBRE ESSE ASSUNTO

BARNETT, Paul. *Is the New Testament Reliable?* [É o Novo Testamento digno de confiança?]. Segunda edição. Downers Grove: InterVarsity Academic, 2005.

_____. *Jesus and the logic of history* [Jesus e a lógica da história]. Grand Rapids, Eerdmans, 1997.

BLOMBERG, Craig L., *Can We Still Believe the Bible?* [Ainda podemos acreditar na Bíblia?]. Grand Rapids: Brazos Press, 2014.

_____. *The historical reliability of the gospels* [A confiabilidade histórica dos evangelhos]. Downers Grove: InterVarsity Academic, 2007.

_____. *The Historical Reliability of John's Gospel* [A confiabilidade histórica do Evangelho de João]. Downers Grove: InterVarsity Press, 2001.

BRUCE, F. F., *Merece confiança o Novo Testamento?* 3ª ed. São Paulo: Vida Nova, 2010.

COWAN, Stephen B.; WILDER,Terry L.. *In Defense of the Bible* [Em defesa da Bíblia]. Nashville: Broadman & Holman, 2013.

EDDY, Paul Rhodes; BOYD, Gregory A.. *The Jesus Legend: A Case for the Historical Reliability of the Synoptic Jesus Tradition* [A lenda de Jesus: a defesa da confiabilidade histórica da tradição sinótica de Jesus]. Grand Rapids: Baker Academic, 2007.

KEENER, Craig S. *The Historical Jesus of the Gospels* [O Jesus histórico dos Evangelhos]. Reimpressão. Grand Rapids: Eerdmans, 2012.

ROBERTS, Mark D. *Can We Trust the Gospels?* [Podemos confiar nos Evangelhos?]. Wheaton: Crossway, 2007.

STEIN, Robert H. "Criteria for the Gospels' Authenticity" em *Contending With Christianity's Critics* [Debatendo com os críticos do cristianismo], Paul Copan e William Lane Craig, (Eds.), p. 88-103. Nashville: B&H Academic, 2009.

CAPÍTULO 2

Avaliando as provas testemunhais

AS BIOGRAFIAS DE JESUS RESISTEM À INVESTIGAÇÃO DETALHADA?

O sussuro de Michael McCullough, de dezesseis anos, era tão fraco que os jurados não conseguiam ouvi-lo por cima do som ofegante que vinha da máquina de respiração que o mantinha vivo. Uma pessoa teve de se debruçar sobre a cama de Michael para ler seus lábios, para entender o que ele dizia e repetir seu testemunho improvisado ao tribunal.

Paralisado do pescoço para baixo por uma bala que causou o rompimento de sua medula espinhal, Michael estava fraco demais para ser transportado ao tribunal para o julgamento do caso dos dois jovens acusados de tê-lo atacado. Em vez disso, o juiz, o júri, os réus, os advogados, os repórteres e o público que estavam presentes à sessão se amontoaram no quarto do hospital onde ele estava internado, que foi declarado jurisdição temporária do tribunal itinerante da comarca de Cook.

Sob o interrogatório dos promotores, Michael se lembrou da maneira como saiu de seu apartamento em um conjunto habitacional de Chicago com dois dólares no bolso. Ele disse que foi assaltado na escada pelos dois acusados, que atiraram de propósito no seu rosto enquanto tentavam roubar seu dinheiro. Seu relato foi confirmado por dois outros jovens que assistiram apavorados ao desenrolar do assalto.

Os acusados nunca negaram ter atirado. Em vez disso, alegavam que a arma disparou por acidente enquanto eles a balançavam no ar. Os advogados de defesa sabiam que a única maneira de fazer com que seus clientes saíssem com a pena reduzida seria conseguir minar o testemunho de que o tiro tinha sido um ato de violência cruel e premeditada.

Eles fizeram o máximo para questionar os depoimentos das testemunhas oculares. Colocaram em dúvida sua capacidade de ver o que aconteceu, mas não conseguiram achar nenhuma brecha. Tentaram se aproveitar das incoerências, mas os relatos se encaixavam nos pontos principais. Exigiram mais provas, mas elas claramente eram desnecessárias.

Eles levantaram suspeitas sobre o caráter das testemunhas, mas tanto elas quanto a vítima eram jovens obedientes à lei, sem nenhum antecedente criminal. Tentaram demonstrar que houve preconceito contra os acusados, mas não conseguiram. Questionaram se uma das testemunhas, um garoto de nove anos chamado Keith, teria idade suficiente para entender o que significava dizer a verdade sob juramento, mas obviamente ninguém duvidava disso.

Na incapacidade dos advogados de defesa de abalar a credibilidade da vítima e das testemunhas de acusação, os dois réus foram condenados por tentativa de homicídio a 50 anos de prisão. Dezoito dias depois, Michael morreu.[1]

O trabalho do advogado de defesa é desafiador: questionar, criar dúvidas e examinar os pontos delicados e vulneráveis do relato de uma testemunha. Eles fazem isso sujeitando os depoimentos a vários testes. A ideia é que o testemunho honesto e correto passe nos testes, ou então, seja exposto o testemunho falso, exagerado ou enganador.

---

[1]STROBEL, Lee. "Jury in Makeshift Courtroom Hears Dying Boy Tell of Attack". *Chicago Tribune*, February 24, 1976.

AVALIANDO AS PROVAS TESTEMUNHAIS   51

No caso de Michael, a justiça prevaleceu porque os jurados perceberam que as testemunhas e a vítima estavam relatando com sinceridade e precisão o que tinham vivido.

Agora, voltemos à nossa investigação sobre as provas históricas relacionadas a Jesus. Chegou a hora de submeter o depoimento do Dr. Blomberg aos testes que tanto poderiam revelar os seus pontos fracos como poderiam realçar a sua força. Boa parte deles seriam os mesmos que foram usados pelos advogados de defesa no caso de Michael há tantos anos.

— Gostaria de lhe interrogar com oito testes diferentes — eu disse a Blomberg, enquanto nos sentávamos depois de um intervalo de quinze minutos.

Blomberg pegou uma xícara de café que acabara de ser passado e se acomodou na cadeira. Não tenho certeza, mas ele parecia estar ansioso pelo desafio.

— Vamos em frente — disse ele.

1. O TESTE DA INTENÇÃO

Esse teste visa determinar se a intenção dos escritores, implícita ou explícita, era preservar com exatidão a história.

— Esses autores do primeiro século tinham algum interesse em registrar o que realmente aconteceu? — perguntei.

— Sim, tinham — disse ele. — Isso se percebe no início do evangelho de Lucas, cuja leitura é bem parecida com a dos prefácios de outras obras biográficas ou históricas confiáveis da Antiguidade.

Abrindo a Bíblia, Blomberg leu a introdução do livro de Lucas:

> Muitos já se dedicaram a elaborar um relato dos fatos que se cumpriram entre nós, conforme nos foram transmitidos por aqueles que desde o início foram testemunhas oculares e servos da palavra. Eu mesmo investiguei tudo cuidadosamente, desde o começo, e decidi escrever-te um relato ordenado, ó excelentíssimo Teófilo, para que tenhas a certeza das coisas que te foram ensinadas.[2]

---

[2]Lucas 1:1-4.

— Como você pode ver — continuou Blomberg —, Lucas diz claramente que pretendia escrever com precisão sobre as coisas que havia investigado e que considerava ter respaldo confiável de testemunhas.

— E os outros evangelhos? — perguntei. — Eles não começam com declarações como essa. Isso quer dizer que os autores não tinham a mesma intenção?

— É verdade que Marcos e Mateus não dizem isso de forma explícita — disse Blomberg. — No entanto, eles se aproximam de Lucas quanto ao gênero literário, e parece coerente que o objetivo histórico de Lucas reflita bem de perto o deles.

— E João? — perguntei.

— A única outra declaração de propósito dos evangelhos está em João 20:31: "Mas estes foram escritos para que vocês creiam que Jesus é o Cristo, o Filho de Deus e, crendo, tenham vida em seu nome".

— Essa parece mais uma declaração teológica do que histórica — discordei.

— Reconheço que sim — disse Blomberg. — Contudo, para ser convincente a ponto de levar as pessoas a acreditar, a teologia tem de se basear na exatidão da história. Além do mais, há uma prova implícita que não se pode deixar de lado. Leve em consideração a maneira pela qual os evangelhos foram escritos, de um modo sóbrio e responsável, com detalhes incidentais precisos, com cuidado e exatidão evidentes. Não se encontra neles o discurso extravagante e a mistificação gritante que se percebe em vários outros escritos antigos. Qual é a conclusão de tudo isso? — ele perguntou, respondendo à própria pergunta logo em seguida. — Parece ser bem evidente que o objetivo dos autores dos evangelhos era o de tentar registrar o que realmente aconteceu.

RESPONDENDO AS OBJEÇÕES

Mas será que foi isso o que realmente aconteceu? Alguns críticos propõem um cenário alternativo que se opõe a essa ideia.

Eles dizem que os cristãos primitivos tinham a convicção de que Jesus voltaria durante o seu tempo de vida para completar a história.

AVALIANDO AS PROVAS TESTEMUNHAIS   53

Por isso, eles não viam necessidade de preservar os registros históricos sobre a vida ou os ensinos de Jesus. Afinal de contas, por que se importar com isso se ele está para voltar e para trazer o fim do mundo a qualquer momento?

— Portanto — eu disse —, anos depois, quando ficou claro que Jesus não voltaria imediatamente, eles perceberam que não possuíam nenhum material histórico preciso que servisse de base para se escrever os evangelhos. Nada tinha sido captado com um propósito histórico. Não foi isso o que realmente aconteceu?

— Existem, de fato, seitas e grupos, inclusive religiosos, através da história, para os quais esse argumento se aplica, mas não para os primeiros cristãos — Blomberg respondeu.

— Por que não? — indaguei. — O que havia de tão diferente no cristianismo?

— Em primeiro lugar, eu acho que a premissa é um pouco exagerada. A verdade é que a maior parte dos ensinos de Jesus pressupõe um período expressivo anterior ao fim do mundo — ele disse. — Mas, além disso, ainda que alguns seguidores de Jesus realmente acreditassem que ele poderia voltar de um modo relativamente rápido, lembre-se de que o cristianismo tem sua origem no judaísmo. — continuou. — Durante oito séculos, os judeus conviveram com a tensão entre as repetidas declarações dos profetas, de que o Dia do Senhor estava próximo, bem como a continuidade da história de Israel. E, mesmo assim, os seguidores daqueles profetas registraram, valorizaram e preservaram as palavras dos profetas. Já que os seguidores de Jesus o consideravam muito superior a um profeta, parece bem coerente supor que eles tenham feito a mesma coisa.

Embora isso parecesse razoável, alguns especialistas também levantaram uma segunda objeção que eu expus a Blomberg.

— Eles dizem que os cristãos primitivos frequentemente acreditavam que o Cristo fisicamente ausente estava falando com a sua igreja por meio de mensagens, ou "profecias" — eu disse. — Já que essas profecias tinham o mesmo nível de autoridade que tinham as próprias palavras de Jesus em sua vida terrena, os cristãos primitivos não faziam distinção entre essas palavras mais novas e as palavras originais do Jesus histórico. Por causa disso, os evangelhos misturam esses dois tipos de material, então, não sabemos ao certo o que vem do Jesus histórico e o que não vem. Essa é uma acusação preocupante para muita gente. Como você reage a isso?

— Esse argumento tem menos base histórica do que o anterior — ele disse sorrindo. — Na verdade, dentro do próprio Novo Testamento existem provas que refutam essa hipótese.

"Existem algumas passagens que se referem à profecia cristã primitiva, mas elas são sempre diferenciadas daquilo que o Senhor disse. Por exemplo, em 1Coríntios 7, Paulo distingue claramente entre o momento em que ele recebe uma palavra do Senhor e o momento em que ele cita o Jesus histórico. No livro de Apocalipse, pode-se distinguir perfeitamente as muitas vezes em que Jesus fala diretamente com esse profeta, que a tradição supõe ser o apóstolo João, e os momentos em que João relata suas visões inspiradas.

"Igualmente, em 1Coríntios 14, passagem na qual Paulo discute os critérios para a profecia verdadeira, ele fala sobre a responsabilidade da igreja local em colocar os profetas à prova. Com base nos conhecimentos judaicos de Paulo, sabemos que os critérios para a profecia verdadeira incluíam se o predito realizou-se, e se essas afirmações estavam de acordo com as palavras reveladas anteriormente pelo Senhor.

"Entretanto, o argumento mais forte é que esse conflito não se encontra nos evangelhos. Depois da ascensão de Cristo, várias controvérsias ameaçaram a igreja primitiva: se os crentes teriam de ser circuncidados, se era necessário regulamentar o falar em línguas, de que maneira se poderia manter a comunhão entre judeus e gentios, quais as funções que as mulheres exercem no ministério, se os fiéis deveriam se divorciar dos cônjuges não cristãos.

"Essas questões poderiam ter sido resolvidas de forma conveniente se os cristãos primitivos simplesmente consultassem nos evangelhos o que Jesus lhes havia dito sobre o que lhes esperava, mas isso nunca aconteceu. A permanência dessas controvérsias é sinal de que os cristãos estavam interessados em distinguir entre o que aconteceu durante a vida de Jesus e o que foi debatido posteriormente nas igrejas."

2. O TESTE DA CAPACIDADE

Mesmo que os escritores quisessem registrar a história de um modo confiável, eles seriam capazes de fazê-lo? Como podemos ter certeza de que o material sobre a vida e os ensinos de Jesus foi bem preservado por 30 anos, antes de ser finalmente registrado de forma escrita nos Evangelhos?

Perguntei a Blomberg:

— Você admite que os lapsos de memória, o pensamento fantástico e a criação de lendas poderiam ter corrompido de uma forma irremediável a tradição sobre Jesus antes de os evangelhos serem escritos?

Blomberg começou a responder definindo o contexto.

— Precisamos lembrar que estamos tratando de uma terra estranha, de uma época e de um lugar bem distantes, em uma cultura que ainda não tinha inventado o computador e nem mesmo a imprensa — ele respondeu. — Os livros, ou melhor, os rolos de papiro, eram relativamente raros. Portanto, a educação, o aprendizado, a adoração e o ensino nas comunidades religiosas, tudo isso era feito de viva voz. Alguns rabinos ficaram famosos por saberem de cor todo o Antigo Testamento. Por isso, os discípulos de Jesus eram capazes de guardar na memória muito mais do que aparece nos quatro evangelhos, e ainda passar adiante com exatidão.

— Espere um pouco! — eu discordei. — Francamente, é bem difícil confiar nesse tipo de memorização. Como isso é possível?

— Sim, é difícil para nós na atualidade imaginarmos — Blomberg reconheceu —, mas aquela cultura era oral, na qual a memorização tinha maior destaque. Lembre-se de que 80 a 90% das palavras de Jesus foram preservadas originariamente de forma poética. Não se trata necessariamente de rimas, mas havia uma métrica, com versos equilibrados, paralelismos e assim por diante, e isso proporcionou um grande auxílio para a memorização.

"O que também precisa ser dito é que a definição de memorização era mais flexível naquela época. Nos estudos das culturas com tradição oral, havia liberdade para se variar o quanto da história se contava em cada momento, o que se incluía, o que se deixava de fora, o que era colocado em outras palavras, o que era explicado, e por aí vai.

"Um estudo propôs que, no antigo Oriente Médio, entre 10 e 40% de cada transmissão oral da tradição sagrada pode variar uma vez ou outra. No entanto, sempre havia partes fixas inalteráveis, e a comunidade tinha o direito de intervir e corrigir o narrador caso ele errasse nesses aspectos importantes da história.

"Essa é uma interessante... — Blomberg parou, procurando na mente a palavra certa. — É uma interessante *coincidência* de que 10 a 40% seja, de forma bem consistente, o percentual que varia entre os sinóticos em qualquer passagem comum entre eles."

Blomberg estava insinuando alguma coisa. Eu queria que ele fosse mais claro.

— Explique um pouco mais — eu disse. — O que você está querendo dizer exatamente?

— Estou dizendo que, provavelmente, muitas semelhanças e diferenças entre os sinóticos podem ser explicadas quando se reconhece que os discípulos e outros cristãos primitivos tinham memorizado muita coisa do que Jesus disse e fez, mas sentiam-se à vontade para transmitir essas informações de modo diferente, sempre preservando a importância dos ensinos e dos atos originais de Jesus.

Mesmo assim, eu ainda tinha alguma dúvida sobre a capacidade desses cristãos primitivos de preservar de um modo exato esta tradição oral. Eu tinha muitas lembranças de jogos e brincadeiras das festas que frequentei quando criança, em que as palavras eram distorcidas em questão de minutos.

Brincando de telefone sem fio

Você provavelmente já brincou de telefone sem fio: alguém cochicha alguma coisa no seu ouvido, por exemplo: "Você é o meu melhor amigo", e em seguida você cochicha a mesma coisa no ouvido do outro, em um grande círculo, até que, no final da volta, a mensagem sai completamente distorcida, por exemplo: "Você é o meu pior amigo".

— Vamos ser sinceros — eu disse a Blomberg —, essa não é uma boa analogia para o que provavelmente aconteceu com a tradição oral sobre Jesus.

— Não, não mesmo — ele disse. — A razão é esta: quando se memoriza com cuidado alguma coisa, e se tem cuidado de não repassar antes de ter certeza de que a sabe de cor, faz-se algo bem diferente de brincar de telefone sem fio. No telefone sem fio, muito da graça vem

AVALIANDO AS PROVAS TESTEMUNHAIS 57

da pessoa não entender nem ouvir direito pela primeira vez, além de não poder pedir para o outro repetir. Então, imediatamente ela passa adiante, também cochichando, para fazer com que o outro se atrapalhe ainda mais. Aí sim, depois de passar por uma roda de trinta pessoas, o resultado pode ser bem engraçado.

— Então, por que essa analogia não é boa para se aplicar para tradição oral antiga? — perguntei.

Blomberg tomou um gole de café antes de responder.

— Se você quisesse de fato aplicar essa analogia à luz dos critérios da comunidade do primeiro século, você teria de orientar toda pessoa que ouvisse a pergunta, em alto e bom som, para aquela que lhe falou: "Está certo o que eu falei?", e corrigi-la se não estiver. A comunidade sempre monitoraria o que era dito e interferiria para corrigir durante o processo. Isso preservaria a integridade da mensagem — ele disse.

— E o resultado seria bem diferente de uma brincadeira de criança.

3. O TESTE DO CARÁTER

Esse teste observa se no caráter desses autores havia a intenção de serem verdadeiros. Será que havia alguma prova de desonestidade ou imoralidade que pudesse corromper sua capacidade ou sua disposição de transmitir a história de um modo preciso? Blomberg acenou que não.

— Simplesmente não temos nenhuma prova aceitável para contestar que eles eram pessoas de grande integridade — ele disse. — Nós os vemos relatando as palavras e ações do homem que os chamou para atingir um nível de integridade tão alto quanto o de qualquer outra religião de que se tem notícia. Além disso, eles estavam dispostos a viver suas crenças apesar da perseguição, da privação e do sofrimento, o que demonstra grandeza de caráter.[3] Em termos de honestidade,

---

[3]Sete fontes antigas relatam a disposição dos discípulos de sofrerem pela sua convicção de que Jesus ressuscitou dentre os mortos: Atos, Clemente de Roma, Policarpo, Inácio, Dionísio de Corinto (citação encontrada em Eusébio), Tertuliano e Orígenes. Se os martírios de Paulo e de Tiago, meio-irmão de Jesus, forem incluídos, temos onze fontes. Veja a entrevista com o especialista em ressurreição Michael Licona em STROBEL, Lee. *The Case for the Real Jesus*. Grand Rapids: Zondervan, 2007. p. 118.

verdade, virtude e moralidade, essas pessoas tinham um histórico de dar inveja.

4. O TESTE DA COERÊNCIA

Aqui está um teste que os céticos sempre consideram que os evangelhos são reprovados. Afinal de contas, eles não são irremediavelmente contraditórios entre si? Não há discrepâncias incompatíveis entre os vários relatos do evangelho? Se isso for verdade, como podemos confiar no que dizem?

Blomberg concordou que existem várias passagens onde os evangelhos parecem se contradizer.

— Elas vão desde as menores, no palavreado, até as contradições aparentes mais famosas — ele disse. — Tenho para mim que, se forem reconhecidos os elementos sobre os quais eu falei anteriormente, ou seja, a paráfrase, a abreviação, os acréscimos explicativos, a seleção e a omissão, os evangelhos demonstram uma extrema consistência entre si pelos padrões antigos, que são os únicos pelos quais é justo julgá-los.

— Ironicamente — destaquei —, se os evangelhos fossem idênticos entre si, palavra por palavra, teria despertado críticas de que os autores teriam conspirado entre eles para ajeitar previamente os seus relatos, o que os colocaria sob suspeita.

— Isso mesmo! — concordou Blomberg. — Se os relatos dos evangelhos fossem muito consistentes, isso, por si só, os invalidariam como testemunhos independentes. Então, as pessoas diriam que na realidade é um só testemunho que os outros estariam repetindo como papagaios.

Lembrei-me na hora de Simon Greenleaf, da Faculdade de Direito de Harvard, um dos personagens mais importantes da história do Direito e autor de um tratado muito influente sobre provas. Depois de estudar o nível de coerência entre os quatro evangelistas, ele fez a seguinte avaliação: "Há discrepância suficiente para demonstrar que não poderia ter havido um acordo anterior entre eles; e, ao mesmo tempo, há uma harmonia substancial o suficiente para demonstrar que

AVALIANDO AS PROVAS TESTEMUNHAIS   59

todos eles eram narradores independentes que participavam de uma
mesma biografia grandiosa".[4]

Sob o ponto de vista de um historiador clássico, o especialista alemão Hans Stier concorda que a harmonia entre os dados básicos e
a divergência nos detalhes sugerem credibilidade, porque os relatos
inventados tendem a ser totalmente coerentes e harmônicos. "Todo
historiador", ele escreveu, "começa a suspeitar bastante quando um
acontecimento extraordinário somente é retratado em narrativas completamente livres de contradições".[5]

Apesar de isso ser verdade, eu não queria ignorar as dificuldades que
surgem com as aparentes discrepâncias entre os evangelhos. Decidi me
aprofundar na questão, pressionando Blomberg em alguns exemplos
claros de supostas contradições que os céticos frequentemente usam
para demonstrar que não se pode confiar nos relatos dos evangelhos.

Lidando com as contradições

Comecei com um relato bem conhecido de cura.

— Em Mateus, um centurião foi pessoalmente a Jesus para lhe
pedir que curasse seu servo — destaquei. — No entanto, Lucas diz que
o centurião mandou os anciãos fazerem isso. Veja, isso se trata de uma
contradição, não é verdade?

— Na minha opinião, não — Blomberg respondeu. — Pense da
seguinte forma: no mundo atual, podemos ouvir uma reportagem
dizendo que o presidente declarou alguma coisa, quando, na verdade,
o discurso foi redigido por alguém encarregado de escrevê-lo e lido
pelo secretário de imprensa. Com um pouco de sorte, o presidente
pode até mesmo ter dado uma olhada entre uma coisa e outra, mas isso
não é razão para acusar aquela transmissão de estar errada. Do mesmo
modo, no mundo antigo, era perfeitamente entendido e aceito que se
atribuísse às pessoas ações que, na verdade, tenham sido praticadas por

---

[4]GREENLEAF, Simon. *The Testimony of the Evangelists.* Grand Rapids: Baker, 1984. p. vii.
[5]Citado por BLOMBERG, Craig. "Where do we start studying Jesus?" in MORE-
LAND, J. P.; WILLKINS, M. J. *Jesus under Fire.* Grand Rapids: Zondervan, 1996. p. 34.

seus subordinados ou pelos seus porta-vozes: nesse caso, os anciãos do povo judeu.

— Então, quer dizer que tanto Mateus quanto Lucas estão certos?

— Exatamente! — disse ele.

Isso me parecia plausível, então lhe apresentei um segundo exemplo.

— E a afirmação de Marcos e Lucas dizendo que Jesus enviou alguns demônios para os porcos em Gerasa, enquanto Mateus diz que foi em Gadara? As pessoas olham para isso e dizem que essa é uma contradição óbvia que não pode ser resolvida: trata-se de dois lugares diferentes. Caso encerrado.

— Bem, não encerre o caso ainda — Blomberg disse com um leve sorriso. — Há uma solução possível: uma se tratava de uma cidade, a outra era uma província.

Isso me pareceu genérico demais. Ele parecia estar passando por cima das dificuldades verdadeiras levantadas por essa questão.

— Acho que é um pouco mais complicado — eu disse. — Gerasa, a cidade, nem ficava perto do mar da Galileia, mas foi justamente lá que os demônios, depois de entrar nos porcos, supostamente levaram a manada para o precipício.

— Está certo, essa é uma boa questão! — disse Blomberg. — Mas existem ruínas de uma cidade cujo sítio de escavação fica exatamente na margem oriental do mar da Galileia. O nome da cidade geralmente se pronuncia como *Khersa*. No entanto, como toda palavra hebraica traduzida ou transliterada para o grego, é provável que soasse bem parecido com *Gerasa*. Portanto, é bem possível que tenha sido em Khersa, cuja grafia em grego foi vertida como "Gerasa", na província de Gadara.

— Parabéns! — concordei sorrindo. — Essa resposta foi satisfatória. Mas esta questão aqui não é nada fácil: O que dizer das discrepâncias entre as genealogias de Jesus em Mateus e Lucas? Com frequência os céticos as consideram totalmente incoerentes entre si.

— Esse é outro caso com várias opções — disse Blomberg.

— Quais?

— As duas opções mais comumente aceitas são: que Mateus reflete a linhagem de José, porque a maior parte do primeiro capítulo é contada sob a perspectiva de José, que, como pai adotivo, seria o

AVALIANDO AS PROVAS TESTEMUNHAIS 61

antepassado legal por meio de quem a linhagem real de Jesus seria traçada. São esses os temas que são importantes para Mateus. Lucas, por sua vez, teria traçado a genealogia de Jesus com base na linhagem de Maria. E, já que ambos são descendentes de Davi, quando se recua até ele, as linhagens se encontram.

"A outra opção afirma que as duas genealogias refletem a linhagem de José, a fim de criar os vínculos legais necessários. Uma delas, porém, seria a linhagem humana de José, a do evangelho de Lucas, e a outra seria a linhagem oficial de José, com as duas tendo diferenças nos pontos em que os antepassados não tiveram descendentes diretos. Estes eram obrigados a indicar descendentes legais através de várias práticas previstas no Antigo Testamento.

"O problema aumenta mais ainda porque se nota a omissão de alguns nomes, o que era perfeitamente aceitável pelos padrões do mundo antigo. Existem também algumas variantes textuais: nomes que, ao serem passados de uma língua para outra, frequentemente recebiam grafias diferentes e eram facilmente confundidos com os de outras pessoas."

Blomberg terminou sua explicação: pelo menos algumas delas são racionais. Apesar de não serem perfeitas, no mínimo harmonizam de forma coerente os relatos do evangelho.

Para que a nossa conversa não baixasse a um nível de tortura intelectual, resolvi seguir em frente. Nesse meio-tempo, eu e Blomberg concordamos que a melhor abordagem geral seria tratar cada questão individualmente, para ver se existe um modo racional de resolver o aparente conflito entre os evangelhos. Certamente não são poucos os livros que se estuda, chegando a detalhes cansativos, sobre o modo pelo qual se pode harmonizar essas diferenças.[6]

— Ainda haverá momentos — disse Blomberg — em que talvez precisemos colocar o julgamento em suspenso e simplesmente dizer que, já que se explicou a grande maioria dos textos e se considerou dignos de confiança, podemos dar-lhes então o benefício da dúvida quando não tivermos certeza sobre algum detalhe ou outro.

---

[6]Veja GEISLER, Norman; HOWE, Thomas. *Manual popular de dúvidas, enigmas e "contradições" da Bíblia.* São Paulo: Mundo Cristão, 1999.

5. O TESTE DO PRECONCEITO

Esse teste analisa se os autores dos evangelhos tinham algum preconceito capaz de comprometer o seu trabalho. Será que eles tiveram algum interesse oculto em deformar o material que eles estavam passando adiante?

— Não podemos subestimar o fato de que essas pessoas amavam a Jesus — destaquei. — Eles não eram observadores neutros, eram seguidores fiéis de Cristo. Será que isso não poderia fazer com que eles alterassem as coisas para melhorar a imagem de Jesus?

— Admito que existe essa possibilidade — disse Blomberg. — Mas, por outro lado, as pessoas também podem honrar e respeitar tanto alguém a ponto de registrar a sua vida com a maior integridade possível. Essa seria a forma de demonstrar o seu amor por essa pessoa, e eu acho que foi isso que aconteceu. Além disso, esses discípulos nada tinham a ganhar exceto críticas, o ostracismo e o martírio. Com certeza, eles não teriam nada a ganhar financeiramente. Na verdade, isso os levaria a ficar quietos, a negar Jesus, a diminuí-lo e até mesmo a esquecer que um dia o conheceram. No entanto, por causa de sua integridade, eles proclamaram o que viram, mesmo que fosse às custas de sofrimento e morte.

6. O TESTE DA DISSIMULAÇÃO

Quando as pessoas depõem sobre acontecimentos que presenciaram, elas sempre tentam proteger a si mesmas e aos outros, esquecendo-se de mencionar detalhes embaraçosos ou difíceis de explicar. Por causa disso, cria-se uma incerteza sobre a credibilidade de todo o seu testemunho.

Então, perguntei a Blomberg:

— Os autores dos evangelhos incluíram algum tipo de material que pudesse ser fonte de vergonha ou o esconderam para manter sua imagem? Relataram algo incômodo ou difícil de explicar?

— Há realmente muito a dizer sobre isso — ele respondeu. — Grande parte dos ensinos de Jesus constitui-se de palavras duras. Parte dela é bem exigente no aspecto ético. Se eu fosse inventar uma

AVALIANDO AS PROVAS TESTEMUNHAIS 63

religião para satisfazer os meus caprichos, provavelmente não diria a mim mesmo para ser perfeito como o meu Pai celestial, nem mesmo incluiria na definição do adultério a malícia do meu coração.

— Mas também existem declarações exigentes em outras religiões — discordei.

— Sim, é verdade, por isso mesmo que as palavras duras mais persuasivas eram as que traziam as maiores dificuldades para o que a igreja queria ensinar sobre Jesus.

Essa resposta parecia vaga.

— Dê-me alguns exemplos — eu pedi.

Blomberg pensou um pouco e depois disse.

— Por exemplo, Marcos 6:5 diz que Jesus não pôde fazer muitos milagres em Nazaré porque as pessoas dali tinham pouca fé, o que parecia limitar seu poder. Jesus disse em Marcos 13:32 que ele não sabia a hora de seu retorno, o que parece limitar a sua onisciência. Atualmente, a teologia não tem tido problemas com essas declarações, porque o próprio Paulo, em Filipenses 2.5-8, nos esclarece sobre a ação de Deus, em Cristo, limitando de maneira espontânea e consciente o exercício independente de seus atributos divinos. Entretanto, se eu me sentisse livre para brincar com a história do evangelho, seria muito mais conveniente deixar de fora todo esse material, o que me pouparia o trabalho de ter de explicá-lo. O batismo de Jesus é outro exemplo. Pode-se explicar o motivo pelo qual Jesus, que não tinha pecado, deixou-se batizar, mas por que não facilitar as coisas e pular essa parte? Na cruz, Jesus gritou: "Meu Deus! Meu Deus! Por que me abandonaste?". Seria muito mais interessante para os evangelistas retirar essa passagem, por dar margem a várias perguntas.

— Com certeza — eu disse. — Já existe material suficiente para constranger os discípulos.

— Sem dúvida — disse Blomberg. — A perspectiva de Marcos sobre Pedro é imparcial e indelicada. E olhe que Pedro era o líder! Os discípulos, várias vezes, entenderam mal o que Jesus queria dizer. Tiago e João queriam os lugares à direita e à esquerda de Jesus, e ele, em vez disso, tem de lhes dar lições bem duras sobre a liderança que serve. Eles parecem um bando de egoístas, interesseiros e tolos em boa parte do tempo.

"A essa altura, já sabemos que os evangelistas eram seletivos. O evangelho de João termina dizendo, um tanto quanto hiperbolicamente, que o mundo inteiro não poderia conter todas as informações que poderiam ser escritas sobre Jesus. Portanto, se eles tivessem deixado de fora uma parte delas, isso não necessariamente seria visto como falsificar a história.

"Mas a questão é a seguinte: Se os evangelistas não se sentiam à vontade para deixar de fora esse tipo de material, quando na verdade teria sido conveniente e útil que o fizessem, será, de fato, lógico acreditar que tenham abertamente acrescentado e inventado algum material sem nenhuma base histórica?"

Blomberg deixou por alguns instantes a pergunta no ar antes de concluir com confiança:

— Eu diria que não.

7. O TESTE DE CONFIRMAÇÃO

Apresentei esse próximo teste perguntando a Blomberg:

— Quando os evangelhos mencionam pessoas, lugares e acontecimentos, essas informações conferem nos casos em que podem ser verificadas de forma independente? Frequentemente, essa confirmação é indispensável para avaliar se um autor tem ou não um compromisso com a precisão.

— Sim, conferem, e quanto mais se analisa isso, mais detalhes se confirmam — respondeu Blomberg. — Nos últimos séculos, a arqueologia tem desenterrado muitas descobertas que confirmam as referências específicas dos evangelhos, principalmente as de João: ironicamente, justo aquele que supostamente desperta mais suspeitas!

"Claro que existem algumas questões que ainda não foram resolvidas; e existem situações onde a arqueologia cria novos problemas, mas estes se constituem em uma pequena minoria, se comparados com o número de exemplos de confirmação.

"Além disso, nós temos contato, através de fontes não cristãs, com muitos fatos sobre Jesus que confirmam os seus principais ensinos e os

AVALIANDO AS PROVAS TESTEMUNHAIS 65

acontecimentos de sua vida. E, ao parar um momento para refletir que os historiadores antigos só lidavam, na maioria dos casos, com líderes políticos, imperadores, reis, batalhas militares, autoridades religiosas e com os principais movimentos filosóficos, é impressionante o quanto podemos aprender sobre Jesus e seus seguidores, apesar de eles não se encaixarem em nenhuma dessas categorias abordadas na época em que os historiadores escreveram sobre eles."

Essa foi uma resposta muito concisa e prática. No entanto, embora não tivesse razão para duvidar do seu parecer, achei que valia a pena pesquisar um pouco mais sobre esse assunto. Peguei minha caneta e rabisquei um lembrete à margem das minhas anotações: "Consiga opiniões especializadas dos arqueólogos e dos historiadores".

8. O TESTE DO TESTEMUNHO HOSTIL

Esse teste faz a seguinte pergunta: Haveria outras pessoas presentes que teriam desmentido ou corrigido os evangelhos, caso eles tivessem sido distorcidos ou falsificados? Em outras palavras, estão registrados exemplos de contemporâneos de Jesus reclamando que os relatos do evangelho estão totalmente errados?

— Muitas pessoas tinham razões para querer desacreditar esse movimento e teriam feito isso se pudessem contar uma história melhor — Blomberg disse. — No entanto, veja o que realmente disseram seus adversários. Nos escritos judeus tardios, Jesus é chamado de o feiticeiro que desviou Israel, o que reconhece que ele de fato fez obras maravilhosas, embora os autores questionem a origem do seu poder. Essa seria a oportunidade perfeita para dizer algo parecido com: "Os cristãos lhes dirão que ele fez milagres, mas podemos provar que ele não fez". Entretanto, nunca vemos os seus adversários dizendo isso. Pelo contrário, eles reconhecem implicitamente que o que os evangelhos escreveram, ou seja, que Jesus fez milagres, é verdade.

Nesse momento, perguntei a Blomberg:

— Será que esse movimento cristão teria se estabelecido exatamente ali em Jerusalém, no lugar exato onde Jesus passou a maior parte de seu ministério, foi crucificado, morreu e ressuscitou, se as pessoas que o conheceram soubessem que os discípulos estavam exagerando ou distorcendo as coisas que ele fez?

— Acredito que não — respondeu Blomberg. — O que observamos é um movimento que era muito vulnerável e frágil no começo, que estava sujeito à perseguição. Se os críticos tivessem a chance de atacá-lo, acusando-o de falsidades e distorções, eles o fariam, mas não é exatamente o que se observa — ele destacou ao terminar.

Uma fé fundamentada nos fatos

Devo admitir que Blomberg me impressionou. Informado e expressivo, culto e convincente, ele defendeu poderosamente a confiabilidade dos evangelhos. As provas que apresentou em favor da autoria tradicional dos evangelhos, sua análise sobre a data extremamente antiga das crenças fundamentais sobre Jesus, sua defesa bem fundamentada da precisão da tradição oral, sua análise cuidadosa sobre as aparentes contradições e todo o seu testemunho me trouxeram uma base de trabalho bem sólida.

Entretanto, ainda faltava muito para eu definir bem se Jesus era o Filho Unigênito de Deus. Na verdade, depois de conversar com Blomberg, minha próxima missão ficou bem clara: descobrir se esses evangelhos, que Blomberg provou serem confiáveis, nos tinham sido transmitidos fielmente ao longo dos séculos. Como podemos ter certeza de que os textos que estamos lendo hoje têm alguma semelhança com aqueles que foram escritos originalmente no primeiro século? Além do mais, como sabemos que os evangelhos estão contando a história completa sobre Jesus?

Olhei para o relógio. Se o trânsito estivesse bom, pegaria o avião de volta a Chicago sem problemas. Enquanto eu recolhia minhas anotações e desligava o gravador, dei mais uma olhada nas pinturas infantis nas paredes de Blomberg e, de repente, não pensei mais nele como o especialista nem como o autor, muito menos como o professor, mas como o pai que se senta à beira da cama das filhas à noite e lhes fala sobre o que realmente é importante na vida.

AVALIANDO AS PROVAS TESTEMUNHAIS   67

Pensei: "O que ele diz a elas sobre a Bíblia e sobre Deus? Sobre esse Jesus que faz afirmações tão audaciosas sobre si mesmo?"

Foi irresistível fazer uma última sequência de perguntas:

— E a sua fé pessoal? — comecei. — De que modo a sua pesquisa afetou suas crenças?

Mal acabei de perguntar e ele já respondeu:

— Ela as fortaleceu, sem dúvida nenhuma. Pela minha própria pesquisa cheguei à conclusão de que existem provas bem fortes da confiabilidade dos depoimentos do evangelho.

Ele ficou quieto por um instante e depois continuou:

— Sabe, isso é irônico: a Bíblia considera louvável a fé que não exige provas. Lembre-se do modo pelo qual Jesus respondeu ao Tomé que duvidava: "Porque me viu, você creu? Felizes os que não viram e creram". Sei que as provas nunca podem constranger ou levar necessariamente à fé. Não podemos tomar o lugar do Espírito Santo, o que é sempre uma preocupação dos cristãos quando ouvem debates desse tipo. Mas eu lhe digo uma coisa: Existem muitas histórias de especialistas em Novo Testamento que não eram cristãos, mas que através do estudo dessas mesmas questões chegaram à fé em Cristo. E existem bem mais especialistas, que já eram fiéis, cuja fé ficou mais forte, mais sólida e melhor fundamentada por causa das provas: é nessa categoria que eu me encaixo.

Quanto a mim, eu estava na primeira categoria: não, eu não era nenhum especialista; eu era cético, um iconoclasta, um repórter intransigente em busca da verdade sobre esse Jesus que disse ser o caminho, a verdade e a vida.

Fechei a minha maleta e me levantei para agradecer. Eu faria o meu voo de volta para Chicago satisfeito, sabendo que minha busca espiritual tivera um excelente começo.

REFLEXÕES

PERGUNTAS PARA MEDITAÇÃO OU ESTUDO EM GRUPO

1. De modo geral, como as respostas do professor Blomberg aos oito testes de confirmação afetaram a sua confiança na confiabilidade dos evangelhos? Por quê?

2. Qual desses oito testes você considera mais persuasivo e por quê?

3. Quando as pessoas da sua confiança dão detalhes ligeiramente diferentes sobre o mesmo acontecimento, você automaticamente questiona sua credibilidade ou verifica se há um meio de conciliar os seus relatos? Quão convincente você achou a análise de Blomberg sobre as aparentes contradições que encontramos entre os evangelhos?

OUTRAS FONTES DE PROVAS

MAIS RECURSOS SOBRE ESSE ASSUNTO

ARCHER, Gleason L. *Enciclopédia de temas bíblicos.* 2ª ed. São Paulo: Vida, 2002.

BEILBY, James K.; Paul Rhodes Eddy, Eds. *The Historical Jesus: Five Views* [O Jesus histórico: cinco visões]. Downers Grove: InterVarsity Academic, 2009.

KÖSTENBERGER, Andreas J.; BOCK, Darrell L.; CHATRAW, Josh. *Truth in a Culture of Doubt: Engaging Skeptical Challenges to the Bible* [A verdade em uma cultura de dúvida: abordando os desafios céticos à Bíblia]. Nashville: B&H Academic, 2014.

KOMOSZEWSKI, J. (Ed.); SAWYER, M. James; WALLACE, Daniel B.. *Reinventing Jesus.* [Reinventando Jesus]. Grand Rapids: Kregel, 2006.

MARSHALL, I. Howard. *I believe in the historical Jesus* [Eu creio no Jesus histórico]. Grand Rapids: Eerdmans, 1977.

MORROW, Jonathan. *Questioning the Bible* [Questionando a Bíblia]. Chicago: Moody, 2014.

STROBEL, Lee. *The Case for the Real Jesus* [Em defesa do Jesus real]. Grand Rapids: Zondervan, 2007.

WALLACE, J. Warner. *Cold-Case Christianity* [A investigação do cristianismo]. Colorado Springs: David C. Cook, 2013.

CAPÍTULO 3

As provas documentais

AS BIOGRAFIAS DE JESUS FORAM PRESERVADAS
DE MODO CONFIÁVEL PARA NÓS?

Como repórter do *Chicago Tribune*, eu era um "rato de documentos": perdia a noção do tempo pesquisando os arquivos dos tribunais na tentativa de farejar alguma notícia interessante. Era trabalhoso e levava tempo, mas a recompensa valia a pena. Eu conseguia, com frequência, superar a concorrência com notícias de primeira página.

Por exemplo, certa vez vieram às minhas mãos algumas transcrições supersecretas do grande júri que foram colocadas por engano no arquivo público. Os artigos que escrevi depois disso revelaram a existência de grandes fraudes nas licitações por trás dos maiores projetos de obras públicas de Chicago, inclusive da construção de rodovias expressas importantíssimas.

Entretanto, a coleção de documentos secretos mais espetaculares que já levei a público foi a do caso histórico em que a Ford Motor Company foi acusada de homicídio culposo pela morte violenta de três adolescentes em um compacto Ford Pinto. Foi a primeira vez que uma montadora norte-americana respondeu criminalmente pela comercialização de um produto supostamente perigoso.

70 EM DEFESA DE CRISTO

Quando pesquisei os arquivos do tribunal da minúscula cidade de Winamac, em Indiana, encontrei vários memorandos confidenciais da Ford revelando que a montadora sabia que aquele carro poderia explodir se fosse atingido por trás na velocidade de 32 quilômetros por hora. Os documentos mostravam que a montadora decidiu, em detrimento da melhoria da segurança do carro, economizar alguns dólares por veículo e aumentar o espaço útil no porta-malas.

Um advogado da Ford que passava pelo prédio do tribunal no momento me viu tirando cópia dos documentos. Furioso, ele entrou com uma ordem judicial para impedir o acesso do público aos arquivos.

Mas era tarde demais. A minha reportagem, "Memorandos secretos da Ford mostram que a empresa ignorou o perigo de incêndio em veículo", ganhou a primeira página do *Tribune* e foi comentada por todo o país.[1]

AUTENTICANDO OS DOCUMENTOS

Ter acesso a documentos secretos é uma coisa, verificar sua autenticidade é outra. Antes de um jornalista ter permissão para publicar seu conteúdo ou de um promotor aceitá-los como prova, é preciso dar alguns passos para ver se eles são genuínos.

Quanto aos documentos sobre o Ford Pinto, será que o timbre da companhia que se via nos papéis era falsificado? As assinaturas foram forjadas? Como eu poderia ter certeza? E, já que os memorandos obviamente tinham sido xerocados várias vezes, como eu poderia saber que seu conteúdo não tinha sido adulterado? Em outras palavras, como poderia saber que cada documento copiado era idêntico aos originais, que eu não tinha?

---

[1]Veja STROBEL, Lee. *Reckless Homicide: Ford's Pinto trial*. South Bend: And Books, 1980. p. 75-92; e STROBEL, Lee. *God's Outrageous Claims*. Grand Rapids: Zondervan, 1997. p. 43-58. A Ford foi finalmente absolvida das acusações criminais, depois que o juiz negou ao júri o acesso a documentos-chave, embora tenha havido a partir de então uma sucessão de processos civis contra a empresa. As alegações sobre o caso do carro Pinto apareceram primeiramente na revista *Mother Jones*.

AS PROVAS DOCUMENTAIS

Além disso, como eu poderia estar certo de que aqueles memorandos contavam toda a história? Afinal de contas, eles representavam apenas uma pequena parcela da correspondência interna da Ford. E se houvesse outros memorandos, ainda desconhecidos pela opinião pública, capazes de trazer um ângulo totalmente novo sobre o assunto, caso fossem revelados?

Essas são perguntas importantes e que também devem ser levadas em conta quando se examina o Novo Testamento. Quando estou com uma Bíblia nas mãos, estou segurando, basicamente, cópias de registros históricos antigos. Os manuscritos originais das biografias de Jesus (Mateus, Marcos, Lucas e João), e todos os outros livros do Antigo e do Novo Testamento, já viraram pó há muito tempo. Como se pode ter certeza de que as versões modernas de que dispomos hoje, resultado de incontáveis cópias feitas através dos séculos, possuem alguma semelhança com o que os autores escreveram no original?

Além disso, como posso saber se essas quatro biografias contam toda a história? E se existirem outras biografias que foram censuradas porque a igreja primitiva não gostava da imagem que elas retratavam acerca de Jesus? Como posso saber se a política da igreja não silenciou algumas biografias de Jesus que tinham a mesma precisão das quatro que foram incluídas no Novo Testamento? Essas biografias não trariam esclarecimentos novos e importantes sobre as palavras e os feitos desse carpinteiro controverso de Nazaré?

Essas duas questões, a saber, se as biografias de Jesus foram preservadas de forma confiável e se algumas biografias igualmente precisas foram abafadas pela igreja, mereciam uma atenção especial. Fiquei sabendo que havia um especialista de autoridade universalmente reconhecida sobre esses assuntos. Peguei um avião para Newark e aluguei um carro para ir a Princeton visitá-lo o mais rápido possível.

SEGUNDA ENTREVISTA

Bruce M. Metzger, Ph.D.

Meu encontro com Bruce Metzger foi em um sábado à tarde, no lugar que ele mais gosta: a biblioteca do Seminário Teológico de Princeton. Com um sorriso, ele disse: "Gosto de tirar o pó dos livros".

Na verdade, ele escreveu alguns dos melhores deles, principalmente quando o assunto é o Novo Testamento. Ao todo, Metzger escreveu ou editou cinquenta livros, dentre eles *The New Testament: its background, growth, and content* [O Novo Testamento: cenário, desenvolvimento e conteúdo]; *The text of the New Testament* [O texto do Novo Testamento]; *The canon of the New Testament* [O cânon do Novo Testamento]; *Manuscripts of the Greek Bible* [Os manuscritos da Bíblia grega]; *Textual commentary on the Greek New Testament* [Comentário textual sobre o Novo Testamento grego]; *Introduction to the apocrypha* [Introdução aos apócrifos] e *The Oxford companion to the Bible* [Guia bíblico Oxford]. Muitas dessas obras foram traduzidas para o alemão, chinês, japonês, coreano, malaio e outros idiomas. Metzger é também co-editor da *The new Oxford annotated Bible with the apocrypha* [A nova Bíblia Oxford anotada com os apócrifos] e editor geral de mais de 25 volumes da série *New Testament tools and studies* [O Novo Testamento: ferramentas e estudos].

Metzger tem mestrado no Seminário de Princeton e mestrado e doutorado pela Universidade de Princeton. É doutor honorário por cinco faculdades e universidades, dentre elas a Universidade de St. Andrews, na Escócia, a Universidade de Münster, na Alemanha, e a Potchefstroom, na África do Sul.

Em 1969, foi professor na Tyndale House, em Cambridge, Inglaterra. Também lecionou em Clare Hall, Universidade de Cambridge, em 1974, e na Faculdade Wolfson, em Oxford, em 1979. Atualmente, ele é professor emérito do Seminário Teológico de Princeton, depois de uma carreira de 46 anos ensinando sobre o Novo Testamento.[2]

Metzger foi presidente do comitê responsável pela New Revised Standard Version [Nova versão padrão revisada] da Bíblia, colaborador da Academia Britânica e membro do Kuratorium do Instituto Vetus Latina, do mosteiro de Beuron, na Alemanha. Foi presidente da Sociedade de Literatura Bíblica, da Sociedade Internacional para Estudos do Novo Testamento e da Sociedade Patrística Norte-Americana.

---

[2]Bruce Metzger, morto em 2007.

AS PROVAS DOCUMENTAIS

Quando se faz uma consulta rápida de notas e referências de qualquer livro de prestígio sobre o Novo Testamento, há uma grande chance de se encontrar várias vezes o nome de Metzger. Seus livros são leitura obrigatória nas universidades e nos seminários do mundo todo. Ele desfruta do maior prestígio entre estudiosos de confissões teológicas bem amplas e diversas.

Sob vários aspectos, Metzger nos deu a impressão de voltar uma geração no tempo. Dirigindo um Buick cinza, que ele chama de "carruagem à gasolina", chegou usando um terno cinza-escuro e gravata azul estampada, que é o máximo da informalidade a que se permite durante suas visitas à biblioteca, mesmo durante o fim de semana. Seus cabelos brancos estavam muito bem penteados; seus olhos, vivos e alertas, são circundados por um par de óculos sem aro. Ele estava andando mais devagar do que de costume, mas não sentia nenhuma dificuldade em subir metodicamente as escadas até o segundo andar, onde faz suas pesquisas em um escritório obscuro e austero.

Metzger também não perdeu o senso de humor. Ele me mostrou uma latinha que ganhou quando era presidente do comitê da Revised Standard Version. Abriu a tampa para que eu visse as cinzas de um exemplar da RSV queimado em 1952, durante o protesto de um pregador fundamentalista.

— Parece que ele não gostou muito quando o comitê mudou a palavra "companheiros" da Versão King James para "camaradas", em Hebreus 1:9 — Metzger me explicou com um leve sorriso. — Ele nos acusou de sermos comunistas.

Apesar de, às vezes, a fala de Metzger hesitar um pouco, e de ele ter o costume de responder com expressões antigas do tipo "exato", ele permanecia na vanguarda acadêmica sobre o Novo Testamento. Quando lhe pedi algumas estatísticas, não consultou os números que estavam no seu livro de 1992 sobre o Novo Testamento, pois tinha feito uma nova pesquisa para atualizá-los. Sua mente rápida não via problemas em se lembrar de detalhes sobre pessoas e lugares; além disso, ele estava totalmente a par de todos os debates atuais entre os especialistas do Novo Testamento.

Seu escritório, mais ou menos do tamanho de uma cela, não tinha janelas e era todo cinza. Havia duas cadeiras de madeira; ele fez questão de que eu me sentasse na mais confortável delas. Isso fazia parte do seu encanto. Ele era totalmente gentil, surpreendentemente modesto e discreto, de uma bondade de espírito que me fez desejar envelhecer com o mesmo tipo de graça jovial.

Primeiramente, passamos algum tempo nos conhecendo; logo em seguida, passei para a primeira questão que desejava abordar: Como podemos ter certeza de que as biografias de Jesus chegaram até nós bem um modo confiável?

CÓPIAS DE CÓPIAS DE CÓPIAS

— Para ser sincero com você — eu disse a Metzger —, quando eu soube que não sobrou nenhum exemplar original do Novo Testamento, fiquei muito cético. Pensei: "Se tudo o que temos são cópias de cópias, como posso confiar que o Novo Testamento que temos hoje tem, no mínimo, alguma semelhança com o que foi escrito originalmente?" Como você responderia a isso?

— Essa questão não é exclusiva com relação à Bíblia, ela pode ser feita com relação a outros documentos antigos que chegaram até nós — ele respondeu. — Mas o que o Novo Testamento tem a seu favor, especialmente quando se compara a outros escritos antigos, é a multiplicidade sem precedentes de cópias que sobreviveram.

— Por que isso é importante? — perguntei.

— Bem, quanto maior o número de cópias que se tem em harmonia umas com as outras, especialmente se elas vierem de áreas geográficas diferentes, maior é a possibilidade de confrontá-las para descobrir como era o documento original. A única forma possível de harmonizá-los seria pela ascendência de todos eles a uma árvore genealógica que represente a descendência dos manuscritos.

— Certo — eu disse. — Posso ver que ter muitas cópias de vários lugares pode ajudar. Mas e quanto à idade dos documentos? Com certeza isso também é importante, não é?

— Exatamente — ele respondeu —, mas essa é outra coisa que favorece o Novo Testamento. Temos cópias que datam do período de duas gerações posteriores ao escrito dos originais, ao passo que, no caso de

AS PROVAS DOCUMENTAIS

outros textos antigos, talvez cinco, oito ou dez séculos tenham se passado entre o original e as cópias mais antigas que sobreviveram.

— Além dos manuscritos gregos, temos também a tradução dos evangelhos para outras línguas numa época bem próxima do original: para o latim, o siríaco e o copta. Além disso, temos o que podemos chamar de traduções secundárias feitas pouco depois, como a armênia e a gótica. Há, ainda, a georgiana, a etíope e uma infinidade de outras.

— De que forma isso ajuda?

— Mesmo que não tivéssemos nenhum manuscrito grego hoje, se juntássemos as informações fornecidas por essas traduções que remontam a um período muito antigo, seria possível reproduzir o conteúdo do Novo Testamento. Além disso, mesmo que perdêssemos todos os manuscritos gregos e as traduções mais antigas, ainda seria possível reproduzir o conteúdo do Novo Testamento com base na multiplicidade de citações e comentários, sermões, cartas etc. dos antigos pais da igreja.

Embora isso parecesse impressionante, era difícil julgar essas provas isoladamente. Eu precisava de algum contexto para avaliar melhor a singularidade do Novo Testamento. De que modo, eu me perguntava, ele se compara a outras obras bem conhecidas da Antiguidade?

UMA MONTANHA DE MANUSCRITOS

— Quando você fala de um grande número de manuscritos — eu disse —, de que modo isso é diferente dos outros livros antigos considerados confiáveis rotineiramente pelos eruditos? Por exemplo, fale-me de escritos de autores da época de Jesus.

Imaginando que eu faria alguma pergunta assim, Metzger consultou algumas anotações manuscritas que tinha trazido.

— Considere Tácito, o historiador romano que escreveu os *Anais* por volta de 116 d.C. — ele começou. — Só existe hoje um manuscrito dos seus seis primeiros livros, copiado, mais ou menos, em 850 d.C. Os livros 11 a 16 estão em outro manuscrito do século 11. Os livros VII a X se perderam. Portanto, há um intervalo muito longo entre o tempo em que Tácito colheu suas informações e as escreveu e as únicas cópias que existem.

76   EM DEFESA DE CRISTO

— Com relação a Josefo, historiador do primeiro século, temos nove manuscritos gregos de sua obra *Guerras dos judeus*, todos eles copiados nos séculos 10, 11 e 12. Existe uma tradução latina do século 4 e textos russos dos séculos 11 ou 12.

Esses números eram surpreendentes! Só existe uma linha bem tênue de manuscritos ligando essas obras antigas ao mundo moderno.

— Em comparação — perguntei —, quantos manuscritos do Novo Testamento grego ainda existem?

Os olhos de Metzger se arregalaram.

— Há mais de 5 mil catalogados! — disse ele com entusiasmo, subindo uma oitava com a sua voz.[3]

Isso parecia uma montanha de manuscritos quando comparados com os formigueiros de Tácito e Josefo!

— Isso não é comum no mundo antigo? Qual seria o segundo colocado? — perguntei.

— A quantidade de material do Novo Testamento é quase constrangedora em comparação com outras obras da Antiguidade — disse ele. — Depois do Novo Testamento, a maior quantidade de testemunhos manuscritos é da *Ilíada* de Homero, que era a bíblia dos antigos gregos. Há menos de 650 manuscritos hoje em dia, e alguns são muito fragmentários. Eles chegaram a nós a partir dos séculos 2 e 3 d.C. Se levarmos em conta que Homero redigiu seu épico em aproximadamente 800 a.C., veremos que o intervalo é bastante longo.

"Bastante longo" era pouco; estávamos falando em mil anos! De fato, não tinha como comparar: as provas documentais do Novo Testamento são surpreendentes diante de outros escritos respeitados da Antiguidade, obras que os estudiosos modernos não relutam de forma alguma em tratá-las como autênticas.

---

[3] De acordo com Daniel B. Wallace, do Center for the Study of New Testament Manuscripts [Centro para o Estudo dos Manuscritos do Novo Testamento], o total oficial de manuscritos do Novo Testamento Grego até meados de 2015 era de 5.843. Deles se incluíam 129 papiros, 323 maiúsculos, 2.928 minúsculos e 2.463 lecionários. No entanto, por causa de vários fatores na contagem, Wallace diz que ele achava que o total ficava na casa dos 5.600.

AS PROVAS DOCUMENTAIS

Com a minha curiosidade despertada em relação aos manuscritos do Novo Testamento era grande, pedi ao Metzger que me descrevesse alguns deles.

— Os mais antigos são fragmentos de papiros, que era um tipo de material para escrita feito da planta do papiro que crescia às margens do delta do Nilo, no Egito — disse Metzger. — Existem, atualmente, 99 fragmentos de papiros que contêm uma ou mais passagens ou livros do Novo Testamento. Os mais importantes já descobertos são os papiros Chester Beatty, achados por volta de 1930. Destes, o número um apresenta partes dos quatro evangelhos e do livro de Atos, datando do século 3 d.C. O papiro número dois contém grandes porções de oito cartas de Paulo, além de trechos de Hebreus, com a data em torno de 200 d.C. O papiro número três contém uma parte bem grande do livro de Apocalipse, com data do século 3 d.C. Outro grupo de manuscritos de papiros importantes foi comprado por um bibliófilo suíço, M. Martin Bodmer. O mais antigo deles, de aproximadamente 200 d.C., contém cerca de dois terços do evangelho de João. Outro papiro, com partes dos evangelhos de Lucas e João, é do século 3 d.C.

A essa altura, o intervalo entre a escrita das biografias de Jesus e os manuscritos mais antigos se revelava muito pequeno. Mas qual é o manuscrito mais antigo? A que proximidade podemos chegar dos manuscritos originais, que os especialistas chamam de "autógrafos"?

O FRAGMENTO QUE MUDOU A HISTÓRIA

— De todo o Novo Testamento — eu disse —, qual é a porção mais antiga que temos hoje?

Metzger respondeu sem piscar.

— Um fragmento do evangelho de João com parte do capítulo 18. Ele tem cinco versículos, três de um lado, dois de outro, e mede cerca de 6,5 por nove centímetros — disse Metzger.

— Como ele foi descoberto?

— Ele foi comprado no Egito em 1920, mas passou despercebido por anos em meio a outros fragmentos de papiros semelhantes. Então, em 1934, C. H. Roberts, da Faculdade Saint John's, de Oxford, estava trabalhando na classificação de papiros na Biblioteca John Rylands, em Manchester, na Inglaterra, quando percebeu imediatamente que se tratava de um papiro em que se achava preservado um trecho do evangelho de João. Pelo estilo da escrita, ele foi capaz de datá-lo.

— A qual conclusão ele chegou? — perguntei. — Ele é muito antigo?

— Ele concluiu que o manuscrito era do período entre 100 a 150 d.C. Muitos outros paleógrafos famosos, como os lordes Frederic Kenyon e Harold Bell, Adolf Deissmann, W. H. P. Hatch, Ulrich Wilcken e outros, concordaram com a sua avaliação. Deissmann estava convencido de que o manuscrito vinha, pelo menos, do reinado do imperador Adriano, que foi de 117 a 138 d.C., ou até mesmo da época do imperador Trajano, que foi de 98 a 117 d.C.

Foi uma descoberta formidável, pela seguinte razão: os teólogos alemães céticos do século 19 insistiam muito que o quarto evangelho não tinha sido redigido, pelo menos, até o ano 160, longe demais dos acontecimentos do tempo de Jesus para que se pudesse ter alguma utilidade histórica. Com isso, influenciaram gerações de estudiosos, que zombavam da confiabilidade desse evangelho.

— Isso, com certeza, acaba com essa teoria — comentei.

— Realmente — disse Metzger. — Este é um fragmento, de uma data bem antiga, do evangelho de João, proveniente de uma comunidade das margens do rio Nilo, no Egito, muito distante de Éfeso, na Ásia Menor, onde esse evangelho provavelmente foi escrito.

Essa descoberta literalmente reescreveu os pontos de vista populares sobre a história, colocando a redação do evangelho de João bem mais próxima aos dias em que Jesus andou sobre a terra. Guardei isso no pensamento para perguntar depois a um arqueólogo se havia outras descobertas que pudessem reforçar a nossa confiança no quarto evangelho.

UM MANANCIAL DE PROVAS

Embora os manuscritos de papiro sejam as cópias mais antigas do Novo Testamento, existem também cópias antigas escritas em pergaminhos, que são feitos de pele de gado, de carneiro, de cabra e de antílope.

AS PROVAS DOCUMENTAIS

— Temos os chamados manuscritos unciais, escritos inteiramente em letras gregas maiúsculas — Metzger explicou. — Hoje, temos 306 exemplares, muitos deles vindo do século 3. Os mais importantes são o *Códice sinaítico*, que é o único com o Novo Testamento completo em letras unciais, e o *Códice Vaticano*, bastante incompleto. Ambos são de cerca de 350 d.C.

"Um novo estilo de escritura, de natureza mais cursiva, emergiu por volta de 800 d.C. É chamado de minúscula e há cerca de 2.856 manuscritos desse tipo. Há também os lecionários, que contêm as Escrituras do Novo Testamento na sequência de leitura que devia ser lida pela igreja primitiva nas épocas adequadas do ano. Um total de 2.403 desses manuscritos já foram catalogados. Com isso, o total geral de manuscritos gregos chega a 5.664.

"Além dos documentos gregos, existem milhares de outros manuscritos antigos do Novo Testamento em outras línguas. Existem entre 8 e 10 mil manuscritos da *Vulgata* latina, mais um total de 8 mil em etíope, eslavo antigo e armênio. No total, há cerca de 24 mil manuscritos."

— Qual a sua opinião diante disso? — perguntei-lhe, querendo confirmar claramente o que eu achava que tinha ouvido. — No que se refere à multiplicidade de manuscritos e ao intervalo de tempo entre os originais e nossos primeiros exemplares, qual a situação do Novo Testamento perante outras obras bem conhecidas da Antiguidade?

— Excelente! — ele respondeu. — Podemos ter uma grande confiança na fidelidade do material que chegou até nós, especialmente quando o comparamos a qualquer outra obra literária antiga.

Essa conclusão é compartilhada por estudiosos de destaque de todo o mundo. De acordo com o falecido F. F. Bruce, autor de *Merece confiança o Novo Testamento?*, "no mundo não há qualquer corpo de literatura antiga que, à semelhança do Novo Testamento, desfrute de uma tão grande riqueza de confirmação textual".[4]

Metzger já tinha mencionado o nome do lorde Frederic Kenyon, ex-diretor do Museu Britânico e autor de *The paleography of Greek*

---

[4]BRUCE, F. F. *The Books and the Parchments*. Old Tappan: Revell, 1963. p. 178 apud MCDOWELL, Josh. *Evidência que exige um veredito*. 2. ed. São Paulo: Editora Candeia, 1996. p. 53.

papyrí [A paleografia dos papiros gregos]. Kenyon disse que "em nenhum outro caso o intervalo de tempo entre a composição do livro e a data dos manuscritos mais antigos são tão próximos como no caso do Novo Testamento".[5]

Sua conclusão: "A última base para qualquer dúvida de que as Escrituras chegaram até nós, basicamente com o mesmo conteúdo dos escritos originais, foi totalmente retirada".[6]

Mas, o que dizer das discrepâncias entre os vários manuscritos? No tempo em que não havia ainda as velozes máquinas fotocopiadoras, os manuscritos eram penosamente copiados à mão por escribas, letra por letra, palavra por palavra, linha por linha, num processo muito propício a erros. O meu interesse agora era saber se esses erros dos copistas inutilizaram as nossas Bíblias modernas com um resultado impreciso.

EXAMINANDO OS ERROS

— Dada a semelhança de escrita das letras gregas — eu disse —, e as condições primitivas nas quais trabalhavam os escribas, parecia inevitável que eles deixassem passar erros nos textos.

— Exato! — concordou Metzger.

— E, na verdade, não existem literalmente dezenas de milhares de variantes entre os manuscritos antigos que possuímos?

— Sim.

— Isso não dá a entender que não podemos confiar neles? — perguntei em um tom mais de acusação que de interrogação.

— Não, senhor, isso não significa que não podemos confiar neles — respondeu Metzger com firmeza. — Em primeiro lugar, os óculos só foram inventados em 1373, em Veneza, e eu tenho certeza de que muitos escribas antigos sofriam de astigmatismo. Isso se complicava ainda mais com a dificuldade que era, independentemente das circunstâncias, ler manuscritos já apagados, cuja tinta havia perdido a nitidez.

---

[5]KENYON, Frederic. *Handbook to the Textual Criticism of the New Testament*. Nova York: Macmillan, 1912. p. 5 apud CLIFFORD, Ross. *The Case for the Empty Tomb*. Claremont: Albatross, 1991. p. 33.
[6]KENYON, Frederic. *The Bible and Archaeology*. Nova York: Harper, 1940. p. 288.

AS PROVAS DOCUMENTAIS

Havia também outros perigos, como a falta de atenção da parte dos escribas, por exemplo. Portanto, embora a maior parte dos escribas fosse bem cuidadosa, alguns erros acabavam passando.

— Mas — ele logo acrescentou — há outros fatos compensando isso. Por exemplo, às vezes, a memória do escriba lhe pregava peças. Entre olhar o que tinha de copiar e, em seguida, escrever as palavras que leu, se podia alterar a ordem das palavras. Ele poderia escrever as palavras certas, porém na sequência errada. No entanto, isso não deve ser motivo de preocupação, já que o grego, ao contrário de outras línguas, como o inglês ou o português, é uma língua que admite flexões.

— Isso quer dizer que... — interrompi.

— Quer dizer que faz uma enorme diferença dizer: "O cachorro mordeu o homem" ou: "O homem mordeu o cachorro". A ordem das palavras é importante em nosso idioma, mas não no grego, pois nessa língua uma palavra funciona como sujeito da sentença, independentemente de onde fica na sequência; logo, o significado da sentença não é distorcido se as palavras estão fora do que consideramos ser a ordem correta. Então, sim, existem algumas variações entre os manuscritos, mas geralmente são variações irrelevantes como essa. Diferenças na ortografia seriam outro exemplo".[7]

Concentrei-me na questão mais importante:

— Quantas doutrinas da igreja estão em risco por causa das variações?

— Não sei de nenhuma doutrina que esteja em risco! — respondeu ele com convicção.

---

[7] Para mais detalhes sobre as variantes entre os manuscritos do Novo Testamento, estimadas entre 200 e 400 mil, veja STROBEL, Lee. *The Case for the Real Jesus*. Grand Rapids: Zondervan, 2007. p. 65-100. Em uma entrevista, Daniel B. Wallace, uma das autoridades mais famosas da crítica textual, explicou o modo pelo qual as variantes são contadas: "Se houver algum manuscrito ou escrito dos pais da igreja que tem uma palavra diferente em uma passagem, isso conta como variante textual... Se um único manuscrito do século 16 erra a ortografia de uma palavra, isso conta como variante". Ele acrescentou: "Somente 1% das variantes é significativo, querendo dizer que afeta o sentido do texto de algum modo, e viável, o que significa que é derivada do texto original". A maioria delas trata de questões insignificantes. Ele destacou: "Nenhuma doutrina cardeal ou essencial é alterada por variante textual alguma que seja plausível de ser proveniente do original".

— Nenhuma?

— Nenhuma — ele repetiu. — Os Testemunhas de Jeová batem à sua porta e lhe dizem: "A sua Bíblia está errada em 1João 5.7,8, onde se lê: 'o Pai, a Palavra e o Espírito Santo; e estes três são um'". Eles dirão que não é assim que esse texto aparece nos manuscritos mais antigos. E é verdade mesmo. Acho que essas palavras só aparecem em cerca de sete ou oito cópias, todas dos séculos 15 ou 16. Admito que esse texto não faz parte do que o autor de 1João foi inspirado a escrever.

— Mas isso não invalida o testemunho sólido da Bíblia acerca da doutrina da Trindade. No batismo de Jesus, o Pai fala, seu Filho amado é batizado e o Espírito Santo desce sobre ele. No final de 2Coríntios, Paulo diz: "A graça do Senhor Jesus Cristo, o amor de Deus e a comunhão do Espírito Santo sejam com todos vocês". A Trindade aparece representada em muitos lugares.

— Então, as variantes, quando surgem, tendem a ser irrelevantes, e não essenciais?

— Sim, sim, é isso mesmo, e os especialistas trabalham com muito cuidado para tentar solucioná-las, a fim de reconstituir o significado original. As variações mais significativas não derrubam nenhuma doutrina da igreja. Qualquer Bíblia de qualidade vem com notas que alertam o leitor para as variantes de texto que têm alguma importância. Mas, como eu já disse, esses casos são raros.

Entretanto, mesmo que seja verdade que a transmissão do Novo Testamento ao longo da história tenha sido sem precedentes em sua confiabilidade, como saber se temos de fato o material completo?

E quanto às alegações de que os concílios da igreja teriam eliminado documentos igualmente legítimos porque não gostavam da imagem que eles retratavam de Jesus? Como saber se os 27 livros do Novo Testamento representam o que há de melhor e mais confiável em termos de informação? Por que nossas Bíblias trazem os evangelhos de Mateus, Marcos, Lucas e João, enquanto muitos outros mais antigos (o evangelho de Filipe, dos Egípcios, da Verdade, da Natividade de Maria) foram excluídos?

Era hora de dar atenção à questão do "cânon", uma palavra de origem grega que significa "regra", "norma" ou "padrão" e que descreve os livros que foram aceitos como oficiais pela igreja e que foram

AS PROVAS DOCUMENTAIS 83

incluídos no Novo Testamento.[8] Metzger é considerado a principal autoridade nessa área.

"UM ALTO NÍVEL DE UNANIMIDADE"

— Como foi que os primeiros líderes da igreja decidiram quais livros seriam autorizados e quais deveriam ser descartados? — perguntei. — Quais foram os critérios utilizados para saber quais documentos fariam parte do Novo Testamento?

— Basicamente, a igreja primitiva tinha três critérios — ele disse.

— Em primeiro lugar, os livros tinham de ter autoridade apostólica: isto é, tinham de ter sido escritos ou pelos próprios apóstolos, que foram testemunhas oculares acerca do que escreveram, ou por seus seguidores. Portanto, no caso de Marcos e Lucas, embora não pertencessem aos doze discípulos, a tradição antiga diz que Marcos foi ajudante de Pedro, e Lucas, companheiro de Paulo.

— Segundo, havia o critério de concordância com o que era conhecido como regra de fé. Isto é, o documento estava em harmonia com a tradição cristã básica que a igreja reconhecia como normativa? Além disso, o terceiro critério era definir se o documento tinha um histórico de aceitação e uso contínuo pela igreja como um todo.

— Eles simplesmente aplicavam esses critérios e pronto? — perguntei.

— Bem, não seria correto dizer que esses critérios eram simplesmente aplicados de modo automático — respondeu Metzger. — É claro que havia diferentes opiniões sobre quais critérios deveriam pesar mais. O que mais se destaca, porém, é que, apesar de as partes periféricas do cânon terem permanecido instáveis durante algum tempo, havia um alto nível de unanimidade quanto à maior parte do Novo Testamento durante os dois primeiros séculos. E isto se deu em congregações diferentes espalhadas em uma área muito ampla.

— Então — eu disse — os quatro evangelhos que temos no Novo Testamento atualmente se encaixavam nesses critérios, enquanto os outros não?

---

[8]PATZIA, Arthur G. *The Making of the New Testament*. Downers Grove: InterVarsity Press, 1995. p. 158.

— Sim — confirmou Metzger. — Foi, se eu puder colocar assim, como se fosse uma espécie de "sobrevivência do mais apto". Quando conversava sobre o cânon, Arthur Darby Nock costumava dizer aos seus alunos em Harvard: "As estradas de maior trânsito da Europa são as melhores; por isso o trânsito é tão intenso". É uma boa analogia. O comentarista britânico William Barclay expressou isso da seguinte forma: "A verdade simples a dizer é que os livros do Novo Testamento entraram para o cânon porque ninguém poderia impedi-los de entrar".

"Podemos ter certeza de que nenhum outro livro antigo pode se comparar ao Novo Testamento em termos de importância para a história ou para a doutrina cristãs. Quando estudamos a história primitiva do cânon, saímos convencidos de que é no Novo Testamento que encontramos as fontes mais fiéis sobre a história de Jesus. Aqueles que fixaram os limites do cânon tinham uma perspectiva clara e equilibrada do evangelho de Cristo.

"Basta dar uma lida nestes outros documentos. Eles foram escritos depois dos quatro evangelhos, nos séculos 2 a 4, bem depois de Jesus e, em geral, são muito banais. Eles têm nomes, como o evangelho de Pedro e o de Maria, que não correspondem aos seus autores verdadeiros. Por outro lado, os quatro evangelhos do Novo Testamento foram prontamente aceitos com extraordinária unanimidade como portadores de conteúdo autêntico."

Eu também sabia que alguns estudiosos liberais, principalmente os pertencentes ao tão divulgado Seminário Jesus, acreditavam que o evangelho de Tomé deveria ter o mesmo *status* dos outros quatro evangelhos tradicionais. Será que esse evangelho misterioso foi vítima de guerras políticas dentro da igreja, sendo finalmente excluído por causa de suas doutrinas pouco populares? Achei que tinha de questionar Metzger quanto a isso.

AS "PALAVRAS SECRETAS" DE JESUS

— Dr. Metzger, o evangelho de Tomé, que estava entre os documentos de Nag Hammadi, descobertos no Egito em 1945, afirma que contém "as palavras secretas que o Jesus vivo falou, e Judas Tomé, o Gêmeo, registrou". Por que ele foi descartado pela igreja?

AS PROVAS DOCUMENTAIS

Metzger conhecia muito bem a obra em questão:

— O evangelho de Tomé surgiu no século 5, em um manuscrito em copta, que eu traduzi para o inglês — ele disse. — Ele contém 114 ditados atribuídos a Jesus, mas não apresenta nenhuma narrativa do que Jesus fez. Parece ter sido escrito em grego, na Síria, por volta de 140 d.C.[9] Em alguns casos, acho que esse evangelho relata corretamente as palavras de Jesus, com pequenas modificações.

Com certeza, essa era uma afirmação interessante.

— Por favor, explique melhor — eu disse.

— Por exemplo, no evangelho de Tomé, Jesus diz: "Uma cidade construída sobre alta montanha e fortificada não pode cair, nem pode estar oculta". Nessa passagem, foi acrescentado o adjetivo "alto", mas o restante é igual ao evangelho de Mateus. Ou quando Jesus diz: "Deem a César as coisas que são de César e deem a Deus as coisas que são de Deus, e me deem o que é meu". Nesse caso, a última frase foi acrescentada.

"Entretanto, existem coisas em Tomé que são totalmente estranhas aos evangelhos canônicos. Jesus diz: "Cortem a madeira, ali estou. Ergam uma pedra, e me acharão ali". Isso é panteísmo, a ideia segundo a qual Jesus é consubstancial a este mundo. Isso se opõe a tudo o que encontramos nos evangelhos canônicos.

"O evangelho de Tomé termina com uma nota onde se lê: "Simão Pedro disse a eles: 'Maria deveria deixar-nos, pois as mulheres não são dignas da vida'. Jesus disse: 'Eu a guiarei para fazer dela homem, de modo que também ela possa tornar-se um espírito vivo semelhante a vocês homens. Pois toda mulher que se tornar homem entrará no reino do céu'"."

Metzger ergueu as sobrancelhas como se estivesse surpreso com o que ele mesmo tinha dito:

— Ora, esse *não* é o Jesus que conhecemos pelos quatro evangelhos canônicos! — destacou enfaticamente.

---

[9]A análise posterior pelos especialistas nunca situa a data do evangelho de Tomé antes de 175 e provavelmente a aproxima do ano 200. Veja a entrevista com o especialista em Novo Testamento Craig A. Evans em STROBEL, Lee. *The Case for the Real Jesus.* Grand Rapids: Zondervan, 2007. p. 35-43.

— E quanto à acusação de que Tomé teria sido excluído propositadamente dos concílios da igreja por algum tipo de conspiração para silenciá-lo? — perguntei.

— Isso não tem precisão histórica — disse Metzger. — O que os sínodos e concílios fizeram no século 5 e nos seguintes foi ratificar o que já tinha sido acatado pelos cristãos em toda parte. Não é certo dizer que o evangelho de Tomé foi excluído por algum decreto do concílio. O certo é dizer que o evangelho de Tomé excluiu a si mesmo! Ele não estava de acordo com os outros testemunhos sobre Jesus que os cristãos primitivos consideravam dignos de confiança.

— Então você discordaria de qualquer pessoa que tentasse elevar Tomé ao mesmo status dos quatro evangelhos? — perguntei.

— Sim, eu discordaria muito. Acho que a igreja primitiva demonstrou sensatez ao descartá-lo. Aceitá-lo agora, ao que me parece, seria aceitar algo de valor inferior aos outros evangelhos — respondeu Metzger. — Mas não me entenda mal. Acho que o evangelho de Tomé é um documento interessante, mas está misturado com ideias panteístas e misóginas que, sem dúvida, o tornam indigno da companhia dos demais.

"É preciso entender que o cânon não veio de uma série de disputas envolvendo políticas da igreja. Ele, em vez disso, é uma separação decorrente da visão intuitiva dos cristãos. Eles conseguiam ouvir a voz do Bom Pastor no evangelho de João; mas, em Tomé, ela parecia abafada e distorcida em meio a uma porção de outras coisas.

"Quando o cânon foi oficialmente declarado, ele simplesmente ratificou o que a percepção generalizada da igreja já havia determinado. Como se vê, o cânon se trata mais de uma lista de livros que têm autoridade do que uma simples lista autorizada de livros. Esses documentos não têm autoridade pelo fato de terem sido escolhidos; cada um deles já tinha autoridade antes de serem postos todos juntos. A igreja primitiva simplesmente foi sensível e percebeu que os relatos tinham autoridade.

"Quem diz agora que o cânon foi fixado só depois que os concílios e as igrejas fizeram seu pronunciamento, é como se dissesse: "Vamos pedir a várias academias de músicos para que digam que a música de Bach e Beethoven é maravilhosa". Eu diria: "Obrigado por nada! Sabíamos disso antes mesmo que o pronunciamento fosse feito".

Sabemos disso porque temos a percepção do que é boa música e do que não é. O mesmo vale para o cânon."

Mesmo assim, destaquei que alguns livros do Novo Testamento, principalmente Tiago, Hebreus e Apocalipse, demoraram mais para ser aceitos do que os demais.

— Deveríamos suspeitar deles por esse motivo? — perguntei.

— Na minha opinião, isso demonstra apenas como a igreja primitiva era cautelosa — ele respondeu. — Eles não se deixavam envolver por qualquer documento novo com alguma referência sobre Jesus. Isso é prova de deliberação e de análise cuidadosa. É claro que, ainda hoje, alguns setores da igreja síria recusam-se a aceitar o livro de Apocalipse, mas os fiéis daquela igreja são cristãos. Ao meu ver, o livro de Apocalipse é uma parte maravilhosa das Escrituras.

Metzger balançou a cabeça.

— Acho que eles ficam mais pobres com essa recusa.

O "INCOMPARÁVEL" NOVO TESTAMENTO

Metzger foi persuasivo. Não havia nenhuma dúvida séria quanto ao fato de que o texto do Novo Testamento havia chegado até nós com seu conteúdo preservado através dos séculos. Um dos antecessores ilustres de Metzger no Seminário Teológico de Princeton foi Benjamin Warfield, detentor de quatro doutorados e professor de teologia sistemática até sua morte em 1921, expressou-se da seguinte maneira:

> Se comparamos o estado atual do texto do Novo Testamento com o de qualquer outra obra antiga, somos obrigados... a considerá-lo como maravilhosamente correto. Esse foi o cuidado com que o Novo Testamento foi copiado: um cuidado que, sem dúvida, brotou de uma reverência genuína por suas palavras sagradas [...] O Novo Testamento não se compara a nenhum outro escrito quanto ao grau de pureza com que o seu texto foi efetivamente transmitido e é usado.[10]

---

[10]WARFIELD, Benjamin B. *Introduction to Textual Criticism of the New Testament.* Londres: Hodder & Stoughton, 1907. p. 12-13.

Com relação aos documentos que foram acolhidos pelo Novo Testamento, não há, de modo geral, nenhuma polêmica séria acerca da natureza da autoridade de 20 dos 27 livros que o compõem: de Mateus a Filemom, além de 1Pedro e 1João. Incluem-se aí também, é claro, os quatro evangelhos, que representam as biografias de Jesus.[11] Os sete livros restantes, apesar de serem questionados por algum tempo pelos líderes da igreja, "... foram aceitos plena e definitivamente...", de acordo com Geisler e Nix.[12]

No tocante aos pseudoepígrafos, a proliferação de evangelhos, de epístolas e de apocalipses nos primeiros séculos depois de Cristo, entre os quais o evangelho de Nicodemos, Barnabé, Bartolomeu, André, a Epístola de Paulo aos Laodicenses, o Apocalipse de Estevão e outros: "eles são ilusórios e heréticos... nem genuínos nem valiosos como um todo", e "praticamente nenhum pai da igreja ortodoxo, cânon ou concílio" declarou que um desses livros teria autoridade ou merecia ser incluído no Novo Testamento.[13]

Na realidade, aceitei o desafio de Metzger e li vários deles. Comparados à qualidade do testemunho ocular de Mateus, Marcos, Lucas e João, com seu cuidado, sobriedade e precisão, aqueles livros realmente merecem as palavras que lhes dedicou Eusébio, o historiador da igreja primitiva: "totalmente absurdos e ímpios".[14] Eles estavam distantes demais do ministério de Jesus para dar alguma contribuição verdadeiramente significativa à minha investigação, já que foram escritos tardiamente, nos séculos 5 e 6, além de que suas características míticas os desqualificam como documentos históricos confiáveis.

Ao se definir tudo isso, chegou a hora de seguir adiante com minha investigação. Tinha muita curiosidade em saber quantas provas havia

---

[11]GEISLER, Norman; NIX, William. *Introdução bíblica*. São Paulo: Vida, 1997. p. 111. Eles observam que alguns incluem Filemom, 1Pedro e 1João entre os livros discutíveis, "no entanto é melhor dizer que foram omitidos, não questionados".
[12]Ibid., p. 118.
[13]Ibid., p. 111. Isto não inclui os apócrifos, que eram aceitos por algumas igrejas por certo período de tempo e que hoje são considerados valiosos, mesmo não sendo canônicos. Exemplos: Pastor de Hermas, Apocalipse de Pedro, os atos de Paulo e Tecla, e a Homilia Antiga (ou Segunda Epístola de Clemente).
[14]Ibid.

AS PROVAS DOCUMENTAIS

fora dos evangelhos acerca da existência desse carpinteiro fazedor de milagres do primeiro século. Historiadores antigos confirmam ou desmentem as declarações do Novo Testamento sobre sua vida, ensinamentos e milagres? Eu sabia que isso me levaria a Ohio, para me encontrar com um dos mais destacados estudiosos do assunto do país.

Ao nos levantarmos, agradeci ao Dr. Metzger pelo tempo que gastara comigo, bem como por seus esclarecimentos. Ele sorriu calorosamente e se ofereceu para me acompanhar até o andar debaixo. Não queria mais tomar tempo algum de sua tarde de sábado, mas minha curiosidade não me permitiria sair de Princeton sem que eu satisfizesse uma última curiosidade.

— Com todas essas décadas de estudos, de erudição, escrevendo livros e se aprofundando nas minúcias do texto do Novo Testamento, que efeito tudo isso teve sobre a sua fé pessoal? — perguntei.

— Oh! — ele disse, mostrando estar feliz em falar sobre o assunto.

— A base da minha fé pessoal se ampliou em ver a firmeza com a qual esse material chegou até nós com abundância de cópias, algumas delas extremamente antigas.

— Então a sua formação acadêmica não abalou a sua fé... — eu disse.

Metzger me interrompeu antes que eu pudesse concluir:

— Pelo contrário: ela a edificou. Ela ajudou a edificá-la. Eu sempre me questionei por toda a minha vida, aprofundei-me nos textos, estudei de forma bem abrangente e hoje tenho certeza de que minha confiança em Cristo foi colocada em um bom lugar.

Ele parou um pouco de falar enquanto seus olhos me sondavam o rosto. Em seguida, acrescentou para destacar:

— Em um lugar *muito bom.*

REFLEXÕES

PERGUNTAS PARA MEDITAÇÃO OU ESTUDO EM GRUPO

---

1. Depois de ler a entrevista com o Dr. Metzger, como você avalia o processo pelo qual o Novo Testamento nos foi transmitido? Por que motivos você considera esse processo confiável ou não?

90 EM DEFESA DE CRISTO

2. Dê uma folheada em uma versão qualquer do Novo Testamento e examine algumas notas nas margens que falam sobre as variantes. Que exemplos você encontra? De que modo a presença dessas observações influencia a compreensão das passagens?

3. Você acha sensatos os critérios para ver se um documento deveria ser acrescentado ao conjunto do Novo Testamento? Por que sim ou por que não? Existem outros critérios que deveriam ser levados em conta? Que desvantagens levam os estudiosos que tentam adivinhar as decisões da igreja primitiva quanto à inclusão ou não de um documento na Bíblia?

OUTRAS FONTES DE PROVAS

MAIS RECURSOS SOBRE ESSE ASSUNTO

BRUCE, F. F. *O cânon das Escrituras*. São Paulo: Hagnos, 2011

EVANS, Craig; TOV, Emanuel Tov, Eds. *Exploring the Origins of the Bible* [Examinando as origens da Bíblia]. Grand Rapids: Baker Academic, 2008.

EVANS, Craig A. *O Jesus Fabricado: como os acadêmicos atuais distorcem o evangelho*. São Paulo: Cultura Cristã, 2009.

GEISLER, Norman L.; NIX, William E. *Introdução bíblica: Como a Bíblia chegou até nós*. São Paulo: Vida, 1997.

JONES, Timothy Paul. *Misquoting Truth* [Citando a verdade com falsidade]. Versão anotada. Downers Grove: InterVarsity Press, 2007.

KRUGER, Michael J. *Canon Revisited* [A revisão do cânon]. Wheaton: Crossway, 2012.

_____. *The Question of Canon* [A questão do cânon]. Downers Grove: IVP Academic, 2013.

LIGHTFOOT, Neil R. *How We Got the Bible* [Como a Bíblia chegou até nós]. 3. ed. Grand Rapids: Baker, 2010.

METZGER, Bruce M.; EHRMAN, Bart D. *The Text of the New Testament: Its Transmission, Corruption, and Restoration* [O texto do Novo Testamento: a sua transmissão, a sua corrupção e a sua restauração]. 4. ed. Nova York e Oxford: Oxford University Press, 2005.

METZGER, Bruce M. *The Canon of the New Testament* [O cânon do Novo Testamento]. Reimpressão. Oxford: Oxford University Press, 1997.

PATZIA, Arthur G. *The Making of the New Testament* [A formação do Novo Testamento]. Downers Grove: InterVarsity Press, 1995.

PERRIN, Nicholas. *Lost in Transmission?* [Perdido na transmissão?]. Nashville: Nelson, 2007.

PORTER, Stanley E. *How We Got the New Testament* [O modo pelo qual o Novo Testamento chegou até nós]. Grand Rapids: Baker Academic, 2013.

WALLACE, Daniel B. *Revisiting the Corruption of the New Testament* [Revendo a corrupção do Novo Testamento]. Grand Rapids: Kregel Academic and Professional, 2011.

WEGNER, Paul D. *The Journey from Texts to Translations* [A jornada do texto à tradução]. Grand Rapids: Baker, 1999.

CAPÍTULO 4

As provas corroborativas

EXISTEM EVIDÊNCIAS CONFIÁVEIS A FAVOR
DE JESUS ALÉM DE SUAS BIOGRAFIAS?

Harry Aleman virou-se para mim de dedo em riste.
— *Você!* — disse ele, cuspindo essa palavra com nojo. — Por que você vive escrevendo essas coisas sobre mim?

Depois, deu meia-volta e desapareceu pelas escadas dos fundos para fugir dos repórteres que o perseguiam pelo prédio do tribunal.

Era realmente difícil ser repórter policial em Chicago nos anos 1970 e *não* escrever sobre Harry Aleman. Afinal de contas, ele era o pistoleiro predileto do mundo do crime, e a população de Chicago, de um modo perverso, gostava de ler sobre a máfia.

Os promotores queriam pôr Aleman atrás das grades a todo custo por suspeita de execuções a sangue-frio que ele teria cometido a pedido de seus chefes do sindicato. O problema, é claro, era a dificuldade em achar alguém que se dispusesse a depor contra um assassino com a reputação assustadora de Aleman.

Surgiu, então, a grande oportunidade. Um dos antigos comparsas de Aleman, Louis Almeida, foi preso a caminho de matar um funcionário de sindicato no estado da Pennsylvania. Preso sob a acusação de uso ilegal de armas e condenado a dez anos de prisão, Almeida concordou em testemunhar contra Aleman, em Chicago, se os promotores concordassem com o abrandamento da pena.

Isso significava que Almeida tinha motivos para cooperar, o que certamente poderia comprometer, até certo ponto, a credibilidade de seu testemunho. Os promotores chegaram à conclusão de que precisariam dar uma base melhor para o testemunho dele para garantir a condenação de Aleman, então, saíram em busca de alguém que pudesse corroborar o testemunho de Almeida.

O dicionário dá a seguinte definição para *corroborar:* "Dar mais certeza; confirmar, comprovar". Assim, por exemplo, podemos dizer: "Ele corroborou o meu relato do acidente".[1] A prova corroborativa apoia outro testemunho; ela afirma ou dá respaldo aos elementos essenciais do testemunho ocular. Pode ser uma informação de arquivo público, uma fotografia, um testemunho extra de uma segunda ou terceira pessoa. A prova corroborativa confirma todo o testemunho de uma pessoa ou pelo menos as partes chaves dele.

Na verdade, a prova corroborativa atua como as cordas metálicas que prendem as altas antenas, mantendo-as firmes e na posição correta. Quanto mais provas corroborativas houver, tanto mais fortalecido e confiável permanece o testemunho.

Mas onde é que os promotores achariam provas corroborativas para o depoimento de Almeida? A resposta veio de uma fonte surpreendente: um cidadão pacífico e obediente às leis chamado Bobby Lowe disse aos investigadores que estava passeando com seu cachorro quando viu Aleman assassinar o administrador sindical. Apesar da péssima fama de Aleman, Lowe concordou em respaldar a história de Almeida e testemunhar contra o criminoso.

O PODER DA CORROBORAÇÃO

No julgamento de Aleman, Lowe e Almeida fascinaram os jurados com suas histórias. O relato de Almeida, que tinha sido o motorista

---

[1]*Webster's Encyclopedic Unabridged Dictionary of the English Language.* Nova York: Gramercy, 1989. p. 328.

AS PROVAS CORROBORATIVAS

do carro de fuga, coincidia com a descrição objetiva do homicídio que Lowe presenciara em plena calçada pública, quando viu Aleman assassinar sua vítima, na noite de 27 de setembro de 1972.

Os promotores achavam que tinham cercado o caso do temido pistoleiro por todos os lados, mas, no decorrer do julgamento, sentiram que algo estava faltando. O ceticismo deles veio à tona logo que Aleman decidiu não passar por um julgamento com júri, mas optou ter uma audiência perante o juiz.

No final do julgamento, as piores suspeitas dos promotores se confirmaram: apesar do testemunho convincente de Lowe e Almeida, o juiz acabou absolvendo Aleman e o libertando.

O que tinha acontecido? Lembre-se de que esse fato aconteceu em Cook County, no Estado de Illinois, onde a corrupção age à espreita. Anos depois, veio a público que o juiz fora subornado com dez mil dólares em troca da absolvição de Aleman. Quando um agente do FBI revelou o que se passara, o juiz, já então aposentado, suicidou-se. A promotoria entrou novamente com a acusação de assassinato contra Aleman.

Na época em que o segundo julgamento foi instaurado, a lei tinha sido alterada, de modo que a promotoria pôde submeter o caso ao júri. E foi o que fizeram. Finalmente, depois de se passarem 25 longos anos desde a ocorrência do crime, Aleman foi considerado culpado e condenado a 130 anos de prisão, onde posteriormente veio a falecer.[2]

Apesar dos atrasos, a saga de Aleman mostra como a prova corroborativa pode ser importante. O mesmo acontece quando nós lidamos com questões históricas. Já descobrimos, por meio do depoimento do Dr. Craig Blomberg, que os evangelhos possuem excelentes provas de testemunho ocular sobre a vida, os ensinos, a morte e a ressurreição de Cristo. Mas será que existe alguma outra prova que possa corroborar isso? Existem escritos fora dos evangelhos que afirmam ou apoiam algumas informações fundamentais sobre Jesus ou sobre o cristianismo primitivo?

---

[2]POSSLEY, Maurice. "Mob hit man Aleman Gets One Hundred to Three Hundred Years". *Chicago Tribune,* November 26, 1997.

Em outras palavras, há alguma documentação adicional que possa nos ajudar a blindar a defesa de Cristo, assim como o testemunho de Bobby Lowe selou a condenação de Harry Aleman? A resposta, de acordo com nossa próxima testemunha, é positiva. E é bem provável que o volume e a qualidade dessas provas o surpreendam.

TERCEIRA ENTREVISTA
Edwin M. Yamauchi, Ph.D.

Quando entrei no imponente edifício de alvenaria que abriga a Universidade de Miami, onde está localizado o escritório de Edwin Yamauchi, na pitoresca Oxford, Ohio, passei sob um arco de pedra portando a seguinte inscrição: "E conhecereis a verdade, e a verdade vos libertará". Como um dos principais especialistas do país em história antiga, Yamauchi passou boa parte de sua vida em busca da verdade histórica.

Nascido no Havaí, em 1937, filho de imigrantes de Okinawa, Yamauchi é de origem humilde. Seu pai morreu um pouco antes do ataque dos japoneses a Pearl Harbor, obrigando sua mãe a ganhar muito pouco como empregada doméstica das famílias ricas. Embora não tivesse educação formal, ela incentivou o seu filho a ler e a estudar, presenteando-o com livros cheios de belas ilustrações, o que acabou inculcando nele um amor duradouro pelo conhecimento.

Não há dúvida de que suas conquistas acadêmicas são impressionantes. Depois de se formar em hebraico e estudos helenísticos, Yamauchi fez mestrado e doutorado em estudos mediterrâneos na Universidade Brandeis.

Yamauchi é membro de oito instituições, dentre elas a Rutgers Research Council [Conselho de Pesquisas Rutgers], a National Endowment for the Humanities [Agência Nacional de Recursos para Humanidades], a American Philosophical Society [Sociedade Americana de Filoosfia] e outras. Ele estudou 22 idiomas, inclusive o árabe, o chinês, o egípcio, o russo, o siríaco, o ugarítico e até o comanche.

No total, já apresentou 71 trabalhos científicos perante sociedades de pesquisa; palestrou em mais de cem seminários, universidades e faculdades, como Yale, Princeton e Cornell; foi dirigente e depois presidente

AS PROVAS CORROBORATIVAS 97

do Instituto de Pesquisas Bíblicas e presidente da Conferência sobre Fé e História; publicou 80 artigos em 37 periódicos acadêmicos.

Em 1968, participou das primeiras escavações no templo de Herodes, em Jerusalém, onde se descobriu provas da destruição do templo, em 70 d.C. A arqueologia também é tema de vários de seus livros, como, por exemplo, *The stones and the Scriptures* [As pedras e as Escrituras], *The Scriptures and Archeology* [As Escrituras e a arqueologia] e *The world of the first Christians* [O mundo dos primeiros cristãos].

Embora nascido em um contexto budista, Yamauchi segue a Cristo desde 1952, o ano em que nasci. Eu estava bastante curioso para saber se seu compromisso com Cristo, já tão antigo, não teria afetado sua avaliação da prova histórica. Será que ele permaneceria consciencioso em relação aos fatos ou se sentiria tentado a tirar conclusões além das que as provas permitiam?

Percebi que Yamauchi portava-se de maneira gentil e despretensiosa. Apesar de seu jeito macio de falar, nota-se que é uma pessoa muito atenta. Suas respostas são completas e detalhadas, sempre interrompendo suas explicações para acrescentar cópias de artigos acadêmicos que escreveu sobre o assunto. Um bom especialista sabe que, quanto mais dados, melhor.

Sentamo-nos no interior de seu escritório abarrotado de livros, no coração de um campus cheio de árvores coloridas com o brilho das cores do outono, para conversar sobre um tema que ainda faz seus olhos brilharem, mesmo depois de tantos anos de pesquisa e ensino.

COMPROVANDO OS EVANGELHOS

Por causa de minha entrevista com Blomberg, eu não queria dar a entender que tínhamos de ir além dos evangelhos para encontrar provas confiáveis sobre Jesus. Portanto, comecei fazendo a Yamauchi a seguinte pergunta:

— Como historiador, você poderia me dar a sua avaliação sobre a confiabilidade histórica dos evangelhos?

— No geral, os evangelhos são fontes excelentes — disse ele. — Na verdade, eles são as fontes mais confiáveis, completas e fidedignas sobre Jesus. As fontes incidentais realmente não apresentam informações muito detalhadas; no entanto, são valiosas enquanto provas corroborativas.

— Muito bem — eu disse —, é isto o que eu quero discutir: a prova corroborativa. Sejamos honestos: algumas pessoas zombam dizendo que esse tipo de prova é muito rara. Em 1979, por exemplo, Charles Templeton escreveu um romance intitulado *Acts of God* [Atos de Deus], em que um arqueólogo fictício fazia uma afirmação que reflete o que muita gente pensa.

Abri o livro e li o parágrafo em questão:

> A igreja [cristã] faz suas declarações com base, principalmente, nos ensinos de um judeu jovem e obscuro com pretensões messiânicas e que, a bem da verdade, não causou um impacto tão grande durante a sua vida. Não há uma palavra sequer a seu respeito na história secular. Nenhuma. Os romanos não o mencionam. Josefo apenas o cita, nada mais.[3]

— Então — eu disse incisivamente —, isso não soa como se houvesse muita corroboração à vida de Jesus fora da Bíblia.

Yamauchi sorriu e balançou a cabeça.

— O arqueólogo de Templeton está simplesmente enganado — disse ele em um tom depreciativo — porque, na verdade, temos muitíssimas referências importantes sobre Jesus em Josefo e Tácito. Os próprios evangelhos dizem que muitos que o ouviram, até mesmo membros de sua família, não creram nele enquanto ele viveu; porém, ele causou tanto impacto que hoje Jesus é lembrado por toda parte, ao passo que Herodes, o Grande, Pilatos e outros governantes antigos não são tão conhecidos assim. Portanto, ele, com certeza, impactou profundamente aqueles que creram nele.

Ele deu uma parada e depois acrescentou:

— Ele não causou impacto, obviamente, sobre aqueles que não creram nele.

---

[3]TEMPLETON, Charles. *Act of God*. Nova York: Bantam, 1979. p. 152.

O TESTEMUNHO DE UM TRAIDOR

Templeton e Yamauchi haviam mencionado Josefo, um historiador do primeiro século bastante conhecido entre os acadêmicos, mas cujo nome não é familiar a muita gente hoje em dia.

— Diga-me algo a respeito dele — eu disse — e me explique de que modo o testemunho dele traz corroboração concernente a Jesus.

— Sim, é claro — Yamauchi respondeu enquanto cruzava as pernas e se acomodava melhor em sua cadeira. — Josefo era um historiador judeu muito importante no primeiro século. Ele nasceu em 37 d.C. e escreveu a maior parte de suas quatro obras por volta do final do primeiro século. Em sua autobiografia, ele defendeu o seu posicionamento na guerra entre judeus e romanos, de 66 a 74 d.C. Veja, ele tinha se rendido ao general romano Vespasiano durante o cerco de Jotapata, enquanto muitos de seus colegas preferiram o suicídio à rendição.

O professor deu um leve sorriso e prosseguiu:

— Josefo achava que não era vontade de Deus que ele se suicidasse, por isso passou a defender os romanos.

Josefo me pareceu um personagem interessante; queria mais detalhes a seu respeito para que pudesse compreender suas motivações e preconceitos.

— Gostaria que você traçasse um perfil de Josefo — eu disse.

— Ele era sacerdote, fariseu e um tanto egoísta. Sua obra mais ambiciosa, que recebeu o nome de *Antiguidades*, conta a história do povo judeu, desde a criação até os seus dias. É provável que a tenha terminado em torno de 93 d.C.

Como se pode imaginar, por seu colaboracionismo com os detestáveis romanos, Josefo era muito odiado por seus compatriotas judeus. Tornou-se, porém, bastante popular entre os cristãos, porque em seus escritos refere-se a Tiago, o irmão de Jesus, e ao próprio Jesus.

Esse seria o nosso primeiro exemplo de corroboração à vida de Jesus fora dos evangelhos.

— Fale-me a respeito dessas citações — eu disse.

— Nas *Antiguidades* — continuou Yamauchi — ele descreve como um alto sacerdote de nome Ananias se aproveitou da morte de Festo, governador romano que também é mencionado no Novo Testamento, para mandar matar Tiago.

100 EM DEFESA DE CRISTO

Yamauchi inclinou-se em direção à estante, puxou um volume grosso e o folheou em busca de uma passagem que parecia saber perfeitamente onde estava.

— Ah, aqui está — disse ele. — "Convocou então uma reunião do Sinédrio e trouxe perante ele um homem chamado Tiago, o irmão de Jesus, chamado o Cristo, e alguns outros. Ele os acusou de transgredir a lei e condenou-os ao apedrejamento".[4] Não conheço nenhum estudioso — disse Yamauchi de forma categórica — que tenha conseguido colocar em dúvida essa passagem. L. H. Feldman observou que, se esse fosse um acréscimo cristão posterior ao texto, muito provavelmente elogiasse a Tiago muito mais. Temos aqui, portanto, uma referência ao irmão de Jesus que aparentemente teria se convertido ao ver Cristo ressuscitado, bastando comparar João 7.5 e 1Coríntios 15.7, que corrobora o fato de que, para algumas pessoas, Jesus era o Cristo, que significa "Ungido" ou "Messias".

"VIVEU JESUS..."

Eu sabia que Josefo tinha escrito um texto ainda mais longo sobre Jesus, que é chamado de *Testimonium flavianum*. Eu também tinha conhecimento de que essa passagem era uma das mais polêmicas na literatura antiga porque, ao que parece, corroborava totalmente a existência de Jesus, seus milagres, sua morte e ressurreição. Mas trata-se de um documento autêntico? Ou teria sido adulterado ao longo dos anos por pessoas favoráveis a Cristo?

Pedi a Yamauchi sua opinião, e logo ficou claro que tinha tocado em um tema que o interessava profundamente. Ele descruzou as pernas e endireitou-se na cadeira:

— Essa é uma passagem fascinante — disse ele entusiasmado, inclinando-se para a frente com o livro nas mãos. — É verdade, é um texto controvertido.

Em seguida, leu-o para mim:

---

[4]JOSEFO, Flávio. *História dos hebreus*. Rio de Janeiro: CPAD, 1991. p. 203. Veja tb. YAMAUCHI, Edwin. "Josephus and the Scriptures". *Fides et Historia*, 13, 1980, p. 42-63.

AS PROVAS CORROBORATIVAS   101

Jesus foi um homem "sábio", se é que podemos considerá-lo um homem, porque realizou obras surpreendentes e foi um mestre para aqueles que receberam sua verdade com alegria. Ele foi seguido não somente por muitos judeus, mas mesmo por muitos gregos. Era o Cristo. Quando Pilatos, ao vê-lo acusado pelos ilustres da nossa nação, condenou-o à crucificação, aqueles que o amaram desde o início permaneceram com ele e não desistiram de sua afeição por ele. Ele lhes apareceu ressuscitado e vivo no terceiro dia, como os santos profetas profetizaram estas e inúmeras outras coisas maravilhosas sobre ele. É dele que os cristãos, que vemos ainda hoje, tiraram seu nome.[5]

A riqueza do material que corrobora os fatos referentes a Cristo era facilmente perceptível.

— Você concordou que o texto é controverso. Qual foi a conclusão dos especialistas sobre essa passagem? — perguntei.

— Os estudos a respeito desse material atravessaram três fases diferentes — respondeu Yamauchi. — Por motivos óbvios, os primeiros cristãos achavam que ele era uma comprovação 100% autêntica sobre Jesus e sua ressurreição. Eles apreciavam muito esse material. Depois, a passagem inteira foi posta em dúvida por alguns eruditos na época do Iluminismo. Contudo, nos dias de hoje, há um consenso notável tanto entre os estudiosos judeus quanto entre os cristãos de que essa passagem é totalmente autêntica, embora possa haver algumas interpolações.

Ergui uma das sobrancelhas:

— Interpolações? Você poderia explicar o que isso significa?

— Significa que os primeiros copistas cristãos inseriram algumas frases que um escritor judeu como Josefo jamais escreveria — disse Yamauchi.

— Por exemplo — prosseguiu, destacando uma frase do livro —, a primeira linha diz que "nesse mesmo tempo apareceu Jesus, que era um homem sábio". Essa frase não costumava ser usada pelos cristãos em referência a Jesus, portanto, deve ser de fato da autoria de Josefo. A frase seguinte, porém, diz: "... se de fato devemos considerá-lo

---

[5]JOSEFO, Flávio. *Antiguidades judaicas*, livro 18, seções 63-64.

simplesmente como um homem". Isso implica que Jesus seria mais do que humano, o que deve ser uma interpolação.

Balancei afirmativamente a cabeça, para que Yamauchi soubesse que eu estava seguindo sua linha de raciocínio.

— Depois, lemos: " Jesus [...] realizou obras surpreendentes e foi um mestre para aqueles que receberam sua verdade com alegria. Ele foi seguido não somente por muitos judeus, mas mesmo por muitos gregos". Esse trecho parece estar plenamente de acordo com o vocabulário que Josefo utiliza em outras passagens, e costuma ser considerada autêntica. Mas vem em seguida uma declaração ambígua: "Era o Cristo", o que parece ser uma interpolação.

— Isso porque — interrompi — Josefo diz em sua referência a Tiago que Jesus "era *chamado* Cristo".

— Exato — disse Yamauchi. — É improvável que Josefo dissesse tão categoricamente aqui que Jesus era o Messias, enquanto em outras passagens ele diz simplesmente que Jesus era *considerado* o Messias por seus seguidores. O trecho seguinte da passagem, em que são mencionados o julgamento e a crucificação de Jesus e o fato de que seus seguidores ainda o amavam, não é incomum e é considerado genuíno. Em seguida, vem a frase: "No terceiro dia, ele apareceu diante deles com a vida restituída". Estamos novamente diante de uma declaração explícita de fé na ressurreição, portanto é pouco provável que Josefo seja de fato seu autor. Esses três elementos, ao que tudo indica, parecem ter sido interpolações.

— E o que isso nos leva a concluir? — perguntei.

— Que é provável que esse trecho de Josefo foi originalmente escrito sobre Jesus, embora sem esses três pontos que mencionei. Mas, mesmo assim, Josefo corrobora informações importantes sobre Jesus: que ele era o líder martirizado da igreja em Jerusalém e que ele era um mestre sábio que havia estabelecido um seguimento amplo e duradouro, mesmo que tenha sido crucificado sob Pilatos, que fora instigado por alguns dos líderes judeus.

A IMPORTÂNCIA DE JOSEFO

Embora essas referências fossem, de fato, provas independentes e importantes sobre a existência de Jesus, eu não conseguia entender por

AS PROVAS CORROBORATIVAS   103

que um historiador como Josefo não teria procurado mais informações sobre uma figura de tal importância no primeiro século. Eu sabia que alguns céticos, como Michael Martin, filósofo da Universidade de Boston, fizeram a mesma crítica.

Então, perguntei a Yamauchi o que ele achava da afirmação de Martin, que não acreditava na existência de Jesus: "Se Jesus tivesse existido, era de esperar que Josefo [...] tivesse dito algo mais a respeito dele [...] É surpreendente que Josefo o mencione de passagem [...] enquanto cita outras figuras messiânicas e João Batista, dando vários detalhes a respeito deles".[6]

Yamauchi respondeu-me de modo enérgico pouco usual.

— De vez em quando, algumas pessoas tentam negar a existência de Jesus, mas essa é uma causa perdida — ele disse um pouco incomodado. — Existem provas irrefutáveis de que Jesus existiu, portanto, esses questionamentos hipotéticos são muito vazios e falaciosos. Entretanto, eu responderia do seguinte modo: Josefo estava interessado em questões políticas e na luta contra Roma; assim sendo, João Batista era mais importante, porque ele parecia representar uma ameaça política maior do que Jesus.

— Espere um pouco. Não existem alguns especialistas que descreveram Jesus como zelote, ou pelo menos como simpatizante deles? — interrompi, referindo-me a um grupo revolucionário do primeiro século que se opunha politicamente a Roma.

Yamauchi descartou a objeção com um aceno de mão.

— Essa é uma posição que os evangelhos não apoiam — respondeu. — Lembre-se de que Jesus não se opunha ao pagamento de impostos aos romanos. Portanto, como Jesus e seus seguidores não representavam nenhuma ameaça política, compreende-se perfeitamente que Josefo não se interesse por essa seita, ainda que, em retrospecto, suas observações tenham sido muitíssimo importantes.

— Então, qual é, na sua opinião, a importância dessas duas referências de Josefo?

---

[6]MARTIN, Michael. *The Case against Christianity*. Filadélfia: Temple University Press, 1991. p. 49.

— Elas são muito importantes, — respondeu Yamauchi — principalmente depois que se comprovou a precisão de seus relatos sobre a guerra dos judeus. Eles foram corroborados, por exemplo, pelas escavações arqueológicas em Massada, bem como por historiadores como Tácito. Josefo é considerado um historiador bem confiável; além disso, a menção que faz do nome de Jesus é tida por extremamente importante.

"A SUPERSTIÇÃO PERNICIOSA"

Yamauchi tinha acabado de citar o historiador romano mais importante do primeiro século. Eu queria discutir sobre o que Tácito tinha a dizer sobre Jesus e sobre o cristianismo.

— Você poderia dar detalhes das suas provas? — pedi.

Ele acenou afirmativamente com a cabeça.

— Tácito deixou registrada o que é provavelmente a referência mais importante sobre Jesus fora do Novo Testamento — disse ele. — No ano 115 d.C., ele afirma explicitamente que Nero perseguiu os cristãos e fez deles bodes expiatórios para desviar dele as suspeitas pelo incêndio que devastou Roma em 64 d.C.

Yamauchi se levantou e foi até a estante, olhando de relance à procura de um livro:

— Ah, sim, aqui está — disse ele, tirando dela um volume bem grosso e folheando-o até encontrar a passagem que queria. Depois, leu-a para mim:

> Nero imputou a culpa e infligiu as torturas mais dolorosas sobre uma classe de pessoas odiada pelas suas abominações, chamada pelo povo de cristãos. Christus, nome do qual eles tiveram a sua origem, sofreu a pena máxima durante o reinado de Tibério sob as mãos de um dos nossos procuradores, Pôncio Pilatos, e uma superstição perniciosa, até onde se pode verificar no momento, espalhou-se novamente, não apenas em toda a Judeia, onde o problema teve início, mas também por toda a cidade de Roma... De modo adequado, foi efetuada a prisão de todos os que se acharam culpados: posteriormente, de acordo com o

AS PROVAS CORROBORATIVAS   105

depoimento deles, uma imensa multidão foi condenada, nem tanto pelo crime de incendiar a cidade, mas sim de ódio a humanidade.[7]

Eu já conhecia essa passagem e estava ansioso para saber o que Yamauchi diria sobre a observação de um estudioso muito influente, J. N. D. Anderson.

— Ele especula que Tácito, ao se referir a essa "superstição perniciosa" que Pilatos "reprimira, por algum tempo", mas que "se espalhou [...] novamente", se referia, inconscientemente, à crença dos primeiros cristãos de Jesus ter sido crucificado, mas que ressuscitou dos mortos. Você concorda com ele? — eu disse.

Yamauchi refletiu durante alguns segundos.

— Essa tem sido, sem dúvida, a interpretação de alguns estudiosos — disse ele como se, aparentemente, evitasse me dar sua opinião. Em seguida, porém, fez uma observação de fundamental importância.

— Independentemente de a passagem se referir de maneira específica a isso ou não, ela realmente nos mostra algo notável: a crucificação era o pior destino que alguém poderia passar, e o fato de haver um movimento que se baseava em um homem crucificado precisava de explicação.

— Como você explica que uma religião baseada na adoração a um homem que padeceu a morte mais vergonhosa possível tenha se difundido tanto? É claro que os cristãos dirão que foi por causa da ressurreição. Os outros terão de formular uma teoria alternativa. Porém, ao meu ver, nenhuma das duas alternativas é muito convincente.

Pedi-lhe que definisse melhor a importância dos escritos de Tácito com relação a Jesus.

— Trata-se de um depoimento importante da parte de uma testemunha que não simpatiza com o sucesso e com a difusão do cristianismo, baseado em um personagem histórico, Jesus, crucificado por ordem de Pôncio Pilatos — ele disse. — É importante o fato de que Tácito se refira a uma "multidão imensa" apegada de tal forma às suas crenças que preferia morrer a negá-las.

---

[7]Tácito. *Anais,* livro 15, capítulo 44 apud MCDOWELL, Josh. MCDOWELL, Josh; MCDOWELL, Sean. *Evidências da ressurreição.* Rio de Janeiro: CPAD, 2011. p. 104.

"TRATANDO-O COMO DEUS"

Eu já sabia que outro romano, chamado Plínio, o Jovem, também havia se referido ao cristianismo em seus escritos.

— Ele corroborou alguns pontos importantes também, não é? — perguntei.

— É verdade. Ele era sobrinho de Plínio, o Velho, o famoso enciclopedista que morreu na erupção do Vesúvio, em 79 d.C. Plínio, o Jovem, tornou-se governador da Bitínia, no noroeste da Turquia. Grande parte de sua correspondência com seu amigo, o imperador Trajano, foi preservada até os dias de hoje.

Yamauchi pegou uma fotocópia de uma página de livro.

— No livro, 10 de suas cartas, se referem especificamente aos cristãos que prendeu.

> Pergunto se eles são cristãos e, se eles admitirem, repito uma segunda e uma terceira vez, com um alerta sobre a punição que os aguarda. Se eles persistirem, mando que eles sejam levados para serem executados; porque, seja qual for a essência de sua afirmação, tenho certeza de que sua teimosia e sua obstinação inabalável não pode ficar sem punição...
>
> Eles também declaram que sua única culpa, seu único erro, era ter o costume de se reunir antes do amanhecer num certo dia determinado, quando então cantavam responsivamente os versos de um hino a Cristo, tratando-o como Deus, e prometiam solenemente uns aos outros não cometerem maldade alguma, não defraudarem, não roubarem, não adulterarem, nunca mentirem e não negar a fé quando insistissem que o fizessem.
>
> Isso me fez decidir que era muito necessário extrair a verdade sob tortura dessas duas servas, às quais eles chamavam de diaconisas. Não descobri nada além de um tipo pervertido de seita levado às consequências mais extravagantes.[8]

— Qual a importância dessa referência? — perguntei.

— Ela é muito importante. Foi escrita, provavelmente, cerca de 111 d.C. e mostra como o cristianismo se espalhou rapidamente, tanto

---

[8]Plínio, o Jovem, *Cartas*, livro 10, carta 96 apud MCDOWELL, Josh; MCDOWELL, Sean. *Evidências da ressurreição*. Rio de Janeiro: CPAD, 2011. p. 106.

AS PROVAS CORROBORATIVAS   107

na cidade quanto no campo, em meio a todas as classes sociais, sejam elas compostas por mulheres escravas ou por cidadãos romanos, uma vez que ele menciona o fato de mandar para Roma os cristãos romanos para julgamento. Fala também da adoração a Jesus como Deus, que os cristãos mantinham padrões éticos elevados e que não se deixavam abalar facilmente em sua fé.

O DIA EM QUE A TERRA ESCURECEU

Para mim, uma das referências mais problemáticas do Novo Testamento é a declaração dos evangelistas de que a terra ficou em trevas durante parte do tempo em que Jesus ficou pendurado na cruz. Não seria esse um mero recurso literário para enfatizar o significado da crucificação e, de forma alguma, uma ocorrência histórica verdadeira? Afinal de contas, se a terra tivesse se recoberto de trevas, não haveria ao menos uma menção desse fato extraordinário fora da Bíblia?

No entanto, o Dr. Gary Habermas menciona um historiador chamado Talo que, em 52 d.C., escreveu uma história do mundo mediterrâneo desde a Guerra de Troia. Embora o trabalho de Talo tenha se perdido, ele foi citado por Júlio Africano por volta de 221 d.C., e ali, há menção das trevas que se acham escritas nos evangelhos![9]

— Será possível que tenhamos aí uma corroboração de uma fonte independente para o que declaram as Escrituras? — perguntei.

— Nessa passagem — Yamauchi explicou —, Júlio Africano diz que "Talo, no terceiro livro de histórias, explica o fato como um eclipse solar, o que não me parece razoável". Portanto, ao que tudo indica, Talo confirma a ocorrência das trevas no momento da crucificação e atribui sua causa provável a um eclipse solar. Africano diz, então, que não era possível que fosse um eclipse o evento ocorrido na hora da crucificação.

Yamauchi aproximou-se mais da escrivaninha e pegou um pedaço de papel.

---

[9]HABERMAS, Gary. *The Historical Jesus.* Joplin: College Press, 1996. p. 196-197.

108   EM DEFESA DE CRISTO

— Deixe-me citar o que diz o especialista Paul Maier sobre as trevas em uma nota de rodapé em seu livro *Pontius Pilate* [Pôncio Pilatos], de 1968. Ele disse, lendo essas palavras:

> Esse fenômeno, evidentemente, foi visível em Roma, Atenas e outras cidades do mediterrâneo. De acordo com Tertuliano, [...] foi um acontecimento "cósmico" ou "mundial". Flégon, um autor grego da região de Caria, escreveu uma cronologia pouco depois de 137 d.c., em que narra como, no quarto ano das Olimpíadas de 202 (i.e., 33 d.C.), houve um grande "eclipse solar" e que "anoiteceu na sexta hora do dia (i.e., ao meio-dia), de tal forma que até as estrelas apareceram no céu. Houve um grande terremoto na Bitínia, e muitas coisas saíram fora de lugar em Niceia".[10]

Yamauchi concluiu:

— Então existe, como Paul Maier demonstra, uma confirmação extrabíblica das trevas que aconteceram na hora da crucificação de Cristo. Aparentemente, algumas pessoas tentaram dar uma explicação natural dizendo que tinha sido um eclipse.

UM RETRATO DE PILATOS

A menção de Yamauchi a Pilatos me recordou da maneira que alguns críticos puseram em dúvida a precisão dos evangelhos pelo modo como retratam esse líder romano. Enquanto o Novo Testamento o apresenta como uma figura vacilante e disposta a ceder às pressões da multidão judaica para a execução de Jesus, os outros relatos históricos o descrevem como obstinado e inflexível.

— Não haveria aí uma contradição entre a Bíblia e os historiadores seculares? — perguntei-lhe.

— Não, com certeza não — disse Yamauchi. — O estudo de Maier sobre Pilatos mostra que seu protetor, ou patrono, era Sejano, e que Sejano foi destituído do poder em 31 d.C. porque conspirava contra o imperador.

---

[10]MAIER, Paul L. *Pontius Pilate*. Wheaton: Tyndale House, 1968. p. 366, citando um texto de Flegão, *Olympiades he Chronika* 13, org. Otto Keller, *Rerum Naturalium Scriptores Graeci Minores*, 1, Leipzig, Teurber, 1877. p. 101. Tradução de Maier.

AS PROVAS CORROBORATIVAS   109

Fiquei atônito.

— Mas que relação tem uma coisa com a outra? — perguntei.

— Bem, essa perda enfraqueceu a posição de Pilatos em 33 d.C.,
a data provável da crucificação de Jesus — Yamauchi respondeu. —
Portanto, seria perfeitamente compreensível que Pilatos se mostrasse
relutante em ofender os judeus naquele momento, entrando em conflito com o imperador, o que significa que a descrição bíblica tem uma
chance maior de estar certa.[11]

OUTROS RELATOS JUDAICOS

Depois de discutir a corroboração romana aos fatos sobre Jesus, resolvi
ir um pouco mais adiante e discutir se outros relatos judaicos, além
dos de Josefo, atestam alguma coisa sobre Jesus. Perguntei a Yamauchi
se havia referências a Jesus no *Talmude*, importante obra do judaísmo
concluída em torno de 500 d.C., que incorpora a *Mishná*, compilada
por volta de 200 d.C.

— Os judeus, de modo geral, não costumam entrar em detalhes
sobre hereges — ele respondeu. — Existem algumas passagens do
Talmude que citam Jesus, chamando-o de falso messias que praticava
a magia e foi justamente condenado à morte. Repetem também os
rumores de que Jesus era filho de um soldado romano e de Maria,
insinuando que havia algo de incomum em seu nascimento.

— Então — eu disse —, mesmo do ponto de vista negativo, essas
referências judaicas confirmam algumas coisas sobre Jesus.

— Isso mesmo — disse Yamauchi. — O professor Wilcox faz a
seguinte observação em um artigo publicado em uma obra de referência acadêmica:

A literatura judaica tradicional, embora mencione Jesus só muito
raramente (e, seja como for, tem de ser usada com muita cautela),
apoia a declaração do evangelho de que ele curava e fazia milagres,
mesmo atribuindo essas atividades à magia. Além disso, ela preserva a

---

[11]Veja MAIER, Paul L. "Sejanus, Pilate, and the Date of the Crucifixion". *Church
History 37* (1968), p. 1-11.

110   EM DEFESA DE CRISTO

lembrança de Jesus como professor, diz que ele tinha discípulos (cinco) e que, pelo menos no período rabínico primitivo, nem todos os sábios tinham definido com certeza se ele era "herege" ou "enganador".[12]

PROVAS EXTRABÍBLICAS

Embora estivéssemos encontrando muitas referências a Jesus fora dos evangelhos, eu imaginava se não havia mais delas. Já sabia que poucos documentos do primeiro século sobreviveram, mas mesmo assim perguntei a Yamauchi:

— De um modo geral, não devíamos esperar encontrar mais referências sobre Jesus em escritos antigos fora da Bíblia?

— Quando alguém inicia um movimento religioso, só depois de muitas gerações é que se registra coisas sobre ele — disse Yamauchi. — Diante disso, o que se conclui é que temos uma melhor documentação histórica sobre Jesus do que sobre o fundador de qualquer outra religião antiga.

Essa observação me pegou desprevenido.

— É mesmo? — disse. — Você poderia dar mais detalhes sobre isso?

— Por exemplo, embora as *Gathas* de Zoroastro, que datam de 1000 a.C., sejam consideradas autênticas, a maior parte das escrituras do zoroastrismo só foi registrada por escrito no século 3 d.C. A biografia Pársi mais popular de Zoroastro foi escrita em 1278 d.C.

"Os escritos de Buda, que viveu no século 4 a.C., só foram registrados depois da era cristã, e a primeira biografia de Buda foi escrita no século 1 d.C. Embora as palavras de Maomé (570-632) estejam registradas no Alcorão, sua biografia só foi escrita em 767, mais de um século depois de sua morte.

"Portanto, o caso de Jesus não tem paralelo, e é impressionante o quanto podemos aprender sobre ele fora do Novo Testamento."

Resolvi me dedicar ao tema para resumir o que havíamos aprendido sobre Jesus até o momento com base em fontes extrabíblicas.

---

[12]WILCOX, M. "Jesus in the Light of his Jewish Environment". *Aufstieg und Niedergang der römischen Welt* 2, n. 25.1 (1982), p. 133.

AS PROVAS CORROBORATIVAS

— Suponhamos que não tivéssemos nenhum dos escritos do Novo Testamento e nenhum outro escrito cristão antigo — eu disse. — Na ausência deles, a que conclusão poderíamos chegar sobre Jesus com base em fontes não cristãs da Antiguidade, como, por exemplo, Josefo, o *Talmude*, Tácito, Plínio, o Jovem, e outros?

Yamauchi sorriu.

— Ainda assim teríamos um volume considerável de provas históricas; na verdade, esses documentos nos dariam um tipo de esboço da vida de Jesus — ele disse.

Depois, ele prosseguiu, levantando um dedo para destacar cada observação que fazia.

— Saberíamos, em primeiro lugar, que Jesus era um professor judeu; segundo, muitas pessoas acreditavam que ele curava e fazia exorcismos; terceiro, alguns acreditavam que ele era o Messias; quarto, ele foi rejeitado pelos líderes judeus; quinto, foi crucificado por ordem de Pôncio Pilatos durante o reinado de Tibério; sexto, apesar de sua morte infame, seus seguidores, que ainda acreditavam que ele estivesse vivo, espalharam-se para além da Palestina e, assim, havia muitos deles em Roma por volta de 64 d.C.; sétimo, todo tipo de gente, da cidade e do campo, homens e mulheres, escravos e livres, o adoravam como Deus.

Tudo isso realmente revela uma quantidade impressionante de corroboração independente. Não só os contornos da vida de Jesus são reconstruídos para além da Bíblia, mas ainda há mais que pode ser obtido sobre ele a partir de um material tão antigo que na verdade é anterior aos próprios evangelhos.

A CORROBORAÇÃO DE DETALHES
DOS PRIMEIROS TEMPOS

O apóstolo Paulo não conheceu a Cristo antes de morrer, mas afirma ter encontrado o Cristo ressuscitado e, posteriormente, ter conversado com algumas das testemunhas oculares para se certificar de que estava pregando a mesma mensagem que eles. Devido ao fato de o apóstolo ter começado a escrever suas cartas antes que os evangelhos fossem escritos, encontramos nelas relatos extremamente antigos sobre Jesus, tão antigos que ninguém pode alegar que tenham sido seriamente distorcidos por acréscimos lendários.

— Luke Timothy Johnson, um estudioso da Universidade Emory, declara que as cartas de Paulo são "uma confirmação externa valiosa" da "antiguidade e da ubiquidade das tradições relativas a Jesus"[13] — eu disse a Yamauchi. — Você concorda com ele?

Já fazia algum tempo que estávamos conversando. Yamauchi levantou-se um pouco para esticar as pernas e, depois, sentou-se novamente.

— Não há dúvida de que os escritos de Paulo são os mais antigos do Novo Testamento — ele afirmou —, e eles de fato fazem referências muito importantes à vida de Jesus.

— Você poderia detalhá-las? — eu pedi.

— Bem, ele se refere ao fato de Jesus ser descendente de Davi, que ele era o Messias, que foi traído, tentado, crucificado por nossos pecados e sepultado; que ressuscitou ao terceiro dia e que muitas pessoas o viram, inclusive Tiago, o irmão de Jesus, que não crera nele antes da crucificação.

— É interessante também o fato de que Paulo não menciona algumas coisas que são bem importantes nos evangelhos, como as parábolas e os milagres de Jesus, concentrando-se na morte expiatória e na ressurreição de Cristo. Paulo achava que esses eram os fatos mais relevantes sobre Jesus e, de fato, eles transformaram Paulo de perseguidor de cristãos no mais famoso missionário cristão, alguém disposto a enfrentar todo tipo de aflição e privação por causa da fé.

— Paulo também confirma alguns aspectos importantes do caráter de Jesus: sua humildade, sua obediência, seu amor pelos pecadores, e assim por diante. Ele convoca os cristãos a terem a mente de Cristo, no segundo capítulo da carta aos Filipenses. Essa é a famosa passagem em que Paulo provavelmente cita um antigo hino cristão que falava sobre o esvaziamento de Cristo, o qual, embora igual a Deus, tomou a forma de um homem, de um escravo, e sofreu o maior dos castigos: a crucificação. Portanto, as cartas de Paulo são um testemunho importante da divindade de Cristo. Ele se refere a Jesus como "o Filho de Deus" e "a imagem de Deus".

---

[13]JOHNSON, Luke Timothy. *The Real Jesus.* San Francisco: Harper, 1996. p. 120.

AS PROVAS CORROBORATIVAS   113

Eu o interrompi dizendo:

— O fato de Paulo, que veio de uma cultura judaica monoteísta, adorar a Jesus como Deus tem muita importância, certo?

— Sim — disse ele —, e põe por terra uma teoria popular de que a divindade de Cristo teria sido incorporada posteriormente ao cristianismo por influência de crenças pagãs. Não foi nada disso. Até mesmo Paulo, já naqueles primeiros tempos, adorava a Jesus como Deus.

— A confirmação de Paulo, é preciso que se diga, é de extrema importância. Temos ainda outras cartas de testemunhas oculares, Tiago e Pedro. Tiago, por exemplo, traz recordações de trechos do Sermão do Monte.

VERDADEIRAMENTE RESSURRETO DENTRE OS MORTOS

Temos também vários volumes de escritos dos "pais apostólicos", autores dos primeiros escritos cristãos posteriores ao Novo Testamento. São deles a epístola de Clemente de Roma, as epístolas de Inácio, de Policarpo, de Barnabé, e outros. Em muitas passagens, esses documentos confirmam os fatos básicos acerca de Cristo, principalmente seus ensinamentos, a crucificação, a ressurreição e a natureza divina de Cristo.

— Qual desses escritos você considera mais importante? — perguntei.

Yamauchi pensou um pouco antes de responder. Embora não dissesse o nome do documento que considerava o mais importante, citou as sete cartas de Inácio como parte dos escritos mais importantes dos pais apostólicos. Inácio, bispo de Antioquia da Síria, foi martirizado durante o reinado de Trajano, antes de 117 d.C.

— O que torna Inácio importante — disse Yamauchi — é que ele destacou tanto a divindade de Jesus quanto sua humanidade, em oposição à heresia docética, que negava a realidade humana de Jesus. Ele também ressaltou os fundamentos históricos do cristianismo. Em uma de suas cartas, quando estava a caminho da execução, escreveu que Jesus foi de fato perseguido por Pilatos, foi verdadeiramente crucificado e verdadeiramente ressuscitado dos mortos e que os que acreditassem nele também seriam ressuscitados.[14]

Se juntarmos tudo isso — Josefo, os historiadores e as autoridades romanas, os escritos judaicos, as cartas de Paulo e dos pais apostólicos —, teremos provas convincentes que corroboram em essência o que encontramos nas biografias de Jesus. Mesmo que jogássemos fora o último exemplar disponível dos evangelhos, ainda assim teríamos uma descrição de Jesus extremamente persuasiva: na verdade, teríamos um retrato do Filho unigênito de Deus.

Levantei-me e agradeci a Yamauchi por compartilhar comigo seu tempo e conhecimento.

— Sei que há muitas outras coisas sobre as quais poderíamos conversar, considerando que já se escreveram livros inteiros sobre esse assunto — eu disse. — Antes, porém, de concluirmos, gostaria de lhe fazer a última pergunta. Uma pergunta pessoal, se você me permite.

O professor se levantou:

— Sim, tudo bem, disse ele.

Dei uma olhada em volta do seu escritório modesto, que estava cheio até o teto de paredes de livros e manuscritos, de arquivos e periódicos, de disquetes de computador e papéis, todos eles produto de uma vida inteira dedicada à pesquisa acadêmica sobre um mundo tão distante no tempo.

— Você passou 40 anos estudando história antiga e arqueologia — eu disse. — Qual foi o impacto na sua vida espiritual? Os seus estudos fortaleceram ou fragilizaram sua fé em Jesus Cristo?

Yamauchi olhou um pouco para o chão, depois levantou a cabeça e me olhou bem nos olhos. Disse-me, então, com uma voz firme, porém sincera:

— Não há dúvida de que os meus estudos fortaleceram tremendamente minha vida espiritual e a enriqueceram. Eles me deram um entendimento mais profundo da cultura e do contexto histórico dos acontecimentos. Isso não significa que eu não saiba que há algumas questões que ainda não foram totalmente respondidas; mas nunca

---

[14]Inácio. *Aos tralianos*, capítulo 9.

AS PROVAS CORROBORATIVAS   115

saberemos de tudo nesta vida. No entanto, essas pendências não chegam nem perto de ameaçar minha fé na confiabilidade essencial nos
evangelhos e no restante do Novo Testamento. Creio que as outras
explicações, que procuram atribuir a disseminação do cristianismo a
razões sociológicas ou psicológicas, são muito frágeis — ele disse,
sacudindo a cabeça. — Muito frágeis.

Em seguida, acrescentou:

— Para mim, as provas históricas reforçaram o meu compromisso
com Jesus Cristo como Filho de Deus, que nos ama e morreu por nós,
ressuscitando depois dentre os mortos. Simples assim.

A VERDADE QUE NOS LIBERTA

Ao sair do prédio de Yamauchi, mergulhando em um mar de alunos
da faculdade que corriam de uma aula para a outra, pensei em como
havia sido satisfatório ir de carro à pequena Oxford, em Ohio. Vim em
busca de corroborações sobre Jesus e estava indo embora com uma rica
bagagem de material que confirmava cada aspecto principal da vida de
Cristo: os seus milagres, a sua divindade e a sua vitória sobre a morte.

Eu sabia que nossa breve conversa tinha apenas arranhado a
superfície do assunto. Eu levava debaixo do braço *The verdict of history* [O veredito da história], que reli enquanto me preparava para
aquela entrevista.[15] Nesse livro, o historiador Gary Habermas lista um
total de 39 fontes antigas que documentam a vida de Jesus, das quais
ele enumera mais de cem fatos relativos à vida de Jesus, aos seus ensinos, à crucificação e à ressurreição.[16]

Além disso, 24 das fontes citadas por Habermas, inclusive sete
fontes seculares e diversos dos credos mais antigos da igreja, tratam
especificamente da natureza divina de Jesus. "Esses credos revelam
que a igreja não começou simplesmente a ensinar sobre a divindade
de Jesus uma geração depois dos fatos, como se costuma dizer com

---

[15] *The Verdict of History* posteriormente foi intitulado: *The Historical Jesus: Ancient Evidence for the Life of Christ*, por Gary Habermas (Joplin: College Press, 1996).
[16] Veja HABERMAS, Gary. *The Verdict of History*. Nashville: Thomas Nelson, 1988.

tanta frequência na teologia contemporânea, uma vez que essa doutrina já se encontrava claramente presente na igreja primitiva", escreve Habermas. Sua conclusão: "A melhor explicação para a existência desses credos é que eles representam, de um modo adequado, os próprios ensinamentos de Jesus".[17]

Essa é uma corroboração surpreendente da afirmação mais importante feita pelo indivíduo mais influente que já viveu.

Fechei meu casaco enquanto me dirigia para o carro. Olhei para trás mais uma vez e vi o sol de outubro iluminando a inscrição gravada na pedra que eu observara pela primeira vez em que entrei no campus dessa universidade totalmente secular: "E conhecereis a verdade, e a verdade vos libertará".

REFLEXÕES

PERGUNTAS PARA MEDITAÇÃO OU ESTUDO EM GRUPO

1. Alguma vez houve um incidente em sua vida que o levou a duvidar da história de alguém até que lhe foi apresentada uma prova corroborativa? De que maneira essa prova pode ser comparada ao tipo de prova corroborativa apresentada pelo professor Yamauchi?

2. Qual das provas corroborativas apresentadas por Yamauchi você considera mais convincente? Por quê?

3. Segundo fontes antigas, os cristãos primitivos apegavam-se às suas crenças em vez de negá-las quando ameaçados de tortura. Em sua opinião, por que as convicções daqueles crentes eram tão fortes?

OUTRAS FONTES DE PROVAS

MAIS RECURSOS SOBRE ESSE ASSUNTO

BRUCE, F. F. *Jesus and Christian Origins Outside the New Testament* [Jesus e as origens cristãs fora do Novo Testamento]. Grand Rapids: Eerdmans, 1974.

---

[17] Ibid. p. 169.

AS PROVAS CORROBORATIVAS

FRANCE, R. T. *The Evidence for Jesus* [As provas a favor de Jesus]. Vancouver: Regent College Publishing, 2006.

HABERMAS, Gary. *The Historical Jesus: Ancient Evidence for the Life of Christ* [O Jesus histórico: as provas antigas da vida de Cristo]. Joplin: College Press, 1996.

MCDOWELL, Josh; WILSON, Bill. *Ele andou entre nós: evidências do Jesus histórico.* São Paulo: Candeia, 1998.

SCHÖFER, Peter. *Jesus in the Talmud* [Jesus no Talmude]. Princeton: Princeton University Press, 2009.

VAN VOORST, Robert E. *Jesus Outside the New Testament* [Jesus fora do Novo Testamento]. Grand Rapids: Eerdmans, 2000.

YAMAUCHI, Edwin M. "Jesus Outside the New Testament: What Is the Evidence?" In *Jesus Under Fire* [Jesus criticado], Michael J. Wilkins; J. P. Moreland, Eds., p. 207-230. Grand Rapids: Zondervan, 1995.

CAPÍTULO 5

As provas científicas

A ARQUEOLOGIA CONFIRMA OU
CONTRADIZ AS BIOGRAFIAS DE JESUS?

Havia algo de surreal em meu almoço com o Dr. Jeffrey MacDonald. Ele comia de forma descontraída seu sanduíche de atum e batatas fritas em uma sala de conferências do tribunal da Carolina do Norte, tecendo comentários otimistas e curtindo com naturalidade aquele momento. Numa sala perto dali, doze jurados faziam uma pausa depois de terem ouvido a apresentação de provas terríveis de que MacDonald tinha assassinado brutalmente a esposa e duas filhas pequenas.

Enquanto terminávamos nossa refeição, não pude deixar de fazer a MacDonald algumas perguntas óbvias:

— Como é que você pode agir como se nada de errado tivesse acontecido? — eu disse, com uma mistura de espanto e indignação na voz. — Você não está nem um pouco preocupado sobre os jurados o considerarem culpado?

MacDonald acenou displicente, apontando a metade do sanduíche na direção da sala do júri:

— Eles? — disse com uma risadinha sarcástica. — Eles nunca me condenarão!

Depois, como que percebendo o cinismo de suas palavras, acrescentou rapidamente:

— Sabe, eu sou inocente.

Foi a última vez que o vi sorrir. Poucos dias depois, o ex-boina verde e médico de pronto-socorro foi considerado culpado por haver esfaqueado até a morte sua mulher, Colette, e suas filhas, Kimberly, de cinco anos, e Kristen, de dois. MacDonald foi imediatamente condenado à prisão perpétua e saiu algemado da sala do tribunal.

MacDonald, cuja história foi magistralmente recontada por Joe McGinniss em seu *best-seller* e filme de TV homônimo, *Fatal vision* [Visão fatal], era arrogante ao ponto de achar que seu álibi o ajudaria a se livrar da acusação de homicídio.

Ele tinha dito aos investigadores que estava dormindo no momento em que alguns *hippies* drogados o acordaram no meio da noite. Disse que lutou com eles, foi esfaqueado e caiu inconsciente depois de ser atingido. Quando voltou a si, viu que sua família fora chacinada.

Desde o início, os detetives desconfiaram. Na sala de estar, os sinais de uma luta de vida ou morte eram poucos. Os ferimentos de MacDonald eram superficiais. Embora não enxergasse bem, ele conseguiu, não se sabe como, dar descrições detalhadas de seus agressores, mesmo sem óculos.

Entretanto, a desconfiança não é suficiente para que alguém seja preso; era preciso haver provas muito boas. Na casa de MacDonald, os detetives encarregados do caso utilizaram provas científicas para desfazer o emaranhado de mentiras e prendê-lo sob a acusação de assassinato.

Existem vários tipos de provas científicas normalmente utilizadas nos julgamentos, desde o exame de DNA, passando pela antropologia forense até a toxicologia. No caso de MacDonald, foram a serologia (prova sanguínea) e as provas de vestígios que o mandaram para a prisão.

Por uma coincidência extraordinária (e para os promotores, acidental), todos os membros da família MacDonald tinham tipos sanguíneos diferentes. Pela análise dos locais onde foram encontradas as manchas de sangue, os investigadores puderam reconstruir a sequência de acontecimentos daquela noite fatídica, o que contradizia completamente a versão de MacDonald.

AS PROVAS CIENTÍFICAS

O estudo científico dos minúsculos fios azuis de um pijama encontrados em várias partes da casa também refutavam seu álibi. A análise microscópica mostrou que os furos do pijama de MacDonald não podiam ter sido feitos, como ele alegava, por um furador de gelo empunhado pelos supostos invasores. Em suma, foram os técnicos do FBI, vestidos com seus jalecos brancos de laboratório, os verdadeiros responsáveis pela condenação de MacDonald.[1]

As provas científicas também podem contribuir de várias maneiras para a questão da precisão dos relatos do Novo Testamento sobre Jesus. Embora a serologia e a toxicologia não possam elucidar de forma alguma a questão, uma outra categoria de prova científica, a disciplina da arqueologia, é de grande importância para a confiabilidade dos evangelhos.

Chamada às vezes de estudo do lixo durável, a arqueologia compreende a descoberta de objetos, arquitetura, arte, moedas, monumentos e outros vestígios de culturas antigas. Os especialistas estudam essas relíquias para saber como era a vida na época em que Jesus caminhava pelas estradas poeirentas da Palestina antiga.

Centenas de descobertas arqueológicas do primeiro século já foram desenterradas. Uma coisa me intrigava: elas apoiavam ou derrubavam os relatos das testemunhas oculares sobre a vida de Cristo? Ao mesmo tempo, minha curiosidade se equilibrava com o ceticismo. Eu já tinha ouvido muitos cristãos fazendo declarações exorbitantes sobre a arqueologia, exagerando no que ela era capaz de provar. Não estava interessado em mais do mesmo.

Fui, então, consultar uma autoridade no assunto, que estivera pessoalmente escavando as ruínas no Oriente Médio, que possui um conhecimento enciclopédico sobre descobertas antigas e é dotado de um comedimento científico que lhe permite reconhecer os limites da arqueologia, podendo, ao mesmo tempo, me explicar de que modo a arqueologia é capaz de elucidar a vida no primeiro século.

---

[1]Para ter a história completa, veja: MCGINNISS, Joe. *Fatal Vision*. Nova York: New American Library, 1989. Para uma descrição das provas científicas, veja: EVANS, Colin. *The Casebook of Forensic Detection*. Nova York: John Wiley & Sons, 1996. p. 277-280.

QUARTA ENTREVISTA
John McRay, Ph.D.

Quando os especialistas e os estudantes se debruçam sobre a arqueologia, muitos se voltam para o livro de McRay, uma obra didática completa de 432 páginas intitulada *Archaeology and the New Testament* [A Arqueologia e o Novo Testamento]. Para certificar-se da precisão de seu programa Mysteries of the Bible [Mistérios da Bíblia], a Arts and Entertainment Television Network chamou McRay. E quando a National Geographic precisou de um cientista que pudesse explicar as complexidades do mundo bíblico, uma vez mais o telefone tocou no escritório de McRay, na respeitada Faculdade de Wheaton, em um subúrbio de Chicago.

Tendo estudado na Universidade Hebraica, na École Biblique et Archéologique Française, em Jerusalém, na Faculdade de Divindade da Universidade de Vanderbilt e na Universidade de Chicago, onde fez seu doutorado em 1967, McRay foi professor de Novo Testamento e de arqueologia em Wheaton por mais de 15 anos. Seus artigos já foram publicados em 17 enciclopédias e dicionários; sua pesquisa já apareceu no *Bulletin of the Near East Archaeology Society* [Revista da Sociedade de Arqueologia do Antigo Oriente Médio] e em outros periódicos acadêmicos, tendo apresentado 29 monografias especializadas em sociedades profissionais.

McRay é também ex-pesquisador adjunto e curador do Instituto de Pesquisas Arqueológicas F. Albright, de Jerusalém, ex-curador da Faculdade Americana de Pesquisa Oriental, atual curador da Near East Archaeological Society [Sociedade Arqueológica do Oriente Próximo] e membro da junta editorial da *Archaeology in the Biblical World* [Arqueologia no mundo bíblico] e do *Bulletin for Biblical Research* [Revista de Pesquisa Bíblica], publicado pelo Institute for Biblical Research [Instituto de Pesquisa Bíblica].

Da mesma forma como sente prazer em lecionar sobre o mundo antigo, McRay se entusiasma com as oportunidades de explorar pessoalmente as escavações arqueológicas. Ele supervisionou o trabalho das equipes de escavações em Cesareia, Séforis e Heródio, todas em Israel, durante oito anos. Estudou pessoalmente sítios arqueológicos

AS PROVAS CIENTÍFICAS

romanos na Inglaterra e no País de Gales, analisou escavações na Grécia e reconstituiu grande parte das viagens do apóstolo Paulo.

Aos 66 anos, de cabelos grisalhos e óculos de lentes cada vez mais grossas, McRay passa ainda um ar de aventura. Em cima da mesa do seu escritório (e também em casa, em cima da cama), há uma fotografia horizontal de Jerusalém muito rica em detalhes.

— Vivo à sua sombra — observou, com uma nota de saudade na voz, enquanto apontava os locais específicos das escavações e as principais descobertas.

McRay tem no escritório aquele tipo de sofá aconchegante que se vê nas varandas das casas de campo. Sentei-me, enquanto ele, usando uma camisa de colarinho aberto e uma jaqueta esporte aparentemente muito confortável, recostava-se em sua cadeira.

Buscando investigar se ele exageraria a influência da arqueologia, decidi começar a entrevista perguntando-lhe o que ela *não pode* dizer em relação à confiabilidade do Novo Testamento. Afinal de contas, conforme ele ressaltava em seu livro, mesmo que a arqueologia consiga provar que as cidades de Medina e Meca existiram na Arábia ocidental durante os séculos 6 e 7, isso não provaria que Maomé viveu ali ou que o Alcorão seja verdadeiro.

— A arqueologia trouxe algumas contribuições importantes — disse ele inicialmente, com um sotaque meio arrastado que adquiriu no sul de Oklahoma —, mas com certeza não é capaz de provar que o Novo Testamento é a Palavra de Deus. Se em nossas escavações em Israel encontrarmos sítios antigos cuja localização comprove o registro bíblico, significa que a informação histórica e geográfica contida na Bíblia está correta. Todavia, isso não confirma que as palavras de Jesus Cristo sejam verdadeiras. As verdades espirituais não podem ser provadas ou rejeitadas pelas descobertas arqueológicas.

Para comparar, McRay contou-me a história de Heinrich Schliemann, cuja procura pela cidade de Troia tinha como objetivo comprovar a precisão histórica da *Ilíada* de Homero.

— Ele encontrou Troia — McRay disse com um leve sorriso —, mas isso não era prova de que a *Ilíada* fosse verdadeira. Mostrava apenas a precisão de uma referência geográfica específica.

Depois de estabelecermos alguns limites para o alcance da arqueologia, eu estava ansioso para começar a explorar o que ela tinha a nos dizer sobre o Novo Testamento. Resolvi dar início a esse tópico com uma observação que colhi na minha experiência de jornalista investigativo com formação em direito.

À PROCURA DA VERDADE

Ao tentar se decidir se determinada testemunha está dizendo a verdade, o jornalista ou o advogado tem de testar todos os dados possíveis desse depoimento. Se a investigação revelar que a pessoa pecou nos detalhes, isso traz uma grande dúvida para todo o seu relato. No entanto, se detalhes mínimos ficarem comprovados, temos a indicação (não conclusiva, só um indício) de que talvez a testemunha, em linhas gerais, tenha prestado um depoimento confiável.

Por exemplo, se um homem dissesse que havia feito uma viagem de St. Louis a Chicago e mencionasse que tinha parado em Springfield, Illinois, para ver *Titanic* no Cine Odeon, e que comprara uma barra grande de chocolate no barzinho do cinema, os investigadores verificariam se existe mesmo um Cine Odeon em Springfield, se o filme em exibição era realmente aquele e se havia no barzinho do cinema um chocolate da marca e do tamanho mencionados na época em que o homem disse ter passado por lá. Se suas descobertas não baterem com o depoimento, sua credibilidade fica seriamente comprometida. Se os detalhes forem confirmados, isso não prova que a história toda seja verdadeira, mas contribui muito para o fortalecimento do seu grau de precisão.

Em certo sentido, esse é o papel da arqueologia. A premissa é que, se os detalhes eventuais de um historiador antigo se mostram sempre corretos, isso faz com que tenhamos maior confiança em outros escritos desse mesmo historiador, embora não possam ser verificados imediatamente.

Perguntei, então, a McRay o que ele pensava a respeito disso como arqueólogo profissional:

— A arqueologia confirma ou contraria o Novo Testamento quando confrontada com os detalhes de seus relatos?

McRay rapidamente respondeu:

AS PROVAS CIENTÍFICAS

— Não há dúvida de que a credibilidade do Novo Testamento sai fortalecida — disse ele —, assim como a credibilidade de qualquer documento antigo se fortalece sempre que as escavações mostram a exatidão com que o autor descreveu determinado lugar ou acontecimento.

Como exemplo, McRay citou suas escavações em Cesareia, na costa de Israel, onde ele e outros trabalharam no porto de Herodes, o Grande.

— Durante muito tempo, as pessoas questionaram a validade de uma afirmação de Josefo, o historiador do primeiro século, de que esse porto era tão grande quanto o de Pireu, um dos principais portos de Atenas. As pessoas achavam que Josefo tinha se enganado, porque, quando vemos as pedras acima da superfície da água no porto atual, ele não nos parece tão grande assim. Quando, porém, começamos as escavações submarinas, descobrimos que havia uma parte muito extensa do porto desmoronada debaixo da água e que suas dimensões totais eram de fato comparáveis ao do porto de Pireu. Portanto, Josefo tinha razão. Era mais uma prova de que Josefo sabia do que estava falando.

E quanto aos autores do Novo Testamento? Será que sabiam de fato do que estavam falando? Queria pôr essa questão à prova com a minha próxima série de perguntas.

A PRECISÃO DE LUCAS COMO HISTORIADOR

O médico e historiador Lucas escreveu o evangelho que leva seu nome e também o livro de Atos, que juntos representam mais ou menos um quarto do Novo Testamento. Por isso, é de extrema importância saber se ele era um historiador confiável.

— Quando os arqueólogos examinaram detalhadamente o que Lucas escreveu — eu disse —, foi constatado que ele era muito ou pouco cuidadoso?

— O consenso, tanto entre os estudiosos liberais quanto entre os conservadores, é de que Lucas é muito preciso como historiador — respondeu McRay. — Ele é erudito, eloquente, seu grego beira à qualidade clássica, escreve como um homem culto. As descobertas arqueológicas estão demonstrando repetidamente que Lucas apresenta com exatidão o que tem a dizer.

— Na verdade — ele acrescentou —, são diversos os casos, em narrativas parecidas com a história do porto, em que os estudiosos inicialmente pensaram que Lucas tivesse se enganado em determinada referência. Descobertas posteriores, entretanto, confirmaram a exatidão do seu texto.

"Em Lucas 3:1, por exemplo, o evangelista refere-se a Lisânias como tetrarca de Abilene por volta de 27 d.C. Durante anos, os especialistas citavam essa passagem como prova de que Lucas não sabia do que estava falando, uma vez que todo mundo sabia que Lisânias não fora tetrarca, e sim governador de Caleis cerca de meio século antes. Se Lucas não era capaz de acertar em um detalhe tão elementar, diziam, não se pode confiar em mais nada do que escreveu. É aí que entra a arqueologia.

"Mais tarde, descobriu-se uma inscrição da época de Tibério, de 14 a 37 d.C., em que Lisânias aparece como tetrarca de Abila, perto de Damasco, exatamente como Lucas informou. Acontece que havia dois governadores chamados Lisânias! Mais uma vez Lucas provou ter razão.

"Outro exemplo é a referência que Lucas faz, em Atos 17:6, a "politarcas", que é traduzido por "oficiais" da cidade de Tessalônica. Durante muito tempo, as pessoas achavam que Lucas havia se enganado, porque não existiam provas de que o termo "politarcas" tenha sido encontrado em algum documento romano da Antiguidade.

"Todavia, foi descoberta anos mais tarde uma inscrição em uma urna do primeiro século que começava assim: "No tempo dos politarcas...". Você pode ir ao Museu Britânico e conferir com os seus próprios olhos. Desde então, os arqueólogos já descobriram mais de 35 inscrições que falam dos politarcas, várias delas em Tessalônica e da mesma época a que Lucas se referia. Mais uma vez, os críticos estavam errados e Lucas demonstrou ter razão."

Entretanto, uma objeção logo me veio à mente.

— Sim, mas, em seu evangelho, Lucas diz que Jesus estava *entrando* em Jericó quando curou o cego Bartimeu, ao passo que Marcos diz que ele estava *saindo*.[2] Essa não seria uma contradição bem clara que lança dúvida sobre a confiabilidade do Novo Testamento?

---

[2]Lucas 18:35; Marcos 10:46.

AS PROVAS CIENTÍFICAS   127

McRay não se mostrou incomodado com a objetividade da pergunta.

— De forma alguma — foi a resposta. — Isso só parece contraditório quando raciocinamos em termos contemporâneos, em que as cidades são construídas em um determinado lugar e ali permanecem. Esse não era, necessariamente, o caso no passado. Naquela época, Jericó consistia em pelo menos quatro agrupamentos distintos separados por cerca de 400 metros um do outro. O que acontecia era que a cidade era destruída e reerguida perto de outra fonte de água, ou de uma estrada nova, ou próximo de uma montanha, ou em um outro lugar qualquer. A questão é que se podia sair de um local onde Jericó fora construída e entrar em outro, como se saíssemos de um bairro de Chicago e fôssemos para outro.

— Então, o que você está dizendo é que Lucas e Marcos podem estar certos ao mesmo tempo?

— Exato. Jesus podia estar saindo de uma área de Jericó e entrando em outra ao mesmo tempo.

Uma vez mais, a arqueologia havia respondido a outra objeção a Lucas. Considerando-se o trecho extenso do Novo Testamento escrito por ele, é extremamente significativo que ele seja reconhecido como historiador atento e preciso, mesmo nos menores detalhes. Um arqueólogo de renome analisou as referências que Lucas faz a 32 países, 54 cidades e 9 ilhas, e não achou um erro sequer.[3]

Portanto, esta é a conclusão: se Lucas esmerou-se tanto para que seu relato histórico fosse preciso como dizia um livro sobre o assunto, qual seria a base lógica para supormos que ele fosse ingênuo ou impreciso quando falava de coisas muito mais importantes, não somente para ele, mas também para os outros?[4]

Temas, por exemplo, como a ressurreição de Jesus, a prova mais importante de sua divindade, que, segundo Lucas, fora firmemente estabelecida com "muitas provas indiscutíveis" (At 1:3).

---

[3]GEISLER, Norman; HOWE, Thomas. *When Critics Ask*. Wheaton: Victor, 1992. p. 385.
[4]ANKERBERG, John; WELDON, John. *Ready with an Answer*. Eugene: Harvest House, 1997. p. 272.

A CONFIABILIDADE DE JOÃO E DE MARCOS

A arqueologia diz que Lucas é confiável, mas ele não é o único escritor do Novo Testamento. Eu queria saber o que os cientistas diriam sobre João, cujo evangelho foi por vezes considerado suspeito, porque falou de lugares que não puderam ser identificados. Para alguns estudiosos, se João não foi capaz de relatar com exatidão detalhes tão básicos, talvez também não tenha estado presente aos acontecimentos mais íntimos da vida de Jesus.

Essa conclusão, entretanto, passou por uma grande reviravolta em anos recentes.

— Várias descobertas mostraram que João é bastante preciso em seu relato — destacou McRay. — Por exemplo, João 5:1-15 registra a cura de um inválido por Jesus no tanque de Betesda. João diz que o tanque tinha cinco pórticos. Durante muito tempo, as pessoas usaram essa passagem como prova da falta de precisão do evangelista, já que tal lugar nunca tinha sido encontrado. No entanto, há pouco tempo, foram feitas escavações no tanque de Betesda (que se encontra submerso numa profundidade de 12 metros) e de fato foram encontrados cinco pórticos, ou seja, cinco pavilhões ou passagens com colunas, exatamente como fora descrito por João. E há outras descobertas: o tanque de Betesda de Siloé, citado em João 9:7; o poço de Jacó, de João 4:12; a provável localização do pavimento de pedra perto do portão de Jope, onde Jesus esteve diante de Pilatos, conforme João 19:13; e a própria identidade de Pilatos. Tudo isso deu ao evangelho de João credibilidade histórica.

— Isso, portanto, coloca em xeque a alegação de que o evangelho de João foi escrito muito tempo depois de Jesus e, por isso, não teria a possibilidade de ser exato — eu disse.

— Com certeza — ele respondeu.

Na verdade, McRay reafirmava o que o dr. Bruce Metzger havia dito sobre a descoberta arqueológica de um fragmento de um exemplar do capítulo 18 de João, cuja data foi fixada pelos especialistas em papiros em 125 d.C. Ao demonstrar a existência de exemplares de João nessa época tão remota e num local tão distante quanto o Egito, a arqueologia punha definitivamente por terra a especulação de que João

AS PROVAS CIENTÍFICAS   129

tinha sido redigido já num período bem adiantado do século 2, muito tempo depois de Jesus para que fosse confiável.

Outros estudiosos atacaram o evangelho de Marcos, geralmente considerado o primeiro relato escrito sobre a vida de Jesus. O ateu Michael Martin acusa Marcos de não conhecer a geografia da Palestina, o que, segundo ele, é prova de que o evangelista não poderia ter vivido na região na mesma época de Jesus. Ele cita especificamente Marcos 7:31: "A seguir, Jesus saiu dos arredores de Tiro e atravessou Sidom, até o mar da Galileia e a região de Decápolis".

— Como já foi salientado — disse Martin —, esse trajeto faria com que Jesus caminhasse no sentido *contrário* ao do mar da Galileia.[5]

Depois que expus a crítica de Martin a McRay, ele franziu o cenho e, mais do que depressa, pegou uma versão grega do evangelho de Marcos e alguns livros de referência na estante, abrindo um mapa da Palestina antiga sobre a escrivaninha.

— Ao que parece, esses críticos supõem que Jesus entrou em um carro e saiu a toda velocidade por uma rodovia interestadual, mas, obviamente, não foi o que ele fez — disse ele.

Lendo o texto original e levando em consideração o terreno montanhoso e as prováveis estradas da região, além do modo impreciso com que se usava o termo "Decápolis" para descrever uma confederação de dez cidades que sempre mudavam com o tempo, McRay traçou uma rota lógica no mapa que correspondia exatamente à descrição de Marcos.

— Quando pomos as coisas em seu contexto apropriado — concluiu ele —, não há razão para contestar o relato de Marcos.

Novamente, graças à percepção da arqueologia, foi possível explicar o que parecia ser, no início, uma objeção ao Novo Testamento. Fiz a McRay uma pergunta um pouco mais ampla a esse respeito: Alguma vez ele se deparara com uma descoberta arqueológica que contrariou de forma incontestável alguma referência do Novo Testamento?

Ele negou com a cabeça.

— A arqueologia nunca trouxe nada à tona que pudesse contradizer inequivocamente a Bíblia — ele respondeu com confiança. — Pelo

---

[5]MARTIN, Michael. *The Case Against Christianity*. Filadélfia: Temple University Press, 1991. p. 69 (grifo do autor).

contrário, como vimos, muitas opiniões de estudiosos céticos, que durante anos foram convencionadas como "fatos" foram desmentidas pela arqueologia.

Apesar disso, eu tinha ainda algumas dúvidas que precisava esclarecer. Consultei minhas anotações e me preparei para desafiar McRay com três enigmas muito antigos que eu achava que a arqueologia teria muita dificuldade em explicar.

ENIGMA 1: O CENSO

As narrativas do nascimento de Jesus afirmam que Maria e José tiveram de voltar à cidade natal de José, Belém, por exigência do censo.

— Deixe-me ser direto: isso me parece um absurdo — eu disse.

— Como é que o governo poderia obrigar todos os cidadãos a voltar à sua terra de origem? Existe alguma prova arqueológica de que censos como esse realmente aconteceram?

McRay calmamente pegou um exemplar de seu livro.

— Na verdade, a descoberta de antigos formulários de recenseamento esclareceu bastante essa prática — explicou ele, à medida que folheava o livro. Ao encontrar a referência que procurava, citou uma ordem oficial do governo de 104 d.C.:

> Gaio Víbio Máximo, prefeito do Egito (declara): Tendo chegado o momento de realizar o censo de casa em casa, é necessário obrigar a todos os que por algum motivo residam fora de suas províncias a *retornarem às suas casas* para que cumpram o que requer integralmente a ordem do censo, e possam também atender diligentemente ao cultivo da parte que lhes cabe.[6]

— Como você pode ver — disse fechando o livro —, esse documento confirma a prática, muito embora essa maneira específica de recenseamento possa lhe parecer estranha. Outro papiro, de 48 d.C., dá a entender que o censo era algo que envolvia a família toda.

---

[6]MCRAY, John. *Archaeology and the New Testament.* Grand Rapids: Baker, 1991. p. 155 (grifo do autor).

AS PROVAS CIENTÍFICAS   131

Além do mais, os especialistas têm explicado que, para evitar que a
população se agitasse, sabia-se que os romanos permitiam que o censo
fosse realizado segundo o costume local. Na cultura judaica, isso queria
dizer que Maria e José precisariam se registrar em seu local de origem
ancestral.[7]

Entretanto, isso não resolvia completamente a questão. Lucas
disse que o censo que trouxe José e Maria para Belém tinha sido
realizado quando Quirino governava a Síria, durante o reinado de
Herodes, o Grande.

— Existe uma questão muito séria aí — destaquei —, porque
Herodes morreu em 4 a.C. e Quirino só começou a governar a Síria
em 6 d.C., realizando o censo pouco depois disso. Temos uma grande
lacuna aqui. De que maneira você lida com uma discrepância de datas
tão gritante?

McRay sabia que eu estava lhe propondo uma questão com a qual
os arqueólogos vinham se debatendo havia séculos. Ele me respondeu contando sobre um relatório recente de um arqueólogo que tinha
encontrado escritos bem pequenos, ou letras "micrográficas", em moedas que demonstravam que Quirino era procônsul da Síria e da Cilícia
de 11 a.C. até depois da morte de Herodes. Isso significa que há dois
oficiais com nome de Quirino, e que o censo tinha sido tomado sob o
governo do Quirino mais velho.

Isso me pareceu um tanto especulativo, mas, em vez de interromper o debate, decidi arquivar a questão mentalmente para uma análise
posterior.

A verdade é que o arqueólogo citado por McRay morreu logo
depois dessa conversa aqui registrada. Ele nunca escreveu nenhum
artigo em revistas especializadas sobre a sua descoberta nem ninguém
a replicou. Finalmente, os especialistas descartaram sua proposta.

Depois de pesquisar um pouco mais, descobri que o lorde William
Ramsay, o falecido professor e arqueólogo das Universidades de Oxford
e Cambridge, na Inglaterra, acreditava que Quirino havia governado a

---

[7]Veja BOCK, Darrell L. *Luke 1:1-9:50: Baker Exegetical Commentary on the New Testament.* Grand Rapids: Baker, 1994. p. 905.

132 EM DEFESA DE CRISTO

Síria em duas ocasiões distintas, o que abrangeria o período do censo anterior, que Ramsay situou entre 8 e 7 a.C.[8]

No entanto, esse censo anterior não é mencionado em nenhum local do registro histórico. Mesmo assim, não seria surpreendente se não tivessem havido distúrbios que chamassem a atenção de Josefo ou de outros historiadores antigos.

Levantam-se questões sobre a ideia de que os romanos teriam ordenado um censo na Síria na época em que ela não se encontrava anexada ao Império Romano. Contudo, existe precedente para Roma ordenar censos em estados clientes.[9]

Harold W. Hoehner, que fez doutorado em Cambridge, ressaltou que Herodes estava doente e entrou em conflito com o imperador romano Augusto de 8 a 7 a.C.

— Com tanta instabilidade e com um estado de saúde tão ruim, seria um tempo oportuno para Augusto ordenar um censo para avaliar a situação antes da morte de Herodes — ele disse. — "Portanto, um censo no período entre o penúltimo e o último ano do reinado de Herodes seria coerente e, de fato, mais provável".[10]

O professor de Novo Testamento Darrell L. Bock disse:

> Um censo na época de Herodes, exigindo uma viagem de José e Maria, é possível, com base no que conhecemos sobre a prática romana. Não é um problema importante que esse censo não seja citado por nenhuma outra fonte, já que muitas fontes antigas se referem a acontecimentos que não são corroborados em outros documentos, e que Lucas tem se mostrado confiável na sua abordagem dos fatos que podem ser verificados. Já que os detalhes desse censo combinam com a política romana de impostos, não há necessidade de se pôr em dúvida o que poderia ter acontecido no tempo de Herodes.[11]

---

[8]WRAMSAY, William M. *The Bearing of Recent Discovery on the Trustworthiness of the New Testament*. Londres: Forgotten Books, 2012. Reimpressão da edição de 1909. p. 277.
[9]Para exemplos, veja: HOEHNER, Harold W. *Chronological Aspects of the Life of Christ*. Grand Rapids: Zondervan, 1977. p. 16.
[10]Ibid., p. 22, 23.
[11]BOCK, Darrell L. *Luke 1:1-9:50: Baker Exegetical Commentary on the New Testament*. Grand Rapids: Baker Academic, 1994. p. 906.

AS PROVAS CIENTÍFICAS   133

Mas o que dizer da declaração de Lucas sobre Quirino? Alguns estudiosos salientaram que o texto de Lucas pode ser também traduzido da seguinte maneira: "Esse censo aconteceu *antes* de Quirino se tornar governador da Síria", o que também resolveria o problema.[12] Hoehner disse que isso traz um bom sentido para a passagem em questão",[13] ainda que alguns especialistas discordem dessa versão.

Foram discutidas outras possibilidades. "As soluções para o problema de Quirino são variadas", disse Bock. "Nenhuma hipótese é tão claramente superior que possa ser considerada a solução definitiva. O que se percebe é uma variedade de soluções, das quais qualquer uma poderia estar certa".[14]

Mas outro fato me parecia bem convincente: Lucas não poderia estar se referindo ao censo de 6 d.C., porque isso faria com que ele entrasse em contradição.

De que modo? Hoehner explica que Lucas estava bem informado sobre o censo de 6 d.C., ao qual ele se refere em Atos 5:37.[15] Mas Lucas também sabe que Jesus não poderia ter nascido em data tão tardia, porque ele e Mateus concordam que o seu nascimento aconteceu sob o reinado de Herodes (veja Lucas 1:5 e Mateus 2:1). Além disso, Lucas disse que Jesus tinha cerca de trinta anos quando iniciou o seu ministério (Lucas 3:23). Isso seria logo depois do início do ministério de João Batista, o qual Lucas situa entre os anos 27 e 29 d.C. (veja Lucas 3:1-2).[16]

A consequência é clara: se o censo tivesse acontecido no ano 6 d.C., Jesus só teria de 21 a 23 anos no início do seu ministério. Porém, Lucas sabia que ele tinha uma idade maior do que essa. Portanto, disse Hoehner, Lucas não poderia estar se referindo ao censo de 6 d.C.

---

[12]GEISLER, Norman; HOWE, Thomas. *When Critics Ask*. Wheaton: Victor, 1992. p. 386.
[13]HOEHNER, Harold W. *Chronological Aspects of the Life of Christ*. Grand Rapids: Zondervan, 1977. p. 22. Veja também: HIGGINS, A. J. B. Higgins. "Sidelights on Christian Beginnings in the Greco-Roman World". *The Evangelical Quarterly 41* October, 1969, p. 200-201.
[14]BOCK, Darrel L. *Luke 1:1-9:50: Baker Exegetical Commentary on the New Testament*. Grand Rapids: Baker Academic, 1994. p. 909.
[15]Josefo também menciona o censo de 6 d.C. em suas *Antiguidades judaicas*.
[16]HOEHNER, Harold W. *Chronological Aspects of the Life of Christ*. Grand Rapids: Zondervan, 1977. p. 19.

134 EM DEFESA DE CRISTO

quando escreveu sobre o nascimento de Jesus. "Com certeza", ele disse, "Lucas estava a par da cronologia em suas obras".[17]

Isso fez sentido para mim. Lucas era um historiador tão experiente que não teria cometido um erro tão crasso de se contradizer. Deve ter havido um censo anterior que levou à viagem de José e Maria, um censo que teria acontecido durante o reinado de Herodes, como relatou Lucas.

Depois de avaliar as várias hipóteses, Bock concluiu: "É claro que relegar [o relato do censo no evangelho de Lucas] à categoria de erro histórico é precipitado e equivocado".[18]

ENIGMA 2: A EXISTÊNCIA DE NAZARÉ

Muitos cristãos não sabem que há muito tempo os céticos têm afirmado que Nazaré jamais existiu durante a época em que o Novo Testamento diz que Jesus passou a infância ali.

Em um artigo chamado "Onde Jesus nunca esteve", o ateu Frank Zindler observa que Nazaré não é mencionada no Antigo Testamento nem pelo apóstolo Paulo, nem pelo *Talmude* (embora outras 63 cidades sejam mencionadas), nem por Josefo (que cita 45 cidades e aldeias da Galileia, inclusive Jafa, que se situa a pouco mais de um quilômetro da Nazaré atual). Nenhum historiador ou geógrafo da Antiguidade menciona Nazaré antes do início do século 4.[19] O nome aparece pela primeira vez na literatura judaica em um poema escrito por volta do século 7 d.C.[20]

Essa ausência de provas dá margem a um quadro muito suspeito. Por isso, apresentei a questão sem rodeios a McRay:

— Existe alguma confirmação arqueológica de que Nazaré tenha existido durante o primeiro século?

---

[17]Ibid.
[18]BOCK, Darrel L. *Luke 1:1–9:50: Baker Exegetical Commentary on the New Testament*. Grand Rapids: Baker Academic, 1994. p. 909. Para uma discussão abrangente sobre as questões relacionadas com o censo, veja as páginas 903-909 e HOEHNER, Harold W. *Chronological Aspects of the Life of Christ*. Grand Rapids: Zondervan, 1977. p. 11-23.
[19]ZINDLER, Frank. "Where Jesus Never walked". *American Atheist*. Winter 1996-1997, p. 34.
[20]Ibid.

AS PROVAS CIENTÍFICAS   135

Essa questão não era novidade para McRay.

— O Dr. James Strange, da Universidade do Sul da Flórida, é especialista nessa área. Ele descreve Nazaré como um lugar muito pequeno, de cerca de 240.000 m², com uma população de, no máximo, 480 pessoas no início do primeiro século.[21]

Em 1962, os arqueólogos relataram a descoberta de uma lista em aramaico descrevendo as 24 "linhagens", ou famílias, de sacerdotes que foram transferidas depois que o templo foi destruído no ano 70 d.C. Uma delas foi transferida para Nazaré, o que mostra que essa vila já deveria existir. No entanto, outros arqueólogos questionaram esse achado.

Além disso, McRay também mencionou que algumas escavações arqueológicas trouxeram à luz sepulturas do primeiro século nas vizinhanças de Nazaré. Duas tumbas continham objetos como lâmpadas de cerâmica, vasos de vidro e jarras que seriam dos séculos 1, 3 ou 4.

McRay pegou o exemplar de um livro do arqueólogo Jack Finegan, publicado pela Princeton University Press. Folheou-o, depois leu a análise de Finegan: "Conclui-se, pelas sepulturas [...] que Nazaré era um assentamento com uma influência judaica forte no período romano".[22] McRay olhou para mim:

— Há muita discussão a respeito da localização de alguns sítios do primeiro século, tais como o local exato da sepultura de Jesus, mas entre os arqueólogos nunca houve uma grande dúvida sobre a localização de Nazaré. O ônus da prova cabe aos que duvidam de sua existência.

Esse ônus ficou bem mais alto nos anos que se seguiram à descoberta de duas casas da Nazaré do primeiro século. Em 2006, o Projeto Arqueológico de Nazaré começou a escavar embaixo do Convento das Irmãs de Nazaré, um local conhecido desde 1880. O diretor do projeto, Ken Dark, da Universidade de Reading, descreveu as ruínas

---

[21]Veja MEYERS, Eric M; STRANGE, James F. *Archaeology, the Rabbis, and Early Christianity.* Nashville: Abington, 1981 e o artigo sobre "Nazareth" no *The Anchor Bible Dictionary.* Nova York: Doubleday, 1992.
[22]FINEGAN, Jack. *The Archaeology of the New Testament.* Princeton: Princeton University Press, 1992. p. 46.

136 EM DEFESA DE CRISTO

de uma casa do primeiro século que foi encontrada: "Em conjunto, as paredes batiam com a planta do que se denominava uma casa pátio, uma das típicas formas arquitetônicas dos assentamentos do início do período romano na Galileia".[23]

Os arqueólogos encontraram portas e janelas, utensílios de cerâmica para o preparo de alimentos e uma fusaiola usada na fiação. Também foram encontrados fragmentos de vasos de calcário, que os judeus acreditavam que não poderiam se tornar impuros, sugerindo que uma família judia vivia ali.

"A casa deve ser do século 1 d.C. ou anterior a essa época", Dark concluiu. "Nenhuma cerâmica estratificada de antes ou depois do início do período romano foi encontrada nas camadas associadas com a casa".[24]

Outra casa do primeiro século, com uma estrutura parecida, foi descoberta nas redondezas em uma escavação de Yardenna Alexandre, da Autoridade Israelense de Antiguidades, em 2009.[25]

"Essas provas se encaixam com o que os arqueólogos das províncias romanas em outros lugares comumente chamam de 'cidade pequena'", Dark disse. "As provas sugerem que a infância de Jesus foi vivida em uma comunidade judaica conservadora que tinha pouco contato com a cultura helenista ou romana".

Algumas pessoas têm refletido se a equipe de Dark realmente encontrou a casa exata onde Jesus cresceu. Enquanto algumas pistas de séculos posteriores sugiram que os bizantinos acreditaram que essa era a casa onde Jesus passou a sua infância, Dark concluiu que "é impossível dizer com base arqueológica. Por outro lado, não existe uma boa razão arqueológica para descartar essa identificação".

De qualquer modo, a defesa da existência de Nazaré no primeiro século se fortaleceu com o passar dos anos.

---

[23]Veja DARK, Ken. "Has Jesus' Nazareth House Been Found?". *Biblical Archaeology Review 41.2*. March/April, 2015.

[24]Veja DARK, Ken. "Early Roman-Period Nazareth and the Sisters of Nazareth Convent". *The Antiquaries Journal 92*, 2012.

[25]Veja Y. Alexandre. "Mary's Well, Nazareth: The Late Hellenistic to the Ottoman Periods". *Israel Antiquities Authority Report 49*, 2012.

ENIGMA 3: O MASSACRE EM BELÉM

O evangelho de Mateus descreve uma cena pavorosa: Herodes, o Grande, rei da Judeia, sentindo-se ameaçado pelo nascimento de um bebê que ele temia, porque poderia acabar tirando-lhe o trono, envia as suas tropas e ordena que matem todas as crianças de Belém com menos de dois anos. Advertido, porém, em sonhos por um anjo, José foge para o Egito com Maria e Jesus. Só depois da morte de Herodes é que eles voltam a morar em Nazaré, cumprindo três profecias antigas sobre o Messias (veja Mateus 2:13-23).

O problema é que não há nenhuma confirmação fora da Bíblia de que esse massacre tenha de fato ocorrido. Não existe nada nos escritos de Josefo ou de outros historiadores a esse respeito. Não há apoio arqueológico, nem registros ou documentos.

— Certamente, um acontecimento dessa magnitude teria sido notado por outra pessoa além de Mateus — eu insisti. — Na ausência absoluta de qualquer corroboração histórica ou arqueológica, não seria lógico deduzir que esse massacre jamais aconteceu?

— Entendo por que você diz isso — respondeu McRay —, já que um episódio dessa magnitude apareceria com destaque na CNN e nos outros canais de mídia noticiosa.

Eu concordei. Na verdade, entre 1997 e 1998, houve um fluxo constante de reportagens sobre ataques-surpresa de extremistas muçulmanos na Argélia durante os quais foram assassinadas praticamente aldeias inteiras, inclusive mulheres e crianças. O mundo inteiro ficou sabendo.

— Mas — acrescentou McRay — é preciso que você volte no tempo até o primeiro século e se lembre de algumas coisas. Em primeiro lugar, Belém não deveria ser muito maior que Nazaré; portanto, quantos bebês com menos de dois anos existiriam em uma aldeia com uma população de cerca de 500 ou 600 pessoas? Nem milhares, nem centenas. Provavelmente muito poucos.

"Em segundo, Herodes, o Grande, era um rei sanguinário: ele matou gente da própria família; executou inúmeras pessoas que julgava capazes de desafiá-lo. Portanto, o fato de ter matado algumas crianças em Belém não despertaria muita atenção no mundo romano.

"Em terceiro, naquela época não havia televisão, rádio nem jornais. Demoraria muito tempo até que a notícia se espalhasse, principalmente partindo de uma pequena aldeia perdida além das montanhas. Os historiadores tinham coisas mais importantes com que se preocupar."

Como jornalista, eu não conseguia imaginar uma coisa dessas:

— Isso não era considerado uma notícia na época? — perguntei meio incrédulo.

— Não acho que seja, pelo menos não naquela época — disse ele. — Um louco mandando matar todos os que considerava uma ameaça em potencial para ele: isso não era novidade para Herodes. Mais tarde, é claro, à medida que o cristianismo foi se desenvolvendo, esse incidente ganhou importância, mas eu ficaria surpreso se um episódio desses chamasse muita atenção na época.

Talvez, mas era difícil para um jornalista, acostumado a farejar notícias em uma era de alta tecnologia e de rápida comunicação mundial, imaginar tal coisa. Ao mesmo tempo, eu tinha de admitir, com base no que sabia a respeito da história sangrenta da Palestina antiga, que a explicação de McRay era plausível.

Isso me levou a outra questão que eu desejava esclarecer. Para mim, era a mais fascinante de todas.

O ENIGMA DOS MANUSCRITOS DO MAR MORTO

Sem dúvida, a arqueologia é fascinante! As sepulturas antigas, as inscrições crípticas gravadas em pedra ou escritas em papiros, os cacos de cerâmica e as moedas desgastadas são pistas tentadoras para qualquer investigador inveterado. Poucos vestígios do passado, porém, trouxeram mais discussão que os manuscritos do mar Morto, uma coleção de centenas de manuscritos que remontam ao período de 250 a.C. a 68 d.C., encontrados em cavernas cerca de 32 quilômetros a leste de Jerusalém, em 1947. Ao que tudo indica, foram escondidos por uma seita rigorosa de judeus, os essênios, antes que os romanos destruíssem seu povoado.

Os manuscritos dão margem a algumas alegações muito estranhas, inclusive uma que se encontra no livro de John Marco Allegro, segundo a qual o cristianismo teria emergido de uma seita que pregava

AS PROVAS CIENTÍFICAS   139

a fertilidade e cujos adeptos se alimentavam de um cogumelo aluci-
nógeno![26] Em uma declaração muito polêmica, porém mais legítima,
o especialista em papiros José O'Callaghan afirmou que um dos fragmentos do mar Morto é parte do manuscrito mais antigo encontrado
do evangelho de Marcos, que data de cerca de 17 a 20 anos depois
da crucificação de Jesus. No entanto, muitos estudiosos continuam a
duvidar dessa interpretação.[27]

Seja como for, nenhuma investigação arqueológica do primeiro
século que se preze poderia deixar de lado os manuscritos do mar Morto.

— Será que eles nos informam objetivamente alguma coisa sobre
Jesus? — perguntei a McRay.

— Bem, não, Jesus não é mencionado especificamente em nenhum
dos manuscritos — respondeu ele. — Basicamente, esses documentos
nos dão alguns esclarecimentos sobre a vida e os costumes dos judeus.

Em seguida, McRay pegou alguns jornais e mostrou-me um artigo
publicado em 1997.

— Muito embora — ele acrescentou — haja um achado bem interessante em um manuscrito chamado 4Q521, que poderia nos dizer
algo sobre quem Jesus afirmava ser.

Aquilo aguçou minha curiosidade.

— Diga-me do que se trata — eu disse com um tom de urgência
na voz.

McRay desvendou o mistério. O evangelho de Mateus descreve como
João Batista, quando estava preso e lutava com suas persistentes dúvidas
sobre a identidade de Jesus, mandou que seus seguidores fizessem a Jesus
uma pergunta de monumental importância: "És tu aquele que haveria de
vir ou devemos esperar algum outro?" (Mateus 11:3). Ele queria saber,
sem sombra de dúvida, se Jesus era mesmo o Messias tão aguardado.

Ao longo dos séculos, os cristãos sempre refletiram muito sobre a
resposta enigmática que Jesus deu a essa pergunta. Em vez de dizer
objetivamente sim ou não, Jesus disse: "Voltem e anunciem a João o
que vocês estão ouvindo e vendo: os cegos veem, os mancos andam, os

---

[26]MORELAND, J. P.; WILLKINS, Michael J. *Jesus under Fire*. Grand Rapids:
Zondervan, 1996. p. 209.
[27]Ibid., p. 211

140 EM DEFESA DE CRISTO

leprosos são purificados, os surdos ouvem, os mortos são ressuscitados, e as boas novas são pregadas aos pobres" (Mateus 11:4,5).

A resposta de Jesus era uma alusão a Isaías 61. Mas, por alguma razão, Jesus acrescentou a frase "os mortos são ressuscitados", que claramente não faz parte do texto do Antigo Testamento.

É aí que entra o 4Q521. Esse manuscrito extrabíblico, pertencente à coleção dos manuscritos do mar Morto, escrito em hebraico, remonta a trinta anos do nascimento de Jesus. Ele contém uma versão de Isaías 61 em que consta a frase que faltava: "os mortos são ressuscitados".

— Craig Evans, especialista nos manuscritos, ressaltou que essa frase do 4Q521 pertence, sem dúvida alguma, ao contexto messiânico — disse McRay. — Ela se refere às maravilhas que o Messias fará quando vier e quando o céu e a terra lhe obedecerem. Portanto, quando Jesus respondeu a João, ele não estava sendo nem um pouco ambíguo. João teria reconhecido imediatamente suas palavras como uma afirmação objetiva de que ele era o Messias.

McRay passou-me o artigo em que as palavras de Evans eram citadas:

O 4Q521 deixa claro que a referência de Jesus a Isaías 61 é verdadeiramente messiânica. Basicamente, Jesus está dizendo a João, por meio de seus mensageiros, que coisas messiânicas estão ocorrendo. Isso, portanto, responde à pergunta de João: *Sim, ele é o que haveria de vir.*[28]

Recostei-me na cadeira. Para mim, a descoberta de Evans confirmava de modo extraordinário a identidade de Jesus. Fiquei atônito ao ver como a arqueologia moderna era capaz de, finalmente, desvendar o significado de uma declaração em que Jesus afirmava ousadamente, há aproximadamente mil anos, que ele era, de fato, o Ungido de Deus.

"UM LIVRO DE REFERÊNCIA DE EXTRAORDINÁRIA PRECISÃO"

A confirmação constante da exatidão do Novo Testamento pela arqueologia traz uma importante corroboração à sua confiabilidade.

---

[28]MILLER, Kevin D. "The War of the Scrolls". *Christianity Today,* October 6, 1997. p. 44 (grifo do autor).

AS PROVAS CIENTÍFICAS   141

Essa atitude é bem diferente da maneira pela qual a arqueologia se mostrou devastadora para o mormonismo.

Embora Joseph Smith, o fundador da igreja mórmon, tenha afirmado que a sua obra *O livro de Mórmon* era "o livro mais preciso de todos sobre a face da terra",[29] a arqueologia sempre se absteve de confirmar suas declarações sobre os acontecimentos que teriam ocorrido há muito tempo nas Américas.

Lembro-me de ter escrito ao Instituto Smithsoniano para saber deles se havia alguma prova que apoiasse as declarações do mormonismo. Disseram-me, em termos inequívocos, que os arqueólogos não viam "nenhuma ligação direta entre a arqueologia do Novo Mundo e o assunto tratado pelo livro em questão".

Conforme concluíram autores como John Ankerberg e John Weldon em um livro sobre o assunto, "em outras palavras, nenhuma das cidades citadas pelo *O livro de Mórmon* foi localizada; nenhuma pessoa, nenhum lugar, nenhuma nação ou nome foi localizado; nem mesmo objeto algum mencionado no livro citado, nenhuma escritura do *O livro de Mórmon*, nenhuma inscrição... nada *jamais* foi encontrado que demonstre que *O livro de Mórmon* seja algo além de um mito ou de uma invenção".[30]

Todavia, a história muda completamente de figura quando se menciona o Novo Testamento. As conclusões de McRay são reafirmadas por muitos outros cientistas, inclusive pelo ilustre arqueólogo australiano Clifford Wilson, segundo o qual "os que conhecem os fatos reconhecem agora que o Novo Testamento deve ser acolhido como um livro de referência de extraordinária precisão".[31]

Com Craig Blomberg demonstrando a confiabilidade essencial dos livros do Novo Testamento, com a prova de Bruce Metzger da sua transmissão precisa ao longo da história, com a demonstração de

---

[29]SMITH, Joseph. *History of the Church.* 8 vols. Salt Lake City: Deseret, 1978(4):461 apud TINGLE, Donald S. *Mormonism.* Downers Grove: InterVarsity Press, 1981. p. 17.
[30]ANKERBERG, John; WELDON, John. *The Facts on the Mormon Church.* Eugene: Harvest House, 1991. p. 30 (grifo do autor).
[31]WILSON, Clifford. *Rocks, Relics and Biblical Reliability.* Grand Rapids: Zondervan, 1977. p. 120 apud ANKERBERG, John; WELDON, John. *Ready with an Answer.* Oregon: Harvest House, 1997. p. 272.

Edwin Yamauchi da corroboração ampla dos historiadores e de outras pessoas da Antiguidade, e agora com John McRay demonstrando o modo pelo qual a arqueologia destaca sua credibilidade, fui levado a concordar com Wilson. A defesa de Cristo, embora longe de estar completa, estava sendo construída sobre uma base sólida.

Ao mesmo tempo, eu sabia que havia alguns professores muito conceituados que discordariam da minha avaliação. Eles são muito citados pela revista *Newsweek* e entrevistados em noticiários noturnos, expondo a sua reavaliação radical sobre Jesus. Estava chegando a hora de eu confrontar suas críticas antes de prosseguir com minha investigação. Isso me obrigaria a uma viagem a Minnesota para entrevistar um estudioso bem agressivo formado em Yale, o Dr. Gregory Boyd.

REFLEXÕES

PERGUNTAS PARA MEDITAÇÃO OU ESTUDO EM GRUPO

1. Quais são as limitações e os benefícios da arqueologia para a corroboração do Novo Testamento?

2. O fato de Lucas e outros autores do Novo Testamento relatarem com exatidão detalhes incidentais faz com que você creia que tenham também relatado com precisão os acontecimentos mais importantes? Sim ou não? Explique.

3. De modo geral, você acha plausível ou não a análise de McRay sobre os enigmas relativos ao censo, à existência de Nazaré e ao massacre de Belém?

4. Depois de examinar as provas oculares, documentais, corroborativas e científicas referentes à defesa de Cristo, pare e avalie sobre as que você chegou até este momento. Em uma escala de zero a dez, sendo zero "a total falta de confiança" na confiabilidade dos Evangelhos e dez "confiança total", que nota você daria para si mesmo até agora? Por que você se deu essa nota?

OUTRAS FONTES DE PROVAS

MAIS RECURSOS SOBRE ESSE ASSUNTO

EVANS, Craig A. *Jesus and His World: The Archaeological Evidence* [Jesus e o seu mundo: as provas arqueológicas]. Louisville: Westminster John Knox Press, 2012.

FREE, Joseph P.; HOWARD F. Vos. *Archaeology and Bible History* [A arqueologia e a história da Bíblia]. Revised edition. Grand Rapids: Zondervan, 1992.

HOERTH, Alfred; MCRAY, John. *Bible Archaeology* [Arqueologia bíblica]. Grand Rapids: Baker, 2006.

HOLDEN, Joseph M.; GEISLER, Norman. *The Popular Handbook of Archaeology and the Bible* [Manual Popular da Arqueologia e a Bíblia]. Eugene: Harvest House, 2013.

KAISER, Walter C. Jr.; GARRET, Duane, Eds. *Bíblia de Estudo Arqueológica NVI*. São Paulo: Vida, 2013.

MCRAY, John. *Archaeology and the New Testament* [A arqueologia e o Novo Testamento]. Grand Rapids: Baker Academic, 2008.

CAPÍTULO 6

As provas de contestação

O JESUS DA HISTÓRIA É O MESMO JESUS DA FÉ?

Acontece sempre nas *séries de drama* e em romances policiais, mas quase nunca nos julgamentos da vida real. Portanto, quando uma testemunha ocular, num julgamento por homicídio, se recusou a apontar o réu como o assassino, assumindo a culpa e confessando ser o autor do crime, e não o acusado, todo o tribunal ficou surpreso. Foi essa história surpreendente que publiquei no *Chicago Tribune*.

Richard Moss tinha sido acusado de matar a tiros um jovem de 19 anos de idade em Chicago, em frente a um bar da zona noroeste da cidade. Ed Passeri, amigo de longa data de Moss, fora chamado ao banco das testemunhas para descrever a discussão que tinha terminado em morte.

Passeri descreveu a cena ocorrida do lado de fora do Rusty Nail Pub. O advogado de defesa perguntou-lhe o que acontecera à vítima.

Sem vacilar, Passeri disse que, depois de ter sido atacado com uma tesoura pela vítima, tinha atirado nela.

O queixo do taquígrafo caiu. Os promotores ergueram as mãos. O juiz interrompeu imediatamente a sessão para lembrar a Passeri que a lei lhe dava garantias contra a autoincriminação. Em seguida, o acusado levantou-se para confirmar que fora de fato Passeri quem cometera o crime.

— O que Passeri fez (confessar o crime) foi uma demonstração de coragem — disse entusiasmado o advogado de defesa.

Mas os promotores não se deixaram convencer.

— Que coragem é essa? — perguntou um deles. — Passeri sabe que não está sendo processado, porque a única prova que o Estado tem aponta para Richard Moss!

Ainda bem convencidos da culpa de Moss, os promotores sabiam que eles tinham de apresentar um testemunho muito convincente para derrubar a afirmação de Passeri. Em terminologia legal, eles precisavam de uma "prova de contestação", isto é, qualquer prova que pudesse ser apresentada e que "explicasse, contrariasse ou desacreditasse" o depoimento de uma testemunha.[1]

No dia seguinte, os promotores interrogaram outras três testemunhas oculares segundo as quais não havia dúvida de que Moss havia cometido o crime. Assim, com base nessa prova e em outras, os jurados decidiram que Moss era culpado.[2]

Os promotores fizeram a coisa certa. No momento em que a força incontestável das provas deixou clara a culpa do réu, eles agiram com sabedoria, deixando claro que não estavam acreditando em uma alegação sem fundamento feita por alguém interessado em ajudar dissimuladamente um amigo.

É POSSÍVEL REFUTAR O SEMINÁRIO JESUS?

De que maneira esse conceito legal de prova de refutação se enquadra em minha investigação sobre Jesus?

Munido a essa altura de provas muito convincentes e bem fundamentadas que me foram passadas pelos estudiosos que interrogara para escrever este livro, eu tinha de me dedicar às opiniões totalmente opostas de um pequeno grupo de acadêmicos ao qual a mídia dá muita atenção.

Tenho certeza de que vocês já viram seus artigos. Durante alguns anos, a mídia noticiosa foi saturada por uma enxurrada de reportagens

---

[1]BLACK, Henry Campbell. *Black's Law Dictionary*. 5. ed. St. Paul: West, 1979. p. 1139.
[2]STROBEL, Lee. "His 'I Shot Him' Stuns Courtroom" *Chicago Tribune* June 20, 1975, e "Pal's Confession Fails; Defendant Ruled Guilty" *Chicago Tribune* June 21, 1975.

AS PROVAS DE CONTESTAÇÃO

acríticas sobre o Seminário Jesus, um grupo que representa uma porcentagem minúscula de estudiosos do Novo Testamento, mas cujas ideias geram uma cobertura da imprensa tremendamente desproporcional à influência que exercem.

Os participantes do Seminário, muito dados à publicidade, atraíram a atenção da imprensa ao determinarem, por meio de uma marcação em cor vermelha, o que achavam que Jesus teria dito realmente nos evangelhos. O vermelho significava que Jesus dissera exatamente aquelas palavras, ou algo próximo daquilo; um ponto azul indicava que ele teria dito mais ou menos o que consta na passagem; um ponto cinza indicava que ele nunca dissera aquilo, embora as ideias sejam semelhantes às dele; e um ponto negro era sinal de que ele jamais pronunciara aquelas palavras.

Em última análise, eles chegaram à conclusão de que Jesus não disse 82% do que os evangelhos atribuem a ele. A maior parte dos 18% restantes foram considerados duvidosos, sobrando apenas 2% de dizeres incontestavelmente autênticos.[3] Animados pela controvérsia e sem competência para investigar a metodologia utilizada pelo Seminário, os jornalistas gastaram rios de tinta na reportagem.

Foi então que o Seminário Jesus publicou *The five gospels* [Os cinco evangelhos], contendo os quatro evangelhos tradicionais junto com o evangelho de Tomé, de autenticidade duvidosa, em que as palavras de Jesus apareciam destacadas pelo código de cores citado anteriormente, de acordo com as descobertas do grupo. Basta folhear o livro para encontrarmos uma porção de pontos negros e pouquíssimos pontos vermelhos valiosos. Por exemplo, as únicas palavras da Oração do Senhor que o Seminário tem certeza de que Jesus pronunciou são: "Pai nosso".

Mas eu queria ir além das manchetes e desenterrar o resto da história. Precisava saber se havia uma prova de contestação digna de crédito que pudesse refutar essas opiniões preocupantes e amplamente divulgadas. As descobertas do Seminário Jesus se baseavam em pesquisa acadêmica imparcial ou eram como o malfadado testemunho de Passeri, bem-intencionado, mas sem nenhum fundamento?

---

[3]BOYD, Gregory A. *Jesus under Siege.* Wheaton: Victor, 1995. p. 88.

148   EM DEFESA DE CRISTO

Para obter essa resposta, fiz uma viagem de seis horas até St. Paul, Minnesota, para consultar o Dr. Gregory Boyd, professor universitário muito respeitado, cujos livros e artigos são totalmente contrários às conclusões do Seminário Jesus.

QUINTA ENTREVISTA
Gregory A. Boyd, Ph.D.

A primeira vez que Boyd se deparou com o Seminário Jesus foi em 1996, quando escreveu uma crítica devastadora a respeito das perspectivas liberais sobre Jesus com o título *Cynic sage or son of God? Recovering the real Jesus in an age of revisionist replies* [Um sábio cínico ou filho de Deus? Resgatando o Jesus verdadeiro em uma época de réplicas revisionistas]. O livro, de 416 páginas e com inúmeras notas de rodapé, foi eleito um dos melhores do ano pelos leitores da revista *Christianity Today*. Seu livro, *Jesus under siege* [Jesus sob cerco], em brochura, fez muito sucesso e prossegue na mesma linha, porém em um nível mais introdutório.

Boyd escreveu também o premiado *Letters from a skeptic* [Cartas de um cético], em que ele e seu pai, nessa época ainda não convertido, debatem as questões mais controvertidas do cristianismo (no fim, seu pai tornou-se cristão), *God at war: the Bible and spiritual conflict* [Deus em guerra: a Bíblia e conflito espiritual] e é coautor de *The Jesus Legend: A Case for the Historical Reliability of the Synoptic Jesus Tradition* [A lenda Jesus: um estudo da confiabilidade histórica da tradição sinótica de Jesus]. Além disso, fez parte do grupo de estudiosos que elaborou a *Quest Study Bible* [Bíblia de Estudo — Perguntas e Respostas], que se propõe esclarecer as dúvidas sobre a fé cristã.[4]

Depois de se formar em filosofia pela Universidade de Minnesota, Boyd fez mestrado em teologia, graduando-se com louvor na Faculdade de Divindade da Universidade de Yale. Doutorou-se pelo Seminário Teológico de Princeton.

---

[4]Boyd posteriormente ficou conhecido como defensor do "teísmo aberto", que diz que, mesmo com o fato de Deus ser onisciente, ele não sabe o que nós decidiremos livremente no futuro. Eu não sou adepto dessa teologia.

AS PROVAS DE CONTESTAÇÃO 149

Ele não é, contudo, aquele estereótipo de intelectual que se enclausura em sua torre de marfim. De cabelos negros ondulados, magro e de sorriso contido, Boyd parece o equivalente acadêmico do comediante Howie Mandell. E, a exemplo de Mandell, ele é pura energia cinética.

As palavras jorram de sua boca como água de um cano furado. Tece ideias sofisticadas e conceitos teológicos a uma velocidade estonteante. Boyd não sossega, ele gesticula e se mexe na cadeira. Não tem tempo para arregaçar as mangas, arquivar a papelada espalhada sobre a escrivaninha do escritório ou pôr de volta na estante as pilhas desordenadas de livros amontoadas no chão. Boyd passa muito tempo pensando, debatendo, imaginando, sonhando, contemplando, inventando, sempre envolvido com um ou outro projeto.

Na verdade, uma carreira só é pouco para ele. Além de professor de teologia da Faculdade Bethel, é também pastor da Woodland Hills Church, onde o fervor de sua pregação elevou o número de membros de 42, em 1992, para 2.500 atualmente. Esse envolvimento com o mundo real o ajuda a se fixar na realidade da vida cotidiana.

Boyd gosta de discutir com ateus só por esporte. Debateu com o falecido Gordon Stein sobre o tema "Deus existe?". Com Dan Barker, ex-pastor que acabou abraçando o ceticismo, polemizou em torno da questão "Jesus ressurgiu dos mortos?". E, em um programa patrocinado pelo Centro Islâmico de Minnesota, desafiou um muçulmano com o tema "Deus é uma trindade?". Sua mente ágil, sua presença de espírito, a empatia com o povo e seu vasto conhecimento filosófico e bíblico fazem dele um inimigo formidável.

Além disso, Boyd combina a cultura popular com a erudição séria de modo incomparável com qualquer um que eu conheça. Ele domina tanto as notas de rodapé quanto as regras do futebol. É capaz de começar uma frase com uma observação de improviso sobre um novo filme e terminá-la com uma referência estonteante a um profundo enigma filosófico. Não vê nenhuma dificuldade em ler uma tira de quadrinhos ou assistir a alguma série de comédia enquanto redige um livro impressionante: *Trinity and process: a critical evaluation and reconstruction of Hartshorne's di-polar theism towards a trinitarian* metaphysics [Trindade e processo: uma avaliação e reconstrução crítica do teísmo bipolar de Hartsthorne concernente à metafísica trinitária].

Seu estilo informal e coloquial (que outro estudioso da Bíblia é capaz de sair com termos como "é um barato" e "o cara é uma figura"?) me deixou imediatamente à vontade no aperto de sua sala no segundo andar. Logo percebi que ele estava ansioso e pronto para começar a nossa conversa.

ESCRITOS DA PERIFERIA RADICAL

Decidi começar pela perspectiva do consumidor médio de notícias.

— As pessoas pegam uma revista ou um jornal, leem as conclusões do Seminário Jesus e acham que elas representam a corrente principal da erudição neotestamentária — eu disse. — Mas será que é isso mesmo?

— Não — disse ele, como se tivesse acabado de morder alguma coisa amarga. — Não, não, *não* é bem assim. Mas você tem razão, as pessoas têm essa impressão.

Boyd acomodou-se na cadeira e começou a contar uma história.

— Quando a revista *Time* publicou pela primeira vez um artigo de destaque sobre o Seminário Jesus — disse ele —, eu vinha justamente falando sobre o cristianismo a um sujeito com quem eu tentava construir um relacionamento. Ele era cético por natureza e andava fascinado pelas ideias da Nova Era.

— Nós tínhamos um amigo em comum que estava no hospital e, quando fui visitá-lo, esse sujeito de quem falei estava lá lendo a revista *Time*. Assim que entrei no quarto, ele me disse:

— Veja só, Greg, parece que os acadêmicos discordam de você — e atirou a revista na minha direção!

Boyd sacudiu a cabeça triste e desconsolado.

— Veja, aquele artigo lhe deu motivos para não me levar a sério. Apesar de saber que eu era um acadêmico também, ele interpretou o artigo como se a maioria dos estudiosos (pelo menos os que não são fundamentalistas de carteirinha) compartilhassem essa opinião.

Consegui assimilar bem a história de Boyd, porque já ouvira muita gente identificar o Seminário Jesus com a opinião de todos os eruditos.

— Você acha que essa impressão foi acidental? — perguntei.

— Bem, o Seminário procura passar essa imagem — respondeu Boyd. — Na verdade, essa é uma de suas facetas mais irritantes, não

AS PROVAS DE CONTESTAÇÃO

apenas para os evangélicos, como também para outros estudiosos. Se você der uma olhada no livro *The five gospels* [Os cinco evangelhos], publicado pelo Seminário, verá que eles apresentam "sete pilares de sabedoria acadêmica", como se fôssemos obrigados a seguir a metodologia deles se quisermos ser eruditos de verdade. Todavia, inúmeros estudiosos, das mais diversas procedências, teriam sérias restrições a pelo menos um, se não a todos esses pilares. O Seminário intitula sua tradução da Bíblia "Versão acadêmica". Bem, e o que isso significa? Que as outras versões não são acadêmicas?

Boyd fez uma breve pausa, depois tocou no cerne da questão.

— A verdade é a seguinte: o Seminário Jesus representa um número extremamente reduzido de radicais das regiões mais remotas do espectro acadêmico que se colocam bem à esquerda do pensamento teológico sobre o Novo Testamento. Eles não representam a principal corrente de estudiosos. E, ironicamente, eles têm um tipo particular de fundamentalismo. Dizem que sabem o jeito certo de fazer as coisas, e ponto final.

Boyd sorriu.

— Em nome da diversidade — acrescentou com um sorriso irônico —, acabam se tornando muito limitados.

A DESCOBERTA DO JESUS "REAL"

— Pelo menos — eu disse — os participantes do Seminário Jesus não escondem nem um pouco seus objetivos, não é mesmo?

— É verdade. Eles dizem claramente que querem resgatar a Bíblia dos fundamentalistas e libertar os americanos da crença "ingênua" de que o Jesus da Bíblia é o Jesus "real". Dizem que querem um Jesus que seja relevante para os dias de hoje. Um deles disse que o Jesus tradicional não traz respostas para a crise ecológica, para o problema nuclear e para a questão do feminismo, portanto, precisamos de um novo retrato de Jesus. Como disse outro membro do Seminário, precisamos de uma "nova ficção". Uma das deformações do Seminário consiste no fato de se dirigirem diretamente às massas, e não a outros estudiosos. Querem tirar suas descobertas da torre de marfim e expô-las em praça pública para influenciar a opinião do povo. O que o Seminário tem em mente é uma forma totalmente nova de cristianismo.

A ideia de um novo Jesus, de uma nova fé e de um novo cristianismo era intrigante.

— Fale-me então sobre esse Jesus que os membros do Seminário Jesus descobriram — eu disse. — Como ele é?

— Basicamente, eles descobriram o que queriam encontrar. Alguns acham que Jesus foi um revolucionário político; outros, um fanático religioso; outros ainda o veem como um fazedor de milagres; ele seria feminista, igualitário, subversivo, tudo conforme o atual discurso de diversidade — disse Boyd.

Em seguida, ele abordou a questão principal.

— Há, porém, uma perspectiva de Jesus sobre a qual todos estão de acordo: Jesus tem de ser, acima de tudo, um Jesus naturalista. Em outras palavras, seja o que for que se diga a seu respeito, o fato é que ele era um homem como eu e você. Talvez tenha sido um homem extraordinário, talvez tenha tocado em nosso potencial interior como ninguém mais foi capaz de fazê-lo, mas ele não era sobrenatural. Eles dizem, portanto, que Jesus não se via como Deus e Messias; nem os seus primeiros seguidores viam algum significado especial em sua morte. Sua crucificação foi uma infelicidade que aconteceu na hora errada. As histórias sobre sua ressurreição apareceram mais tarde na tentativa de lidar com essa triste realidade.

DANDO A ESSAS PROVAS UM EXAME JUSTO

Levantei-me e comecei a percorrer a estante de Boyd enquanto formulava minha próxima pergunta:

— Muito bem, mas você crê pessoalmente que Jesus ressurgiu, e talvez sua fé influencie muito seu ponto de vista por causa disso — eu disse. — O Seminário Jesus se apresenta como uma busca imparcial da verdade, em oposição às pessoas devotadamente religiosas, como você, movidas por pautas teológicas.

Boyd virou-se na cadeira e me olhou de frente.

— Ah, mas não é isso o que de fato acontece — ele insistiu. — Os membros do Seminário são pelo menos tão parciais quanto os evangélicos, e eu diria que em um grau ainda maior. Eles trazem um conjunto de pressupostos para sua erudição, o que, na verdade, todos procuramos

AS PROVAS DE CONTESTAÇÃO

fazer em certa medida. Sua premissa principal, que, incidentalmente, não é produto de pesquisa acadêmica imparcial, é que os evangelhos não são confiáveis como conjunto. Essa foi a conclusão a que chegaram inicialmente porque há coisas nos evangelhos que parecem historicamente improváveis, como os milagres: o caminhar sobre as águas, a ressurreição dos mortos. Essas coisas, como eles dizem, simplesmente não acontecem. Isso é naturalismo, que afirma que para cada efeito da natureza ou do mundo físico há uma causa natural.

— Sei, mas não é isso o que normalmente ocorre em nossas vidas? — perguntei. — Você está dizendo que deveríamos acreditar que há uma explicação sobrenatural para tudo o que acontece?

— Acho que ninguém vai apelar para uma explicação sobrenatural se não tiver de fazê-lo — disse Boyd. — Esses estudiosos, no entanto, vão além e dizem que nunca temos de fazê-lo. Eles agem com base no pressuposto de que tudo o que aconteceu na história se deu em conformidade com suas experiências e, já que nunca viram o sobrenatural, concluem que jamais aconteceram milagres na história. Eles eliminam toda e qualquer possibilidade do sobrenatural logo de início, depois dizem: "Provem agora o que vocês dizem que Jesus fez". Não é de espantar que sempre obtenham os resultados esperados![5]

No intuito de mudar um pouco o rumo da conversa, perguntei:

— Muito bem, como é que você trataria dessa questão?

— Eu admitiria que não se deve apelar para o sobrenatural a menos que não haja outra saída. Isso mesmo. Em primeiro lugar, procure uma explicação natural. É o que faço em minha vida. Uma árvore cai: tudo bem, talvez estivesse com cupins. Mas será possível que um anjo a tivesse derrubado? Bem, eu não chegaria a essa conclusão, a menos que houvesse provas convincentes o bastante para isso. Portanto, isso eu admito. O que não posso admitir é a tremenda presunção de que sabemos o suficiente sobre o universo para dizer que Deus, se é que há um Deus, nunca poderia interferir em nosso mundo de um modo sobrenatural. É o tipo de premissa arrogante. Não é uma premissa com base histórica; agora, já estamos no campo da metafísica.

---

[5]Para mais informações sobre essa questão, veja a entrevista comigo no final do livro.

Acho que deveria haver certa dose de humildade na investigação histórica para comportar um raciocínio do tipo: "Sabe de uma coisa? É possível que Jesus Cristo tenha ressurgido dos mortos. É possível que seus discípulos tenham visto de fato o que os evangelhos dizem que viram". E, se não houver nenhum outro meio que possa satisfazer adequadamente as provas apresentadas, devemos investigar a possibilidade. Esse é, na minha opinião, o único meio de examinar as provas de forma justa.

A CRÍTICA DOS CRITÉRIOS

Para chegar à conclusão de que Jesus nunca disse a maioria das palavras atribuídas a ele nos evangelhos, os membros do Seminário utilizaram um conjunto próprio de pressupostos e critérios. Mas esses padrões são sensatos e adequados? Ou desde o início já eram distorcidos, como se fossem confiáveis, e quando jogados apresentam o resultado desejado desde o princípio?

— Existem inúmeros problemas no que se refere aos seus pressupostos e aos seus critérios — iniciou Boyd, analisando a abordagem do grupo. — Por exemplo, eles supõem que a igreja posterior tenha posto essas palavras na boca de Jesus, a não ser que tenham alguma prova que os convença do contrário. Esse pressuposto está baseado em sua dúvida com relação aos evangelhos, porque, para eles, não existe nenhum acontecimento sobrenatural.

"Os historiadores normalmente procedem sob o peso do ônus da prova, cabendo-lhes provar se os dados de que dispõem são falsos ou suspeitos, já que as pessoas não são, a princípio, mentirosas compulsivas. Sem esse pressuposto, saberíamos muito pouco sobre a história antiga.

"O Seminário Jesus vira isso de cabeça para baixo e diz que é preciso provar claramente que determinadas palavras foram ditas por Jesus. Em seguida, apresentam critérios questionáveis para fazê-lo. Nada impede que os estudiosos utilizem critérios apropriados para saber se Jesus disse ou não determinadas palavras. Não concordo, porém, com a ideia de que, se Jesus não satisfaz esses critérios, é porque não disse o que consta dos evangelhos. Esse tipo de conclusão negativa pode ser um problema."

AS PROVAS DE CONTESTAÇÃO

Toda essa questão teórica estava servindo mais para confundir do que para esclarecer. Eu precisava de exemplos concretos para que pudesse acompanhar o raciocínio de Boyd.

— Dê um exemplo de critérios específicos utilizados pelos membros do Seminário — eu disse.

— Há um critério chamado de "dupla dessemelhança" — respondeu ele. — Isso significa que eles acreditarão que Jesus pronunciou determinadas palavras se elas não soarem como algo que teria sido dito por um rabino ou pela igreja posterior. Caso contrário, teriam composto o evangelho a partir de uma fonte judaica ou cristã. O problema, naturalmente, é que Jesus era judeu e fundou a igreja cristã, logo, ninguém deve se espantar se suas palavras lembrarem o judaísmo ou o cristianismo! Mas esse foi o critério que eles usaram para chegar à conclusão negativa de que Jesus não disse uma porção de coisas.

Depois de parar um pouco, ele continuou:

— Em seguida, há o critério da "comprovação múltipla", ou seja, só podemos saber com certeza se Jesus disse ou não determinadas palavras se as encontrarmos em mais de uma fonte. Esse pode ser um bom teste para confirmar a veracidade de algumas palavras. Todavia, por que desprezar o outro critério, segundo o qual não será válida a descoberta se ela estiver em apenas uma fonte? Na verdade, a maior parte da história antiga baseia-se em fontes únicas. Geralmente, se uma fonte é considerada confiável, e eu diria que há inúmeras razões para acreditar que os evangelhos são confiáveis, ela merece crédito, ainda que não se possa confirmá-la por meio de outras fontes. Mesmo quando as palavras de Jesus aparecem em dois ou três evangelhos, eles não consideram esse dado suficiente quanto ao critério de "comprovação múltipla". Se algumas palavras de Cristo são encontradas em Mateus, Marcos e Lucas, eles as consideram provenientes de uma única fonte, porque pressupõem que Mateus e Lucas se basearam em Marcos quando redigiram seus evangelhos. Eles se negam a reconhecer que um número cada vez maior de estudiosos expressa reserva com relação a essa teoria. Percebe-se, por essa linha de pensamento, o motivo pelo qual é extremamente difícil passar pelo teste da comprovação múltipla.

Boyd estava disposto a prosseguir, mas eu lhe disse que sua explicação já era suficiente: os critérios distorcidos, assim como dados viciados, produzem resultados já esperados desde o início.

JESUS, O MILAGREIRO

Uma das estratégias utilizadas pelos estudiosos naturalistas consiste na busca de paralelos entre Jesus e outras pessoas da história antiga, procurando, com isso, demonstrar que suas declarações e façanhas não foram totalmente originais. Pretendem com isso mostrar que Jesus não era diferente dos demais.

— Qual é a sua reação a isso? — perguntei a Boyd. — Por exemplo, houve rabinos no passado que faziam exorcismos, que oravam pedindo chuva, e chovia. Portanto, para alguns acadêmicos, Jesus foi mais um judeu milagreiro. Esses paralelos são válidos?

Eu estava preparado para ver Boyd, o polemista, entrar em ação, respondendo a questões complexas, ponto a ponto, sem a ajuda de anotações. Fiquei contente por estar gravando nossa conversa; se estivesse simplesmente anotando, jamais conseguiria acompanhar o seu discurso veloz.

— Na verdade, as comparações caem por terra rapidamente quando se examina mais de perto — ele começou, acelerando cada vez mais à medida em que explicava. — Em primeiro lugar, a centralidade do sobrenatural na vida de Jesus não tem paralelo algum na história judaica. Em segundo, o caráter radical dos seus milagres o distingue dos demais. Não foi só uma chuva que caiu quando ele orou; estamos falando de gente que foi curada de cegueira, surdez, lepra e escoliose, de tempestades que foram cessadas, de peixes e pães que foram multiplicados, de filhos e filhas que foram ressuscitados dos mortos. Essas coisas estão além de qualquer paralelo. Em terceiro, o que mais distingue Jesus é a forma como realizou milagres usando a sua própria autoridade. É ele quem diz: "Mas se é pelo dedo de Deus que eu expulso demônios, então, chegou a vocês o Reino de Deus", referindo-se a si mesmo. Ele diz: "Ele me enviou para proclamar liberdade aos presos". Ele dá a Deus o crédito pelo que faz, mas nunca pede a Deus Pai que faça o que quer que seja: ele age pelo poder de Deus Pai. É, portanto, algo sem paralelo. Isso só reforça a maneira diferente como Jesus falava sobre si mesmo: "Foi-me dada toda a autoridade"; "... para que todos honrem o Filho como honram o Pai"; "Os céus e a terra passarão, mas as minhas palavras jamais passarão". Em nenhum lugar você encontra rabinos com esse tipo de discurso.

Depois de ouvir essa rápida explosão de argumentos, eu disse sorrindo:

— Mas aonde você quer chegar?

Boyd riu:

— Qualquer paralelo com rabinos fazedores de milagres — ele concluiu — é um exagero muito, muito grande.

JESUS E O FANTÁSTICO APOLÔNIO

Eu não me deixaria intimidar com o talento que Boyd tem para a controvérsia. Resolvi levantar uma questão mais complicada ainda: os paralelos aparentemente mais fortes entre Jesus e um personagem histórico: Apolônio de Tiana.

— Você conhece as provas tão bem quanto eu — eu disse a Boyd. — Trata-se de um homem do primeiro século que teria curado pessoas e exorcizado demônios; que teria ressuscitado uma jovem dentre os mortos e aparecido a alguns de seus seguidores depois de ter morrido. As pessoas apontam para isso e dizem: "Ahã! Se você disser que a história de Apolônio não passa de lenda, por que não dizer o mesmo sobre Jesus?".

Boyd acenava com a cabeça dando a entender que estava acompanhando o meu raciocínio.

— Admito que, a princípio, parece impressionante — concordou ele. — Quando ouvi falar de Apolônio pela primeira vez, ainda estava na faculdade e realmente fiquei impressionado. No entanto, se o resgate histórico for feito com mais calma e objetividade, ficará claro que os referidos paralelos não têm fundamento.

Eu precisava de detalhes, e não de informações genéricas.

— Continue! — eu disse. — Dê o seu melhor para derrubar essa história.

— Muito bem. Em primeiro lugar, o biógrafo do personagem em questão, Filóstrato, escreveu seu relato mais de um século e meio depois da morte de Apolônio, ao passo que os evangelhos foram escritos por pessoas contemporâneas de Jesus. Quanto mais próximos estivermos dos acontecimentos, menor será a possibilidade de introduzir material lendário, erros ou lapsos de memória.

"Outro detalhe é que temos quatro evangelhos corroborados por Paulo que podem ser cotejados, até certo ponto, por autores alheios à Bíblia, como Josefo e outros. No caso de Apolônio, estamos lidando com só uma fonte. Além disso, os evangelhos foram aprovados pelos testes de confiabilidade histórica a que foram submetidos, o que já não se pode dizer dos relatos sobre Apolônio. Como se isso não bastasse, Filóstrato recebeu a missão de uma imperatriz para escrever uma biografia, para dedicar um templo a Apolônio. Ela era seguidora de Apolônio, portanto, Filóstrato teria um motivo financeiro para embelezar a história e dar à imperatriz o que ela queria. Por outro lado, os autores do evangelho nada tinham a ganhar, e muito a perder, ao escrever a história de Jesus; também não tinham nenhum outro motivo por trás, como dinheiro, por exemplo.

"Além disso, a forma pela qual Filóstrato escreve é bem diferente da dos evangelhos. Os evangelhos dão uma perspectiva ocular muito confiável, como se houvesse uma câmera no local. Filóstrato, no entanto, faz incontáveis declarações incertas como, por exemplo: "Relata-se que..." ou "Segundo dizem alguns, a jovem tinha morrido; outros dizem que ela só estava doente". De forma correta, ele recua e trata as histórias como histórias comuns.

"Entretanto, preste atenção nesse aspecto forte: Filóstrato estava escrevendo no início do século 3, na Capadócia, onde o cristianismo já tinha se estabelecido por algum tempo. Portanto, se algum empréstimo houve, foi da parte de Filóstrato, e não dos cristãos. Pode-se imaginar os seguidores de Apolônio encarando os cristãos como rivais e dizendo: "É mesmo? Bem, Apolônio fez as mesmas coisas que Jesus fez". Mais ou menos como uma criança que diz à outra: "Meu pai é mais forte do que o seu!".

"Só para encerrar, estou disposto a admitir que Apolônio tenha realizado alguns feitos fantásticos, ou pelo menos levou as pessoas a acreditarem que pudesse fazê-los. Isso, porém, não compromete de forma alguma as provas a favor de Jesus. Mesmo quando se aceita as provas em favor de Apolônio, ainda falta lidar com as provas a favor de Cristo."

JESUS E AS "RELIGIÕES DE MISTÉRIOS"

Muito bem, pensei, vamos fazer mais uma tentativa. Ensina-se a muitos universitários que muitos temas presentes na vida de Cristo não passam de ecos das antigas "religiões de mistérios", nas quais encontramos histórias de deuses que morrem e ressuscitam, rituais de batismo e de comunhão.

— O que você acha desses paralelos? — perguntei.

— Essa foi uma discussão bem popular no início do século 20, mas acabou perdendo a força porque caiu no descrédito. Em primeiro lugar, analisando a sequência dos fatos, se for defendido o argumento do empréstimo, as religiões de mistério é que teriam assimilado elementos do cristianismo, não vice-versa. Além disso, as religiões de mistério criavam seus próprios padrões e emprestavam livremente ideias de vários lugares. Os judeus, contudo, sempre blindavam suas crenças de influências externas. Eles se viam como um povo separado e resistiam firmemente contra as ideias e os rituais pagãos.

Para mim, os paralelos com potencial mais interessante eram as narrativas mitológicas sobre deuses que morriam e ressuscitavam:

— Essas histórias não são parecidas com as crenças cristãs? — perguntei.

— Embora seja verdade que certas religiões de mistério apresentam narrativas de deuses morrendo e ressuscitando, esses contos sempre giravam em torno do ciclo natural da vida, da morte e do renascimento — Boyd disse. — As colheitas perecem no outono e nascem na primavera. As pessoas expressam a maravilha desse fenômeno contínuo por meio de histórias mitológicas de deuses que morrem e ressuscitam. São narrativas sempre contadas em forma de lenda. Tratam de acontecimentos que aconteceram na época do "era uma vez".

"Observe as diferenças com relação à descrição de Jesus Cristo nos evangelhos. Ela fala de alguém que realmente viveu muitas décadas atrás. Eles citam nomes: crucificado sob Pôncio Pilatos, sendo Caifás o sumo sacerdote; o pai de Alexandre e Rufo carregou a sua cruz, por exemplo. Trata-se de material histórico concreto. Isso nada tem a ver com histórias de coisas que aconteceram na época do "era uma vez".

"Além disso, o cristianismo nada tem a ver com ciclos de vida ou colheitas. Seu tema se relaciona com uma crença bem judaica, que não aparece nas religiões de mistério, sobre a ressurreição dos mortos, a vida eterna e a reconciliação com Deus. Quanto à asserção de que as doutrinas do Novo Testamento, do batismo ou da comunhão sejam derivadas das religiões de mistério, isso é pura bobagem. Em primeiro lugar, a prova desses supostos paralelos só aparece depois do século 2, portanto, qualquer empréstimo teria sido feito pelas religiões de mistério, e não pelo cristianismo".

"Considera-se, ainda, que se observarmos com atenção, veremos que as semelhanças desaparecem. Por exemplo, para atingir um alto nível no culto de Mitra, os seguidores tinham de se sentar sob um touro sacrificado, para que pudessem ser banhados por seu sangue e suas entranhas. Depois, reuniam-se aos demais e comiam o animal.

"A essa altura, afirmar que os judeus viam algo de atraente nessa prática bárbara, a ponto de tomá-la como modelo para o batismo e a comunhão, é extremamente duvidoso, razão pela qual muitos estudiosos não aceitam essa ideia."[6]

OS EVANGELHOS SECRETOS
E AS CRUZES FALANTES

Apesar de ter um escritório confuso e desorganizado, a mente de Boyd era perspicaz e sistemática. Sua análise desses paralelos tão divulgados deixava pouca margem para dúvidas. Então, decidi ir em frente para outra área da qual a mídia se ocupa com frequência: as "novas descobertas", que sempre são tema de livros dos participantes do Seminário Jesus.

— A imprensa popular tem publicado muita coisa sobre o evangelho de Tomé, o Marcos secreto, o evangelho da cruz e Q — eu disse.

— É verdade que foram feitas novas descobertas que mudam o modo de entender Jesus?

Boyd suspirou incomodado.

— Não, não existem novas descobertas que digam algo novo sobre Jesus. O evangelho de Tomé foi descoberto há muito tempo, mas só agora

---

[6]Veja "Challenge #4: Christianity's Beliefs about Jesus were Copied from Pagan Religions," In STROBEL, Lee. *The Case for the Real Jesus*. Grand Rapids: Zondervan, 2007. p. 157-187.

AS PROVAS DE CONTESTAÇÃO

começaram a usá-lo para criar um Jesus alternativo. Algumas teorias a respeito do evangelho de Tomé talvez sejam novas, mas o texto não é. Com relação a Q, não se trata de uma descoberta, mas de uma teoria que vem sendo discutida há uns 150 anos, que procura explicar a origem do material que Lucas e Mateus têm em comum. A novidade é a forma bastante questionável como os acadêmicos de esquerda utilizam os seus pressupostos para fragmentar o Q hipotético em várias camadas de desenvolvimento lendário, para fundamentar as suas teorias preconcebidas.

Eu sabia que John Dominic Crossan, talvez o acadêmico mais influente do Seminário Jesus, tinha feito declarações fortíssimas a respeito de um evangelho chamado de Marcos secreto. Na verdade, ele afirma que o Marcos secreto talvez seja, na verdade, uma versão sem censura do evangelho de Marcos, cujo conteúdo confidencial era destinado aos iniciados espirituais.[7] Alguns o utilizam para dizer que Jesus era de fato um mágico, ou que muitos cristãos primitivos praticavam o homossexualismo. Esse cenário conspiratório atraiu a atenção da mídia.

— Que prova existe para isso? — perguntei a Boyd.

Sua resposta foi rápida:

— Nenhuma — disse ele.

Embora ele aparentemente não visse necessidade de se estender nesse o assunto, pedi que ele me explicasse o que queria dizer:

— Veja, não se tem um Marcos secreto — disse ele. — O que temos é um acadêmico que encontrou uma citação em Clemente de Alexandria, de fins do século 2, que supostamente viria desse evangelho. E agora, misteriosamente, até essa citação se perdeu, desapareceu.

— Não temos isso, não temos nenhuma citação dele e, mesmo que tivéssemos, não temos nenhuma razão para achar que ele pudesse nos trazer alguma informação válida sobre o Jesus histórico ou sobre o que pensavam a seu respeito os cristãos primitivos. Acima de tudo, já sabemos que Clemente tinha um histórico de aceitar muito ingenuamente escritos de autoria duvidosa.

---

[7]CROSSAN, John D. *The Historical Jesus.* San Francisco: HarperSanFrancisco, 1991. p. 329.

— Portanto, o Marcos secreto é uma obra inexistente, citada em um texto agora inexistente, por um autor do século 2, com reputação de ingênuo em relação a esse tipo de coisa. A maior parte dos estudiosos não dá o mínimo crédito a esse evangelho. Infelizmente, isso não tem a menor repercussão, porque o que a mídia gosta é de sensacionalismo.

Crossan igualmente dá credito ao que ele chama de Evangelho da cruz.

— Este se sai melhor do que o outro? — perguntei.

— Não, a maioria dos estudiosos não lhe dá credibilidade por causa da grande quantidade de material estranhamente lendário. Jesus, por exemplo, sai da sepultura com uma estatura gigantesca, que vai além do céu, enquanto a cruz sai da sepultura e começa a falar! Obviamente, os evangelhos, muito mais sóbrios, são mais confiáveis que qualquer coisa que encontramos nesse relato. Ele combina mais com os escritos apócrifos que surgiriam depois dele. Na verdade, ele depende do material bíblico, portanto, deve ser de um período posterior.

De modo contrário à maioria esmagadora dos especialistas bíblicos, o Seminário Jesus concedeu um *status* alto demais ao evangelho de Tomé, elevando-o a uma posição paralela à dos quatro evangelhos tradicionais. No capítulo 3, o Dr. Bruce Metzger criticou asperamente essa postura, classificando-a de injustificada.

Perguntei a Boyd qual era sua opinião:

— Por que não dar a Tomé o mesmo crédito?

— Todo mundo sabe que esse evangelho foi muito influenciado pelo gnosticismo, um movimento religioso dos séculos 2, 3 e 4, que alegava ter acesso a descobertas, conhecimento ou revelações secretas que permitiriam às pessoas conhecer a chave do universo. A salvação dependia desse conhecimento (*gnosis*, em grego, significa "conhecimento") — ele disse.

"Portanto, a maior parte dos acadêmicos diz que o evangelho de Tomé foi escrito aproximadamente em meados do século 2, encaixando-se muito bem no seu contexto cultural. Deixe-me dar um exemplo. Nele, Jesus diz: "Toda mulher que se tornar homem entrará no reino dos céus". Isso contradiz a atitude que nós sabemos que Jesus tinha em relação às mulheres, como bem sabemos, mas se encaixa perfeitamente na mentalidade gnóstica.

AS PROVAS DE CONTESTAÇÃO

"Entretanto, o Seminário Jesus se apegou arbitrariamente a certas passagens do evangelho de Tomé e insistiu que essas passagens representavam uma camada anterior de tradição sobre Jesus, vindo antes até mesmo dos evangelhos canônicos.

"Devido ao fato de que em nenhuma dessas passagens Jesus aparece fazendo declarações exaltadas a respeito de si mesmo ou operando façanhas sobrenaturais, eles dizem que a mais antiga visão de Jesus o considera apenas um grande mestre. Mas todo esse raciocínio é circular. O que os leva a pensar que essas passagens de Tomé são antigas é, primeiramente, o fato de que contêm uma visão sobre Jesus que esses estudiosos pressupõem ser a do Jesus original. Na verdade, não há nenhum motivo sólido para dar ao evangelho de Tomé uma importância maior do que a dos evangelhos do primeiro século que fazem parte do Novo Testamento."

HISTÓRIA X FÉ

O Jesus da história e o Jesus da fé: o Seminário Jesus acredita que existe um grande abismo entre os dois. Nessa visão, o Jesus histórico foi um homem brilhante, espirituoso e revolucionário, que jamais pretendeu ser o Filho de Deus, ao passo que o Jesus da fé é um amontoado de ideias de bem-estar que ajudam as pessoas a viver bem, mas que, no final das contas, não passa de pensamento positivo.

— Não existe um abismo entre o Jesus da história e o Jesus da fé — disse Boyd quando abordei esse assunto. — Quando se desvaloriza tudo o que diz que Jesus é divino e que reconcilia as pessoas com Deus, gera-se uma contradição entre os dois. De modo geral, o Seminário define o Jesus da fé da seguinte maneira: existem símbolos religiosos que significam muito para as pessoas; o simbolismo da divindade de Jesus, da cruz, do amor sacrificial, da ressurreição. Embora as pessoas não creiam realmente que essas coisas aconteceram, mesmo assim esses símbolos são capazes de inspirá-las a viver uma vida correta, a vencer a angústia existencial, conquistar novas potencialidades e fazer com que a esperança renasça em meio ao desespero, blá, blá, blá.

Boyd deu de ombros e continuou:

164   EM DEFESA DE CRISTO

— Desculpe, mas já ouvi demais sobre esse tipo de coisa! Por isso, esses liberais dizem que a pesquisa histórica nunca será capaz de descobrir o Jesus da fé, porque o Jesus da fé não se baseia na história. Ele não passa de um símbolo — continuou. — Mas, escute, Jesus se tornou um símbolo justamente por ter base histórica. O Credo Niceno não diz: "Desejamos que essas coisas sejam verdadeiras". Ele diz: '[Jesus Cristo] foi crucificado sob Pôncio Pilatos [...] ressuscitou ao terceiro dia', e todo o resto se baseia nisso.

"A verdade teológica se baseia na verdade histórica. É isso que diz o Novo Testamento. Veja o sermão de Pedro em Atos 2. Ele se levanta e diz que as pessoas são testemunhas de fatos que não aconteceram de forma secreta. Ele explica que o túmulo de Davi pode ser visitado, mas Deus ressuscitou Jesus dentre os mortos, e era esse o motivo pelo qual ele proclamava que ele é o Filho de Deus.

"Se tirarmos os milagres de cena, tiraremos também a ressurreição, e nada haverá para proclamar. Paulo diz que, se Jesus não ressuscitou dos mortos, nossa fé é vã, inútil e vazia."[8]

Boyd parou um pouco e mudou o tom de voz, passando do tom de pregador para uma expressão intensa de convicção pessoal.

— Não quero basear a minha vida em um símbolo — ele disse, resoluto. — Quero a realidade, e a fé cristã sempre se baseou na realidade. O que não está alicerçado na realidade é a fé dos acadêmicos liberais. São eles que seguem um sonho irreal, mas o cristianismo nem passa perto disso.

COMBINANDO HISTÓRIA E FÉ

Já tínhamos passado muito tempo falando sobre o Jesus do Seminário Jesus: uma figura simbólica, porém, impotente, que só consegue oferecer ao mundo uma esperança ilusória. Porém, antes de ir embora, queria ouvir a respeito do Jesus de Gregory Boyd. Precisava saber se o Jesus sobre quem ele pesquisa e escreve livros acadêmicos como professor de teologia é o mesmo sobre o qual ele prega na igreja no domingo de manhã.

---

[8]Veja 1Coríntios 15:17.

AS PROVAS DE CONTESTAÇÃO

— Deixe-me entender isso direito — eu disse. — O seu Jesus, o Jesus com quem você se relaciona, é o Jesus da história *e* o Jesus da fé ao mesmo tempo?

Boyd cerrou os punhos para destacar a sua opinião, como se tivesse acabado de marcar um gol.

— Sim, é exatamente isso, Lee! — ele exclamou.

Acomodando-se na ponta da cadeira, explicou exatamente o que a sua erudição, e o seu coração, levaram-no a acreditar.

— É bem assim: quando se ama alguém, o amor vai além dos fatos que cercam essa pessoa, embora esteja alicerçado nesses fatos. Por exemplo, você ama sua esposa porque ela é maravilhosa, linda, doce, gentil. Tudo isso são fatos que dizem respeito a ela, por esses motivos ela é o objeto de seu amor. Mas seu amor extrapola esse conhecimento. Saber todas essas coisas a respeito de sua esposa não implica, necessariamente, amá-la ou confiar nela, mas você simplesmente o faz. Portanto, a decisão vai além das provas, mas também se baseia nelas. A mesma coisa acontece quando amamos a Jesus. Ter um relacionamento com Jesus Cristo vai além de simplesmente saber os fatos históricos a seu respeito, ainda que o nosso amor por ele também se baseie nesses fatos. Creio em Jesus Cristo com base na comprovação histórica, mas meu relacionamento vai além de provas. Tenho de depositar minha confiança nele e com ele caminhar diariamente.

Eu o interrompi para dizer:

— Mas você não concorda que o cristianismo faz algumas declarações sobre Jesus que são difíceis de acreditar?

— Sim, claro que concordo — disse ele. — Por isso me alegro que haja provas tão fortes de que são verdade. Para mim, — ele acrescentou — tudo se resume a isto: não existe concorrência. A defesa de que Jesus era quem os discípulos diziam ser, pelos milagres que fez, sua ressurreição dos mortos, as declarações que fez sobre si mesmo, está a anos-luz de distância de meus motivos para achar que os acadêmicos de esquerda do Seminário Jesus estão com a razão. O que esses especialistas têm? Bem, há uma breve alusão a um evangelho "secreto" em uma carta de fins do século 2 que, infelizmente, só foi vista por uma pessoa e que agora se encontra perdida. Há um relato do século 3 sobre a crucificação e a ressurreição que apresenta uma cruz que fala e que poucos estudiosos acreditam ser anterior aos evangelhos. Há um documento gnóstico do século 2 que alguns eruditos querem agora fazer retroceder no tempo para dar respaldo aos seus pressupostos. Há também um documento hipotético baseado em pressupostos não muito sólidos que vai ficando cada vez mais rarefeito em decorrência da utilização de um raciocínio circular.

Boyd se reclinou na cadeira.

— Não, sinto muito — ele disse, balançando a cabeça. — Não posso aceitar. É muito mais sensato pôr minha confiança nos evangelhos, que passam com louvor pelo teste do exame histórico, do que colocar a minha esperança no que diz o Seminário Jesus.

UM CORO DE CRÍTICOS

Quando voltei ao hotel, repassei na mente a minha entrevista com Boyd. Eu sentia o mesmo que ele: se o Jesus da fé não fosse o mesmo Jesus da história, ele seria impotente e insignificante. A menos que esteja alicerçado na realidade e que a sua divindade seja comprovada pela ressurreição dos mortos, ele não passa de um símbolo de bem-estar tão irrelevante quanto Papai Noel.

Mas existem boas provas de que ele seja mais do que isso. Eu já tinha visto provas bem fundamentadas de testemunhos oculares, provas documentais, corroborativas e científicas apoiando a declaração do Novo Testamento de que Jesus é o Deus encarnado. Portanto, eu já estava pronto para colocar o pé na estrada outra vez para desenterrar mais material histórico sobre o seu caráter e sobre a sua ressurreição.

Com o passar do tempo, Greg Boyd não se constituiu em uma voz solitária a contestar o Seminário Jesus. Ele pertence a um grupo de críticos cada vez maior, não só da parte de ilustres cristãos evangélicos conservadores, mas também de outros estudiosos respeitados procedentes de várias escolas teológicas.

Tive um exemplo bem próximo disso no meu quarto de hotel. Peguei para ler um livro intitulado *The real Jesus* [O Jesus real], que tinha comprado há pouco tempo. Seu autor é o Dr. Luke Timothy

AS PROVAS DE CONTESTAÇÃO 167

Johnson, professor muito respeitado de Novo Testamento e origens cristãs da Faculdade de Teologia de Candler, da Universidade de Emory. Johnson é católico e foi monge beneditino antes de se tornar estudioso da Bíblia e escrever vários livros de grande influência.

Ele critica frequentemente o Seminário Jesus, dizendo que "de modo algum ele representa o que há de mais refinado nos estudos do Novo Testamento", que seu processo de análise "tem preconceito contra a autenticidade das tradições evangélicas" e apresenta resultados "viciados".[9] E conclui: "Trata-se de erudição irresponsável e acrítica; é uma charada interesseira".[10]

Ele prossegue citando vários acadêmicos de destaque com opiniões semelhantes às suas, inclusive o Dr. Howard Clark Kee, que chamou o Seminário de "desgraça acadêmica", e Richard Hayes, da Universidade de Duke, que afirmava, na resenha de *The five gospels* [Os cinco evangelhos], que "o caso posto em julgamento por este livro não se sustentaria em tribunal algum".[11]

Fechei o livro e apaguei a luz. Retomaria no dia seguinte a busca por provas dignas de um tribunal.

REFLEXÕES
PERGUNTAS PARA MEDITAÇÃO OU ESTUDO EM GRUPO

1. Você já leu algo na imprensa sobre as opiniões do Seminário Jesus ou de alguma escola teológica que segue seus pressupostos? De que modo você reagiu às notícias? As reportagens sobre o Seminário lhe deram a impressão de que suas descobertas representam a opinião da maioria dos estudiosos? Que perigos você vê em dar crédito ao que a imprensa diz em casos como o do Seminário Jesus?

2. Em suas pesquisas sobre Jesus, você descarta logo de cara a possibilidade de ocorrências sobrenaturais ou está disposto a considerar

---

[9]JOHNSON, Luke Timothy. *The Real Jesus*. San Francisco: HarperSanFrancisco, 1996. p. 3, 5 e 8.
[10]Ibid., p. 26.
[11]Ibid.

as provas históricas, mesmo que elas apontem para algum acontecimento milagroso? Por quê?

3. Boyd disse: "Eu não quero basear a minha vida em um símbolo.
Eu quero a realidade...". Você concorda ou discorda? Por quê? É o
suficiente para você que Jesus seja um símbolo de esperança, ou é
importante para você ter certeza de que sua vida, seus ensinamentos e sua ressurreição estão enraizados na história? Por quê?

OUTRAS FONTES DE PROVAS
MAIS RECURSOS SOBRE ESSE ASSUNTO

BOCK, Darrell L. *Studying the Historical Jesus: A Guide to Sources and
Methods* [Estudando o Jesus histórico: guia de fontes e métodos].
Grand Rapids: Baker Academic, 2002.

BOYD, Gregory A. *Cynic Sage or Son of God? Recovering the Real Jesus in
an Age of Revisionist Replies* [Um sábio cínico ou o Filho de Deus: resgatando o Jesus real em uma era de respostas revisionistas]. Wheaton:
BridgePoint, 1995.

BOYD, Gregory A.; EDDY, Paul Rhodes. *The Jesus Legend: A Case for the
Historical Reliability of the Synoptic Jesus Tradition* [A lenda de Jesus: a
defesa da confiabilidade histórica da tradição sinótica de Jesus]. Grand
Rapids: Baker Academic, 2007.

_____. *Lord or Legend: Wrestling with the Jesus Dilemma* [Senhor ou lenda:
Lidando com as dificuldades do dilema sobre Jesus]. Grand Rapids:
Baker, 2007.

EVANS, Craig A. *O Jesus fabricado: como os acadêmicos atuais distorcem o
Evangelho*. São Paulo: Cultura Cristã, 2009.

JOHNSON, Luke Timothy. *The Real Jesus* [O Jesus real]. San Francisco:
HarperSanFrancisco, 1996.

WILKINS, Michael J.; MORELAND, J. P. (Eds.) *Jesus Under Fire* [Jesus
criticado]. Grand Rapids: Zondervan, 1995.

WITHERINGTON, Ben III. *What Have They Done With Jesus?* [O que
eles fizeram com Jesus?]. Reimpressão. Nova York: HarperOne, 2007.

PARTE 2

ANALISANDO JESUS

CAPÍTULO 7

As provas de identidade

JESUS ESTAVA REALMENTE CONVICTO
DE QUE ELE ERA O FILHO DE DEUS?

John Douglas tem a incrível habilidade de examinar a mente de pessoas que nunca encontrou pessoalmente.

Como responsável pela elaboração do "perfil psicológico" de criminosos para o FBI, Douglas geralmente coletava informações no local do crime e depois as usava para definir a personalidade do transgressor que ainda estava em liberdade.

Por exemplo, Douglas previu que o "matador da trilha", um assassino em série que vagava de 1979 a 1981 pelas áreas verdes de São Francisco, era alguém que tinha problemas de fala e dado a atos de crueldade com animais, apresentava incontinência urinária durante o sono e era piromaníaco. E de fato, a pessoa que foi finalmente presa e condenada nesse caso se encaixava perfeitamente nessas características.[1]

Com doutorado em psicologia, anos de experiência como detetive e um talento natural para entender o comportamento humano, Douglas

---

[1]ROSEN, Marjorie. "Getting inside the Mind of a Serial Killer". *Biography* October 1997. p. 62-65.

ficou famoso por suas proezas na elaboração de perfis psicológicos. Ele é coautor de vários livros dentre os mais vendidos sobre o assunto, e quando Jodie Foster ganhou o Oscar por sua atuação em *O silêncio dos inocentes*, ela agradeceu publicamente ao Dr. Douglas, em quem se inspirou na vida real para fazer a sua personagem do FBI.

Como Douglas consegue entender a linha de pensamento de indivíduos com quem nunca conversou? "O comportamento reflete a personalidade", ele explicou para a revista *Biography*.[2]

Em outras palavras, Douglas examina detalhadamente as provas deixadas no local do crime e, quando possível, entrevista as vítimas para descobrir exatamente o que o criminoso disse e fez. A partir dessas pistas, que são vestígios comportamentais que ficam para trás, ele deduz a constituição psicológica do indivíduo.

Agora, quanto a Jesus: sem dialogar com ele, de que modo poderemos analisar sua mente e saber quais eram suas motivações e suas intenções? De que maneira ele compreendia a si mesmo e a sua missão?

Observando o seu comportamento, diria Douglas. Se quisermos descobrir se Jesus se considerava o Messias ou o Filho de Deus, ou se ele se considerava um simples rabino ou profeta, precisamos observar o que ele fez, o que disse e de que maneira se relacionava com outras pessoas.

Saber o que Jesus pensava sobre si mesmo é uma questão de suma importância. Alguns professores afirmam que o mito da divindade de Cristo foi sobreposto à tradição de Jesus por seguidores ultrazelosos anos depois de sua morte. O Jesus verdadeiro, segundo esses professores, rolaria dentro do túmulo se ele soubesse que as pessoas o estão adorando. Se removermos o material lendário e voltarmos ao material mais antigo sobre ele, esses especialistas dizem que acabaremos descobrindo que Jesus nunca desejou ser nada mais que um professor itinerante e um agitador de multidões.

Mas será que sua posição é confirmada pelas provas históricas? Para descobrir, viajei de avião para Lexington, no estado do Kentucky, e percorri estradas sinuosas, em meio a uma série de fazendas de criação de cavalos bem pitorescas, para me encontrar com o especialista

---

[2] Ibid., p. 64.

cujo livro reconhecido *The Christology of Jesus* [A cristologia de Jesus] aborda exatamente este assunto.

SEXTA ENTREVISTA

Ben Witherington III, Ph.D.

Não há muita coisa de interessante na pequena Wilmore, no Estado de Kentucky, além do Seminário Teológico de Asbury, onde encontrei o escritório de Ben Witherington, no quarto andar de um prédio em estilo colonial longe do eixo principal daquela comunidade rústica. Com a graciosa hospitalidade de um cavalheiro sulista, Witherington, natural da Carolina do Norte, ofereceu-me uma cadeira confortável e um pouco de café, enquanto nos sentávamos para discutir o modo como Jesus de Nazaré via a si mesmo.

O tema é familiar a Witherington, cujos livros incluem *Jesus the sage* [Jesus, o sábio], *The many faces of Christ* [As várias faces de Cristo], *The Jesus quest* [A busca por Jesus], *Jesus, Paul, and the end of the world* [Jesus, Paulo e o fim do mundo] e *Women in the ministry of Jesus* [As mulheres no ministério de Jesus]. Seus artigos sobre Jesus constam de dicionários especializados e de periódicos acadêmicos.

Formado pelo Seminário Teológico Gordon-Conwell, onde concluiu seu mestrado em divindade, e pela Universidade de Durham, na Inglaterra, onde fez seu doutorado em teologia com ênfase no Novo Testamento, Witherington lecionou no Seminário de Asbury, no Seminário Teológico de Ashland, na Faculdade de Divindade da Universidade de Duke e no Gordon-Conwell. Ele é membro da Sociedade para o Estudo do Novo Testamento, da Sociedade de Literatura Bíblica e do Instituto de Pesquisas Bíblicas.

De fala clara e ponderada, pesando cuidadosamente as palavras, Witherington tinha claramente jeito de especialista, embora seu tom de voz revele uma admiração profunda, constante e inconfundível, e até mesmo certo fascínio, pelo seu tema. Essa atitude ficou ainda mais evidente quando ele me mostrou seu estúdio de alta tecnologia, onde combinava imagens de Jesus com canções cujas letras espelham a compaixão, o sacrifício, a humanidade e a majestade da vida e do ministério de Cristo.

Para um estudioso que escreve livros carregados de notas de rodapé, com prosa altamente cautelosa e academicamente precisa quanto às questões técnicas envolvendo Jesus, esse casamento artístico do vídeo com a música é uma expressão poética para se aprofundar em um lado de Jesus do qual só as artes criativas podem se aproximar e registrar.

De volta ao escritório de Witherington, decidi começar a examinar a questão sobre a consciência que Jesus tinha de quem ele era com uma pergunta que sempre vem à mente das pessoas que ouvem falar dos evangelhos pela primeira vez.

— A verdade é que Jesus fazia um certo mistério com relação à sua identidade, não é? — perguntei a Witherington no momento em que ele puxava uma cadeira para sentar-se à minha frente. — Ele tinha a tendência de evitar proclamar abertamente a sua condição de Messias ou de Filho de Deus. Seria porque ele não se via assim ou por outros motivos?

— Não, não é porque ele não se via assim — disse Witherington, acomodando-se em sua cadeira e cruzando as pernas. — Se ele tivesse dito simplesmente: "Oi, pessoal, eu sou Deus", as pessoas entenderiam que ele estava dizendo: "Sou Javé", porque os judeus daquela época não tinham o conceito da Trindade. Eles só conheciam o Deus Pai, a quem chamavam Javé, mas não sabiam da existência do Deus Filho e nem do Deus Espírito Santo.

"Portanto, se alguém dissesse que era Deus não faria o menor sentido para eles, pois interpretariam a declaração como blasfêmia absoluta. Além do mais, isso seria contraproducente para Jesus em seus esforços para que as pessoas ouvissem sua mensagem.

"Além disso, havia muita expectativa sobre a aparência que o Messias teria, e Jesus não queria ser rotulado pela categoria de outra pessoa. Por essa razão, suas declarações públicas eram sempre muito cautelosas. Em particular, junto com os discípulos, a história era diferente, mas os evangelhos narram principalmente seus atos públicos."

CONHECENDO MAIS SOBRE AS TRADIÇÕES PRIMITIVAS

Em 1977, um livro da autoria do teólogo inglês John Hick, em parceria com vários outros colegas de mesma opinião, provocou uma polêmica

AS PROVAS DE IDENTIDADE

acalorada ao afirmar que Jesus nunca pensou que fosse Deus encarnado ou o Messias. Eles escreveram que esses conceitos se desenvolveram mais tarde e foram incorporados aos evangelhos, de modo que parecesse que Jesus tinha feito essas afirmações sobre si mesmo.

Para investigar essa afirmação, Witherington voltou ao tempo das tradições mais antigas sobre Jesus (ao material mais primitivo, inquestionavelmente à prova da influência de lendas) e descobriu pistas convincentes sobre o modo pelo qual Jesus via a si mesmo.

Eu queria me aprofundar nessa pesquisa começando com a seguinte pergunta:

— Que pistas temos sobre a autocompreensão de Jesus com base na maneira como ele se relacionava com as outras pessoas?

Witherington pensou um pouco e depois respondeu:

— Veja como ele se relacionava com os discípulos. Jesus tinha doze discípulos, mas não era um deles.

Embora isso possa parecer um detalhe insignificante, Witherington disse que se trata de algo muito importante.

— Se os doze representavam um Israel renovado, onde é que Jesus se encaixava aí? — indagou ele. — Ele não é apenas parte de Israel, não é parte somente do grupo dos redimidos, mas está formando o grupo, assim como Deus no Antigo Testamento formou seu povo e estabeleceu as 12 tribos de Israel. Isso nos diz alguma coisa sobre o modo como Jesus via a si mesmo.

Witherington prosseguiu, descrevendo uma pista que pode ser encontrada no relacionamento de Jesus com João Batista.

— Jesus diz: "Entre os nascidos de mulher não surgiu ninguém maior do que João Batista". Tendo dito isso, ele expande seu ministério além do que João Batista no dele: faz milagres, por exemplo. O que isso nos diz sobre a autocompreensão de Jesus?

"Além disso, seu relacionamento com os líderes religiosos talvez seja o mais revelador. Jesus faz uma afirmação verdadeiramente radical ao dizer que não é o que entra em uma pessoa que a torna impura, mas o que sai de seu coração. Com isso, de forma explícita, ele pôs de lado grande parte do livro de Levítico e todas as meticulosas regras referentes à pureza.

"Os fariseus, naquele momento, não gostaram dessa mensagem. Eles queriam que as coisas continuassem da mesma forma. Mas Jesus disse: "Não. Deus tem outros planos. Ele está fazendo uma coisa nova". Isso nos leva a perguntar: Que tipo de pessoa se acha na autoridade de desprezar as Escrituras judaicas divinamente inspiradas, substituindo-as por seu próprio ensino?

"E o que podemos dizer sobre o seu relacionamento, se é que podemos chamá-lo assim, com as autoridades romanas? Temos de perguntar por que o crucificaram. Se ele fosse apenas um sábio inofensivo que gostava de contar pequenas parábolas, como foi que terminou na cruz, principalmente na festa da Páscoa, quando nenhum judeu admite que outro judeu seja executado? Havia um motivo para aquela inscrição acima de sua cabeça: "Este é o rei dos judeus"."

Witherington deixou pairando no ar este último comentário antes de passar à explicação dele:

— Ou Jesus fez essa declaração verbal — ele disse —, ou claramente alguém achou que ele o fez.

PELO DEDO DE DEUS

Enquanto os relacionamentos de Jesus nos permitem observar como ele via a si mesmo, Witherington disse que os seus atos, principalmente seus milagres, nos trazem novas descobertas. Nesse momento, no entanto, ergui a mão para interrompê-lo.

— É claro que não podemos dizer que os milagres de Jesus o conscientizaram de que era Deus — eu disse —, já que os próprios discípulos, posteriormente, fizeram as mesmas coisas, e com certeza eles não estavam fazendo reivindicação de divindade.

— Não, não é o fato de que Jesus realizou milagres que ilumina sua autocompreensão — Witherington respondeu. — O que importa é a maneira pela qual ele interpreta seus milagres.

— Como assim? — perguntei.

— Jesus diz: "Mas se é pelo dedo de Deus que eu expulso demônios, então chegou a vocês o Reino de Deus".[3] Ele não é como milagreiros

---

[3]Veja Lucas 11:20.

que fazem coisas maravilhosas e depois a vida prossegue como se nada tivesse acontecido. Não. Para Jesus, seus milagres eram um sinal que indicava a chegada do Reino de Deus. Eles são como um aperitivo desse Reino que virá. Essa é a diferença de Jesus.

Eu o interrompi novamente:

— Por favor, dê alguns detalhes a mais — eu pedi. — De que modo isso o diferencia?

— Jesus vê seus milagres como a realização de algo inédito: a vinda do Reino de Deus — Witherington respondeu. — Ele não se vê simplesmente como um fazedor de milagres; ele se vê como aquele em quem e por meio de quem as promessas de Deus se realizam. Isso é bem mais do que uma declaração tímida de transcendência.

Consenti com a cabeça, entendendo finalmente naquele momento o que ele quis dizer. Com isso, voltei às palavras de Jesus em busca de mais pistas sobre a sua compreensão de si mesmo.

— Ele era chamado de *raboni* ou "rabino", por seus seguidores — eu disse. — Isso não significa que ele simplesmente ensinava como outros rabinos da sua época?

Witherington sorriu.

— Na verdade — ele disse —, Jesus ensinava de uma maneira radicalmente nova. Ele começava os seus ensinos com a frase "Em verdade, em verdade, eu lhes digo", que significa: "Eu juro, de antemão, que o que eu vou dizer é verdade". Isso era revolucionário em todos os sentidos.

— Como assim? — perguntei. Witherington respondeu:

— No judaísmo, era necessário o testemunho de duas pessoas, de modo que a testemunha A comprovava o depoimento da testemunha B e vice-versa. Mas Jesus era a testemunha da verdade de suas declarações. Em vez de basear seu ensino na autoridade alheia, ele o fazia com base na própria autoridade. Então, aqui está alguém que se considerava tendo autoridade superior e mais abrangente que os profetas do Antigo Testamento. Ele não somente achava ter a inspiração divina, como o rei Davi, mas também a autoridade divina e o poder da comunicação direta da palavra divina. Além de usar a expressão "Em verdade", com a qual iniciava seus ensinamentos, Jesus utilizava o termo "Abba" ao se relacionar com Deus.

— De que maneira isso nos revela o que ele pensava sobre si próprio? — perguntei.

— A palavra "Abba" tem uma conotação de intimidade no relacionamento de um filho com o seu pai — Witherington disse. — De um modo interessante, também é o termo que os discípulos usavam quando se referiam a um professor querido no judaísmo primitivo. Jesus, porém, o utilizou para se referir a Deus, e, até onde sei, só Jesus e os seus seguidores oravam a Deus dessa maneira.

Quando pedi a Witherington que discorresse um pouco mais sobre a importância disso, ele falou:

— No contexto em que Jesus atuava, era comum que os judeus evitassem dizer o nome de Deus, pois seu nome era a palavra mais santa que se podia pronunciar, e eles até tinham medo de pronunciá-la de modo incorreto. Sempre que tinham de se dirigir a Deus, diziam algo como "O Santo, bendito seja", mas nunca usavam seu nome pessoal.

— E "Abba" é um termo pessoal — eu disse.

— Muito pessoal — ele respondeu. — É um termo de carinho que uma criança usaria ao se dirigir a seu pai: "Paizinho querido, o que você esperava que eu fizesse?".

Detectei, porém, uma aparente incoerência no que ele me dizia.

— Espere um pouco — discordei. — Usar "Abba" nas orações não quer dizer necessariamente que ele se visse como Deus, porque ele ensinou os discípulos a usar a mesma palavra quando orassem, e eles não são Deus.

— Na verdade — Witherington respondeu —, a importância de "Abba" é o fato de Jesus ser aquele que inicia um relacionamento íntimo que não estava disponível anteriormente. A questão é: Que tipo de pessoa é capaz de mudar os termos do relacionamento com Deus? Que tipo de pessoa pode iniciar uma nova aliança com Deus?

Essa distinção de Witherington fez sentido para mim e então perguntei:

— Em que medida você considera importante o uso que Jesus fazia da expressão "Abba"?

— É bem importante — ele respondeu. — Ela dá a entender que Jesus tinha um grau de intimidade com Deus bem diferente do que se cultivava no judaísmo da sua época. A surpresa, porém, é que Jesus está

AS PROVAS DE IDENTIDADE

dizendo o seguinte: somente tendo um relacionamento com ele é que esse tipo de linguagem de oração, esse tipo de relacionamento "Abba" com Deus, torna-se possível. Isso diz muita coisa sobre o que ele pensava a respeito de si mesmo.

Witherington acrescentou outro indício importante, as várias vezes em que Jesus referiu a si mesmo como o Filho do Homem, mas eu lhe disse que um outro especialista, Craig Blomberg, já havia explicado que a expressão era uma referência a Daniel 7. Essa expressão, também no parecer de Witherington, é de extrema importância por revelar a autocompreensão messiânica ou transcendental de Jesus.

Nesse momento, eu parei um pouco para avaliar o que Witherington tinha acabado de dizer. Quando se junta todas as pistas a partir dos relacionamentos de Jesus, dos seus milagres e das suas palavras, a percepção que ele tinha de sua identidade fica muito mais clara.

Parecia haver pouca dúvida, com base nas provas primitivas, de que Jesus se considerava mais do que simplesmente um operador de milagres, mais do que um professor, mais do que um profeta dentre tantos outros. Havia provas abundantes de que ele via a si mesmo em um grau único e elevado. Mas qual seria exatamente a abrangência dessa autocompreensão?

O RETRATO QUE JOÃO FAZ DE JESUS

Na cena inicial do seu evangelho, João emprega uma linguagem majestosa e inequívoca para afirmar corajosamente a divindade de Jesus.

> No princípio era aquele que é a Palavra. Ele estava com Deus, e era Deus. Ele estava com Deus no princípio. Todas as coisas foram feitas por intermédio dele; sem ele, nada do que existe teria sido feito [...] Aquele que é a Palavra tornou-se carne e viveu entre nós. Vimos a sua glória, glória como do Unigênito vindo do Pai, cheio de graça e de verdade. (João 1:1-3,14)

Lembro-me de ter me deparado com essa introdução majestosa quando li o evangelho de João pela primeira vez. Lembro-me de ter perguntado a mim mesmo: Como Jesus reagiria se ele lesse essa passagem de João? Será que ele daria seu aval a ela ou será que diria: "Ei, João não entendeu nada do que eu disse! Ele me enfeitou e me cobriu de mitos a tal ponto que eu nem mesmo me reconheço!". Ou será que ele diria: "Sim, sou tudo isso e muito mais"?

Depois encontrei as palavras do especialista Raymond Brown, que chegou à sua própria conclusão: "Não tenho nenhuma dificuldade com a tese de que se Jesus [...] tivesse lido o que João escreveu, teria achado seu evangelho uma expressão adequada de sua identidade".[4]

Agora chegou a chance de ouvir diretamente de Witherington, que passara a vida inteira analisando os detalhes acadêmicos relativos à percepção que Jesus tinha de si mesmo, se ele concordava com a avaliação de Brown.

— Sim, concordo — ele respondeu, sem hesitação e sem equívocos. — Para mim, não há problema. Quando lemos o evangelho de João, temos à nossa frente a imagem de Jesus que é fruto de uma interpretação, mas creio também que se trata da conclusão lógica do que estava implícito no Jesus histórico. E eu acrescentarei isto: mesmo se eliminássemos o evangelho de João, não há margem para um Jesus destituído de seu caráter messiânico nos outros três evangelhos. Não mesmo!

Logo me lembrei do diálogo famoso, registrado em Mateus, em que Jesus pergunta a seus discípulos em uma reunião privada: "E vocês?... Quem vocês dizem que eu sou?". Pedro respondeu com clareza: "Tu és o Cristo, o Filho do Deus vivo". Em vez de mudar de assunto, Jesus apoiou a afirmação de Pedro: "Feliz é você, Simão, filho de Jonas! Porque isto não lhe foi revelado por carne ou sangue, mas por meu Pai que está nos céus" (cf. Mateus 16:15-17).

Mesmo assim, algumas representações populares de Jesus, como no filme *A última tentação de Cristo*, mostram-no basicamente em dúvida quanto à sua identidade e missão. Ele aparece sobrecarregado com a ambiguidade e a angústia.

— Existe alguma prova de que Jesus tenha tido alguma crise de identidade? — perguntei a Witherington.

---

[4]BROWN, R. E. "Did Jesus Know he was God?". *Biblical Theology Bulletin* 1985(15):78 apud WITHERINGTON III, Ben. *The Christology of Jesus*. Minneapolis: Fortress Press, 1990. p. 277.

AS PROVAS DE IDENTIDADE

— Uma crise de identidade não, embora eu acredite que ele tenha tido pontos de confirmação de sua identidade — respondeu o professor. — Seu batismo, sua tentação, sua transfiguração, as ocasiões no jardim do Getsêmani, são todos momentos de crise em que Deus confirmou-lhe quem ele era e qual era sua missão. Por exemplo, eu não acredito que tenha sido acidental o fato de que seu ministério só comece realmente depois de seu batismo, quando ouve uma voz que lhe diz: "Este é o meu Filho amado, em quem me agrado".

— Que missão Jesus achava que tinha?

— Ele via a sua obra como um advento para libertar o povo de Deus. Portanto, sua missão era dirigida a Israel.

— Especificamente a Israel — enfatizei.

— Correto — confirmou Witherington. — Há pouquíssimas provas de que ele tenha se preocupado com os gentios durante seu ministério: essa seria a missão da igreja que viria depois. Observe que as promessas dos profetas eram para Israel, portanto, era para Israel que ele tinha de vir.

"EU E O PAI SOMOS UM"

Em seu livro *Reasonable Faith* [Fé racional], William Lane Craig recorre a uma grande quantidade de provas de que, em um período de 20 anos depois da crucificação, havia uma cristologia bem desenvolvida que proclamava Jesus como Deus encarnado.

Jaroslav Pelikan, historiador da igreja, ressaltou que o sermão cristão mais antigo, o mais antigo relato sobre um mártir cristão, a mais antiga narrativa pagã sobre a igreja e a oração litúrgica mais antiga (lCoríntios 16:22) são todas passagens que se referem a Jesus como Senhor e Deus. Segundo Pelikan, "sem dúvida, era essa a mensagem em que a igreja acreditava e que ensinava: que era adequado chamar Jesus de 'Deus'".[5]

Em vista disso, perguntei a Witherington:

— Você vê algum modo possível de isso ter acontecido,

---

[5]PELIKAN, Jaroslav. A Tradição Cristã. v. 1. *O surgimento da tradição católica (100–600)*. São Paulo: Shedd Publicações, 2014.

principalmente de forma tão abrupta, se Jesus nunca tivesse feito nenhuma afirmação transcendente ou messiânica sobre si mesmo?

Witherington foi categórico.

— Não, a menos que você esteja preparado para defender que os discípulos esqueceram completamente como era o Jesus histórico e que eles não tinham nada a ver com as tradições que foram surgindo 20 anos depois da sua morte — disse ele. — Francamente, como historiador, isso não faz o menor sentido.

"Quando se trata de história, tudo é possível, mas nem tudo que é possível tem a mesma probabilidade de ter acontecido. É provável que tudo isso tenha sido tirado do nada dentro do período de 20 anos depois da morte de Jesus, quando ainda havia testemunhas vivas de como a figura histórica de Jesus foi real? Para mim, essa hipótese histórica é tão improvável quanto qualquer outra que você possa imaginar.

"A questão real é: o que aconteceu depois da crucificação de Jesus que mudou a mente dos discípulos que anteriormente tinham negado, desobedecido e abandonado a Jesus? De um modo bem simples, algo lhes aconteceu que foi parecido com o que Jesus vivenciou no batismo: eles receberam a confirmação de que Jesus era realmente quem eles esperavam que fosse."

E o que foi isso exatamente? Como eu já estava terminando meu encontro com Witherington, queria que ele resumisse a questão para mim. Levando em conta toda sua pesquisa, a que conclusão ele chegara sobre o que Jesus pensava de si mesmo? Fiz a pergunta, recostei-me na cadeira e deixei que ele desse sua explicação; foi o que ele fez, com eloquência e convicção.

— Jesus pensava ser a pessoa divinamente escolhida para realizar o ato culminante da salvação de Deus na história humana. Ele acreditava ser o agente de Deus que recebeu essa missão, que para isso foi autorizado por Deus, revestido de poder por ele, era seu porta-voz e era dirigido por ele para executar essa tarefa. Portanto, as palavras de Jesus são as mesmas palavras de Deus. O que Jesus fez foi obra de Deus. Pelo conceito judaico de instrumentalidade, "o agente de um homem é como ele mesmo". Lembra-se de como Jesus enviou os apóstolos e lhes disse: "Tudo o que fizerem a vocês é a mim que o fazem"? Havia uma

AS PROVAS DE IDENTIDADE 183

ligação muito forte entre uma pessoa e o agente que tinha a função de representá-la.

Após uma pausa, prosseguiu:

— Bem, Jesus acreditava que ele estava em uma missão divina, e que essa missão era a de redimir o povo de Deus. A implicação é que o povo de Deus estava perdido e que Deus tinha de fazer alguma coisa, como sempre fez, para intervir e recolocá-lo nos trilhos certos. Dessa vez, porém, havia uma diferença: seria a última vez; era a última chance.

"Jesus acreditava ser o Filho de Deus, o Ungido de Deus? A resposta é sim. Ele se via como o Filho de Deus? A resposta é sim. Ele se julgava o Messias derradeiro? Sim, era assim mesmo que ele se via. Ele acreditava que alguém mais, além de Deus, poderia salvar o mundo? Não, não creio que acreditasse.

"E é aí que o paradoxo se torna o mais irônico possível: Deus vai salvar o mundo por meio da morte de seu Filho. O mais humano de todos os atos humanos: a morte. Bem, Deus, devido a sua natureza divina, não morre. De que modo, então, Deus poderia fazê-lo? Como é que Deus poderia se tornar o Salvador da raça humana? Ele teria de vir como ser humano para realizar essa missão. Jesus acreditava ser aquele que a realizaria.

"Jesus disse, em Marcos 10:45: "Pois nem mesmo o Filho do homem veio para ser servido, mas para servir e dar sua vida em resgate por muitos". Ou essa é a mais alta forma de megalomania, ou é o exemplo de alguém que acredita realmente na frase que disse: "Eu e o Pai somos um".[6] Em outras palavras: "Eu tenho autoridade para falar pelo Pai; eu tenho o poder para agir pelo Pai; se vocês me rejeitarem, estarão rejeitando o Pai".

"Mesmo que eliminássemos o quarto evangelho e ficássemos apenas com os sinóticos, essa seria a conclusão a que acabaríamos chegando. E é a essa conclusão que Jesus nos faria chegar se tivéssemos um estudo bíblico com ele e lhe fizéssemos essa pergunta.

"Temos de nos perguntar: por que nenhum outro judeu do primeiro século tem milhões de seguidores hoje em dia? Por que não há um movimento de adeptos de João Batista? Por que, entre todos os

---

[6]Veja João 10:30.

184   EM DEFESA DE CRISTO

personagens do primeiro século, inclusive os imperadores romanos, só Jesus é adorado nos dias de hoje, ao passo que os outros foram tragados pelo pó da história? É porque o Jesus histórico, também é o Senhor vivo. Eis a razão. É porque ele ainda está conosco, enquanto os outros já se foram há muito tempo."

BEM NO LUGAR DE DEUS

A exemplo de Witherington, muitos outros estudiosos examinaram com dedicação as mais antigas provas relativas a Jesus e chegaram às mesmas conclusões.

Craig escreveu:

> Aqui está um homem que se julgava Filho de Deus em um sentido bem específico, que afirmava agir e falar com autoridade divina, que se considerava operador de milagres e que acreditava que o destino eterno das pessoas dependia de acreditarem ou não nele.[7]

Em seguida, ele acrescentou uma observação bem surpreendente: "As pistas suficientes de uma alta consciência cristológica em Jesus estão presentes mesmo nos mínimos 20% de declarações reconhecidas como autênticas pelo Seminário Jesus".[8]

Os indícios que apontam para a conclusão de que Jesus pretendia ocupar o mesmo lugar de Deus são "totalmente convincentes", concorda o teólogo Royce Gordon Gruenler.[9]

Craig acredita que essa afirmação de Jesus é tão extraordinária que leva, inevitavelmente, à questão de sua sanidade. Ele observa que após James Dunn ter concluído seu estudo épico sobre o assunto, ele foi levado a dizer: "Não se pode ignorar uma última pergunta: *Jesus era louco?*"[10]

---

[7]CRAIG, William L. *Reasonable Faith*. Wheaton: Crossway Books, 1997. p. 252.
[8]Ibid., p. 244.
[9]GRUENLER, Royce G. *New Approaches to Jesus and the Gospels*. Grand Rapids: Baker, 1982. p. 74.
[10]DUNN, James D. G. *Jesus and the Spirit*. Londres: SCM Press, 1975. p. 60 apud CRAIG, William L. *Reasonable Faith*. Wheaton: Crossway Books, 1997. p. 252 (grifo do autor).

AS PROVAS DE IDENTIDADE

No aeroporto de Lexington, ao esperar o meu voo de volta para Chicago, fiz uma ligação para marcar uma entrevista com um dos principais estudiosos de psicologia do país.

Eu precisava descobrir.

REFLEXÕES

PERGUNTAS PARA MEDITAÇÃO OU ESTUDO EM GRUPO

1. Quais seriam, em sua opinião, algumas razões pelas quais Jesus procurava evitar a revelação da sua identidade sempre que se encontrava em algum lugar público? De que maneira você acha que a proclamação precoce de sua divindade poderia prejudicar a sua missão?

2. Que dificuldades enfrentamos quando procuramos definir o que algumas figuras históricas pensavam sobre si mesmas? Que pistas você consideraria mais úteis na tentativa de esclarecer essa questão? Os indícios apresentados por Witherington são bons o suficiente para convencê-lo a aceitar a ideia de que Jesus se considerava Deus e Messias? Por que sim ou por que não?

3. Jesus ensinou seus discípulos a usar o termo "Abba", ou "paizinho", ao se dirigirem a Deus. O que isso lhe diz sobre o relacionamento de Jesus com o Pai? Esse tipo de relacionamento lhe parece atraente? Por que sim ou por que não?

OUTRAS FONTES DE PROVAS

MAIS RECURSOS SOBRE ESSE ASSUNTO

BAUCKHAM, Richard. *Jesus and the God of Israel: God Crucified and Other Studies on the New Testament's Christology of Divine Identity* [Jesus e o Deus de Israel: O Deus crucificado e outros estudos sobre a cristologia do Novo Testamento quanto à identidade divina]. Grand Rapids: Eerdmans, 2008.

BIRD, Michael F. "Did Jesus Think He was God?" In *How God Became Jesus: The Real Origins of Belief in Jesus' Divine Nature* [Como Deus se tornou Jesus: as origens reais da crença na natureza divina de Jesus], por Michael F. Bird, Craig A. Evans, Simon J. Gathercole, Charles Hill, e Chris Tilling, p. 45-70. Grand Rapids: Zondervan, 2014.

BOCK, Darrell L. *Who Is Jesus? Linking the Historical Jesus with the Christ of Faith* [Quem é Jesus? Associando o Jesus histórico com o Cristo da fé]. Nova York: Howard Books, 2012.

CRAIG, William Lane. "The Self-Understanding of Jesus" In *Reasonable Faith* [Fé racional], 3ª edição, por William Lane Craig, p. 287–332. Wheaton: Crossway, 2008.

HURTADO, Larry W. *How on Earth Did Jesus Become a God? Historical Questions about Earliest Devotion to Jesus* [De que maneira Jesus se tornou Deus? Questões históricas sobre a devoção primitiva a Jesus]. Grand Rapids: Eerdmans, 2005.

MARSHALL, Howard I. *The Origins of New Testament Christology* [As origens da cristologia do Novo Testamento]. Downers Grove: Inter-Varsity Press, 1976.

MOULE, C. F. D. *The Origins of Christology* [As origens da cristologia]. Cambridge: Cambridge University Press, 1977.

WITHERINGTON III, Ben. *The Christology of Jesus* [A cristologia de Jesus]. Minneapolis: Fortress Press, 1990.

WRIGHT, N. T. *Christian Origins and the Question of God* [As origens cristãs e a questão de Deus]. 3 vols. Minneapolis: Fortress Press, 1992, 1996, 2003.

CAPÍTULO 8

As provas psicológicas

JESUS ESTAVA LOUCO QUANDO
AFIRMOU SER O FILHO DE DEUS?

Sempre que um psicólogo ou psiquiatra testemunhar, deverá usar um chapéu em forma de cone de tamanho não inferior a 60 centímetros. O chapéu deverá estar estampado com estrelas e raios. Além disso, será obrigatório o uso de uma barba branca de tamanho não inferior a 45 centímetros de comprimento. Quando destacar os pontos cruciais do seu testemunho, deverá espetar o ar com uma varinha. Toda vez que um psicólogo ou psiquiatra estiver no banco das testemunhas, o oficial de justiça diminuirá a luz da sala do tribunal e ao mesmo tempo fará soar por duas vezes um gongo chinês.

Com essa sugestão de emenda aos estatutos estaduais em 1997, Duncan Scott, senador pelo Estado do Novo México, procurou deixar bem clara sua posição diante dos especialistas que defendem a condição de insanidade dos réus, tornando-os, portanto, inocentes de seus crimes perante a lei. Aparentemente, a maioria dos colegas de Scott partilhava do seu cinismo: eles votaram a favor da aprovação de sua proposta irônica! A piada chegou até a Câmara dos Representantes, que acabou vetando o projeto de lei.[1]

Há, sem dúvida, um ceticismo não declarado nos tribunais em relação a psiquiatras e psicólogos que testemunham sobre o estado mental dos réus, sobre a sua capacidade de cooperar com os advogados na preparação da defesa e, inclusive, se os réus já eram legalmente desequilibrados na época em que cometeram o crime. Mesmo assim, a maior parte dos advogados admite que os profissionais de saúde mental contribuem com percepções importantes para o sistema de justiça criminal.

Lembro-me do caso em que uma esposa dócil tinha sido acusada de assassinar seu marido. À primeira vista, ela não parecia muito diferente das demais mães: bem-vestida, agradável, gentil, era como se tivesse acabado de assar uma fornada de biscoitinhos de chocolate para a garotada da vizinhança. Eu ri quando um psicólogo testemunhou dizendo que ela não tinha condições mentais de ir a julgamento.

Em seguida, seu advogado a colocou no banco das testemunhas. Inicialmente, seu testemunho foi claro, racional e lúcido. Todavia, pouco a pouco foi se tornando cada vez mais bizarro à medida que ela descrevia, calmamente e com muita seriedade, como ela havia sido atacada por uma sucessão de indivíduos famosos, como Dwight Eisenhower e o espírito de Napoleão. Quando terminou de testemunhar, não houve no tribunal quem não tivesse certeza de que ela tinha perdido todo o contato com a realidade. O juiz a encaminhou para uma instituição de desequilibrados mentais, onde deveria aguardar até que estivesse em condições de enfrentar as acusações contra ela.

As aparências enganam. Cabe ao psicólogo desvendar o que o réu aparenta superficialmente e tirar daí suas conclusões com relação à saúde mental dele. Não é uma ciência exata, portanto, pode haver erros e abusos, porém, o testemunho psicológico proporciona salvaguardas importantes para os réus.

Qual é a relação de tudo isso com Jesus? No capítulo anterior, o Dr. Ben Witherington III apresentou provas convincentes de que mesmo nos materiais mais antigos sobre Jesus, ele já aparecia afirmando

---

[1]GREGORY III, Leland H. "Top Ten Government Bloopers". *George*, November 1997, 78.

ser Deus encarnado. Isso, naturalmente, nos leva a questionar se Jesus estava em juízo perfeito quando fazia tais afirmações.

Para conseguir a avaliação de um especialista sobre a saúde mental de Jesus, fui até um escritório nos subúrbios de Chicago com o objetivo de entrevistar uma das maiores autoridades do país em assuntos psicológicos.

SÉTIMA ENTREVISTA

Gary R. Collins, Ph.D.

Com mestrado em psicologia pela Universidade de Toronto e doutorado em psicologia clínica pela Universidade Purdue, há quase 50 anos, Collins pesquisa, leciona e escreve sobre o comportamento humano. Foi professor de psicologia da Faculdade Evangélica de Divindade Trinity durante 20 anos e, durante boa parte desse tempo, ocupou o cargo de presidente da divisão de psicologia.

Sempre muito dinâmico, com energia e entusiasmo inesgotáveis, Collins é um autor prolífico. É autor de aproximadamente 150 artigos para periódicos e outras publicações, foi editor do *Christian Counseling Today* [Aconselhamento Cristão Hoje] e contribuiu com artigos para o *Journal of Psychology and Theology* [Jornal de Psicologia e Teologia].

Escreveu também 45 livros incríveis sobre tópicos relacionados à psicologia, dentre eles *The magnificent mind* [A mente magnífica]; *Family shock* [Conflito familiar]; *Can you trust Psychology?* [Você pode confiar na psicologia?]; e o já clássico *Aconselhamento cristão*. Além disso, foi editor geral dos trinta volumes de *Resources for Christian counseling* [Recursos para aconselhamento cristão], uma série de livros voltados para os profissionais da saúde mental.

Encontrei-me com Collins em seu escritório claro e bem ventilado na American Association of Christian Counselors [Associação de Conselheiros Cristãos], uma sociedade com 1.500 membros da qual ele é presidente. De cabelos grisalhos e óculos de aros prateados, Collins trajava um suéter marrom muito elegante, jaqueta esportiva e calça cinza (lamento, mas nada de chapéu pontudo e barba esvoaçante).

Comecei a nossa entrevista apontando para a janela, onde se via a neve caindo sobre as árvores verdejantes.

— Há poucos quilômetros, naquela direção, há uma instituição de saúde mental do Estado — eu disse. — Se fôssemos lá, tenho certeza de que encontraríamos gente lá dentro que afirma ser Deus. Diríamos que são pessoas desequilibradas. Jesus disse que era Deus: ele também era louco?

— Se você quer uma resposta bem curta — disse Collins com um sorriso —, não.

Mas eu insisti que é um assunto legítimo e digno de uma análise mais profunda. Especialistas dizem que as pessoas que sofrem de psicose delirante podem parecer racionais na maior parte do tempo, embora possam ser acometidas de crenças mirabolantes que as fazem sentir-se como seres excelentes. Alguns são capazes até mesmo de atrair seguidores que os consideram gênios.

— Talvez fosse isso o que aconteceu com Jesus — eu sugeri.

— Bem, é verdade que pessoas com dificuldades psicológicas geralmente afirmam ser o que não são — afirmou Collins, apoiando a parte de trás da cabeça com as duas mãos. — Às vezes, elas dizem ser Jesus ou o presidente dos Estados Unidos, ou alguma outra pessoa famosa, como Lee Strobel, por exemplo — disse ele, brincando. — Entretanto, os psicólogos não observam somente o que as pessoas dizem. Eles vão bem mais a fundo do que isso. Observam as emoções das pessoas, já que os indivíduos com distúrbios, frequentemente, exibem um quadro de depressão profunda, ou se tornam extremamente coléricos, ou talvez sejam afligidos pela ansiedade. Mas veja o que ocorre com Jesus: ele nunca demonstrou emoções inadequadas. Por exemplo, ele chorou quando soube da morte de seu amigo Lázaro, o que é natural em um indivíduo emocionalmente saudável.

— Em alguns momentos, ele certamente ficou irado — eu disse.

— Sim, ficou, mas foi um tipo de ira saudável diante de pessoas que tiravam vantagem dos oprimidos, explorando-os no templo. Ele não ficou irracionalmente alterado porque alguém o incomodava. Foi uma reação justa contra a injustiça e os maus-tratos evidentes de que o povo era vítima.

AS PROVAS PSICOLÓGICAS   191

"As pessoas perturbadas psicologicamente têm problemas de percepção. Acham que estão sendo observadas ou perseguidas, quando, na verdade, nada disso acontece. Elas perderam o contato com a realidade. Interpretam erroneamente os atos das pessoas e as acusam de fazer coisas que não tiveram a intenção de fazer. Não vemos nada disso em Jesus. Obviamente, ele estava em contato com a realidade. Ele não era paranoico e tinha uma percepção precisa de que havia perigos bem reais à sua volta.

"Elas também podem ser vítimas de transtornos mentais: não conseguem desenvolver um diálogo coerente, chegando rapidamente a conclusões erradas. São irracionais, e não se vê tais comportamentos em Jesus. Ele falou claramente, com poder e eloquência. Era brilhante e tinha percepções extraordinárias sobre a natureza humana.

"Outro sinal de perturbação mental é o comportamento inadequado, como se vestir de forma estranha e não conseguir se relacionar socialmente com os outros. O comportamento de Jesus estava bem de acordo com o esperado, e ele tinha relacionamentos profundos e duradouros com uma variedade ampla de pessoas de estilos de vida diferentes."

Ele parou um pouco, embora eu sentisse que não tinha terminado ainda. Ao continuar fazendo perguntas, incentivei-o a falar mais.

— O que mais você observa sobre ele?

Collins observou pela janela a bela e tranquila paisagem coberta de neve. Quando ele continuou, era como se estivesse se lembrando de um velho amigo.

— Ele era amável, mas nunca deixou que a compaixão o imobilizasse; não tinha um ego inflado, mesmo estando sempre rodeado por uma multidão de adoradores; manteve o equilíbrio, apesar de ter um estilo de vida que geralmente era exigente; sempre sabia o que estava fazendo e para onde ia; se importava profundamente com as pessoas, inclusive com as mulheres e as crianças, que não eram vistas como importantes naquela época; conseguia acolher as pessoas, sem fazer vista grossa para seus pecados; interagia com as pessoas com base no lugar que estavam e nas suas necessidades específicas.

— Então, doutor, qual é seu diagnóstico? — perguntei-lhe.

— Resumindo, eu simplesmente não vejo sintomas de que Jesus sofresse de alguma doença mental conhecida — ele concluiu, acrescentando com um sorriso. — Ele era bem mais saudável do que todas as pessoas que eu conheço, até mesmo eu!

"COMPLETAMENTE MALUCO"

É bem verdade que, quando examinamos a história, não percebemos nenhum sinal óbvio de delírio em Jesus. Mas e quanto às pessoas que conviviam com ele de forma direta? O que elas viam do seu ponto de observação bem mais próximo?

— Algumas pessoas que participaram dos acontecimentos do primeiro século têm uma opinião completamente diferente de você — propus a Collins. — Elas realmente deduziram que Jesus era louco. A passagem de João 10:20 nos diz que muitos judeus diziam que ele estava endemoninhado e enlouquecido. Essas palavras são muito fortes!

— Sim, mas isso está longe de ser um diagnóstico dado por um profissional de saúde mental capacitado — Collins contestou. — Veja o que motivou essas palavras: o ensinamento tocante e profundo em que ele se apresenta como o Bom Pastor. Eles estavam reagindo assim porque as afirmações que ele fazia a respeito de si mesmo iam muito além daquilo que as pessoas entendiam como normal, e não porque Jesus fosse verdadeiramente um desequilibrado mental. Note que os seus comentários foram imediatamente questionados por outros, que disseram no versículo 21: "Essas palavras não são de endemoninhado. Pode um demônio abrir os olhos aos cegos?".

— Por que isso é importante? — perguntei.

— Porque Jesus não estava fazendo apenas afirmações escandalosas a respeito de si mesmo. Ele as apoiava com atos miraculosos de compaixão, como a cura de um cego.

"Veja, se eu dissesse que sou o presidente dos Estados Unidos, isso seria loucura. Bastaria você olhar para mim para ver que eu não tenho nada que lembre o cargo de presidente. Não me pareço com o presidente. As pessoas não aceitariam minha autoridade presidencial. Não haveria nenhum agente do serviço secreto me protegendo. Porém, se

AS PROVAS PSICOLÓGICAS
193

o verdadeiro presidente dissesse ser o presidente, não haveria nisso loucura nenhuma, porque ele *é*, de fato, o presidente, e não faltariam provas que confirmassem isso.

"Seguindo essa comparação, Jesus não se limitava a afirmar que era Deus. Ele comprovava o que dizia com gestos impressionantes de cura, demonstrações incríveis de poder sobre a natureza, ensinos inéditos e transcendentes, discernimentos divinos sobre as pessoas e, finalmente, com sua própria ressurreição, que ninguém mais foi capaz de reproduzir. Portanto, quando Jesus afirmava ser Deus, não era loucura nenhuma. Era a verdade."

No entanto, o apelo de Collins aos milagres de Jesus deu lugar a outras objeções.

— Algumas pessoas tentaram desacreditar esses milagres que, supostamente, ajudariam a legitimar a declaração de Jesus ser o Filho de Deus — eu disse, enquanto retirava um livro de minha valise. Li para ele as palavras de Charles Templeton, um cético:

> Muitas doenças, tanto naquele tempo quanto agora, eram psicossomáticas e podiam ser "curadas" se a percepção da vítima fosse alterada. Da mesma forma como hoje fazemos, em que um médico prescreve um placebo a um paciente cuja fé poderá levar a uma cura aparente, também naquela época a fé em quem curava poderia dar fim aos sintomas adversos. A cada sucesso, a reputação daquele que curava crescia e seus poderes, por causa disso, tornavam-se mais eficazes.[2]

— Será que isso explica — perguntei — todos os milagres que, supostamente, apoiariam as afirmações de Jesus de que era o Filho de Deus?

A reação de Collins me surpreendeu.

— Eu não discordaria muito do que Templeton disse — ele respondeu.

— Não?

— Não. Jesus pôde algumas vezes ter curado de forma sugestionável? Não vejo problema nisso. Às vezes, as pessoas podem ser acometidas por uma doença induzida psicologicamente e, se adquirem um

---

[2]TEMPLETON, Charles. *Farewell to God*. Toronto: McClelland & Stewart, 1996. p. 112.

novo propósito para viver, uma nova direção, elas conseguem lidar e até mesmo ser curadas da doença. Nem quanto ao efeito placebo. Se você acha que vai melhorar, geralmente melhora mesmo. Trata-se de um fato médico comprovado. Além disso, quando as pessoas se aproximavam de Jesus, elas acreditavam que podiam ser curadas por ele, e assim ele fazia. Mas o fato permanece: seja qual tenha sido a maneira, Jesus realmente as curava.

Ele foi rápido em acrescentar:

— É claro que isso não explica todas as curas realizadas por Jesus. Muitas vezes, a cura de uma doença psicossomática leva tempo; as curas de Jesus foram instantâneas. Outras vezes, as pessoas que experimentam a cura psicológica voltam a sentir os mesmos sintomas alguns dias depois, mas não temos nenhum indício disso. Jesus curou pessoas que durante toda a vida padeceram de cegueira e de lepra, e, nesses casos, a explicação psicossomática não é muito provável. Além disso, ele ressuscitou pessoas, e a morte não é um estado que possa ser induzido psicologicamente! Sem falar em todos os milagres da natureza: as águas do mar que se acalmaram, a transformação da água em vinho. Eles desafiam as respostas naturalistas.

Bem... talvez. A referência de Collins ao milagre da transformação da água em vinho deu a deixa para outra explicação possível para os atos maravilhosos de Jesus.

JESUS, O HIPNOTIZADOR

Você já viu um hipnotizador em uma apresentação dar água a alguém que colocou em transe e depois sugerir a ele que está bebendo vinho? As pessoas estalam os lábios, ficam tontas e se sentem intoxicadas, como se tivessem bebido um Bordeaux barato.

Ian Wilson, autor britânico, levantou a questão sobre a possibilidade de ter sido desse modo que Jesus convenceu os convidados das bodas de Caná de que havia transformado os odres de água na mais fina libação fermentada.

Na verdade, Ian Wilson discute a possibilidade de que Jesus tenha sido um mestre do hipnotismo, o que poderia explicar os aspectos

AS PROVAS PSICOLÓGICAS   195

supostamente sobrenaturais de sua vida. Por exemplo, a hipnose poderia explicar seus exorcismos, sua transfiguração, durante a qual três de
seus seguidores viram sua face reluzir e suas roupas brilharem tão alvas
quanto a luz, e até mesmo as curas que realizou seriam explicadas pela
hipnose. Como prova, Wilson cita o caso contemporâneo do jovem de
16 anos cujos graves transtornos dermatológicos foram inexplicavel-
mente curados por sugestão hipnótica.

Talvez Lázaro não tenha sido realmente trazido dos mortos. Ele
não poderia ter estado em um transe de morte que foi induzido pela
hipnose? Quanto à ressurreição, Jesus "poderia ter condicionado efi-
cazmente [os discípulos] para que tivessem ilusões de seu apareci-
mento em momentos predeterminados (o partilhar do pão?) durante
um tempo especialmente previsto para isso depois de sua morte", especula Wilson.[3]

Isso explicaria também a referência enigmática nos evangelhos
à incapacidade de Jesus de realizar muitos milagres em Nazaré, sua
cidade natal. Diz Wilson:

> Jesus fracassou exatamente onde, *na condição de hipnotizador*, previa-se,
> com toda a certeza, que deveria fracassar: entre os que o conheciam
> melhor, que o viram crescer como uma criança qualquer. Grande parte
> do sucesso de um hipnotizador depende do espanto e do mistério que
> o rodeiam. Tais fatores essenciais estavam completamente ausentes da
> cidade natal de Jesus.[4]

— Você tem de admitir — eu disse a Collins — que essa é uma
maneira bem interessante de tentar explicar os milagres de Jesus.

Havia uma aparência de incredulidade no seu rosto.

— Essa pessoa tem muito mais fé na hipnose do que eu! — ele
exclamou. — Embora seja um argumento interessante, ele não resiste
à análise. Ele está cheio de furos.

Um a um, Collins passou a enumerá-los.

---

[3]WILSON, I. *Jesus: The Evidence.* San Francisco: HarperSanFrancisco, 1988. p. 141.
[4]Ibid., p. 109 (grifo do autor).

— Em primeiro lugar, há o problema de hipnotizar uma grande multidão. Nem todas as pessoas são igualmente suscetíveis. Os hipnotizadores de palco adotam um tom de voz relaxante e observam, na plateia, as pessoas que parecem mais sugestionáveis. São essas que ele escolhe como voluntárias, por sua reação imediata à hipnose. Em grupos grandes, muitas pessoas apresentam maior resistência. Quando Jesus multiplicou os pães e os peixes, havia 5 mil testemunhas. Como ele poderia ter hipnotizado a todas?

"Segundo, a hipnose não costuma funcionar com céticos e gente que duvida. Como, então, Jesus hipnotizou seu irmão Tiago, que duvidava dele, mas que mais tarde viu o Cristo ressuscitado? Como foi que ele hipnotizou Saulo de Tarso, o inimigo do cristianismo que nem mesmo havia se encontrado com Jesus e só o viu depois de ressurreto? Como pôde hipnotizar Tomé, cético o bastante para dizer não acreditar na ressurreição se não pusesse os dedos nas marcas dos cravos nas mãos de Jesus?

"Terceiro, no que diz respeito à ressurreição, a hipnose não é capaz de explicar o túmulo vazio."

— Suponho — disse eu, interrompendo-o — que alguém poderia dizer que os discípulos foram hipnotizados, e por isso nada viram dentro da sepultura — sugeri.

— Mesmo que isso fosse possível — Collins respondeu —, Jesus certamente não poderia ter hipnotizado os fariseus e as autoridades romanas, e certamente eles teriam exibido com muito prazer o corpo de Jesus, se ele tivesse ficado na sepultura. O fato de eles não terem feito isso nos diz que o túmulo estava, de fato, vazio.

"Quarto, observe o milagre da transformação da água em vinho. Jesus nunca se dirigiu aos convidados. Nem mesmo sugeriu aos servos que a água tinha se transformado em vinho: simplesmente disse-lhes que levassem mais água ao mestre do banquete. Foi ele quem provou e disse que era vinho, sem que ninguém lhe dissesse nada.

"Quinto, a cura de pele de que Wilson fala não foi instantânea, não é mesmo?"

Na verdade, eu disse, o *British Medical Journal* [Jornal britânico de medicina] relata que foram necessários cinco dias após a hipnose para que a pele parecida com a de um réptil, conhecida como ictiose, caísse

AS PROVAS PSICOLÓGICAS   197

do braço do adolescente, e muitos outros dias para que a pele parecesse normal. A taxa de sucesso da hipnose no tratamento de outras partes do seu corpo ao longo de várias semanas foi de 50 a 95%.[5]

— Compare isso — disse Collins — com Jesus curando dez leprosos, em Lucas 17. Eles ficaram 100% curados instantaneamente. Isso não se explica simplesmente pela hipnose. Nem a cura de um homem de mão atrofiada, em Marcos 3. Mesmo que as pessoas estivessem em transe e achassem que a mão daquele homem havia sido curada, elas acabariam, por fim, descobrindo a verdade. A hipnose realmente não dura muito tempo.

Então concluiu:

— E, finalmente, os evangelhos registram todo tipo de detalhes sobre o que Jesus disse e fez, mas nunca o mostram dizendo ou fazendo qualquer coisa que possa indicar o uso de hipnotismo nas pessoas. Eu poderia dar muitos vários exemplos.

— Eu lhe disse que era uma explicação interessante; não disse que era convincente! — comentei dando risada. — Ainda assim, muitos livros estão sendo escritos para divulgar essas ideias.

— Acho incrível o quanto as pessoas se apegam em qualquer coisa para tentar desacreditar os milagres de Jesus — concluiu Collins.

JESUS, O EXORCISTA

Antes de terminar nossa entrevista, eu quis me beneficiar dos conhecimentos psicológicos de Collins em mais uma área que os céticos consideram incômoda.

— Jesus era exorcista — eu observei. — Ele conversava com demônios e os expulsava de pessoas supostamente possuídas. Mas é realmente racional acreditar que espíritos malignos sejam responsáveis por algumas doenças e por comportamentos estranhos?

Collins não se mostrou incomodado pela pergunta.

— A partir das minhas crenças teológicas, eu aceito que os demônios existem — ele respondeu. — Vivemos em uma sociedade em que

---

[5]"A Case of Congenital Ichthyosiform Erythrodermia of Brocq Treated by Hypnosis," *British Medical Journal* 2 (1952), 996 apud Wilson, *Jesus: The Evidence*, p. 103.

muitas pessoas acreditam em anjos. Elas sabem da existência de for-ças espirituais neste mundo, por isso, não é muito difícil concluir que algumas devem ser do mal. Quando vemos Deus agindo, essas forças se mostram, às vezes, mais ativas, e era isso que provavelmente estava acontecendo na época de Jesus.

Notei que Collins referiu-se às suas crenças teológicas, e não à sua experiência clínica.

— Você já teve, como psicólogo, alguma prova incontestável da existência de demônios? — perguntei.

— Pessoalmente, não, mas o fato é que não passei toda a minha car-reira em ambientes clínicos — ele disse. — Meus amigos envolvidos no trabalho clínico me disseram que algumas vezes tiveram experiên-cias com isso, e não são do tipo de pessoa que tende a ver o demônio por trás de cada problema. Eles costumam ser céticos. O psiquiatra M. Scott Peck escreveu um pouco sobre o assunto em seu livro *People of the lie* [O povo da mentira].[6]

Destaquei que Ian Wilson, ao sugerir que Jesus talvez tenha usado a hipnose para curar pessoas que achavam que estavam possuídas pelo demônio, dissera pejorativamente que nenhum "indivíduo realista" explicaria a possessão como "obra de demônios reais".[7]

— Até certo ponto, você sempre encontra o que procura — disse Collins. — As pessoas que negam a existência do sobrenatural encon-trarão algum modo, não importa o quanto ele não corresponda à rea-lidade, de explicar alguma situação excluindo a hipótese demoníaca. Eles continuarão a medicar o indivíduo, vão drogá-lo, mas de nada vai adiantar. Existem casos que não reagem à medicação normal ou ao tratamento psiquiátrico.

— Será que os exorcismos de Jesus foram, na realidade, curas psi-cossomáticas? — perguntei.

— Sim, em alguns casos, mas repito que é preciso observar o con-texto. E quanto ao homem que estava possesso e Jesus mandou que os demônios entrassem nos porcos, e eles despencaram colina abaixo? Como se explica isso, se a cura foi meramente psicossomática? Creio

---

[6]PECK, M. S. *People of the Lie*. Nova York: Touchstone, 1997).
[7]Wilson, *Jesus: The Evidence*, p. 107.

que Jesus realmente expulsou os demônios e acredito que haja pessoas hoje que façam o mesmo. Por outro lado, não devemos nos apressar a recorrer à hipótese de operação demoníaca quando enfrentamos um problema persistente. Conforme disse C. S. Lewis, existem dois erros, iguais e opostos, em que caímos quando tratamos dessa questão: "O primeiro é não acreditar na existência deles. O outro é acreditar que eles existem e sentir um interesse excessivo e doentio por eles. Os demônios ficam igualmente satisfeitos com ambos os erros".[8]

— Sabe, Gary, essa ideia pode ser aceita na American Association of Christian Counselors [Associação Americana de Conselheiros Cristãos], mas os psicólogos seculares acham racional a crença na existência de demônios? — perguntei.

Achei que Collins pudesse se ofender com a pergunta, que acabei formulando de maneira mais condescendente do que pretendia. Mas ele não se ofendeu.

— É interessante como as coisas estão mudando — ele refletiu.
— A nossa sociedade nos dias de hoje está envolvida na "espiritualidade". É um termo que pode significar praticamente qualquer coisa, mas reconhece o sobrenatural. É muito interessante observar o que os psicólogos creem atualmente. Alguns estão envolvidos com o misticismo oriental; outros falam do poder dos xamãs para influenciar a vida das pessoas. Embora há 25 anos a pressuposição de possessão demoníaca fosse descartada imediatamente, muitos psicólogos estão começando a reconhecer que talvez existam mais coisas entre o céu e a terra do que possam supor a nossa vã filosofia.

"QUE IDEIA MAIS RIDÍCULA!"

Eu e Collins tínhamos divagado um pouco do foco original de nossa entrevista. Enquanto meditava sobre o que tínhamos conversado, no caminho de volta para casa, retornei à questão central que havia me levado a ele: Jesus afirmava ser Deus. Ninguém está supondo que ele

---

[8]LEWIS, C. S. *Cartas de um diabo a seu aprendiz.* Rio de Janeiro: Thomas Nelson Brasil, 2017. p. 15.

tivesse a intenção de enganar. Além disso, naquela altura, Collins tinha chegado à conclusão, com base em 35 anos de experiência no campo da psicologia, de que Jesus não era mentalmente incapaz.

Entretanto, isso me deixava com uma última pergunta: será que Jesus se enquadrava nos atributos de Deus? Afinal de contas, uma coisa é declarar divindade; outra bem diferente é exemplificar as características que fazem Deus ser Deus.

Ao parar diante de um semáforo, tirei um caderno de minha pasta e rabisquei uma nota para mim mesmo: *"Encontre o Dr. D. A. Carson"*. Eu sabia que gostaria de conversar com um dos principais teólogos do país sobre o meu próximo assunto.

Enquanto isso, a minha conversa com Gary Collins me incentivou a passar aquela noite relendo com bastante cuidado os discursos de Jesus. Não percebi nenhum sinal de demência, delírio ou paranoia. Pelo contrário, fui impactado mais uma vez pela sua sabedoria profunda, pelas suas observações excepcionais, pela sua eloquência poética e pela sua compaixão profunda. O historiador Philip Schaff se expressou melhor do que eu quanto a isso:

> Será que uma mente como essa — límpida como o céu, estimulante como o ar da montanha, afiada e penetrante como uma espada, completamente saudável e cheia de força, sempre disposta e controlada — teria a possibilidade de delirar de modo tão radical e sério a respeito de seu próprio caráter e missão? Que ideia mais ridícula! [9]

REFLEXÕES

PERGUNTAS PARA MEDITAÇÃO OU ESTUDO EM GRUPO

1. Que diferenças existem entre o paciente de um hospital para doentes mentais que afirma ser Deus e Jesus, que diz a mesma coisa em relação a si mesmo?

---

[9]SCHAFF, Philip. *The Person of Christ*. Nova York: American Tract Society, 1918. p. 97 apud MCDOWELL, Josh; MCDOWELL, Sean. *Evidências da ressurreição*. Rio de Janeiro: CPAD, 2011. p. 136.

AS PROVAS PSICOLÓGICAS

2. Leia o ensino de Jesus chamado de "bem-aventuranças" em Mateus 5.1-12. Que observações você pode fazer sobre o intelecto, a eloquência, a compaixão, a compreensão da natureza humana, a capacidade de ensinar coisas profundas e principalmente sobre a saúde psicológica geral de Jesus?

3. Depois de ler a reação de Collins à teoria de que a hipnose seria capaz de explicar os milagres de Jesus, você acha que essa seria uma hipótese viável? Por que sim ou por que não?

OUTRAS FONTES DE PROVAS

MAIS RECURSOS SOBRE ESSE ASSUNTO

COLLINS, Gary R. *Can you trust Psychology?* [Pode-se confiar na psicologia?] Downers Grove: InterVarsity, 1988.

CRAMER, Raymond L. *Psychology of Jesus and Mental Health* [A psicologia de Jesus e a saúde mental]. Grand Rapids: Zondervan, 1987.

KEENER, Craig S. *Miracles: The Credibility of New Testament* Accounts [Os milagres: a credibilidade dos relatos do Novo Testamento]. 2 volumes. Grand Rapids: Baker Academic, 2011.

TWELFTREE, Graham H. *Jesus the Exorcist: A Contribution to the Study of the Historical Jesus* [Jesus, o exorcista: uma contribuição para o estudo sobre o Jesus histórico]. Reimpressão. Eugene: Wipf & Stock, 2011.

_____. *Jesus the Miracle Worker: A Historical and Theological Study* [Jesus, o operador de milagres: um estudo histórico e teológico]. Downers Grove: InterVarsity Academic, 1999.

CAPÍTULO 9

As provas descritivas

JESUS SE ENQUADRAVA NOS ATRIBUTOS DE DEUS?

Logo depois de oito enfermeiras serem assassinadas em um apartamento de Chicago, a única sobrevivente, trêmula, teve uma reunião com o retratista da polícia e descreveu com detalhes o assassino, que ela pôde observar de seu privilegiado esconderijo debaixo da cama.

O desenho se espalhou bem rápido pela cidade: entre os policiais, nos hospitais, nos terminais de baldeação, no aeroporto. Não demorou muito, e logo um médico que atendia em um pronto-socorro ligou para os detetives e disse que estava tratando de um homem suspeito que se parecia com o fugitivo de olhar empedernido retratado no desenho.

Foi desse modo que a polícia prendeu um andarilho chamado Richard Speck, que foi imediatamente condenado por seu crime brutal e acabou morrendo na prisão trinta anos depois.[1]

Desde que a Scotland Yard fez o retrato de um suspeito de assassinato pela primeira vez, a partir das lembranças de uma testemunha, em 1889, os artistas forenses cumprem uma função importante no cumprimento da lei. Hoje, mais de trezentos retratistas trabalham nas

---

[1] DONATO, Marla. "That Guilty Look". *Chicago Tribune* April 1, 1994.

centrais de polícia americanas, e um número cada vez maior de departamentos recorrem ao sistema computadorizado chamado EFIT (em inglês, Técnica de Identificação Facial Eletrônica).

Essa tecnologia desenvolvida recentemente foi usada com sucesso para solucionar um caso de sequestro que aconteceu em 1997, em um shopping a poucos quilômetros de minha casa, no subúrbio de Chicago. A vítima descreveu ao técnico a aparência do sequestrador. Com o auxílio de um computador, o técnico criou uma imagem semelhante do agressor, selecionando diferentes tipos de narizes, bocas, penteados e assim por diante.

Momentos depois de o desenho ser enviado às centrais de polícia da região, um investigador de outro bairro reconheceu no retrato uma semelhança bem grande com um criminoso que ele encontrara anteriormente. Felizmente, isso levou à prisão rápida do suspeito daquele sequestro.[2]

Por incrível que pareça, o conceito expresso pelo desenho de um artista pode nos dar uma ideia básica para a busca da verdade sobre Jesus. Isso se dá da seguinte forma: o Antigo Testamento nos traz vários detalhes sobre Deus, o que nos permite esboçá-lo de forma bem detalhada. Por exemplo, Deus é descrito como onipresente, o que significa que ele está em toda parte do universo; onisciente, ou seja, conhece tudo o que se pode conhecer por toda a eternidade; onipotente, isto é, Todo-poderoso; eterno, o que significa que ele não está condicionado pelo tempo e, ao mesmo tempo, é a fonte dele; imutável, ou seja, seus atributos são sempre os mesmos. Ele é amoroso, santo, justo, sábio e reto.

Então, Jesus afirma ser Deus. Mas será que ele se enquadra nessas características da divindade? Em outras palavras, se examinarmos Jesus cuidadosamente, sua semelhança corresponde com o esboço de Deus que encontramos nas outras partes da Bíblia? Caso contrário, podemos concluir que sua declaração de divindade é falsa.

Essa questão é extremamente complexa e delicada. Por exemplo, quando Jesus pregou o Sermão do Monte fora de Cafarnaum, ele não

---

[2]JOHNSON, Denny. "Police Add Electronic 'sketch artist' to their Bag of Tricks". *Chicago Tribune* June 22, 1997.

estava ao mesmo tempo na principal rua de Jericó, portanto, em que sentido poderíamos dizer que ele é onipresente? Como podemos dizer que ele é onisciente, se em Marcos 13:32 ele admite sem hesitar que nada sabe do futuro? Se é eterno, por que em Colossenses 1:15 ele é chamado de "o primogênito de toda a criação"?

De forma superficial, essas questões parecem indicar que Jesus não se parece com o esboço de Deus. Mas, mesmo assim, aprendi com o passar dos anos que a primeira impressão pode ser enganosa. Por isso, fiquei feliz em poder discutir essas questões com o Dr. Donald A. Carson, um teólogo que nos últimos anos vem se sobressaindo como um dos mais renomados pensadores do cristianismo.

OITAVA ENTREVISTA
D. A. Carson, Ph.D.

D. A. Carson, professor e pesquisador de Novo Testamento da Faculdade Evangélica de Divindade Trinity, já escreveu ou editou mais de 40 livros, dentre eles *The Sermon on the Mount* [O Sermão do Monte], *Exegetical fallacies* [Falácias exegéticas], *O comentário de João* e o premiado *O Deus amordaçado.*

Fluente em vários idiomas (seu domínio do francês vem da infância passada em Quebec), Carson é membro da Tyndale Fellowship for Biblical Research [Associação Tyndale de Pesquisa Bíblica], da Society for Biblical Literature [Sociedade de Literatura Bíblica] e do Institute for Biblical Research [Instituto de Pesquisa Bíblica]. Suas áreas de especialização abrangem o Jesus histórico, o pós-modernismo, a gramática grega e as teologias dos apóstolos Paulo e João.

Depois de começar estudando química (formou-se pela Universidade McGill), fez mestrado em teologia antes de ir para a Inglaterra, onde doutorou-se em Novo Testamento pela prestigiosa Universidade de Cambridge. Ele lecionou em três outras faculdades e seminários antes de ir para a Trinity, em 1978.

Meu primeiro encontro com Carson foi no campus da Trinity, em Deerfield, Illinois, para a nossa entrevista. Para ser sincero, eu esperava encontrar um acadêmico bem formal. Mas, embora ele fosse realmente o especialista que eu imaginava, fiquei surpreso com seu tom caloroso, sincero e pastoral ao responder às minhas perguntas, muitas vezes ríspidas.

Nossa conversa aconteceu em uma sala de espera deserta da faculdade durante as férias de fim de ano. Carson usava um blusão branco sobre uma camisa de colarinho, calças jeans e tênis Adidas. Depois de trocar algumas impressões informais sobre a Inglaterra (Carson morou na Inglaterra por várias vezes ao longo dos anos e sua esposa, Joy, é inglesa), tirei meu caderno de anotações, liguei o meu gravador e fiz-lhe uma pergunta de fundo que me ajudaria a saber com certeza se Jesus tinha o "perfil correto" para ser Deus.

VIVENDO E PERDOANDO COMO DEUS

Minha primeira pergunta tinha como objetivo descobrir a razão principal pela qual Carson achava que Jesus era Deus. Eu perguntei:

— O que ele disse ou fez para convencer você de que ele é Deus?
— Eu não sabia bem de que modo ele responderia à minha pergunta, embora já pudesse prever que ele se ocuparia dos atos sobrenaturais de Cristo. Eu estava errado.

— Há quem diga que a prova está nos milagres — disse Carson, recostando-se confortavelmente em sua poltrona estofada —, mas outras pessoas também fizeram milagres; portanto, embora eles sejam sugestivos, não são decisivos. É claro que a ressurreição foi a reivindicação derradeira de sua identidade. No entanto, de todas as coisas que ele fez, a que mais me surpreende é o perdão de pecados.

— É mesmo? — eu disse, ajeitando-me na poltrona perpendicular à dele para encará-lo mais diretamente. — Como assim?

— O que eu quero dizer é que se você faz alguma coisa contra mim, eu tenho o direito de perdoá-lo. No entanto, se você faz algo contra mim e outra pessoa lhe diz: "Eu lhe perdoo", que ousadia é essa? A única pessoa que pode dizer essas palavras com propriedade é o próprio Deus, porque o pecado, mesmo se cometido contra outras pessoas, é, antes de tudo, e principalmente, um desafio a Deus e às suas leis. Quando Davi cometeu o pecado do adultério e planejou a morte do marido da mulher com quem adulterou, ele diz, finalmente, a Deus, em Salmos 51:4: "Contra ti, só contra ti, pequei e fiz o que tu reprovas". Ele reconheceu que, embora tivesse prejudicado outras pessoas, no fim das contas, era contra Deus, que o fizera à sua imagem, que tinha pecado, e Deus precisava perdoá-lo. Aparece, então, Jesus e diz aos pecadores: "Eu os perdoo". Os judeus imediatamente viram nisso uma blasfêmia. Eles reagiram dizendo: "Quem pode perdoar pecados, a não ser Deus?". Para mim, essa é uma das coisas mais marcantes que Jesus fez.

— Jesus não somente perdoava pecados — observei — como também afirmava que não tinha pecados. Certamente a ausência de pecados é um atributo da divindade.

— Sim — ele concordou. — Ao longo da história ocidental, as pessoas consideradas mais santas também eram as mais conscientes de suas falhas e pecados. São pessoas que conhecem as suas imperfeições, cobiças e ressentimentos, contra os quais lutam honestamente, pela graça de Deus. Na verdade, travam uma batalha tão aguerrida que outras pessoas percebem e dizem: "Ali vai um homem santo". Porém, em um instante, aparece Jesus e diz com uma fisionomia imperturbável: "Qual de vocês pode me acusar de algum pecado?".[3] Se eu dissesse isso, minha esposa, meus filhos e todas as pessoas que me conhecem teriam muito prazer em se levantar e dar seu testemunho, ao passo que ninguém foi capaz de testemunhar contra Cristo.

Embora a perfeição moral e o perdão dos pecados sejam, sem sombra de dúvida, características da divindade, existem muitos outros atributos que Jesus precisa ter para se encaixar no perfil divino. Chegou a hora de passar para eles. Depois de lançar a Carson algumas bolas fáceis, eu estava pronto para mandar algumas com efeito.

O MISTÉRIO DA ENCARNAÇÃO

Com base em algumas anotações que tinha trazido, disparei contra Carson uma rápida sucessão de obstáculos à declaração de divindade dada por Cristo.

---

[3]Veja João 8:46.

— Dr. Carson, de que modo Jesus poderia ser onipresente se não podia estar em dois lugares ao mesmo tempo? — perguntei. — Como ele podia ser onisciente se disse: "Quanto ao dia e à hora ninguém sabe [...] nem o Filho, senão somente o Pai"? Como poderia ser onipotente se os evangelhos narram com muita clareza que ele não foi capaz de fazer milagres em sua cidade natal?

Então, apontei de forma categórica a minha caneta em direção a ele e terminei:

— Vamos reconhecer: a própria Bíblia parece depor contra a divindade de Jesus.

Embora não tenha vacilado em momento algum, Carson reconheceu que minhas perguntas não tinham respostas fáceis. Afinal de contas, elas tocam no âmago da encarnação: Deus se fazendo homem, o espírito se reveste de carne, o infinito torna-se finito, o eterno fica limitado pelo tempo. Essa doutrina mantém ocupados os teólogos há séculos. Foi por aí que Carson escolheu começar a sua resposta, retrocedendo ao modo como os estudiosos tentaram responder a essas questões ao longo dos anos.

— Houve, no decorrer da história, duas ou três abordagens a essas questões — começou ele —, como se estivesse, de certa forma, dando início a uma preleção. Por exemplo, no final do século passado, o grande teólogo Benjamin Warfield vasculhou os evangelhos e atribuiu várias passagens tanto à humanidade quanto à divindade de Cristo. Quando Jesus faz algo que reflete seu caráter divino, atribui-se o fato à divindade de Cristo. Quando algo reflete suas limitações, finitude ou humanidade (por exemplo, suas lágrimas: será que Deus chora?), atribui-se o fato à sua humanidade.

Esse tipo de explicação me pareceu problemática.

— Desse modo, não acabamos tendo um Jesus esquizofrênico? — perguntei.

— É fácil escorregar para isso sem querer — disse ele. — Todas as confissões de fé insistem que a humanidade e a divindade de Jesus são condições distintas, embora estejam unidas em uma única pessoa. Procura-se então uma solução em que existam, de modo essencial, duas mentes: algo como um Jesus de mente humana e um Jesus de mente celestial. Essa é uma solução possível e talvez não seja de todo inadequada. O outro tipo de solução seria na forma de *kenosis*, que significa "esvaziamento". É o que se extrai do que está registrado em Filipenses 2, onde Paulo nos diz que Jesus "sendo Deus, não considerou que o ser igual a Deus era algo a que devia apegar-se". Ou, numa tradução mais exata, "não achou que ser igual a Deus fosse algo que devesse explorar", antes "esvaziou-se a si mesmo". Ele se tornou um ninguém.

Isso me pareceu um tanto ambíguo.

— Você pode ser mais específico? — perguntei. — De que exatamente ele se esvaziou?

Aparentemente, eu abordei o ponto principal do assunto.

— Ah, boa pergunta! — Carson respondeu com um aceno. — Através dos séculos, as pessoas têm dado respostas diferentes a essa pergunta. Por exemplo, teria ele se esvaziado de sua divindade? Bem, desse modo ele não seria mais Deus.

"Ele se esvaziou de seus atributos divinos? Também tenho as minhas dúvidas quanto a isso, porque é difícil separar os atributos da realidade. Se você tem um animal que se parece com um cavalo, tem cheiro de cavalo, trota como um cavalo, e tem todas as características de um cavalo, então, é um cavalo o que você tem. Portanto, não compreendo como Deus pode se esvaziar de todos os seus atributos e ainda continuar a ser Deus.

"Para algumas pessoas, ele não se esvaziou de seus atributos, mas se esvaziou do uso deles, em uma atitude de autolimitação. Isso é mais próximo da realidade, embora não fosse isso o que fazia quando, por vezes, perdoava pecados como só Deus pode fazer, o que é um atributo da divindade.

"Outros vão mais longe, dizendo: "ele se esvaziou do uso independente de seus atributos". Isto é, ele agia como Deus quando o seu Pai celestial o autorizava claramente a fazê-lo. Essa hipótese é melhor ainda que a anterior. O problema é que não podemos abrir mão da ideia de que há um sentido em que o Filho eterno sempre agiu em conformidade com os mandamentos do Pai, mesmo no passado eterno. Mas chegamos bem perto."

Senti que estávamos chegando ao xis da questão, mas não tinha certeza se conseguiríamos atingi-lo. Parecia que Carson sentia o mesmo:

— Rigorosamente falando — disse ele —, a passagem de Filipenses 2 não nos diz com exatidão de que o Filho eterno se esvaziou. Ele se esvaziou. Tornou-se um ninguém. Temos aí um tipo de esvaziamento, mas, para ser sincero, o que está em debate aqui é a encarnação, um dos principais mistérios da fé cristã. Trata-se do Espírito sem forma, sem corpo, onisciente, onipresente, onipotente e da criatura finita, corpórea, que pode ser tocada e é limitada pelo tempo. Para que um se torne no outro, inevitavelmente, isso há de envolver muitos mistérios. Portanto, há uma parte da teologia cristã que não está preocupada com "explicações cabais". Seu propósito é trazer à tona a evidência bíblica e preservá-la imparcialmente por inteiro, descobrindo meios de sintetizá-la de modo racional e coerente, mesmo que não seja possível explicá-la totalmente.

Essa foi uma forma sofisticada de dizer que os teólogos podem dar explicações que fazem sentido, mesmo que não possam explicar todos os detalhes relativos à encarnação. De certo modo, isso parecia sensato. Se a encarnação é verdade, não é de se admirar que as mentes finitas não conseguissem compreendê-la totalmente.

Pareceu-me que um tipo de "esvaziamento" do uso independente que Jesus fazia de seus atributos era razoável para explicar a razão pela qual ele geralmente não manifestava a sua onisciência, a sua onipotência e a sua onipresença em sua existência terrena, muito embora o Novo Testamento afirme claramente que ele possuía todas essas qualidades.

Isso, porém, era só parte do problema. Passei para a próxima folha do meu caderno de anotações e comecei a fazer outro tipo de questionamento referente à passagens bíblicas específicas que pareciam contradizer de modo direto a afirmação de Jesus de que era Deus.

CRIADOR OU CRIATURA?

Outra parte do perfil ao qual Jesus tem de se adequar é que Deus é um ser incriado, que existe desde os tempos eternos. A passagem de Isaías 57:15 descreve Deus como aquele que "vive para sempre".

— Entretanto, — eu disse a Carson —, há alguns versículos que parecem indicar fortemente que Jesus era um ser criado. Por exemplo, em João 3:16, nós lemos que Jesus é o Filho "Unigênito" de Deus e, em

AS PROVAS DESCRITIVAS   211

Colossenses 1:15, ele é chamado de "primogênito de toda a criação".
Esses versículos não dão a entender de forma clara que Jesus foi criado,
em vez de ser Criador?

Uma das áreas de especialização de Carson é a gramática grega,
à qual ele recorreu para responder meu questionamento sobre esses
dois versículos.

— Vamos analisar João 3.16 — disse ele. — É a versão King James
que traduz o grego como "Filho unigênito". Os que consideram essa
versão correta, normalmente, a associam à encarnação, ou seja, ao
parto da Virgem Maria. Na verdade, porém, não é isso o que a palavra
grega significa. O significado é "único". No primeiro século, usava-se
a expressão "único e amado". Portanto, João 3:16 está simplesmente
dizendo que Jesus é o Filho único e amado, ou, conforme a NVI, o
"Filho Único" (na nota de rodapé), em vez de classificá-lo como ontologicamente nascido no tempo.

— Isso explica apenas essa passagem específica — eu destaquei.

— Tudo bem, vamos estudar o versículo de Colossenses que usa o
termo "primogênito". A grande maioria dos comentaristas, sejam liberais
ou conservadores, reconhecem que, no Novo Testamento, o primogênito, por causa das leis de sucessão, normalmente, recebia a maior parte
dos bens e, no caso das famílias reais, tornava-se rei. O primogênito,
portanto, era o que detinha, em última análise, todos os direitos do pai.

— Por volta do século 2 a.C., havia lugares onde a palavra não
comportava mais a ideia literal de geração ou nascimento. Ela adqui-
rira, então, o sentido de autoridade que decorre da posição de herdeiro
legítimo. É com esse sentido que ela se aplica a Jesus, como reconhecem praticamente todos os estudiosos. Por isso, a ligeira confusão com
a expressão "primogênito".

— Qual seria a melhor tradução? — perguntei.

— Entendo que "herdeiro supremo" seria mais adequado — disse ele.

Embora isso explicasse a passagem de Colossenses, Carson foi
ainda mais longe, com mais uma explicação.

— Colossenses 1:15 tem de ser colocado no mesmo contexto de
Colossenses 2:9, onde o mesmo autor afirma: "Pois em Cristo habita
corporalmente toda a plenitude da divindade". O escritor não entraria
em contradição. Portanto, o termo "primogênito" não pode excluir a

eternidade de Jesus, já que isso é parte do que significa possuir a plenitude da divindade.

Para mim, isso encerrou a questão, mas havia outras passagens difíceis. Por exemplo, em Marcos 10, alguém se dirige a Jesus como "bom mestre", ao que ele responde: "Por que você me chama bom? Ninguém é bom, a não ser um, que é Deus".

— Com isso, Jesus não estaria negando sua divindade? — perguntei.

— Não, creio que ele estava tentando fazer com que aquela pessoa parasse e pensasse no que estava dizendo — disse Carson. — A passagem paralela em Mateus dá mais detalhes, e Jesus não aparece fazendo pouco de sua divindade.

"Creio que o que ele está dizendo é o seguinte: "Espere um pouco, por que vocês estão me chamando 'bom'? Só por educação, como se estivessem dizendo: 'Bom dia'? O que vocês querem dizer com bom? Quando vocês me chamam 'bom mestre', não é por que querem me bajular?"

"Bem, no sentido mais profundo da palavra, só existe um que é bom, que é Deus, mas com isso Jesus não está dizendo implicitamente: "Então, não se refiram a mim dessa maneira". Ele está dizendo: "Vocês entendem realmente o que dizem quando me chamam de bom? Vocês estão querendo me dar uma qualidade que só deve ser dada a Deus?".

"Em outras palavras, ele poderia dizer: "Eu sou realmente quem vocês dizem que eu sou; há mais verdade nas suas palavras do que vocês imaginam"; ou ainda: "Não ousem me chamar assim; da próxima vez, me chamem de 'pecador Jesus', como todos os outros". Se atentarmos para tudo o que Jesus diz e faz em outras passagens, com qual opção ficaremos?"

Com tantos versículos que se referem a Jesus "sem pecado", "santo", "justo", "inocente", "sem mácula" e "separado dos pecadores", a resposta parecia bem óbvia.

JESUS ERA UM DEUS INFERIOR?

Se Jesus era Deus, de que tipo era ele? Seria igual ao Pai, ou talvez uma espécie de demiurgo, possuidor dos mesmos atributos da divindade e, ainda assim, não se encaixando no perfil completo que o Antigo Testamento apresenta sobre a divindade?

Essa pergunta vem de outra passagem que citei para Carson.

AS PROVAS DESCRITIVAS

— Jesus disse, em João 14:28: "O Pai é maior do que eu". Algumas pessoas olham para essa passagem e concluem que Jesus deve ser um Deus inferior. Elas estão certas? — perguntei.

Carson suspirou.

— Meu pai era pregador — ele disse —, e uma frase muito falada em casa enquanto eu crescia era: "Texto sem contexto torna-se pretexto para texto-prova". É muito importante ver essa passagem dentro do seu contexto.

"Os discípulos estavam se queixando porque Jesus lhes havia dito que estava na iminência de partir. Ele disse: "Se vocês me amassem, ficariam contentes porque vou para o Pai, pois o Pai é maior do que eu". Isso quer dizer que Jesus está retornando à glória que lhe pertence, portanto, se eles realmente o conhecessem e o amassem de verdade, do jeito certo, eles ficariam contentes por vê-lo regressar ao Reino onde ele é de fato maior. Jesus diz em João 17:5: "Glorifica-me junto a ti, com a glória que eu tinha contigo antes que o mundo existisse", isto é, "o Pai é maior do que eu". Quando classificamos alguém como 'maior', o termo não tem de significar que se é ontologicamente maior. Se eu disser, por exemplo, que o presidente dos Estados Unidos é maior que eu, não estou querendo dizer com isso que, ontologicamente, ele é um ser superior. Ele é maior em sua capacidade militar, em suas conquistas políticas e em seu reconhecimento público, mas isso não faz dele mais homem do que eu. Ele é um ser humano, e eu também sou um ser humano.

"Portanto, quando Jesus diz "O Pai é maior do que eu", é preciso analisar o contexto e verificar se Jesus está dizendo "O Pai é maior do que eu porque ele é Deus, e eu não". Francamente, seria algo bem ridículo dizer uma coisa dessas. Suponha que eu suba ao púlpito e diga: "Declaro solenemente que Deus é maior do que eu". Seria uma observação realmente inútil. A comparação só faz sentido se ambos estiverem no mesmo plano e se houver algum tipo de limitação em curso. Jesus está limitado pela encarnação — ele vai para a cruz, vai morrer —, mas voltará em breve para o Pai e para a glória que tinha com o Pai antes da fundação do mundo.

"Ele está dizendo: "Gente, vocês estão se lamentando pelo que vai acontecer comigo, mas deviam estar alegres, porque eu vou para casa". É nesse sentido que "o Pai é maior do que eu"."

— Então — eu disse —, isso não seria uma negação explícita de sua divindade.

— Não — concluiu Carson. — Na verdade, não. O contexto deixa claro.

Embora estivesse disposto a aceitar o fato de que Jesus não era um deus inferior, eu tinha outra questão mais delicada para abordar: como é que Jesus podia ser um Deus misericordioso e ainda assim concordar com a ideia de sofrimento eterno daqueles que o rejeitam?

A QUESTÃO INCÔMODA SOBRE O INFERNO

A Bíblia diz que o Pai é amoroso. O Novo Testamento afirma o mesmo sobre Jesus. Mas, podem eles ser amorosos ao mesmo tempo em que mandam as pessoas para o inferno? Afinal de contas, Jesus ensina mais sobre o inferno que qualquer outra pessoa na Bíblia toda. Isso não contradiz o seu caráter supostamente gentil e compassivo?

Ao colocar essa questão para Carson, citei as palavras provocantes do agnóstico Charles Templeton: "Como é que um Pai celestial amoroso é capaz de criar um inferno eterno e, ao longo dos séculos, enviar milhões de pessoas para lá porque não aceitam, não podem aceitar ou recusam-se a aceitar certas crenças religiosas?".[4]

Essa pergunta, formulada para causar o maior impacto possível, não irritou Carson.

— Em primeiro lugar — disse ele —, não creio que Deus simplesmente jogue as pessoas no inferno porque elas se recusam a aceitar algumas crenças específicas.

Carson pensou um pouco, depois fez uma explicação mais detalhada, discutindo um assunto que muitas pessoas atualmente consideram um anacronismo estranho: o pecado.

— Imagine Deus no início da criação com um homem e uma mulher feitos à sua imagem — Carson disse. — Eles se levantam pela manhã e pensam em Deus. Eles o amam de verdade. Eles têm prazer em fazer o que ele quer e nisso eles encontram todo o seu prazer. O relacionamento deles com Deus é perfeito, e os dois se dão muito bem.

---

[4]TEMPLETON, Charles. *Farewell to God.* Toronto: McClelland & Stewart, 1996. p. 230.

AS PROVAS DESCRITIVAS

"Depois, com a entrada do pecado e da rebelião no mundo, esse casal portador da imagem de Deus começa a achar que é o centro do universo. Não literalmente, mas era assim que eles pensavam. E é esse o modo que nós pensamos também. Tudo o que chamamos "patologias sociais", a guerra, o estupro, a amargura, o sentimento de inveja que alimentamos dentro de nós, os ciúmes ocultos, o orgulho, os complexos de inferioridade, estão todos vinculados, antes de tudo, ao fato de que nosso relacionamento com Deus não é como deveria. A consequência é que as pessoas se magoam.

"Da perspectiva divina, isso é terrivelmente repugnante. O que Deus devia fazer a respeito? Se ele disser "Bem, não me importo", estará dizendo que não se importa com o mal. É o mesmo que dizer: "Tudo bem, já ouvi falar do holocausto, mas e daí?". Você não ficaria chocado só de pensar na possibilidade de Deus achar que isso não tem nenhuma importância moral?

"Mas, em princípio, se ele é o tipo de Deus que atribui importância moral a esse fenômeno, tem necessariamente de ter um julgamento moral sobre todos os que, criados à sua imagem, desafiam-no com o punho em riste e cantam, como Frank Sinatra: *"I did it my way"* (Agi como quis). Essa é a essência verdadeira do pecado.

"Dito isso, o inferno não é um lugar para onde são mandadas as pessoas porque foram pessoas decentes que simplesmente não acreditaram no que é certo. Elas são mandadas para lá principalmente porque desobedecem ao seu Criador e querem ser o centro do universo. O inferno não está cheio de pessoas que se arrependeram e que Deus não deixa sair por não serem boas ou gentis o suficiente. Ele está cheio de pessoas que, por toda a eternidade, ainda querem ser o centro do universo e insistem em serem rebeldes, desafiando a Deus.

"O que Deus deveria fazer? Se disser que não se importa com isso, ele não será digno de admiração. Ou será um ser amoral ou um monstro. Para ele, agir de outro modo diante de uma insubordinação tão clara, seria diminuir o próprio Deus."

— Entendo — completei —, mas o que mais parece incomodar as pessoas é a ideia de que Deus atormentará a todos os que forem para o inferno por toda a eternidade. Isso não lhe parece cruel?

— Em primeiro lugar — disse Carson —, a Bíblia diz que existem diferentes graus de castigo, portanto, não creio que o grau de intensidade será o mesmo para todos. Além disso, se Deus retirasse as suas mãos deste mundo decaído, de modo que não houvesse mais nenhuma restrição para a impiedade humana, estaríamos vivendo no inferno. Sendo assim, se você permitir que pecadores vivam em um lugar confinado onde não prejudiquem ninguém, exceto a si mesmos, o que teríamos senão o inferno? Em certo sentido, eles estão prejudicando a si mesmos. É isso o que querem, porque teimam em não se arrepender.

Achei que Carson tivesse concluído sua resposta, porque percebi que ele fez uma pequena pausa. No entanto, ele ainda iria ao ponto crucial.

— Uma das coisas sobre a qual a Bíblia insiste é que, no fim, não apenas se fará justiça, mas será possível ver a justiça sendo feita, de modo que toda boca se cale.

Suas últimas palavras me chamaram a atenção.

— Em outras palavras — eu disse —, no dia do julgamento, ninguém no mundo poderá se queixar dizendo que Deus não lhe deu um tratamento justo. Todos reconhecerão a justiça no modo que Deus os julgará, e também ao mundo.

— Você está certo — afirmou Carson resoluto. — Nem sempre se faz justiça neste mundo; é o que vemos diariamente. No dia do juízo final, porém, todos perceberão que ela foi feita. Ninguém poderá reclamar dizendo: "Isso não é justo".

JESUS E A ESCRAVIDÃO

Havia outra questão que eu queria discutir com Carson. Dei uma olhada rápida no meu relógio:

— Você tem mais alguns minutos? — perguntei. Quando ele indicou que sim, comecei a tratar de mais um ponto controverso.

Para ser Deus, Jesus tinha de ser eticamente perfeito. Entretanto, alguns críticos do cristianismo o acusam de não chegar nesse padrão, porque, segundo eles, Jesus teria aprovado a prática moralmente abominável da escravidão. Conforme escreveu Morton Smith:

AS PROVAS DESCRITIVAS 217

O imperador e o Estado romano tinham inúmeros escravos; o templo de Jerusalém possuía escravos; o sumo sacerdote tinha escravos (um deles perdeu uma orelha quando Jesus foi preso); todos os ricos e praticamente toda a classe média tinham escravos. Até onde sabemos, Jesus nunca atacou essa prática. [...] Parece que houve uma revolta de escravos na Palestina e na Jordânia na mocidade de Jesus; uma pessoa que liderasse essa revolta e fosse ao mesmo tempo um operador de milagres teria atraído muita gente. Se Jesus tivesse denunciado a escravidão ou prometido a libertação dos escravos, não há dúvida de que teríamos ficado sabendo. Porém, não sabemos nada sobre isso, portanto, a dedução mais lógica é que ele não disse nada a esse respeito.[5]

— Como se pode alinhar o fato de que Jesus não se esforçou pela abolição da escravatura com o amor de Deus por todas as pessoas? Por que ele não se levantou e disse em alto e bom som: "A escravidão está errada!"? — perguntei. — Não teria ele alguma dívida moral por não se empenhar para destruir uma instituição que humilhava as pessoas feitas à imagem de Deus?

Carson se endireitou na cadeira:

— Eu realmente acredito que as pessoas que fazem esse tipo de objeção estão se perdendo em relação ao principal — disse ele. — Se você me permite, vou primeiro contextualizar a escravidão, antiga e moderna, porque, em nossa cultura, ela naturalmente apresenta certas características que não tinha no mundo antigo.

Acenei para que ele prosseguisse.

— Por favor, continue — eu disse.

DERROTANDO A OPRESSÃO

— Em seu livro *Race and culture*[6] [Raça e cultura], o estudioso afro-americano Thomas Sowell destaca que em todas as grandes culturas mundiais, até a Idade Moderna, sem exceção, houve escravidão — Carson explicou. — Embora fosse muitas vezes resultado de conquistas militares,

---

[5]SMITH, Morton. "Biblical Arguments for Slavery". *Free Inquiry* 1987, p. 30.
[6]SOWELL, Thomas. *Race and Culture*. Nova York: Basic, 1995.

a escravidão geralmente servia a propósitos econômicos. Não havia leis de falência naquela época, portanto, quando alguém ficava muito endividado, vendia-se a si mesmo e/ ou a família ao regime de escravidão. A escravidão servia não somente como pagamento de dívida como também proporcionava trabalho. Não era necessariamente uma coisa tão ruim; era, pelo menos, uma opção de sobrevivência.

"Por favor, me entenda: não estou tentando de forma alguma dar à escravidão um ar romântico. No entanto, no tempo dos romanos, havia trabalhadores subalternos que eram escravos, mas havia outros também em funções equivalentes às de doutores, que ensinavam as famílias. Não se associava a escravidão a nenhuma raça em particular. Na escravidão americana, porém, todos os negros, e só eles, eram escravos. Esse foi um dos horrores característicos dela, o que gerou a ideia injusta de que os negros eram inferiores, contra a qual muitos de nós lutamos ainda hoje.

"Vamos, agora, ver o que diz a Bíblia. Na sociedade judaica, a lei determinava que todos os escravos tinham de ser libertos no ano do jubileu. Em outras palavras, a cada sete anos havia uma libertação de escravos. Se as coisas funcionavam de fato desse jeito já é outra história, mas, mesmo assim, a ordem divina era essa, e foi nesse ambiente que Jesus cresceu.

"É preciso, no entanto, ter em mente a missão de Jesus. Basicamente, ele não veio com o objetivo de derrubar o sistema econômico romano, do qual a escravidão fazia parte. Ele veio para libertar homens e mulheres dos seus pecados. E esta é a questão: o que sua mensagem faz é transformar as pessoas para que comecem a amar a Deus de todo o seu coração, alma, mente e força, e comecem também a amar o seu próximo como a si mesmas. Naturalmente, isso tem um impacto na ideia de escravidão.

"Veja o que diz o apóstolo Paulo, em sua carta a Filemom, a respeito de um escravo foragido chamado Onésimo. Paulo não diz que a escravidão deve ser abolida, porque isso simplesmente culminaria com a execução daquele escravo. Em vez disso, ele diz a Filemom que trate bem a Onésimo, como um irmão em Cristo, assim como trataria o próprio Paulo. Depois, para deixar bem clara a situação, Paulo enfatiza: "Lembre-se, você deve sua vida a mim por causa do evangelho".

"A abolição da escravidão, portanto, acontece pela transformação de homens e mulheres pelo evangelho, em vez de simplesmente mudar o sistema econômico. Todos nós já vimos o que acontece quando simplesmente se extingue um sistema econômico e se impõe uma nova ordem em seu lugar. O sonho comunista era ter um "homem revolucionário" seguido do "novo homem". O problema é que os comunistas nunca encontraram esse "novo homem". Livraram-se dos que oprimiam os camponeses, mas isso não lhes deu liberdade imediata; passaram apenas para um novo regime de trevas. No fim das contas, se quisermos uma mudança que perdure, temos de transformar os corações dos seres humanos. E essa era a missão de Jesus.

"Vale a pena fazer também a mesma pergunta de Sowell: como foi que a escravidão acabou? Ele destaca que o ímpeto propulsor da abolição da escravidão foi o despertamento evangélico da Inglaterra. Os cristãos pressionaram pela abolição no Parlamento no início do século 19 e, por fim, usaram as canhoneiras inglesas para deter o tráfico no Atlântico.[2]

"Enquanto por volta de 11 milhões de africanos foram levados para a América, e muitos não sobreviveram, havia 13 milhões que foram levados como escravos para o mundo árabe. Mais uma vez foram os ingleses, impulsionados por pessoas cujo coração havia sido transformado por Cristo, que enviaram seus navios de guerra para o golfo Pérsico para se opor a isso."

A resposta de Carson fazia sentido, não apenas historicamente, mas essa também tinha sido minha própria experiência. Por exemplo, conheci anos atrás um executivo tremendamente racista que tinha uma atitude superior e arrogante em relação a qualquer pessoa de outra cor. Ele raramente se esforçava para esconder seu desprezo pelos afro-americanos, deixando que essa bile preconceituosa transbordasse em piadas cruéis e observações cáusticas. Não havia argumento capaz de fazê-lo mudar suas opiniões repugnantes.

Posteriormente, ele se tornou seguidor de Jesus. Foi com surpresa que observei o modo pelo qual suas atitudes, suas perspectivas e seus valores foram mudando com o passar do tempo, à medida que seu coração era renovado por Deus. Por fim, ele chegou ao entendimento de que não poderia abrigar nenhuma indisposição em relação a quem quer que fosse, já que a Bíblia ensina que todas as pessoas foram feitas à imagem de Deus. Hoje, posso dizer com toda sinceridade que ele é verdadeiramente solícito e acolhedor para com as pessoas, inclusive com as que são diferentes dele.

Não foi a lei que o transformou, nem uma racionalidade superior e nem apelos emocionais. Ele conta a todos que Deus o transformou de dentro para fora, de um modo decisivo, completo e permanente. Esse é apenas um exemplo dentre muitos que eu vi do poder do evangelho sobre o qual Carson estava falando: o poder que transforma corações rancorosos e vingativos em filantropos; egoístas empedernidos em doadores misericordiosos; amantes do poder em servos generosos e gente que explora o próximo, por meio da escravidão ou de outra forma de opressão, em gente de coração acolhedor.

Isso vai ao encontro do que o apóstolo Paulo diz em Gálatas 3:28: "Não há judeu nem grego, escravo nem livre, homem nem mulher; pois todos são um em Cristo Jesus".

ADEQUANDO-SE AO PERFIL DE DEUS

Carson e eu conversamos, por vezes com muita animação, durante duas horas, gravando mais fitas do que seria possível colocar neste capítulo. Achei suas respostas bem sensatas e teologicamente sadias. No final, entretanto, o modo como a encarnação opera, de que maneira o Espírito se fez carne, continuava a ser para mim um conceito difícil de entender.

Mesmo assim, de acordo com a Bíblia, não há dúvida de que isso realmente aconteceu. Todos os atributos de Deus, diz o Novo Testamento, encontram-se também em Jesus Cristo:

- Onisciência? Em João 16:30, o apóstolo João afirma a respeito de Jesus: "Agora, podemos perceber que sabes todas as coisas".
- Onipresença? Jesus disse em Mateus 28:20: "E eu estarei sempre com vocês, até o fim dos tempos"; e, em Mateus 18:20: "Pois onde se reunirem dois ou três em meu nome, ali eu estou no meio deles".

AS PROVAS DESCRITIVAS

- Onipotência? "Foi-me dada toda a autoridade nos céus e na terra", disse Jesus em Mateus 28:18.
- Eternidade? A passagem de João 1:1 declara a respeito de Jesus: "No princípio era aquele que é a Palavra. Ele estava com Deus, e era Deus".
- Imutabilidade? Diz Hebreus 13:8: "Jesus Cristo é o mesmo, ontem, hoje e para sempre".

Além disso, o Antigo Testamento traça um retrato de Deus usando títulos e descrições tais como Alfa e Ômega, Senhor, Salvador, Rei, Juiz, Luz, Rocha, Redentor, Pastor, Criador, Doador da vida, aquele que perdoa os pecados e fala com autoridade divina. É fascinante observar que, no Novo Testamento, todos eles, sem exceção, são aplicados a Jesus.[7]

Jesus resumiu tudo em João 14:7: "Se realmente me conhecessem, conheceriam também o meu Pai". Em uma tradução mais livre, diríamos: "Quando vocês veem o retrato de Deus no Antigo Testamento, é a minha semelhança que vocês veem".

REFLEXÕES

PERGUNTAS PARA MEDITAÇÃO OU ESTUDO EM GRUPO

---

1. Leia Filipenses 2:5-8, que fala sobre Jesus esvaziando a si mesmo e nascendo em circunstâncias humildes, tendo como destino a cruz. O que possivelmente teria levado Jesus a agir dessa forma? Leia em seguida os versículos 9 a 11. O que acontece como resultado da missão de Jesus? O que poderia levar alguém a concluir que Jesus é Senhor?

2. O conceito de inferno tem sido um obstáculo na sua jornada espiritual? Como você vê a explicação de Carson sobre essa questão?

3. Carson analisou alguns versículos que, aparentemente, dão a entender que Jesus foi um ser criado ou era um deus inferior. Você achou

---

[7]MCDOWELL, Josh; LARSON, Bart. *Jesus: uma defesa bíblica de sua divindade*, 2. ed. São Paulo: Candeia, 1994. p. 60-62.

convincente a explicação? Justifique. O que a análise de Carson lhe ensina sobre a necessidade de ter uma boa bagagem de conhecimento para interpretar as Escrituras?

OUTRAS FONTES DE PROVAS

MAIS RECURSOS SOBRE ESSE ASSUNTO

BAUCKHAM, Richard. *God Crucified: Monotheism and Christology in the New Testament* [O Deus crucificado: o monoteísmo e a cristologia no Novo Testamento]. Grand Rapids: Eerdmans, 1999.

BOWMAN, Robert M. Jr.; e KOMOSZEWSKI, J. Ed. *Putting Jesus in His Place* [Colocando Jesus em seu lugar]. Grand Rapids: Kregel, 2007.

GATHERCOLE, Simon J. *The Preexistent Son: Recovering the Christologies of Matthew, Mark, and Luke* [O Filho preexistente: resgatando a cristologia de Mateus, Marcos e Lucas]. Grand Rapids: Eerdmans, 2006.

HARRIS, Murray J. *Jesus as God* [Jesus como Deus]. Grand Rapids, Baker, 1993.

LONGNECKER, Richard N., Ed. *Contours of Christology in the New Testament* [Perfil da cristologia no Novo Testamento]. Grand Rapids: Eerdmans, 2005.

MORGAN, Christopher W.; PETERSON, Robert A. *The Deity of Christ* [A divindade de Cristo]. Wheaton: Crossway, 2011.

WARE, Bruce A. *The Man Christ Jesus* [Jesus Cristo homem]. Wheaton: Crossway, 2012.

WITHERINGTON III, Ben. *The Many Faces of the Christ: The Christologies of the New Testament and Beyond* [As várias faces de Cristo: a cristologia do Novo Testamento e a cristologia posterior]. Nova York: Crossroad, 1998.

_____. *The Christology of Jesus* [A cristologia de Jesus]. Minneapolis: Augsburg Fortress, 1990.

CAPÍTULO 10

As provas das impressões digitais

SÓ JESUS SE ENQUADRA NO PERFIL DO MESSIAS?

Era um sábado comum na casa da família Hiller, em Chicago. Clarence Hiller passou a tarde pintando os remates das portas e janelas no lado externo do sobrado onde morava, na rua West, 104. Ele e a família foram se deitar cedo naquela noite. Todavia, o que aconteceu depois mudaria para sempre o direito penal nos Estados Unidos.

A família Hiller acordou na madrugada de 19 de setembro de 1910 com a suspeita de que a luz de gás próxima do quarto de sua filha havia se apagado. Clarence foi dar uma olhada. Sua esposa ouviu uma sequência rápida de sons: um tumulto, dois homens rolando as escadas, dois disparos e o barulho da porta da frente batendo. Quando ela saiu do quarto, encontrou Clarence morto aos pés da escada.

A polícia prendeu Thomas Jennings, um ladrão sentenciado, a menos de dois quilômetros de distância. Havia sangue em sua roupa e seu braço esquerdo, segundo ele por ter caído de um bonde. Em seu bolso foi encontrado o mesmo tipo de arma que havia sido usada para alvejar Clarence Hiller, mas eles não conseguiram afirmar se aquela era de fato a arma do crime.

Sabendo que precisavam de mais provas para condenar Jennings, os detetives vasculharam o interior da casa de Hiller em busca de mais pistas. Uma coisa ficou logo clara: o assassino havia entrado por uma janela nos fundos da cozinha. Os detetives foram para o lado de fora e ali, perto daquela janela, gravadas para sempre na tinta branca que a própria vítima do assassinato aplicara com tanto cuidado no parapeito poucas horas antes de sua morte, encontraram quatro impressões digitais claras da mão esquerda de alguém.

A análise das impressões digitais era um conceito novo na época e foi em uma mostra internacional da polícia em St. Louis que essa técnica foi introduzida. Até então, as impressões digitais nunca tinham sido usadas para condenar quem quer que fosse por assassinato nos Estados Unidos.

A despeito das fortes objeções por parte dos advogados de defesa, de que tais provas não eram científicas e, portanto, inadmissíveis, quatro policiais testemunharam que as impressões deixadas na tinta combinavam perfeitamente com as de Thomas Jennings, e com as de mais ninguém. O júri condenou Jennings, a Suprema Corte de Illinois manteve a sua condenação com uma sentença que entrou para a história e, posteriormente, Jennings foi enforcado.[1]

A premissa sobre a qual as impressões digitais se baseiam é muito simples: as pessoas têm marcas diferentes nas pontas dos dedos. Quando impressões encontradas em um objeto correspondem com as marcas das pontas dos dedos de determinada pessoa, é possível aos investigadores concluírem com precisão científica que um indivíduo específico tocou o objeto em questão.

Em muitos casos de crimes, a identificação fornecida pelas impressões digitais é a prova por excelência. Lembro-me de cobrir um julgamento em que uma única impressão digital, encontrada no papel celofane de um maço de cigarros, foi o fator determinante na condenação de um assaltante de 20 anos acusado de matar um colega

---

[1]EVANS, Colin. *The Casebook of Forensic Detection*. Nova York: John Wiley & Sons, 1996. p. 98-100.

de escola.[2] Isso demonstra como as provas de impressões digitais podem ser conclusivas.

Muito bem, mas o que isso tem a ver com Jesus Cristo? Somente isto: existe outro tipo de prova análoga às impressões digitais que determina, com um grau surpreendente de segurança, que Jesus é realmente o Messias de Israel e do mundo.

Nas Escrituras hebraicas, que os cristãos chamam de Antigo Testamento, há dezenas de profecias importantes sobre a vinda do Messias, que seria enviado por Deus para redimir o seu povo. Na verdade, essas predições formavam um tipo de impressão digital simbólica que somente o Ungido poderia ter. Assim, os israelitas podiam descartar todos os impostores e validar as credenciais do Messias autêntico.

A palavra grega para "Messias" é *Cristo*. Mas será que Jesus era realmente o Cristo? Será que ele cumpriu de forma milagrosa as predições escritas centenas de anos antes de seu nascimento? E como podemos saber se ele foi de fato o único indivíduo em toda a história que satisfez as impressões digitais proféticas?

Existem muitos estudiosos com uma lista longa de títulos antes de seus nomes a quem eu poderia ter feito essas perguntas. Entretanto, eu quis entrevistar alguém para quem isso fosse mais do que simplesmente um exercício acadêmico abstrato, o que me levou a um cenário inusitado no Sul da Califórnia.

NONA ENTREVISTA
Louis S. Lapides, mestre em teologia

Geralmente, a igreja seria um lugar natural para fazer perguntas a alguém sobre alguma questão bíblica. Mas havia algo diferente na experiência de se sentar na companhia do pastor Louis Lapides no santuário de sua congregação, depois dos cultos da manhã de domingo. Esse cenário de bancos e vitrais não era exatamente o lugar onde se esperaria encontrar um jovem judeu de Newark, Nova Jersey.

---

[2]STROBEL, Lee. "'Textbook' Thumbprint Aids Conviction in Coed's Killing". *Chicago Tribune* June 29, 1976.

Mas esse era o seu histórico. Para alguém com uma herança dessas, saber se Jesus era o Messias tão esperado vai muito além da teoria. É algo muito pessoal, por isso, procurei Lapides para ouvir a história de sua investigação particular sobre essa questão fundamental.

Lapides é bacharel em teologia pela Universidade Batista de Dallas e mestre em teologia do Antigo Testamento e em estudos semíticos pelo Seminário Teológico Talbot. Ele trabalhou durante dez anos no Chosen People Ministries, falando de Jesus a estudantes judeus. Lecionou no departamento de Bíblia da Universidade de Biola e trabalhou durante sete anos como instrutor nos seminários da Walk Through the Bible. É também ex-presidente de uma rede nacional de quinze congregações messiânicas.

Ele é magro, usa óculos, tem a fala serena e sorri com facilidade. Foi com muita simpatia e educação que me levou para uma cadeira próxima da entrada da Beth Ariel Fellowship, em Sherman Oaks, na Califórnia. Eu não queria começar logo de imediato a discutir detalhes bíblicos; em vez disso, pedi que ele me contasse a história de sua jornada espiritual.

Lapides cruzou as mãos sobre o colo e fitou as paredes de madeira escura por um momento, enquanto pensava por onde começar. Depois, passou a contar uma história extraordinária, que nos levou de Newark para Greenwich Village, do Vietnã a Los Angeles, do ceticismo à fé, do judaísmo ao cristianismo, de um Jesus sem importância ao Jesus Messias.

— Como você sabe, vim de uma família judia — disse ele inicialmente. — Frequentei uma sinagoga conservadora durante sete anos em preparação para o *bar mitzvah*. Embora considerássemos os estudos preparatórios muito importantes, a crença de nossa família não afetava muito a nossa vida cotidiana. Não deixávamos de trabalhar no sábado; nem mesmo tínhamos um lar conservador.

Ele sorriu.

— Porém, nos dias santos principais, nós frequentávamos a sinagoga mais ortodoxa, porque meu pai achava, de algum modo, que era ali que tínhamos de ir se quiséssemos levar Deus realmente a sério!

Quando o interrompi para perguntar o que seus pais haviam lhe ensinado sobre o Messias, Lapides foi lacônico.

— Eles nunca tocaram no assunto — disse de forma bem direta. Era inacreditável. Achei que não havia entendido.

— Você está dizendo que o assunto nem era mencionado? — perguntei.

— Nunca! — ele reafirmou. — Não me lembro nem mesmo de ter estudado essa questão na escola judaica.

Isso era incrível!

— E quanto a Jesus? — perguntei. — Vocês falavam a respeito dele? Vocês citavam o seu nome?

— Somente de forma pejorativa — Lapides respondeu. — Basicamente, não se falava dele. Minhas impressões sobre Jesus vinham do que eu via nas igrejas católicas: a cruz, a coroa de espinhos, o lado perfurado, o sangue escorrendo da testa. Não fazia sentido para mim. Por que se adoraria um homem crucificado com cravos nas mãos e nos pés? Nunca achei que Jesus tivesse alguma relação com o povo judeu. Para mim, ele era o deus dos gentios.

Eu suspeitava que as atitudes de Lapides com relação aos cristãos iam além de uma simples confusão quanto às outras crenças.

— Você acreditava que os cristãos eram a causa do antissemitismo? — perguntei.

— Nós víamos os gentios como sinônimo de cristãos, e éramos instruídos a ser cautelosos, porque poderia haver antissemitismo entre os gentios — disse ele com um tom um tanto diplomático.

Procurei ir um pouco mais fundo na questão.

— Você diria que acabou desenvolvendo algumas atitudes negativas em relação aos cristãos?

Dessa vez, ele não mediu as palavras.

— Sim, foi isso que aconteceu — ele disse. — Na verdade, posteriormente, quando o Novo Testamento me foi apresentado pela primeira vez, eu pensava que seria simplesmente um manual básico de antissemitismo: como odiar os judeus, matá-los, massacrá-los. Achava que o Partido Nazista Americano poderia usá-lo tranquilamente como manual.

Balancei a cabeça, triste em saber quantas crianças teriam crescido achando que os cristãos eram seus inimigos.

A BUSCA ESPIRITUAL COMEÇA

Lapides disse que vários acontecimentos enfraqueceram sua fidelidade ao judaísmo enquanto ele estava crescendo. Curioso sobre os detalhes, pedi que ele contasse mais detalhes, e ele na hora passou a falar sobre o que claramente foi o episódio mais doloroso de sua vida.

— Meus pais se divorciaram quando eu tinha 17 anos — ele disse, e, surpreendentemente, mesmo depois de todos esses anos, a mágoa ainda se fazia sentir em sua voz. — Foi como uma punhalada em tudo o que eu acreditava de um modo ou de outro. Eu pensei: "Onde é que Deus entra nisso? Por que não procuraram aconselhamento com um rabino? Para que serve a religião se ela não ajudar de forma prática?" Era óbvio que ela não conseguiu manter a união dos meus pais. Quando eles se separaram, uma parte de mim se foi também. Além disso, no judaísmo, eu não sentia que tinha uma relação pessoal com Deus. Participei de inúmeras cerimônias e tradições muito bonitas, mas era o Deus distante e alienado do monte Sinai que dizia: "Aqui estão as regras; viva por elas, e você se dará bem. Até mais!". Eu, então um adolescente com os hormônios em ebulição, me perguntava: "O que Deus tem a ver com as minhas dificuldades? Será que ele me considera um indivíduo?". A meu ver, achava que não.

O divórcio levou a um tempo de rebelião. Seduzido pela música e influenciado pelos escritos de Jack Kerouac e de Timothy Leary, Lapides passou muito tempo nos barzinhos de Greenwich Village e não tinha tempo para a escola, tornando-se refém da bebida. Em 1967, estava do outro lado do mundo, a bordo de um navio cuja volatilidade da carga — munições, bombas, foguetes e outros explosivos — fazia dele um alvo tentador para os vietcongues.

— Lembro-me de que me disseram em nossa orientação no Vietnã que "20% de vocês provavelmente serão mortos, e os outros 80% vão contrair alguma doença venérea ou ficarão viciados em bebidas alcoólicas ou drogas". Pensei: não tenho nem 1% de chance de voltar normal! Foi uma época terrível. Vi muito sofrimento. Vi companheiros voltando para casa em caixões. Vi a devastação causada pela guerra. Lidei com o antissemitismo entre alguns soldados. Uns deles, oriundos do Sul, até queimaram uma cruz, certa noite. É possível que eu quisesse me distanciar da minha identidade judaica, e talvez, por isso, comecei a me envolver com as religiões orientais.

Lapides leu livros sobre as filosofias orientais e visitou templos budistas quando passou pelo Japão.

AS PROVAS DAS IMPRESSÕES DIGITAIS   229

— Fiquei extremamente incomodado com o mal que vi e tentei descobrir como a fé poderia enfrentá-lo — ele me disse. — Eu costumava dizer: "Se existe um Deus, não me importa se o encontro no monte Sinai ou no monte Fuji. Vou ficar com ele de qualquer jeito".

Ele sobreviveu ao Vietnã, voltando para casa viciado em maconha e com planos de se tornar um sacerdote budista. Tentou levar o estilo de vida ascético de autonegação, esforçando-se por se livrar do carma ruim das más ações do passado, mas logo percebeu que nunca conseguiria compensar tudo o que fizera de errado.

Lapides ficou em silêncio por algum tempo.

— Fiquei deprimido — ele continuou. — Lembro-me de entrar no metrô e pensar: "Talvez atirar-me nos trilhos seja a resposta. Eu poderia ficar livre desse corpo e fundir-me com Deus". Eu estava muito confuso. Para piorar as coisas, comecei a experimentar LSD.

À procura de um novo começo, ele decidiu se mudar para a Califórnia, onde continuou sua busca espiritual.

— Fui à reuniões budistas, mas elas eram vazias — ele contou. — Os budistas chineses eram ateus, os budistas japoneses adoravam estátuas de Buda, o zen-budismo era muito difuso. Fui à reuniões da cientologia, mas eles eram fortemente manipuladores. O hinduísmo acreditava em todas aquelas orgias loucas que os deuses teriam e nos deuses que eram elefantes azuis. Nada disso fazia sentido; nada me satisfez.

Ele chegou até a acompanhar amigos em reuniões com características satanistas.

— Eu assistia e pensava: "Algo está acontecendo, e não é nada bom". Mesmo em meio ao meu mundo alucinado por drogas, eu dizia aos meus amigos que acreditava que existe um poder maligno que é maior que eu, que pode agir em mim, que existe como entidade, pois já tinha visto na vida coisas más o suficiente para chegar a essa conclusão.

Ele olhou para mim com um sorriso irônico:

— Creio que aceitei a existência de Satanás antes de aceitar a de Deus.

"EU NÃO POSSO CRER EM JESUS"

O ano era 1969. A curiosidade de Lapides levou-o a visitar Sunset Strip para ver um evangelista que se acorrentou a uma cruz de dois metros e meio de altura, para protestar contra os donos de bares que conseguiram proibi-lo de trabalhar nas ruas. Ali, na calçada, Lapides encontrou alguns cristãos que começaram uma discussão sobre coisas espirituais com ele.

Com certa arrogância, começou a esbanjar filosofia oriental.

— Não existe Deus lá em cima — ele dizia, apontando para o céu.

— Nós somos Deus. Eu sou Deus. Vocês são Deus. Vocês só precisam perceber isso.

— Bem, se você é Deus, por que não cria uma pedra? — alguém lhe perguntou. — Faça alguma coisa aparecer. É isso o que Deus faz.

Lapides, com a mente anuviada pelas drogas, imaginou que estava segurando uma pedra.

— Muito bem, então vejam, aqui está uma pedra — ele disse, estendendo a mão vazia.

O cristão zombou dele.

— Essa é a diferença entre você e o Deus verdadeiro — ele disse. — Quando Deus cria algo, todos podem vê-lo. É objetivo, não subjetivo.

Isso tocou fundo em Lapides. Depois de pensar no assunto por algum tempo, disse a si mesmo: "Quando eu encontrar Deus, ele terá de ser objetivo. Estou cheio dessa filosofia oriental que diz que está tudo na minha mente e que posso criar minha realidade. Deus deve ser uma realidade objetiva se quiser ter significado além da minha imaginação".

Quando um dos cristãos mencionou o nome de Jesus, Lapides tentou se desvencilhar com sua resposta padrão.

— Sou judeu. Não posso crer em Jesus.

Nisso um pastor entrou na conversa.

— Você conhece as profecias sobre o Messias? — ele perguntou.

Lapides foi pego desprevenido.

— Profecias? Nunca ouvi falar delas.

O pastor deixou Lapides perplexo, citando algumas predições do Antigo Testamento. "Um momento!", pensou. "Ele está citando minhas Escrituras hebraicas! Como Jesus pode estar nelas?"

Quando o pastor lhe ofereceu uma Bíblia, Lapides se manteve cético.

— O Novo Testamento está aí dentro? — ele perguntou, ao que o pastor fez que sim com a cabeça. — Está bem, eu lerei o Antigo Testamento, mas não abrirei o Novo — Lapides disse ao pastor.

Novamente ele ficou surpreso com a resposta do pastor.

— Está bem. Leia apenas o Antigo Testamento e peça ao Deus de Abraão, de Isaque e de Jacó, o Deus de Israel, que lhe mostre se Jesus é o seu Messias. Porque ele *é* o seu Messias. Ele veio primeiro para o povo judeu, para depois se tornar o salvador do mundo.

Para Lapides, essas eram informações novas. Informações intrigantes. Informações surpreendentes. Ele voltou ao seu apartamento, abriu o Antigo Testamento no primeiro livro, Gênesis, e se pôs a procurar Jesus entre palavras que tinham sido escritas centenas de anos antes de o carpinteiro de Nazaré ter nascido.

"TRANSPASSADO POR CAUSA DAS NOSSAS TRANSGRESSÕES"

— Em pouco tempo — Lapides relatou —, eu estava lendo o Antigo Testamento todos os dias e encontrando uma profecia após outra. Por exemplo, Deuteronômio falava de um profeta maior que Moisés, que viria e a quem deveríamos dar ouvidos. Pensei: "Quem pode ser maior que Moisés?". Tudo indicava que se tratava de uma referência ao Messias; alguém tão grande e respeitado como Moisés, mas um professor maior, com autoridade maior. Agarrei-me nisso e continuei procurando por ele.

Na jornada de Lapides pelas Escrituras, ele se deteve em Isaías 53. De modo claro e específico, numa predição assombrosa envolta em bela poesia, aqui havia um quadro de um Messias que haveria de sofrer e morrer pelos pecados de Israel e do mundo; tudo escrito mais de 700 anos antes de Jesus andar pela terra.[3]

> Foi desprezado e rejeitado pelos homens,
> um homem de dores e experimentado no sofrimento.
> Como alguém de quem os homens escondem o rosto,
> foi desprezado, e nós não o tínhamos em estima.

---

[3]Veja BOCK, Darrell L.; GLASER, Mitch, Eds. *The Gospel According to Isaiah 53*. Grand Rapids: Kregel, 2012.

Certamente ele tomou sobre si

as nossas enfermidades e sobre si levou as nossas doenças;

contudo nós o consideramos castigado por Deus,

por Deus atingido e afligido. Mas ele foi transpassado

por causa das nossas transgressões, foi esmagado por causa

de nossas iniquidades; o castigo que nos trouxe paz

estava sobre ele, e pelas suas feridas fomos curados.

Todos nós, tal qual ovelhas, nos desviamos,

cada um de nós se voltou para o seu próprio caminho;

e o Senhor fez cair sobre ele a iniquidade de todos nós.

Ele foi oprimido e afligido; e, contudo, não abriu a sua boca;

como um cordeiro foi levado para o matadouro,

e como uma ovelha que diante de seus tosquiadores fica calada,

ele não abriu a sua boca. Com julgamento opressivo ele foi levado.

E quem pode falar dos seus descendentes? Pois ele foi eliminado

da terra dos viventes; por causa da transgressão

do meu povo ele foi golpeado. Foi-lhe dado um túmulo com os ímpios,

e com os ricos em sua morte, embora não tivesse cometido

nenhuma violência nem houvesse nenhuma mentira

em sua boca [...].

Pois ele levou o pecado de muitos,

e pelos transgressores intercedeu (Is 53:3-9,12).

Lapides reconheceu o perfil imediatamente: era Jesus de Nazaré! Agora, ele estava começando a entender as pinturas que vira nas igrejas católicas pelas quais passou quando criança: o Jesus sofredor, o Jesus crucificado, o Jesus que ele agora percebia que tinha sido "transpassado por causa das nossas transgressões", que "levou o pecado de muitos".

Como os judeus no Antigo Testamento buscavam expiar os seus pecados por meio de um sistema de sacrifícios de animais, aqui estava Jesus, o último Cordeiro sacrificial de Deus, que pagou pelo pecado de uma vez por todas. Aqui estava a personificação do plano de redenção de Deus.

Essa descoberta foi tão impressionante que Lapides podia chegar apenas a uma conclusão: era uma fraude! Ele achou que os cristãos tinham reescrito o Antigo Testamento e distorcido as palavras de Isaías para fazer como se o profeta tivesse previsto a vinda de Jesus.

Lapides se propôs a desmascarar esse engano.

— Pedi à minha madrasta que me enviasse uma Bíblia Judaica, para que eu mesmo pudesse comprová-lo — ele me disse. — Ela enviou, e adivinhe! Descobri que lá dizia a mesma coisa! Naquele momento eu tive mesmo de lidar com isso.

JESUS É JUDEU

Lapides se deparou com profecias no Antigo Testamento, uma após outra; mais de 48 predições, no total. Isaías revelou o modo do nascimento do Messias (de uma virgem); Miqueias mostrou o lugar do seu nascimento (Belém); Gênesis e Jeremias especificaram sua ascendência (descendente de Abraão, Isaque e Jacó, da tribo de Judá, da família de Davi); os Salmos predisseram a traição que sofreria, sua acusação por testemunhas falsas, o modo da sua morte (transpassado nas mãos e nos pés, apesar de a crucificação ainda não ter sido inventada) e sua ressurreição (ele não se decomporia, mas ascenderia ao céu), e assim por diante.[4] Cada uma dessas profecias retirou um pouco do ceticismo de Lapides, até finalmente ele sentir-se disposto a dar um passo drástico.

— Decidi abrir o Novo Testamento e ler apenas a primeira página — ele disse. — Com as mãos tremendo, lentamente virei as páginas de Malaquias para Mateus, olhando para o céu, para ver se algum raio iria me atingir!

As primeiras palavras de Mateus pularam da página: "Registro da genealogia de Jesus Cristo, filho de Davi, filho de Abraão...".

Os olhos de Lapides se arregalaram quando lembrou a primeira vez em que leu essa frase.

— Pensei: "Incrível! Filho de Abraão, filho de Davi: tudo estava se encaixando!" Passei para as narrativas do nascimento e pensei: "Olha só, Mateus está citando Isaías 7:14: 'A virgem ficará grávida e dará à luz um filho'". Depois vi que ele citava o profeta Jeremias. Fiquei ali

---

[4] Para detalhes básicos sobre profecias cumpridas, veja MCDOWELL, Josh; MCDOWELL, Sean. *Evidências da ressurreição.* Rio de Janeiro: CPAD, 2011. p. 181-226.

pensando: "Você sabe, todos estes são judeus. Onde entram os gentios na história? O que está acontecendo aqui?". Não consegui mais largar o livro. Li os quatro evangelhos e entendi que eles não eram o manual do Partido Nazista Americano; eram a ação de Jesus no meio da comunidade judaica. Passei para o livro de Atos e (que incrível!) eles estavam discutindo como os judeus podiam contar a história de Jesus aos gentios. Que inversão de papéis!

As profecias cumpridas foram tão convincentes que Lapides começou a dizer aos seus conhecidos que achava que Jesus era o Messias. Na época, isso era uma mera possibilidade intelectual para ele, mas as consequências eram bem complicadas.

— Entendi que, para aceitar a Jesus em minha vida, teria de haver algumas mudanças significativas na maneira como eu estava vivendo — ele explicou. — Eu teria de encarar de modo diferente as drogas, o sexo e tudo o mais. Eu não tinha entendido que Deus me ajudaria a fazer essas mudanças; achava que eu mesmo tinha de limpar a minha vida.

A EPIFANIA NO DESERTO

Lapides e alguns amigos partiram em uma viagem para o deserto de Mojave. Espiritualmente, ele se sentia em meio a um conflito. Tivera pesadelos com cães atacando-o de várias direções ao mesmo tempo. Sentado entre os arbustos do deserto, lembrou-se das palavras que alguém dissera em Sunset Strip: "Ou você está do lado de Deus ou do lado de Satanás".

Ele acreditava que havia manifestações do mal; e não era desse lado que queria ficar. Assim, Lapides orou: "Deus, tenho de chegar ao fim desta luta. Tenho de saber sem sombra de dúvida se Jesus é o Messias. Preciso saber se tu, como Deus de Israel, queres que eu creia nisso".

Enquanto me contava a história, Lapides hesitou, sem saber como pôr em palavras o que aconteceu em seguida. Ficou em silêncio por alguns momentos. Depois disse:

— O melhor que posso dizer daquela experiência é que Deus falou objetivamente ao meu coração. Ele me convenceu, de modo experimental, de sua existência. E naquele instante, lá no deserto, eu disse em meu coração: "Deus, eu aceito a Jesus em minha vida. Não entendo o que devo fazer com ele, mas eu o quero. Consegui estragar a minha vida; preciso que o Senhor me transforme".

E Deus começou a fazer isso em um processo que continua até hoje. Ele explicou:

— Meus amigos sabiam que minha vida tinha mudado e não conseguiam entender como isso ocorreu. Eles diziam: "Alguma coisa aconteceu com você no deserto. Você não quer mais saber de drogas. Há algo diferente em você". Então eu respondia: "Bem, não sei explicar o que aconteceu. Tudo o que sei é que há alguém na minha vida, e é alguém santo, justo, que é fonte de pensamentos positivos sobre a vida, e eu me sinto muito bem".

Essa última frase parecia dizer tudo.

— Eu me sinto *inteiro*, novo, de um modo como nunca me senti antes — ele enfatizou para mim.

Apesar das mudanças para melhor, ele estava receoso de dar a notícia aos seus pais. Quando finalmente o fez, as reações foram mistas.

— No começo, ficaram felizes porque conseguiam perceber que eu não estava mais viciado em drogas e dava a impressão de estar muito melhor emocionalmente — ele recordou. — Mas a reação foi contrária quando entenderam a causa dessas mudanças. Eles se retraíram, como se dissessem: "Por que tem de ser Jesus? Não podia ser outra coisa?". Não sabiam o que fazer com a notícia.

Com uma ponta de tristeza na voz, acrescentou:

— Eu nem sei se eles já sabem lidar com isso.

Por meio de uma sequência memorável de circunstâncias, a oração de Lapides por uma esposa foi respondida quando ele conheceu Débora, também judia, que seguia a Jesus. Ela o levou à sua igreja, cujo pastor tinha sido mentoreado pelo mesmo pastor que, muitos meses antes, em Sunset Strip, desafiou Lapides a ler o Antigo Testamento.

Lapides riu.

— Foi incrível! Ele ficou de boca aberta quando me viu entrar na igreja!

Essa congregação estava cheia de ex-motoqueiros, ex-hippies e ex-viciados da Strip, junto com vários sulistas transplantados. Para um jovem judeu de Newark, que era tímido para se relacionar com pessoas diferentes dele, por causa do antissemitismo que tinha medo de encontrar, era restaurador poder chamar essa multidão multicor de "irmãos e irmãs".

Lapides casou-se com Débora um ano depois de se conhecerem. Desde então, ela deu à luz dois filhos. E eles fundaram juntos a Beth Ariel Fellowship, um lar para judeus e gentios que estão buscando a plenitude em Cristo.

RESPONDENDO ÀS OBJEÇÕES

Lapides terminou sua história e recostou-se na cadeira. Eu aproveitei para sentir o momento. O santuário transmitia paz; o sol da Califórnia reforçava as cores vermelha, amarela e azul dos vitrais. Fiquei pensando na força da história de uma pessoa que encontrou a fé. Estava maravilhado com essa saga de guerra e drogas, de Greenwich Village, Sunset Strip e um deserto isolado, que à primeira vista não tinham ligação com o pastor atencioso de fala mansa sentado à minha frente.

Porém, eu não queria ignorar as questões óbvias que a sua história levantava. Com a permissão de Lapides, comecei fazendo aquela que estava, em primeiro lugar, em minha mente:

— Se as profecias foram tão evidentes para você e apontavam de modo tão inquestionável para Jesus, por que uma quantidade maior de judeus não o aceita como Messias?

Era uma pergunta que Lapides se fez muitas vezes durante essas três décadas, desde que fora desafiado por um cristão a pesquisar as Escrituras hebraicas.

— No meu caso, tomei tempo para lê-las — ele respondeu. — É surpreendente, mas, apesar de os judeus serem conhecidos por seus estudos, nessa área há muita ignorância. Além disso, existem organizações antimissionárias que realizam conferências nas sinagogas para tentar desacreditar as profecias messiânicas. Os judeus as ouvem e usam-nas como desculpa para não estudar as profecias pessoalmente. Eles dirão: "O rabino me disse que não é nada disso". Eu lhes pergunto: "Você acha que o rabino levantou objeções que os cristãos já não ouviram antes? Estou querendo dizer que os estudiosos trabalham nisso há centenas de anos! Há muita literatura e respostas cristãs convincentes a esses desafios". Se alguém mostra interesse, eu o ajudo a avançar.

AS PROVAS DAS IMPRESSÕES DIGITAIS   237

Perguntei sobre o ostracismo que um judeu enfrenta quando se torna cristão.

— Isso realmente acontece — ele assentiu. — Algumas pessoas não se deixam conquistar pelas profecias messiânicas porque têm medo das consequências: a provável rejeição pela família e pela comunidade judaica. Isso não é fácil de enfrentar. Pode acreditar, eu sei o que é isso!

Mesmo assim, alguns questionamentos das profecias soam bastante convincentes à primeira vista. Portanto, coloquei, uma por uma, as objeções mais comuns a Lapides, para ver como ele responderia.

1. O argumento da coincidência

Comecei perguntando a Lapides se é possível que Jesus tenha cumprido as profecias por mero acaso. Talvez ele seja apenas um entre muitos no transcurso da história que, por coincidência, se encaixaram na previsão do profeta.

— Não há como — foi sua resposta. — As coincidências são tão astronômicas que excluem essa possibilidade. Alguém fez o cálculo e descobriu que a probabilidade de apenas oito profecias se cumprirem na mesma pessoa é de uma em cem trilhões. Esse número é milhões de vezes maior que o total de habitantes que esta terra já teve! Essa pessoa calculou que, se você separasse o mesmo número de moedas de um dólar, daria para cobrir todo o Estado do Texas com mais de meio metro de altura. Imagine que você colocasse uma marca em uma dessas moedas e depois vendasse os olhos de uma pessoa e lhe pedisse para andar pelo Estado todo até achar essa moeda, que chances ela teria de encontrar a moeda marcada?

Com isso, ele respondeu à própria pergunta.

— As mesmas chances tem qualquer pessoa na história de cumprir pelo menos oito profecias.

Eu estudei essas projeções matemáticas, feitas por Peter W. Stoner, quando investigava as profecias messiânicas por mim mesmo. Stoner também calculou que a probabilidade de se cumprirem as 48 profecias era de uma em um trilhão elevado à décima quinta potência![5]

---

[5]STONER, Peter W. *Science Speaks*. Chicago: Moody Press, 1969. p. 109.

A nossa mente não consegue entender um número desse tamanho. É um número igual ao dos átomos de um universo como o nosso multiplicado por um trilhão elevado à quinta potência!

— As probabilidades mostram que é impossível alguém cumprir todas as profecias do Antigo Testamento por acaso — concluiu Lapides. — Mas Jesus, e apenas Jesus em toda a história, conseguiu isso.

As palavras do apóstolo Pedro pipocaram em minha mente: "Mas foi assim que Deus cumpriu o que tinha predito por todos os profetas, dizendo que o seu Cristo haveria de sofrer" (At 3:18).

2. O argumento do evangelho alterado

Pintei outro quadro para Lapides, perguntando:

— Não poderia acontecer de os escritores dos evangelhos inventarem detalhes para fazer parecer que Jesus cumpriu as profecias? Por exemplo, as profecias dizem que os ossos do Messias não seriam quebrados. Assim, João poderia ter inventado a história dos romanos que quebraram as pernas dos ladrões crucificados ao lado de Jesus, mas não as de Jesus. E as profecias falam da traição em troca de trinta moedas de prata, por isso, Mateus jogou com os fatos e disse: "É verdade, Judas vendeu Jesus por esse valor".

Essa objeção, porém, não teve alcance maior do que a anterior.

— Deus, em sua sabedoria, criou controles e formas de verificação dentro e fora da comunidade cristã — explicou Lapides. — Quando os evangelhos começaram a circular, ainda viviam pessoas que tinham visto essas coisas acontecer. Alguém teria dito a Mateus: "Você não sabe se as coisas aconteceram assim. Tentamos viver de modo justo e verdadeiro, portanto, não nos manche com uma mentira".

Além disso, ele acrescentou, por que Mateus teria inventado profecias cumpridas para depois se expor à morte por seguir alguém que ele, no fundo, sabia não ser o Messias? Isso não faria sentido.

Mais que isso, a comunidade judaica teria se agarrado a qualquer oportunidade para desacreditar os evangelhos, destacando suas falsidades.

— Eles teriam dito: "Eu estava lá, e os ossos de Jesus *foram* quebrados pelos romanos depois da crucificação" — Lapides acrescentou.

AS PROVAS DAS IMPRESSÕES DIGITAIS

— Mas, apesar de o *Talmude* referir-se a Jesus em termos pejorativos, nem ao menos uma vez alega que o cumprimento de profecias foi falsificado.

3. O argumento do cumprimento intencional

Alguns céticos afirmam que Jesus simplesmente conduziu sua vida de modo a cumprir as profecias.

— Ele não poderia ter lido em Zacarias que o Messias entraria em Jerusalém montado em um jumento e dada um jeito de fazer exatamente isso? — perguntei.

Lapides fez uma pequena concessão.

— Para algumas poucas profecias, certamente podemos imaginar isso. Mas há muitas outras para as quais isso não teria sido possível — ele disse. — Por exemplo, como poderia ele controlar o fato de que o Sinédrio pagou trinta moedas de prata a Judas para traí-lo? Como poderia programar sua ascendência, o lugar do seu nascimento, seu método de execução, os soldados jogando dados por suas roupas ou que suas pernas não fossem quebradas na cruz? Como ele conseguiria fazer milagres diante de céticos? E planejar sua ressurreição? Como poderia direcionar a época do seu nascimento?

Esse último comentário despertou a minha curiosidade.

— O que você quer dizer com a época do seu nascimento?

— Quando se interpreta Daniel 9:24-26, ele prediz que o Messias surgiria certo número de anos depois que o rei Artaxerxes I promulgasse um decreto permitindo aos judeus da Pérsia retornar a Jerusalém para reconstruir seus muros — Lapides respondeu.

Ele curvou-se para frente para dar a dica.

— Isso situa a vinda esperada do Messias no exato momento da história em que Cristo apareceu. Isso com certeza não é algo que ele pudesse ter planejado.[6]

---

[6]Para um estudo da profecia de Daniel, veja NEWMAN, Robert C. "Fulfilled Prophecy as Miracle" in GEIVETT, R. D.; HABERMAS, Gary R., orgs., *In Defense of Miracles.* Downers Grove: InterVarsity Press, 1997. p. 214-25.

4. O argumento do contexto

Era necessário lidar com mais uma objeção: As passagens que os cristãos identificam como profecias messiânicas realmente tinham o propósito de apontar para a vinda do Ungido, ou será que os cristãos as tiraram do contexto e distorceram sua interpretação?

Lapides suspirou e disse:

— Sabe, eu costumo dar uma olhada nos livros que são escritos para derrubar aquilo em que cremos. Não é muito divertido, mas gasto o tempo necessário para estudar cada objeção separadamente e depois pesquisar o contexto e as palavras na língua original. Em todas as ocasiões, as profecias resistiram ao ataque e provaram ser verdadeiras.

"Então, aqui vai um desafio aos céticos: não se baseiem nas minhas palavras, mas também não se baseiem nas palavras do seu rabino. Separem tempo para pesquisar por conta própria. Hoje em dia ninguém pode dizer: "Não há informação". Há muitos livros que podem ajudar você.

"E mais uma coisa: peça sinceramente a Deus que lhe mostre se Jesus é ou não o Messias. Foi isso que eu fiz e, sem ninguém me orientando, ficou claro para mim que ele se encaixa na descrição do Messias."

"ERA NECESSÁRIO QUE SE CUMPRISSE TUDO..."

Gostei da maneira pela qual Lapides tinha respondido às objeções, mas, no final das contas, foi a história da sua jornada espiritual que ficou ecoando em minha mente quando voei de volta para Chicago, tarde da noite. Refleti sobre quantas vezes eu tinha encontrado histórias semelhantes, especialmente entre judeus bem-sucedidos e racionais, que tinham se dedicado a refutar as declarações messiânicas de Jesus.

Lembrei-me de Stan Telchin, o empresário da costa Leste que decidiu desmascarar o cristianismo como "seita" depois que a sua filha partiu para a faculdade e recebeu a *Y'shua* (Jesus) como seu Messias. Ele ficou admirado ao ver que sua investigação o levou, junto com sua esposa e a segunda filha, ao mesmo Messias. Ele veio a tornar-se um ministro cristão, e o livro em que conta sua história, *Traído*, foi traduzido para mais de 20 idiomas.[7]

---

[7]TELCHIN, Stan. *Traído*. Curitiba: Luz e Vida, 1981.

AS PROVAS DAS IMPRESSÕES DIGITAIS 241

Pensei em Jack Sternberg, um médico oncologista famoso em Little Rock, no Arkansas, que ficou tão alarmado com o que encontrou no Antigo Testamento, que desafiou três rabinos a provarem que Jesus não é o Messias. Eles não conseguiram, e ele também afirma que encontrou nova vida em Cristo.[8]

Havia ainda Peter Greenspan, um ginecologista obstetra que trabalha na região de Kansas City e é professor clínico assistente na Faculdade de Medicina da Cidade de Kansas, da Universidade de Missouri. Como Lapides, ele foi desafiado a procurar por Jesus no judaísmo. O que encontrou o incomodou, e então aprofundou-se na *Torá* e no *Talmude*, procurando desacreditar as credenciais messiânicas de Jesus. Em vez disso, acabou por concluir que Jesus cumpriu milagrosamente as profecias.

Para ele, quanto mais lia livros de autores que queriam minar as evidências de que Jesus era o Messias, mais percebia as falhas nos argumentos deles. Ironicamente, concluiu Greenspan, "acho que na verdade vim a crer em *Yeshua* lendo o que seus detratores escreveram".[9]

Greenspan descobriu, como também Lapides e outros, que as palavras de Jesus no evangelho de Lucas provaram ser verdadeiras: "Era necessário que se cumprisse tudo o que a meu respeito está escrito na Lei de Moisés, nos Profetas e nos Salmos" (Lucas 24:44). Foi tudo cumprido, e apenas em Jesus: a única pessoa da história que se encaixou na impressão digital profética do Ungido de Deus.

REFLEXÕES

PERGUNTAS PARA MEDITAÇÃO OU ESTUDO EM GRUPO

1. Mesmo que você não seja judeu, existe algum aspecto da jornada espiritual de Lapides semelhante à sua? Houve alguma lição que você aprendeu de Lapides sobre o modo que deve agir?

2. Lapides considerou sua herança judaica e o seu estilo de vida antibíblico impedimentos para se tornar um seguidor de Jesus. Há algo

---

[8]ROSEN, Ruth, org., *Jewish Doctors Meet the Great Physician*. San Francisco: Purple Pomegranate, 1997. p. 9-23.
[9]Ibid., p. 34, 35.

em sua vida que dificulte que você se torne cristão? Você consegue enxergar o custo no qual você se envolveria em se tornar cristão? Como isso se compara com os benefícios?

3. Lapides achava que os cristãos eram antissemitas. Em recente exercício de associação de palavras numa universidade da costa Leste, a palavra mais vezes associada a *cristão* foi "intolerante". Você tem impressões negativas dos cristãos? De onde será que elas vêm? Como isso poderia influenciar sua receptividade quanto às provas de quem é Jesus?

OUTRAS FONTES DE PROVAS
MAIS RECURSOS SOBRE ESSE ASSUNTO

BOCK, Darrell L.; e GLASER, Mitch, Eds. *O servo sofredor*. São Paulo: Cultura Cristã, 2015.

BROWN, Michael L. *Respondendo objeções judaicas contra Jesus*. Vol. 1-5. Ed. Davar, 2014.

KAISER, Walter C, Jr. *The Messiah in the Old Testament* [O Messias no Antigo Testamento]. Grand Rapids: Zondervan, 1995.

PORTER, Stanley E. *The Messiah in the Old and New Testaments* [O Messias no Antigo e no Novo Testamento]. Grand Rapids: Eerdmans, 2007.

RYDELNIK, Michael. *The Messianic Hope: Is the Hebrew Bible Really Messianic?* [A esperança messiânica: A Bíblia Hebraica é realmente messiânica?] Nashville: B&H Academic, 2010.

STROBEL, Lee, "Challenge #5: Jesus Was an Imposter Who Failed to Fulfill the Messianic Prophecies," *The Case for the Real Jesus* [Em defesa do Jesus verdadeiro]. Grand Rapids: Zondervan, 2007, p. 189-226.

TELCHIN, Stan. *Traído*. São Paulo: CLC, 1981.

WRIGHT, Christopher J. H. *Knowing Jesus through the Old Testament* [Conhecendo Jesus através do Antigo Testamento]. Downers Grove: InterVarsity, 1995.

PARTE 3

PESQUISANDO A RESSURREIÇÃO

CAPÍTULO 11

As provas médicas

A MORTE DE JESUS FOI UMA FRAUDE
E A SUA RESSURREIÇÃO FOI UMA FARSA?

Dei uma parada para ler a placa pendurada na sala de espera de um consultório médico: "Que toda conversa cesse. Que todo riso fuja. Este é o lugar onde a morte tem prazer em ajudar os vivos".

Obviamente, não se tratava de um médico comum. Eu estava fazendo mais uma visita ao Dr. Robert J. Stein, um dos principais patologistas forenses do mundo, um detetive médico extravagante de voz rouca, que me divertia com histórias de pistas inesperadas que ele descobriu examinando cadáveres. Para ele, pessoas mortas realmente *contavam* histórias: histórias que, com frequência, certamente faziam justiça aos vivos.

Durante seu longo mandato como examinador médico de Cook County, em Illinois, Stein fez mais de 20 mil autópsias, procurando meticulosamente, em todas elas, dicas sobre as circunstâncias que envolviam a morte da vítima. Repetidas vezes os olhos argutos para ver detalhes, o conhecimento enciclopédico da anatomia humana e a intuição investigativa fantástica ajudaram esse detetive médico a reconstruir a morte violenta da vítima.

246   EM DEFESA DE CRISTO

Houve ocasiões em que o resultado das suas descobertas inocentaram pessoas. Com mais frequência, porém, o trabalho de Stein era o último prego a fechar o caixão do acusado. Esse foi o caso de John Wayne Gacy, que recebeu a pena máxima depois que Stein ajudou a condená-lo por 33 assassinatos terríveis.

Isso mostra o quanto as provas médicas podem ser importantes. Elas podem definir se uma criança morreu por abuso ou por causa de uma queda acidental. Pode constatar se a pessoa sucumbiu a causas naturais ou foi assassinada por alguém que temperou seu café com arsênico. Pode confirmar ou desmantelar o álibi de um acusado definindo a hora da morte da vítima pelo uso de um procedimento engenhoso que mede a quantidade de potássio nos olhos do falecido.

De igual modo, mesmo no caso de alguém que foi executado brutalmente em uma cruz romana dois milênios atrás, a evidência médica ainda pode trazer uma contribuição vital: pode desmontar um dos argumentos mais persistentes usados pelos que afirmam que a ressurreição de Jesus — a prova suprema da divindade que ele afirmava ter — não passou de uma farsa muito bem preparada.

RESSURREIÇÃO OU RESSUSCITAÇÃO?

A ideia de que Jesus, na verdade, não morreu na cruz pode ser encontrada no *Alcorão*,[1] que foi escrito no século 7. De fato, os muçulmanos ahmadis afirmam que Jesus na verdade fugiu para a Índia. Até hoje há um santuário que supostamente marca seu verdadeiro túmulo, em Srinagar, na Caxemira.[2]

Entre os séculos 18 e 19, Karl Bahrdt, Karl Venturini e outros tentaram demonstrar que a ressurreição era falsa, dizendo que Jesus apenas desmaiou de exaustão na cruz, ou que apenas lhe deram um remédio que fez parecer que ele tinha morrido, e que o ar fresco e úmido do túmulo o fez reviver mais tarde.[3]

---

[1]Sura (As mulheres) IV: 156, 157.
[2]WILSON, I. *Jesus: The Evidence*. San Francisco: HarperSanFrancisco, 1988. p. 140.
[3]CRAIG, William L. *Reasonable Faith*. Wheaton: Crossway Books, 1997. p. 234.

AS PROVAS MÉDICAS

Os teóricos da conspiração deram sustentação a essa hipótese lembrando que tinha sido ministrado a Jesus um líquido em uma esponja, enquanto ele estava na cruz (Marcos 15:36), e que Pilatos parecera surpreso com a rapidez com que ele sucumbiu (Marcos 15:44). Por causa disso, eles dizem, o reaparecimento de Jesus não foi uma ressurreição milagrosa, mas uma mera ressuscitação casual, e o seu túmulo estava vazio porque ele continuou vivo.

Mesmo com os estudiosos de renome repudiando a chamada teoria do desmaio, ela continua aparecendo na literatura popular. Em 1929, D. H. Lawrence desenvolveu esse tema numa história curta em que propõe que Jesus fugiu para o Egito, onde se apaixonou pela sacerdotisa Ísis.[4]

Em 1965, *The Passover plot* [A trama da Páscoa], o *best-seller* de Hugh Schonfield, alegou que foi apenas a perfuração inesperada de Jesus pela lança de um soldado romano que frustrou seu plano sofisticado de sair da cruz vivo, apesar de Schonfield admitir: "Em nenhum lugar estamos afirmando [...] que [o livro] apresenta o que realmente aconteceu".[5]

A hipótese do desmaio apareceu de novo em 1972 no livro *The Jesus scroll* [O pergaminho de Jesus], de Donovan Joyce, que "contém uma sequência ainda mais incrível de improbabilidades do que o livro de Schonfield", segundo o especialista em ressurreição Gary Habermas.[6] Em 1982, *Holy Blood, holy Grail* [Santo sangue, santo graal] acrescentou a ideia distorcida de que Pôncio Pilatos fora subornado para deixar que Jesus fosse tirado da cruz antes de estar morto. Mesmo assim, os autores confessaram: "Não tivemos, nem temos, como provar a precisão da nossa teoria".[7]

Na data recente de 1992, uma estudiosa australiana pouco conhecida, Bárbara Thiering, causou agitação retomando a teoria do desmaio em seu livro *Jesus and the riddle of the Dead Sea scrolls* [Jesus e o

---

[4]LAWRENCE, D. H. *Love among the Haystacks and other Stories.* Nova York: Penguin, 1960. p. 125.
[5]SCHONFIELD, Hugh. *The Passover Plot.* Nova York: Bantam, 1965. p. 165.
[6]HABERMAS, Gary. *The Verdict of History.* Nashville: Thomas Nelson, 1988. p. 56.
[7]BALGENT, Michael; LEIGH, Richard; LINCOLN, Henry. *Holy Blood, Holy Grail.* Nova York: Delacorte, 1982. p. 372.

enigma dos manuscritos do mar Morto], que foi divulgado com muito alarde por um respeitado editor americano, mas em seguida descartado pelo estudioso Luke Timothy Johnson, da Universidade Emory, como "a mais pura conversa fiada, fruto de uma imaginação febril, e não de uma análise cuidadosa".[8]

Como um mito urbano, a teoria do desmaio continua a florescer. Ouço-a sempre ao discutir a ressurreição com pessoas interessadas na vida espiritual. No entanto, o que as provas realmente definem? O que aconteceu de fato na crucificação? Qual foi a causa da morte de Jesus? Existe alguma possibilidade de ele ter sobrevivido a essa provação? Esses eram os tipos de pergunta que eu esperava que as provas médicas pudessem ajudar a resolver.

Por isso, voei até o sul da Califórnia e bati à porta de um médico notável que tinha estudado a fundo dados históricos, arqueológicos e médicos concernentes à morte de Jesus de Nazaré, embora pareça que, por causa do misterioso desaparecimento do corpo, nenhuma autópsia tenha sido realizada.

DÉCIMA ENTREVISTA
Alexander Metherell, M.D., Ph.D.

O ambiente requintado era completamente incompatível com o assunto que estávamos discutindo. Ali estávamos, sentados na sala da confortável casa de Metherell, na Califórnia, num entardecer agradável de primavera, com a brisa morna vindo do mar, sussurrando nas janelas, enquanto conversávamos sobre um tema de brutalidade inimaginável: um açoitamento tão bárbaro que choca as consciências, uma forma de pena capital tão depravada que permanece até hoje como testemunho infame do tratamento desumano que o homem consegue dispensar ao seu semelhante.

Eu tinha procurado por Metherell porque tinha ouvido falar sobre o seu currículo médico e científico para explicar a crucificação. Mas também tinha outra motivação: disseram-me que ele sabia falar sobre o

---

[8]JOHNSON, Luke Timothy. The Real Jesus. San Francisco: HarperSanFrancisco, 1996. p. 30

AS PROVAS MÉDICAS

assunto de um modo objetivo e preciso. Isso era importante para mim, porque eu queria que os fatos falassem por si mesmos, sem os exageros ou a linguagem carregada que tinha o potencial de manipular as emoções.

Como se podia esperar de alguém com um diploma de médico pela Universidade de Miami, na Flórida, e de doutorado em engenharia pela Universidade de Bristol, na Inglaterra, Metherell fala com precisão científica. Ele é reconhecido como diagnosticador pelo American Board of Radiology [Conselho Americano de Radiologia] e foi consultor do National Heart, Lung and Blood Institute [Instituto Nacional do Coração, Pulmão e Sangue] dos National Institutes of Health de Bethesda [Institutos Nacionais de Saúde Betesda], no estado de Maryland.

Metherell foi cientista pesquisador e professor na Universidade da Califórnia, é editor de cinco livros científicos e escreve para publicações que vão desde *Aerospace Medicine* [Medicina aeroespacial] até a *Scientific American*. Seus estudos engenhosos das contrações musculares foram publicados em *The Physiologist and Biophysics Journal* [Revista de fisiologia e biofísica]. Ele até tem a postura de uma autoridade médica especial: é uma figura imponente, com cabelos grisalhos e uma postura cortês, apesar de formal.

Sinceramente, às vezes eu me perguntava o que passava pela cabeça de Metherell. Com reserva científica, falando de um modo pausado e metódico, ele não expressava alteração emocional alguma enquanto ele descrevia calmamente os detalhes terríveis dos últimos momentos de Jesus. Mesmo com tudo que pudesse acontecer interiormente, qualquer angústia que o fizesse, como cristão, falar sobre o destino cruel que se abateu sobre Jesus, ele conseguia se controlar com o profissionalismo alcançado em décadas de pesquisas de laboratório.

Ele simplesmente expôs os fatos. E, afinal de contas, foi para isso que eu tinha atravessado metade do país.

A TORTURA ANTERIOR À CRUZ

Inicialmente, eu queria obter de Metherell uma descrição básica dos acontecimentos que levaram à morte de Jesus. Por isso, depois de um pouco de conversa social, coloquei de lado meu chá gelado e ajeitei a cadeira para poder olhá-lo de frente.

— Você poderia dar uma descrição detalhada do que aconteceu com Jesus? — eu pedi.

Ele limpou a garganta.

— Tudo começou logo depois da última ceia — ele disse. — Jesus foi com seus discípulos para o monte das Oliveiras, especificamente ao jardim de Getsêmani. Ali, você deve lembrar, ele orou a noite inteira. A essa altura, durante esse processo, ele estava antevendo os acontecimentos no dia seguinte. Já que ele tinha consciência de quanto sofrimento teria de suportar, foi bastante natural que experimentasse muito estresse psicológico.

Levantei a mão para interrompê-lo.

— Espere. É neste ponto em que atualmente os céticos deitam e rolam. Os evangelhos nos contam que ele começou a suar sangue nesse momento. Diga-me, isso não é um mero produto da imaginação frutífera de alguém? Isso não põe em xeque a exatidão dos escritores dos evangelhos?

Imperturbável, Metherell balançou a cabeça.

— De jeito nenhum! — ele respondeu. — Essa é uma condição médica conhecida, chamada de hematidrose. Ela não é muito comum, mas ela está associada ao alto grau de estresse psicológico.[9] O que acontece é que a ansiedade extrema ocasiona a liberação de substâncias químicas que rompem os vasos capilares nas glândulas sudoríparas. Por causa disso, essas glândulas sangram um pouco, e o suor brota misturado com sangue. Não estamos falando de muito sangue, só de uma quantidade bem pequena.

Já um tanto satisfeito, ampliei a pergunta.

— Isso tem algum outro efeito sobre o corpo?

— O efeito disso foi fragilizar bastante a pele, de modo que, quando Jesus foi açoitado pelo soldado romano no dia seguinte, sua pele devia estar muito, muito sensível.

"Muito bem", pensei, "chegou a hora". Preparei-me para as imagens assustadoras que eu sabia que estavam prontas para inundar a

---

[9]Um artigo no *Journal of Medicine* analisou 76 casos de hematidrose e concluiu que as causas mais comuns são o medo profundo e a intensa contemplação mental. Veja HOLOUBEK, J. E.; HOLOUBEK, A. E. "Blood, Seat and Fear: A Classification of Hematidrosis," *Journal of Medicine* 1996, 27 (3-4): 115-133.

AS PROVAS MÉDICAS

minha mente. Tinha visto muitos cadáveres como jornalista: vítimas de acidentes de trânsito, de crimes, de tiroteios entre gangues. Contudo, é especialmente horrível ouvir sobre alguém que foi intencionalmente brutalizado por executores carrascos decididos a causar o máximo de sofrimento.

— Diga para mim — retomei a conversa —, como foi esse açoitamento?

Metherell não tirou os olhos de mim enquanto falava.

— Os açoitamentos romanos eram famosos por serem terrivelmente brutais. Eles geralmente consistiam em trinta e nove chicotadas, mas com frequência esse número era bem mais alto, dependendo do estado de ânimo do soldado que as aplicava. O soldado usava um chicote de tiras de couro trançadas, com bolinhas de metal amarradas. Quando o açoite atingia a carne, essas bolinhas causavam hematomas ou contusões profundas, que se abriam nas chicotadas seguintes. Havia também, presos ao açoite, pedaços afiados de ossos, que cortavam a carne profundamente. As costas eram tão rasgadas que às vezes os cortes profundos chegavam a deixar a espinha exposta. As chicotadas cobriam toda a extensão do dorso, desde os ombros até as nádegas e as pernas. Era terrível!

Metherell fez uma pausa.

— Continue! — eu o incentivei.

— Um médico que estudou os castigos infligidos pelos romanos disse: "À medida que o açoitamento continuava, as lacerações atingiam os músculos inferiores que seguram o esqueleto, deixando penduradas tiras de carne ensanguentada". Um historiador do século 3 de nome Eusébio descreveu um açoitamento nestes termos: "As veias de quem era açoitado ficavam abertas, e os músculos, tendões e órgãos internos da vítima ficavam expostos". Sabemos que algumas pessoas morriam desse tipo de suplício antes de chegar a ser crucificadas. No mínimo, a vítima sofria dores terríveis e entrava em choque hipovolêmico.

Metherell tinha usado um termo médico que eu não conhecia.

— O que quer dizer choque hipovolêmico? — perguntei.

— *Hipo* significa "baixo", *vol* se refere a "volume" e *êmico* significa "sangue"; portanto, choque hipovolêmico quer dizer que a pessoa está sofrendo os efeitos de perder grande quantidade de sangue — explicou o médico. — Isso faz que aconteçam quatro coisas. Em primeiro lugar, o coração se esforça para bombear mais sangue, mas não tem de onde; segundo, a pressão sanguínea cai, causando desmaio ou colapso; terceiro, os rins param de produzir urina, para conservar o volume que sobrou; e quarto, a pessoa fica com muita sede, pois o corpo pede por líquidos para repor o sangue que perdeu.

— Você vê provas nos evangelhos de que isso ocorreu?

— Sim, com muita certeza — ele respondeu. — Jesus estava em choque hipovolêmico quando se arrastou pela rua que subia para o lugar de execução no Calvário, carregando a viga horizontal da cruz. Ele acabou caindo, e o soldado romano ordenou a Simão que carregasse a cruz. Mais tarde, lemos que Jesus disse "Tenho sede", e uma esponja com vinagre foi estendida a ele. Por causa dos efeitos terríveis do açoitamento, não há dúvida de que Jesus já se encontrava em condição crítica mesmo antes de os cravos atravessarem suas mãos e pés.

A AGONIA DA CRUZ

Por mais desagradável que fosse a descrição do açoitamento, eu sabia que um testemunho ainda mais repugnante estava por vir. A razão disso é que os historiadores são unânimes em dizer que Jesus sobreviveu à flagelação daquele dia e foi até a cruz, onde o processo era fatal.

Em nossos dias, quando criminosos são imobilizados e executados com injeções de veneno, ou por meio de choque elétrico, ou com um tiro na nuca, todas essas circunstâncias são controladas. A morte vem de modo rápido e previsto. Médicos acompanham e certificam cuidadosamente a morte da vítima. Bem próximas, testemunhas avaliam tudo do começo ao fim.

No entanto, que certeza se tinha da morte por essa forma cruel, lenta e bastante inexata de execução chamada crucificação? Na verdade, a maioria das pessoas não sabe o modo pelo qual a cruz mata suas vítimas. E sem um médico preparado para atestar oficialmente que Jesus morrera, poderia ele ter escapado de toda essa experiência, brutalizado e ensanguentado, mas ainda vivo?

Comecei a desvendar esses assuntos.

AS PROVAS MÉDICAS

— O que aconteceu quando Jesus chegou no lugar da crucificação? — perguntei.

— Ele deve ter sido deitado de costas, para que suas mãos pudessem ser pregadas em posição estendida na viga horizontal. Essa viga era chamada *patíbulo*, que a essa altura ainda estava separada da viga vertical, que estava fixada no chão de modo permanente.

Eu tinha dificuldades para visualizar isso; precisava de mais detalhes.

— Pregado com quê? — perguntei. — Pregado onde?

— Os romanos usavam cravos grandes, de 13 a 17 centímetros, bem afiados. Com eles, atravessavam os pulsos — Metherell disse, indicando uns três centímetros abaixo do seu pulso.

— Só um momento! — interrompi. — Eu achava que os pregos haviam furado as suas mãos. Isso é o que mostram todas as pinturas. Na verdade, essa se tornou uma maneira padrão de representar a crucificação.

— Não, eles atravessavam os pulsos — Metherell repetiu. — Essa era uma posição firme que prendia a mão. Se os pregos furassem apenas a palma da mão, o peso do corpo a rasgaria e ele teria caído da cruz. Por isso, perfuravam os pulsos, que eram considerados parte da mão na linguagem da época. E é importante entender que o prego atravessava o lugar por onde passa o nervo central. Esse é o maior nervo que vai até a mão, e era esmagado pelo cravo.

Como eu só tenho um conhecimento rudimentar da anatomia humana, não tinha certeza se havia entendido.

— Que tipo de dor que isso teria provocado?

— Permita que eu descreva da seguinte maneira. Você conhece o tipo de dor que sente quando bate o cotovelo e leva um "choque"? Na verdade, você acertou um nervo, chamado ulnar. A dor é muito grande quando você o acerta em cheio. Bem, imagine esse nervo sendo apertado e esmagado por um alicate — ele disse, enfatizando a palavra *apertado* enquanto girava na mão um alicate imaginário. — A sensação seria parecida com a que Jesus experimentou.

Eu estremeci diante da ideia e me encolhi na cadeira.

— A dor era totalmente insuportável — Metherell continuou. — Na verdade, não havia palavras que pudessem descrevê-la. Foi necessário inventar uma palavra nova: dor *excruciante*. Essa palavra significa, literalmente, "originária da cruz". Pense nisto: foi necessário criar uma nova palavra, porque não havia nenhuma no idioma que pudesse descrever a angústia terrível provocada pela crucificação. Depois de ter as mãos pregadas na viga transversal, Jesus foi erguido para que esta pudesse ser colocada sobre a viga vertical, e seus pés foram pregados. Também os nervos dos pés foram esmagados, e a dor era semelhante à das mãos.

Os nervos esmagados e cortados certamente tinham um efeito suficientemente ruim, mas eu precisava saber que efeito o fato de estar pendurado na cruz teria sobre Jesus.

— A que tensão essa posição sujeitou o seu corpo?

Metherell respondeu.

— Em primeiro lugar, seus braços ficam imediatamente esticados, provavelmente cerca de quinze centímetros de comprimento, e ambos os ombros se deslocam. Dá para calcular isso com equações matemáticas simples.

— Isso cumpriu a profecia do Antigo Testamento, em Salmos 22, que predisse a crucificação de Jesus séculos antes de ela ocorrer: "Todos os meus ossos estão desconjuntados".

A CAUSA DA MORTE

Metherell fez sua explicação de forma bem clara, quase visível, sobre a dor sofrida no início do processo de crucificação, mas eu precisava saber o que tira a vida de uma vítima desse modo de execução, porque essa é a questão fundamental para definir a possibilidade de se fingir ou escapar da morte. Por isso, coloquei a questão da causa da morte de modo direto para Metherell.

— Quando a pessoa está pendurada em posição vertical, — ele respondeu — a crucificação é, em essência, uma morte lenta e extremamente dolorosa por asfixia.

"A razão para isso é que ela traz tensão aos músculos e ao diafragma, deixando o peito na posição de inalar. Basicamente, para exalar, a pessoa tem de firmar-se sobre os pés, para aliviar um pouco a tensão dos músculos. Ao fazer isso, o cravo rasga o pé, até se prender contra os ossos do tarso.

"Depois de conseguir exalar, a pessoa pode relaxar e inalar novamente. Depois, tem de se empurrar novamente para cima, para exalar,

AS PROVAS MÉDICAS 255

esfregando suas costas esfoladas contra a madeira áspera da cruz. Isso se repete até que se chegue à exaustão total, e a pessoa não consiga mais se erguer para respirar.

"À medida que a pessoa vai tornando a respiração mais lenta, ela entra no que é chamado acidose respiratória: o dióxido de carbono no sangue é dissolvido em ácido carbônico, fazendo a acidez do sangue aumentar. Isso faz o coração bater de modo irregular. De fato, quando o seu coração começou a bater irregularmente, Jesus deve ter entendido que estava chegando a hora da morte, e disse: "Pai, nas tuas mãos entrego o meu espírito". Depois, morreu de ataque cardíaco."

Essa foi a explanação mais clara que eu já ouvira da morte por crucificação, mas Metherell ainda não tinha terminado.

— Um pouco antes de morrer, e isso também é importante, o choque hipovolêmico deve ter feito o coração bater rapidamente por algum tempo, o que teria contribuído para fazê-lo falhar, resultando no acúmulo de líquido na membrana em torno do coração, chamado efusão pericardial, bem como em torno dos pulmões, chamado efusão pleural.

— Por que isso é importante? — eu quis saber.

— Por causa do que aconteceu quando o soldado romano se aproximou e, tendo quase certeza de que Jesus estava morto, confirmou a morte enfiando uma lança em seu lado. Provavelmente, foi o lado direito; não temos certeza, mas pela descrição deve ter sido, entre as costelas. Ao que parece, a lança atravessou o pulmão direito e o coração, e, quando foi tirada, saiu um líquido: a efusão que mencionei. Esse líquido tem aparência transparente, como água, e é seguido de um grande volume de sangue, como João, testemunha ocular, descreveu em seu evangelho.

João provavelmente não fazia nenhuma ideia da razão por que vira sangue e esse líquido transparente fluir. Certamente não era o que uma pessoa sem formação como ele poderia esperar, mas sua descrição é coerente com o que a medicina moderna esperaria que acontecesse. A princípio, isso parecia dar credibilidade a João como testemunha ocular; entretanto, parecia haver uma grande fraude em tudo isso.

Abri a minha Bíblia e virei as páginas até achar João 19:34.

— Espere um minuto, doutor — eu protestei. — Lendo com atenção o que João disse, vemos que ele viu sair "sangue e água": ele pôs as palavras intencionalmente nessa ordem. Porém, segundo o que você disse, o líquido transparente teria saído primeiro. Portanto, temos uma discrepância importante aqui.

Metherell sorriu levemente.

— Não sou um estudioso do grego — ele respondeu —, porém, de acordo com as pessoas que são, a ordem das palavras no grego antigo não era determinada necessariamente pela sequência dos fatos, mas por sua importância. Isso quer dizer que, como houve bem mais sangue do que água, para João faria sentido mencionar o sangue primeiro.

Tive de concordar, mas anotei mentalmente o lembrete de verificar isso mais tarde.

— A essa altura — eu disse —, qual deveria ser a condição de Jesus?

O olhar de Metherell cruzou com o meu. Ele respondeu com firmeza e autoridade:

— Não havia absolutamente dúvida nenhuma de que Jesus estava morto.

RESPONDENDO PARA OS CÉTICOS

A declaração do Dr. Metherell pareceu-me bem fundamentada pelas provas. Mas havia mais alguns detalhes sobre os quais eu queria falar, e também sobre um ponto fraco no relato dele que poderia minar a credibilidade da narrativa bíblica.

— Os evangelhos dizem que os soldados quebraram as pernas dos dois criminosos que foram crucificados com Jesus — eu disse. — Por que eles teriam feito isso?

— Se eles quisessem apressar a morte (e com o sábado e a Páscoa se aproximando, os líderes judeus, com certeza, queriam acabar com tudo antes do pôr do sol), os romanos usariam a haste de aço de uma lança romana curta para partir os ossos inferiores das pernas das vítimas. Isso impediria o crucificado de levantar as pernas para respirar, e a morte por asfixia ocorreria em questão de minutos. É claro, o Novo Testamento nos diz que as pernas de Jesus não foram quebradas, porque os soldados já tinham verificado que ele estava morto e apenas usaram a lança para confirmá-lo. Isso cumpriu outra profecia do Antigo Testamento sobre o Messias, de que seus ossos não seriam quebrados.

Interrompi novamente.

AS PROVAS MÉDICAS   257

— Algumas pessoas tentaram lançar dúvidas sobre os relatos dos evangelhos atacando a história da crucificação — eu disse. — Por exemplo, um artigo do *Harvard Theological Review* [Revista Teológica de Harvard] concluiu há muitos anos que há "surpreendentemente poucas evidências de que os pés de alguém que era crucificado fossem perfurados". Em vez disso, dizia o artigo, as mãos e pés da vítima eram amarrados à cruz com cordas.[10] Você não concorda que isso cria problemas de credibilidade para o relato do Novo Testamento?

Dr. Metherell veio para frente até ficar sentado bem na ponta da poltrona.

— Não, eu não acho — ele respondeu — porque a arqueologia agora comprovou que o uso de cravos era comum naquela época, apesar de admitir que às vezes se usavam cordas.

— Quais são as provas? — continuei.

— Em 1968, os arqueólogos encontraram em Jerusalém os restos mortais de cerca de 36 judeus que tinham morrido durante a revolta contra Roma, por volta do ano 70 d.C. Uma das vítimas, cujo nome parece ter sido Yohanan, foi crucificada. Veja que encontraram um cravo de 17 centímetros ainda enfiado em seu pé, com pedaços de madeira de oliveira da cruz ainda presos na ponta. Isso foi uma confirmação arqueológica excelente de um detalhe fundamental na descrição da crucificação dos evangelhos.

"Um a zero", pensei.

— Mas ainda outro ponto de discussão gira em torno da capacidade dos romanos em definir se Jesus estava morto — acrescentei. — Era um tempo de conhecimentos médicos e anatômicos muito rudimentares. Como podemos saber que eles não se enganaram ao declarar que Jesus não vivia mais?

— Posso lhe garantir que esses soldados não frequentaram uma faculdade de medicina. Mas lembre-se de que eles eram especialistas em matar pessoas: esse era o trabalho deles, e o faziam muito bem. Eles sabiam, sem sombra de dúvida, quando alguém estava morto e,

---

[10]HEWITT, J. W. "The Use of Nails in the Crucifixion". *Harvard Theological Review* 25 (1932), 29-45 apud MCDOWELL, Josh. *The Resurrection Factor*. San Bernardino: Here's Life, 1981. p. 45.

na verdade, isso não é tão difícil de descobrir. Além disso, se de algum modo algum prisioneiro escapasse, o soldado responsável era morto no lugar dele, o que lhe servia de grande incentivo para certificar-se com segurança de que cada vítima estava morta antes de ser retirada da cruz.

O ÚLTIMO ARGUMENTO

Recorrendo à história e à medicina, à arqueologia e até às regras militares romanas, Metherell tinha fechado todas as saídas: Jesus não poderia ter descido vivo da cruz. Contudo, levei-o ainda um pouco mais longe.

— Existe alguma mínima possibilidade, *algum meio possível,* de Jesus ter sobrevivido a isso?

Metherell balançou a cabeça e apontou o dedo para mim enfaticamente.

— De jeito nenhum — ele disse. — Lembre-se de que ele já estava em choque hipovolêmico da grande perda de sangue mesmo antes de a crucificação começar. Ele não poderia ter fraudado a morte, porque você não pode representar que não está respirando por muito tempo. Além disso, a lança enfiada em seu coração teria resolvido a questão de uma vez por todas. Os romanos também não estavam a fim de arriscar a própria vida deixando Jesus sair vivo dali.

— Então — eu disse —, quando alguém sugere que o que aconteceu com Jesus não passou de um desmaio na cruz...

— Eu lhe digo que isso é impossível. É uma teoria fantasiosa sem nenhuma base factual possível.

Eu ainda não estava pronto para encerrar a questão. Correndo o risco de frustrar o doutor, eu disse:

— Vamos especular que o impossível tenha acontecido e que Jesus de algum jeito conseguiu sobreviver à crucificação. Digamos que ele conseguiu se livrar dos panos em que estava enrolado, empurrar a grande pedra que foi colocada na entrada do seu túmulo e passar pelos soldados romanos que montavam guarda. Do ponto de vista médico, em que condição ele estaria quando foi encontrar seus discípulos?

Metherell não estava muito disposto a entrar na brincadeira.

AS PROVAS MÉDICAS   259

— Repito — ele enfatizou — que não há nenhuma possibilidade de ele ter sobrevivido à cruz. Mas, se tivesse, como ele poderia andar se seus pés foram perfurados daquele jeito? Como poderia aparecer na estrada para Emaús, pouco depois, e andar uma longa distância? Como poderia usar seus braços depois que eles foram distendidos e deslocados nas juntas? Lembre-se de que ele também tinha grandes ferimentos nas costas e o peito furado pela lança.

Ele fez uma pausa. Algo estalou em sua mente, e agora ele estava pronto para fazer uma afirmação final que cravaria uma estaca definitiva na teoria do desmaio. Era um argumento que ninguém conseguiu refutar, desde que foi levantado pelo teólogo alemão David Strauss, em 1835.

— Ouça. Alguém nesse tipo de condição tão patética jamais teria inspirado seus discípulos a sair e proclamar que ele é o Senhor da vida, que triunfou sobre o túmulo.

"Você entende o que estou dizendo? Depois de sofrer tortura tão severa, com a perda de sangue catastrófica e o trauma, sua aparência seria tão deplorável que os discípulos jamais o teriam proclamado como o vencedor da morte; teriam ficado com pena dele e tentado cuidar dele até que recuperasse a saúde.

"Por isso, é um despropósito pensar que, se Jesus lhes apareceu nesse estado horrível, seus seguidores seriam levados a começar um movimento mundial baseado na esperança de que um dia teriam um corpo ressuscitado como o dele. Não há possibilidade de isso acontecer."

UMA QUESTÃO PARA O CORAÇÃO

De modo convincente e magistral, Metherell tinha defendido seu argumento sem dar margem a nenhuma dúvida razoável. Ele o fizera concentrando-se unicamente em "como" tudo aconteceu. De que maneira Jesus foi crucificado de modo a assegurar com absoluta certeza sua morte? Mesmo assim, quando terminamos, senti que alguma coisa estava faltando. Eu tinha extraído dele o seu conhecimento, mas não toquei em seu coração. Por isso, quando levantamos para apertar as mãos, senti-me levado a fazer a pergunta do "porquê" que se fazia necessária.

— Alex, antes que eu vá, deixe-me pedir sua opinião sobre algo. Não a sua opinião de médico, não a sua avaliação científica, somente algo do seu coração.

Senti que ele baixou um pouco a guarda.

— Está bem — ele disse. — Vamos tentar.

— Jesus caminhou intencionalmente para os braços do seu traidor, não resistiu à prisão, não se defendeu no seu julgamento; está claro que ele se submeteu voluntariamente ao que você descreveu como uma forma humilhante e excruciante de tortura. Eu gostaria de saber qual foi o motivo. O que poderia ter motivado alguém a concordar em sofrer esse tipo de castigo?

Alexander Metherell, dessa vez o homem, não o médico, procurou pelas palavras certas.

— Francamente, não creio que uma pessoa comum teria feito isso — ele finalmente disse. — Mas Jesus sabia o que estava por vir, e se dispôs a passar por isso, porque essa era a única maneira de nos redimir: servindo como nosso substituto e sofrendo a pena de morte que nós merecemos pela rebelião contra Deus. Esse foi o motivo de sua missão ao vir à terra.

Enquanto ele dizia isso, eu ainda podia sentir que a mente sempre racional, lógica e organizada de Metherell continuava a reduzir minha pergunta à resposta mais básica e sólida.

— Então, se você pergunta o que o motivou — ele concluiu —, bem... imagino que a resposta pode ser resumida numa só palavra: *amor.*

Ao voltar de carro para casa naquela noite, foi essa resposta que sempre voltava à minha mente.

Somando tudo, minha viagem à Califórnia tinha sido muito proveitosa. Metherell tinha definido de modo convincente que Jesus não poderia ter sobrevivido ao suplício da cruz, uma forma de crueldade tão vil que os romanos isentavam dela seus cidadãos, exceto nos casos de alta traição.

As conclusões de Metherell concordavam com as descobertas de outros médicos que estudaram o caso a fundo. Entre eles está o Dr. William D. Edwards, cujo artigo, de 1986, no *Journal of the American Medical Association* [Jornal da Associação Médica Americana] concluiu:

AS PROVAS MÉDICAS

"Claramente, o peso das provas históricas e médicas indica que Jesus estava morto antes que fosse feito o ferimento em seu lado [...]. Por essa razão, as deduções que se baseiam no pressuposto de que Jesus não morreu na cruz estão em conflito com o conhecimento médico moderno".[11]

Aqueles que procuram dar outra explicação à ressurreição de Jesus afirmando que, de alguma forma, ele escapou das garras da morte no Gólgota precisam apresentar uma teoria que corresponda de modo mais plausível aos fatos.

E depois têm de ponderar sobre a pergunta inevitável que se levanta diante deles: O que poderia ter motivado Jesus a se entregar voluntariamente a tanta degradação e violência do modo que ele fez?

REFLEXÕES

PERGUNTAS PARA MEDITAÇÃO OU ESTUDO EM GRUPO

1. Depois de acompanhar o relato de Metherell, você ainda vê alguma validade na teoria do desmaio? Por que sim ou por que não?

2. Por dois milênios, a cruz tem sido um símbolo para os cristãos. Agora que você leu o testemunho de Metherell, como seu conceito pessoal sobre esse símbolo pode ser diferente daqui por diante?

3. Você estaria disposto a sofrer por alguma outra pessoa? Por quem e por quê? O que seria preciso para motivá-lo a sofrer tortura em lugar de outra pessoa?

4. Como você reagiria aos soldados se estivessem maltratando, humilhando e torturando você como fizeram com Jesus? O que poderia explicar a reação de Jesus, que exclamou em meio à agonia: "Pai, perdoa-lhes"?

---

[11]EDWARDS, William D. et al. "On the Physical Death of Jesus Christ". *Journal of the American Medical Association,* March 21, 1986, 1455-1463.

OUTRAS FONTES DE PROVAS

MAIS RECURSOS SOBRE ESSE ASSUNTO

COOK, John Granger. *Crucifixion in the Mediterranean World* [A crucificação no mundo mediterrâneo]. Tuebingen: Mohr Siebeck, 2015.

EDWARDS, William D. et al. On the physical death of Jesus Christ [Sobre a morte física de Jesus Cristo], *Journal of the American Medical Association*, 21 de março de 1986, p. 1455-63.

EVANS, Craig A.; WRIGHT, N. T. *Jesus, the Final Days: What Really Happened* [Jesus, os *últimos* dias: o que realmente aconteceu]. Louisville: Westminster John Knox Press, 2009.

FOREMAN, Dale. *Crucify him* [Crucifique-o]. Grand Rapids: Zondervan, 1990.

GIBSON, Shimon. *Os últimos dias de Jesus: a evidência arqueológica.* São Paulo: Landscape, 2009.

HENGEL, M. *Crucifixion in the ancient world* [A crucificação no mundo antigo]. Filadélfia: Fortress, 1977.

KÖSTENBERGER, Andreas J.; TAYLOR, Justin. *The Final Days of Jesus* [Os últimos dias de Jesus]. Wheaton: Crossway, 2014.

CAPÍTULO 12

As provas do corpo desaparecido

O CORPO DE JESUS REALMENTE
DESAPARECEU DO TÚMULO?

Helen Vorhees Brach, herdeira da Candy, voou até o aeroporto mais movimentado do mundo em uma tarde fria de outono, misturou-se à multidão e desapareceu sem deixar vestígios. Durante décadas, o mistério do que acontecera com essa filantropa ruiva que gostava de animais deixou perplexos tanto os policiais quanto os jornalistas.

Embora os investigadores estivessem certos de que ela fora assassinada, eles não conseguiram desvendar as circunstâncias específicas, em grande parte porque nunca encontraram o seu corpo. A polícia divulgou algumas especulações, vazou possibilidades provocativas para a imprensa e até conseguiu um juiz que declarou que um charlatão tinha sido o responsável pelo seu desaparecimento. Mas, sem corpo, o assassinato permaneceu oficialmente não solucionado. Ninguém jamais foi acusado de matá-la.

O caso Brach é um desses enigmas frustrantes que me tiram o sono de vez em quando, nos momentos em que repasso mentalmente as provas dispersas para tentar juntar as peças do que aconteceu. No fundo, é um exercício frustrante; eu quero *saber* o que aconteceu, e simplesmente não há fatos suficientes para superar as conjecturas.

Uma vez ou outra, os corpos desaparecem em histórias de ficção e na vida real, mas raramente você encontra um túmulo vazio. De um modo diferente do caso de Helen Brach, o problema com Jesus não é que ninguém mais o viu. O problema é que ele *foi* visto vivo; ele *foi* visto morto; e *foi* visto vivo mais uma vez. Ao crer nos relatos dos evangelhos, não se trata de um corpo desaparecido. De forma alguma! A questão é a de Jesus ainda estar vivo, até hoje, mesmo depois de sucumbir publicamente aos horrores da crucificação descrita de maneira tão detalhada no capítulo anterior.

O túmulo vazio, como símbolo permanente da ressurreição, é a maior prova da declaração de Jesus de que ele é Deus. O apóstolo Paulo disse, em 1Coríntios 15:17, que a ressurreição é a base da fé cristã: "Se Cristo não ressuscitou, inútil é a fé que vocês têm, e ainda estão em seus pecados".

O teólogo Gerald O'Collins expressa isso da seguinte forma: "Em sentido profundo, o cristianismo sem ressurreição não é simplesmente retirar o seu último capítulo. Simplesmente deixa de ser cristianismo".[1]

A ressurreição é a comprovação suprema da identidade divina de Jesus e de seu ensino inspirado. É a prova do seu triunfo sobre o pecado e a morte. É a antecipação da ressurreição dos seus seguidores. É a base da esperança cristã. É o maior de todos os milagres.

Mas isso *se* ela for verdadeira. Céticos afirmam que o que aconteceu com o corpo de Jesus ainda é um mistério, semelhante ao do desaparecimento de Helen Brach: não existem provas suficientes, dizem eles, para chegar a uma conclusão definitiva.

Outros, porém, afirmam que o caso está efetivamente encerrado, porque existem provas conclusivas de que o túmulo estava vazio naquela primeira manhã de Páscoa. E se você quer ver alguém defender esse argumento de modo convincente, o melhor a fazer é visitar

---

[1]O'COLLINS, Gerald. *The Easter Jesus.* Londres: Darton, Longman & Todd, 1973. p. 134 apud CRAIG, William Lane. *The Son Rises.* Chicago: Moody Pub, 1981. p. 136.

William Lane Craig, considerado um dos maiores especialistas do mundo sobre a ressurreição.

DÉCIMA PRIMEIRA ENTREVISTA

William Lane Craig, Ph.D., D.Th.

Tive uma impressão bem incomum na primeira vez em que vi Bill Craig em ação: eu estava sentado atrás dele enquanto ele defendia o cristianismo perante uma multidão de aproximadamente 8 mil pessoas, com mais um número incontável de ouvintes acompanhando-o através de mais de cem estações de rádio que transmitiam seu discurso por todos os Estados Unidos.

Na função de moderador de um debate entre Craig e um ateu escolhido pelo porta-voz nacional da American Atheists, Inc., fiquei maravilhado enquanto Craig, de uma forma educada, porém enérgica, apresentava a defesa do cristianismo e, ao mesmo tempo, desmantelava os argumentos em favor do ateísmo. De onde eu estava sentado, pude observar os rostos das pessoas enquanto elas descobriam — muitas pela primeira vez — que o cristianismo não sucumbe à análise racional e a um escrutínio aprofundado.

Acabou não havendo uma competição. Entre aqueles que estavam presentes no auditório naquela noite que se afirmaram sob juramento como ateus, agnósticos ou céticos, a grande maioria de 82% saiu convencida de que o cristianismo tinha sido mais bem defendido do que o ateísmo, e 47% entraram como descrentes e saíram como cristãos; foram persuadidos pelos argumentos de Craig em favor da fé, especialmente na comparação com a pobreza de evidências em favor do ateísmo. E, diga-se de passagem, ninguém se tornou ateu.[2]

Por isso, quando peguei o meu avião para Atlanta, a fim de entrevistá-lo para este livro, eu estava ansioso para ver como ele iria responder aos desafios relacionados com o túmulo vazio de Jesus.

---

[2]Você pode assistir o debate pelo Youtube, "Cristianismo x Ateísmo: William Lane Craig x Frank Zindler".

Ele não tinha mudado nem um pouco desde a última vez que eu o vi, há alguns anos. Com sua barba negra cortada rente, rosto anguloso e olhar firme, Craig tem a aparência típica de um professor e pesquisador. Ele fala de modo convincente, sem jamais perder a linha de pensamento, sempre trabalhando metodicamente uma resposta até o final, ponto por ponto, fato por fato.

No entanto, ele não é um teólogo frio. Craig tem um entusiasmo estimulante por seu trabalho. Seus olhos de um azul-pálido dançam enquanto ele elabora as suas proposições e teorias. Ele pontua suas frases com gestos que visam nos levar ao entendimento e à concordância. Sua voz vai da rapidez estonteante, quando ele trata de algum tópico antigo da teologia que acha fascinante, à calma sincera, quando ele reflete sobre a razão de alguns estudiosos resistirem às provas que ele acha tão convincentes.

Resumindo, sua mente e coração sempre estão bem centrados. Quando ele fala sobre os céticos com quem debateu, não é com um tom arrogante ou antagônico. Sempre que pode, ele se apressa em mencionar as suas qualidades cativantes: ser um orador maravilhoso e um cara muito gentil ao jantar.

Em meio aos detalhes da nossa conversa, senti que ele não visa esmagar os opositores com seus argumentos; pelo contrário, está sinceramente procurando convencer as pessoas, as quais ele acredita serem importantes para Deus. Craig fica realmente perplexo diante de pessoas que não conseguem ou não querem reconhecer a realidade do túmulo vazio.

DEFENDENDO O TÚMULO VAZIO

Vestindo calça jeans, meias brancas e um pulôver azul-escuro de gola olímpica vermelha, Craig espreguiçou-se em um sofá estampado com flores em sua sala de estar. Na parede por trás dele, havia um grande quadro emoldurado de Munique.

Foi nessa cidade, logo depois de obter seu grau de mestre em artes pela Faculdade Evangélica de Divindade Trinity e de doutorado em filosofia pela Universidade de Birmingham, na Inglaterra, que Craig começou a estudar a ressurreição, enquanto fazia outro doutorado,

AS PROVAS DO CORPO DESAPARECIDO

dessa vez em teologia, na Universidade de Munique. Mais tarde, ele deu aula na Faculdade Evangélica de Divindade Trinity e serviu como professor visitante no Instituto Superior de Filosofia, na Universidade de Louvain, perto de Bruxelas.

Entre seus livros estão *Reasonable faith* [Fé racional], *No easy answers* [Sem respostas fáceis], *Knowing the truth about the resurrection* [Conhecendo a verdade sobre a ressurreição], *O único Deus sábio, The existence of God and the beginning of the universe* [A existência de Deus e o princípio do universo] e (com Quentin Smith) *Theism, atheism, and big bang cosmology* [Teísmo, ateísmo e a cosmologia do Big bang], publicado pela Oxford University Press.

Ele também contribuiu com *The intellectuals speak out about God* [Os intelectuais falam sobre Deus], *Jesus under fire* [Jesus criticado], *In defense of miracles* [Em defesa dos milagres] e *Does God exist?* [Deus existe?] Além disso, seus artigos como professor foram publicados em revistas como *New Testament Studies* [Estudos de Novo Testamento], *Journal for the Study of the New Testament* [Jornal de Estudos de Novo Testamento], *Gospel Perspectives* [Perspectivas evangélicas], *Journal of the American Scientific Affiliation* [Jornal Americano de Associações Científicas] e *Philosophy*. É membro de nove associações de professores, entre as quais a American Academy of Religion [Associação,Filosófica Americana] e a American Philosophical Association [Associação,Filosófica Americana].

Mesmo sendo conhecido no mundo todo por seus escritos sobre a relação entre ciência, filosofia e teologia, ele não precisou de estímulo para falar do assunto que até hoje faz seu coração bater mais forte: a ressurreição de Jesus.

JESUS FOI MESMO SEPULTADO?

Antes de examinar se o túmulo de Jesus estava mesmo vazio, eu precisava garantir, em primeiro lugar, que seu corpo tinha sido colocado ali. Via de regra, a história nos conta que os criminosos crucificados ficavam pendurados na cruz para serem comidos por aves de rapina ou jogados em uma vala comum. Isso levou John Dominic Crossan, do Seminário Jesus, a concluir que o corpo de Jesus provavelmente tenha sido desenterrado dessa vala e devorado por cães selvagens.

— Tendo em vista essas práticas costumeiras — eu disse a Craig —, você não reconheceria que é bem mais provável que isso tenha acontecido?

— Se examinássemos somente essas práticas costumeiras, sim, eu concordaria — ele respondeu. — Mas isso passaria por cima das provas específicas desse caso.

— Está bem, então vamos observar as provas específicas — eu disse. Com isso, eu apresentei um problema imediato: os evangelhos dizem que o corpo de Jesus foi entregue a José de Arimateia, um membro do próprio conselho que votou pela morte de Jesus, o Sinédrio. — Isso é pouco provável, não é? — interroguei num tom que pareceu mais provocante do que eu pretendia.

Craig se endireitou no sofá como se estivesse se preparando para saltar sobre a minha pergunta.

— Não se você verificar todas as provas do sepultamento — ele disse. — Permita-me dar uma olhada nelas. Primeiro, vejamos 1Coríntios 15.3-7, onde o sepultamento é mencionado pelo apóstolo Paulo enquanto ele transmite um dos primeiros credos da igreja.

Concordei com a cabeça, pois o Dr. Craig Blomberg já tinha analisado esse credo de forma detalhada em nossa entrevista anterior. Craig concordava com a opinião de Blomberg de que o credo, sem dúvida, remonta a poucos anos após a crucificação de Jesus, tendo sido transmitido para Paulo logo depois da sua conversão, em Damasco, ou em sua visita subsequente a Jerusalém, quando ele encontrou os apóstolos Tiago e Pedro.

Já que Craig queria comentar o credo, abri rapidamente a Bíblia em meu colo e reli bem rápido a passagem: "O que primeiramente lhes transmiti foi o que recebi: que Cristo morreu pelos nossos pecados, segundo as Escrituras, foi sepultado e ressuscitou no terceiro dia, segundo as Escrituras...". Depois o credo continua relatando várias aparições do Jesus ressuscitado.

— Esse credo é incrivelmente antigo e, por isso, é um material confiável — disse Craig. — Ele é composto basicamente de um esquema de quatro versos. O primeiro faz referência à crucificação; o segundo, ao sepultamento; o terceiro, à ressurreição e o quarto, às aparições de Jesus. Como você pode ver, o segundo verso confirma o sepultamento de Cristo.

Isso estava vago demais para mim.

AS PROVAS DO CORPO DESAPARECIDO

— Espere aí! — interrompi. — Ele pode ter sido sepultado, mas será que foi num túmulo? E será que foi pelas mãos de José de Arimateia, esse personagem misterioso que sai do nada para requerer o corpo?

Craig não perdeu a paciência.

— Esse credo é, na verdade, um resumo totalmente fiel ao que os evangelhos ensinam — ele explicou. — Quando nos voltamos para os evangelhos, encontramos várias confirmações independentes dessa história de sepultamento, e José de Arimateia é mencionado pelo nome em todos os quatro relatos. Além disso, a história de Marcos é tão extremamente antiga que simplesmente não é possível ter sido vítima de corrupção lendária.

— Com base em que você pode afirmar que ela é antiga? — perguntei.

— Em duas razões — ele respondeu. — A primeira é que Marcos geralmente é considerado o evangelho mais antigo. Em segundo lugar, seu evangelho consiste basicamente em breves histórias sobre Jesus, mais como pérolas em um fio do que uma fluente narrativa contínua. No entanto, quando se chega à última semana da vida de Jesus, a chamada história da Paixão, tem-se uma narrativa contínua de eventos em sequência. Essa história parece ter sido tirada por Marcos de uma fonte ainda mais antiga que incluía a história de Jesus sendo sepultado.

JOSÉ DE ARIMATEIA É UM PERSONAGEM HISTÓRICO?

Embora esses argumentos fossem bons, eu detectei um problema com o relato de Marcos.

— Marcos diz que todo o Sinédrio votou para condenar a Jesus — eu disse. — Se isso é verdade, significa que José de Arimateia deu o seu voto em favor da morte de Jesus. Não é bastante improvável que ele depois viesse para dar a Jesus um sepultamento honroso?

Parece que minha observação me pôs em boa companhia.

— Lucas pode ter tido a mesma inquietação — Craig concordou —, o que explicaria o motivo de ele acrescentar um detalhe importante: que José de Arimateia não estava presente quando da votação oficial. Isso explicaria a situação. O detalhe importante sobre José de

Arimateia, porém, é que ele não era o tipo de pessoa que teria sido inventado por lendas ou autores cristãos.

Eu precisava de mais do que simplesmente alguma conclusão sobre esse assunto. Queria um raciocínio sólido.

— Por que não? — perguntei.

— Considerando a raiva e o ressentimento que os primeiros cristãos tinham em relação aos líderes judeus que haviam instigado o povo a pedir a crucificação de Jesus, — ele disse — é altamente improvável que tenham inventado alguém que fez a coisa certa ao dar a Jesus um sepultamento honroso, especialmente enquanto todos os seus discípulos o abandonaram! Além disso, não inventariam um membro específico de um grupo específico que poderia ser conferido e investigado por qualquer pessoa. Portanto, José é sem dúvida um personagem histórico.

Antes de eu poder fazer mais uma pergunta complementar sobre esse assunto, Craig continuou.

— Além disso, se esse sepultamento realizado por José fosse uma lenda que surgiu mais tarde, poderíamos esperar que surgissem outras tradições sobre o sepultamento ou o que aconteceu com o corpo de Jesus. No entanto, não existe nenhuma outra versão. Por esse motivo, a maioria dos estudiosos do Novo Testamento hoje em dia concorda que o relato do sepultamento de Jesus é, basicamente, confiável. John A. T. Robinson, o falecido professor de Novo Testamento da Universidade de Cambridge, disse que o sepultamento honroso de Jesus é um dos fatos mais antigos e mais bem confirmados que temos sobre o Jesus histórico.

As explicações de Craig de que o corpo de Jesus foi realmente colocado no túmulo de José me satisfizeram. O credo, no entanto, dava margem a uma ambiguidade: seu corpo, depois da ressurreição, talvez tivesse ficado dentro do túmulo.

— Ainda que o credo diga que Jesus tenha sido crucificado, sepultado e depois ressuscitado, ele não afirma de um modo específico que o túmulo estava vazio — ressaltei. — Isso não dá margem para a possibilidade de a ressurreição ter sido apenas de natureza espiritual, e do corpo de Jesus ter permanecido no túmulo?

— O credo com certeza dá a entender o túmulo vazio — Craig rebateu. — Veja, os judeus tinham um conceito físico sobre a ressurreição.

Para eles, o principal objeto da ressurreição eram os ossos do falecido, não era nem mesmo a carne, que era considerada perecível. Depois que a carne apodrecia, os judeus ajuntavam os ossos dos seus mortos e os colocavam em caixas, para serem preservados até a ressurreição no fim dos tempos, quando Deus levantaria os mortos justos de Israel e estariam todos juntos no Reino definitivo de Deus.

— À luz disso, teria sido simplesmente uma contradição de termos para um judeu antigo dizer que alguém ressuscitou dentre os mortos, mas o seu corpo continuou no túmulo. Por isso, quando esse credo cristão antigo diz que Jesus foi sepultado e depois ressurgiu no terceiro dia, está dizendo de forma implícita, mas muito clara: deixou-se um túmulo vazio para trás.

QUAL O NÍVEL DE SEGURANÇA DO TÚMULO?

Logo depois de ouvir as provas convincentes de que Jesus esteve no túmulo, pareceu-me importante saber o quanto esse túmulo estava protegido de influências de fora. Quanto maior a segurança, menor a probabilidade de que o corpo tivesse sido manipulado.

— Qual o nível de proteção do túmulo de Jesus? — perguntei.

Craig passou a descrever a maneira pela qual esse tipo de túmulo era fechado, a partir das melhores descobertas dos arqueólogos em escavações de sítios do primeiro século.

— Havia uma canaleta em declive que conduzia a uma entrada baixa, e uma grande pedra em forma de disco era rolada por essa canaleta e encaixada em frente à passagem — ele descreveu, usando as mãos para ilustrar o que estava dizendo. — Depois, uma pedra menor era usada para firmar o disco. Embora fosse fácil rolar esse grande disco canaleta abaixo, seriam necessários vários homens para rolá-lo de volta para reabrir o túmulo. Nesse sentido, ele era bem seguro.

No entanto, será que o túmulo de Jesus era bem vigiado? Eu sabia que alguns céticos tentam lançar dúvidas sobre a crença popular de que o túmulo de Jesus foi guardado com atenção, sem interrupção, por soldados romanos altamente disciplinados, que enfrentariam a própria morte se falhassem em sua tarefa.

— Você tem certeza de que existiam esses guardas romanos? — perguntei.

— Somente Mateus relata que foram colocados guardas em torno do túmulo — Craig respondeu. — Mas seja como for, não creio que a história dos guardas seja uma faceta importante das provas em favor da ressurreição. Por um lado, ela é muito questionada pelos pesquisadores de hoje. Acho que é prudente basear meus argumentos em provas que são mais amplamente aceitas pela maioria dos estudiosos, por isso, prefiro deixar de lado a história dos guardas.

A postura dele me surpreendeu.

— Mas isso não enfraquece a sua defesa? — perguntei.

Craig balançou a cabeça.

— Francamente, a história dos guardas pode ter sido importante no século 18, quando os críticos sugeriam que os discípulos roubaram o corpo de Jesus, mas hoje em dia ninguém mais adota essa teoria — ele esclareceu e continuou: — Quando se lê o Novo Testamento, não há margem de dúvida de que os discípulos sinceramente acreditavam na verdade da ressurreição. A ideia de que o túmulo vazio é resultado de alguma farsa, conspiração ou roubo é simplesmente rejeitada hoje em dia. Assim, a história dos guardas tornou-se bem secundária.

HAVIA MESMO GUARDAS?

Mesmo assim, eu estava interessado na existência de provas que confirmassem a história dos guardas em Mateus. Apesar de eu entender as razões de Craig para colocar o assunto de lado, insisti em perguntar se existem provas convincentes de que o relato é um fato histórico.

— Sim, existem — ele disse. — Pense sobre as declarações e as negações sobre a ressurreição trocadas entre judeus e cristãos no primeiro século. A primeira proclamação dos cristãos foi: "Jesus ressuscitou". Os judeus respondiam: "Os discípulos roubaram o corpo dele". A isso os cristãos replicavam: "Impossível, porque os guardas no túmulo teriam impedido esse roubo". Os judeus argumentavam: "Bem, os guardas no túmulo tinham adormecido". E os cristãos rebatiam: "Não, os judeus é que subornaram os guardas para dizerem que adormeceram". Muito bem, se não tivesse havido guardas, a discussão teria sido mais ou menos esta: em reação à afirmação de que Jesus ressuscitou, os judeus diriam: "Os discípulos roubaram o corpo dele". Os cristãos replicariam:

"Mas os guardas teriam impedido o roubo". E a resposta dos judeus teria sido: "Que guardas? Vocês estão delirando! Não havia guardas!". Os registros históricos nos mostram que não era isso que os judeus diziam. Isso indica que os guardas existiram mesmo e que os judeus sabiam disso, razão pela qual tiveram de inventar a história absurda de que os guardas adormeceram enquanto os discípulos levaram o corpo.

Novamente, uma pergunta insistente me fez interrompê-lo.

— Parece haver ainda outro problema aqui — eu disse, fazendo uma pausa para formular minha objeção da forma mais resumida possível. — Por que, afinal, as autoridades judaicas teriam colocado guardas no túmulo? Se eles estavam esperando que ele ressuscitasse ou que os discípulos simulassem a ressurreição, isso significaria que eles acreditavam mais nas predições de Jesus do que os discípulos! Afinal de contas, os discípulos ficaram surpresos com tudo o que aconteceu.

— Você pôs o dedo na ferida — Craig admitiu. — Entretanto, também pode ser que eles tenham colocado guardas para impedir que roubos nos túmulos ou outras perturbações acontecessem durante a Páscoa. Não sabemos. O argumento é bom; eu concordo com a sua força. Mas não acredito que ele seja insuperável.

De qualquer forma, ele levanta questões em relação à história dos guardas. Mais uma objeção veio à minha mente.

— Mateus diz que os guardas romanos prestaram relatório às autoridades judaicas. Isso não parece improvável, já que eles eram responsáveis diante de Pilatos?

Um leve sorriso iluminou o rosto de Craig.

— Se você olhar com atenção, Mateus não diz que os guardas eram romanos. Quando os judeus vão até Pilatos para lhe pedir uma guarda, ele diz: "Vocês têm a sua guarda". Muito bem, será que ele está dizendo: "Está bem, aqui está um destacamento de soldados?". Ou está querendo dizer: "Vocês têm os seus próprios guardas do templo. Façam uso deles"?

"Os pesquisadores debatem se a guarda era judaica ou não. Inicialmente, minha tendência era pensar que ela era judaica, pelo motivo que você mencionou. Reconsiderei, porém, porque a palavra que Mateus usa para referir-se aos guardas é aplicada com mais frequência a soldados romanos do que a simples oficiais do templo.

"Além disso, lembre-se de que João nos diz que foi um centurião romano que conduziu os soldados romanos para prender Jesus, sob as ordens dos líderes judeus. Isso mostra um precedente de guardas romanos reportando-se a autoridades religiosas judaicas. Parece plausível que eles também tivessem como tarefa guardar o túmulo."

Avaliando as provas, senti-me convencido de que havia guardas no túmulo, mas decidi interromper essa sequência de perguntas, já que Craig não dá mesmo muita importância à história dos guardas. Eu também já estava ansioso para confrontar Craig com o que parece ser o argumento mais persuasivo contra a ideia de que o túmulo de Jesus estava vazio na manhã da Páscoa.

E AS CONTRADIÇÕES?

Com o passar dos anos, os críticos do cristianismo atacaram a história do túmulo vazio, levantando aparentes discrepâncias entre os relatos dos evangelhos. Por exemplo, o cético Charles Templeton disse recentemente: "As quatro descrições dos eventos [...] diferem de modo tão marcante que, com toda a boa vontade do mundo, não há como conciliá-las".[3]

Se aceitarmos essa objeção, entenderemos que ela fere de morte a confiabilidade das narrativas do túmulo vazio. Veja este resumo feito pelo Dr. Michael Martin, da Universidade de Boston, que li para Craig naquela manhã:

> Em Mateus, quando Maria Madalena e a outra Maria chegaram ao túmulo antes do amanhecer, existia uma pedra diante dele, aconteceu um terremoto violento, e um anjo desceu para rolar a pedra para o lado. Em Marcos, as mulheres chegaram no túmulo ao nascer do sol e a pedra já tinha sido tirada. Em Lucas, quando as mulheres chegaram ao amanhecer, viram que a pedra já tinha sido retirada.
>
> Em Mateus, um anjo está sentado sobre a rocha fora do túmulo, e em Marcos um jovem está sentado dentro do túmulo. Em Lucas, há dois homens lá dentro.

---

[3]TEMPLETON, Charles. *Farewell to God*. Toronto: McClelland & Stewart, 1996. p. 120.

AS PROVAS DO CORPO DESAPARECIDO

Em Mateus, as mulheres presentes no túmulo são Maria Madalena e a outra Maria. Em Marcos, as mulheres presentes no túmulo são as duas Marias e Salomé. Em Lucas, Maria Madalena, Maria, a mãe de Tiago, Joana e as outras mulheres estão presentes no túmulo.

Em Mateus, as duas Marias saem correndo do túmulo, cheias de medo e alegria, para dar a notícia aos discípulos, e encontram Jesus no caminho. Em Marcos, elas saem correndo do túmulo cheias de medo e não dizem nada a ninguém. Em Lucas, as mulheres contam a história aos discípulos, que não acreditam nelas e não há indicação de que eles se encontraram com Jesus.[4]

— Além disso — eu disse a Craig —, Martin mostra que João difere dos outros três evangelhos em muitas coisas. Ele conclui: "Resumindo, os relatos do que aconteceu no túmulo ou são incoerentes ou só podem ser tornados coerentes com a ajuda de interpretações nada plausíveis".[5]

Parei de ler e levantei os olhos das minhas anotações. Olhando bem para Craig, perguntei-lhe de repente:

— À luz de tudo isso, como é possível considerar verídica a história do túmulo vazio?

Imediatamente, eu percebi uma coisa sobre a postura de Craig. Na conversa informal ou ao discutir objeções mornas ao túmulo vazio, ele é bem tranquilo. Mas, quanto mais difícil é a pergunta e quanto maior é o desafio, mais animado e concentrado ele fica. A essa altura, sua linguagem corporal me dizia que ele mal podia esperar para mergulhar nessas águas aparentemente perigosas.

Limpando a garganta, Craig começou:

— Com o devido respeito, Michael Martin é um filósofo, não um historiador, e não creio que ele entenda o trabalho de um historiador. Para um filósofo, se algo for incoerente, a lei da não-contradição diz: "Isso não pode ser verdadeiro; fora com isso!". O historiador, porém, olha para essas narrativas e diz: "Vejo algumas incoerências, mas há algo de comum nelas: todas dizem respeito a detalhes secundários". O cerne da história não

---

[4]MARTIN, Michael. *The Case against Christianity*. Filadelfia: Temple University Press, 1991. p. 78, 79.
[5]Ibid., p. 81.

muda: José de Arimateia toma o corpo de Jesus, coloca-o em um túmulo, que é visitado bem cedo no domingo depois da crucificação por um pequeno grupo de mulheres que seguiam Jesus e constata que o túmulo está vazio. Elas têm uma visão de anjos que dizem que Jesus ressuscitou.

E continuou:

— O historiador atento, ao contrário do filósofo, não joga fora o bebê junto com a água do banho. Ele diz: "Isso indica que há uma base histórica neste relato que é confiável, por mais conflitantes que sejam os detalhes secundários". Portanto, podemos ter grande confiança no núcleo central comum às narrativas e com o qual concordaria a maioria dos estudiosos do Novo Testamento hoje em dia, mesmo que haja algumas diferenças quanto aos nomes das mulheres, a hora exata de manhã, o número de anjos e assim por diante. Esse tipo de discrepâncias secundárias não incomodaria um historiador.

Mesmo o historiador geralmente cético Michael Grant, professor na Faculdade Trinity, em Cambridge, e na Universidade de Edimburgo, concorda em seu livro *Jesus: An Historian's Review of the Gospels* [Jesus: uma revisão dos evangelhos por um historiador]: "É verdade que a descoberta do túmulo vazio é descrita de modo diferente pelos vários evangelhos, mas, se aplicarmos os mesmos critérios que se aplicam a qualquer outra fonte literária antiga, as provas são suficientemente fortes e plausíveis para nos levar a concluir que o túmulo foi, realmente, encontrado vazio".[6]

AS DISCREPÂNCIAS PODEM SER HARMONIZADAS?

Cobrindo julgamentos de tribunais, muitas vezes já vi duas testemunhas darem exatamente o mesmo testemunho, até nos mínimos detalhes, para depois serem desmascarados pelo advogado de defesa por terem combinado tudo antes do julgamento. Por isso, eu disse a Craig:

— Imagino que, se os quatro evangelhos fossem idênticos em todas as minúcias, isso levantaria a suspeita de plágio.

---

[6]GRANT, Michael. *Jesus: A Historian's Review of the Gospels*. Nova York: Charles Schribner's Sons, 1977. p. 176.

— Sim, essa é uma observação muito boa — ele concordou. — As diferenças entre as narrativas do túmulo vazio indicam que temos várias confirmações independentes da história do túmulo vazio. Às vezes as pessoas dizem: "Mateus e Lucas só fizeram um plágio de Marcos", mas, ao analisar as narrativas de perto, você vê divergências que indicam que, mesmo que Mateus e Lucas conhecessem o relato de Marcos, eles também tinham fontes separadas e independentes da história do túmulo vazio. Por isso, com esses diversos relatos independentes, nenhum historiador descartaria essas evidências só por causa de discrepâncias secundárias.

Ele explicou:

— Deixe-me dar-lhe um exemplo secular. Temos duas narrativas da travessia dos Alpes por Aníbal para atacar Roma, e elas são incompatíveis e irreconciliáveis. Entretanto, nenhum historiador clássico duvida que Aníbal levou a cabo sua campanha. Essa é uma ilustração extrabíblica sobre discrepâncias em detalhes secundários que não chegam a minar o cerne do registro histórico.

Concordei sobre a força desse argumento. E, refletindo sobre a crítica de Martin, pareceu-me que algumas das suas supostas contradições podiam ser facilmente conciliadas. Mencionei isso a Craig:

— Será que não existem maneiras de harmonizar algumas das diferenças entre os relatos?

— Sim, você está certo, elas existem — respondeu Craig. — Por exemplo, a hora da visita ao túmulo. Um escritor pode dizer que ainda estava escuro e o outro que estava começando a clarear, mas isso é como o otimista e o pessimista discutindo se um copo está quase cheio ou quase vazio. Era amanhecer, e eles estavam contando a mesma coisa com palavras diferentes. Quanto ao número e aos nomes das mulheres, nenhum dos evangelhos afirma apresentar uma lista completa. Todos incluem Maria Madalena e outras mulheres, de modo que provavelmente o grupo de mulheres continha essas e outras discípulas não citadas pelo nome. Eu acho que seria pedante dizer que isso é uma contradição.

— E quanto aos relatos diferentes do que aconteceu depois? — perguntei. — Marcos disse que as mulheres não falaram com ninguém, ao contrário dos outros evangelhos.

Craig explicou:

— Quando se observa a teologia de Marcos, percebe-se que ele gosta de enfatizar espanto, medo, temor e adoração na presença do divino. Portanto, essa reação das mulheres, de fugir cheias de medo e tremor, sem dizer nada a ninguém de tão assustadas, faz parte do estilo literário e teológico de Marcos. Pode bem ser que esse silêncio tenha sido temporário, e depois as mulheres voltaram a disseram aos outros o que tinha acontecido. Na verdade, — Craig terminou com um sorriso maroto —, *tinha* de ser um silêncio temporário; senão Marcos não poderia estar contando essa história!

Eu queria perguntar sobre outra discrepância mencionada com frequência.

— Jesus disse em Mateus 12.40: "Assim como Jonas esteve três dias e três noites no ventre de um grande peixe, assim o Filho do homem ficará três dias e três noites no coração da terra". No entanto, os evangelhos contam que Jesus na verdade ficou no túmulo apenas um dia inteiro, duas noites e parte de outros dois dias. Esse não é um exemplo de Jesus não cumprir corretamente sua própria profecia?

— Alguns cristãos bem-intencionados usaram esse versículo para dizer que Jesus foi crucificado na quarta-feira, e não na sexta-feira, para obter três dias inteiros no túmulo! — Craig acrescentou. — No entanto, a maioria dos estudiosos reconhece que, de acordo com a maneira de os judeus antigamente contarem o tempo, uma parte, mesmo que pequena, de um dia contava como um dia inteiro. Jesus esteve no túmulo de sexta-feira à tarde, passando pelo sábado inteiro, até domingo de manhã. De acordo com a forma de os judeus contarem o tempo naquela época, isso seria contado como três dias.[7]

— Mais uma vez — concluí —, esse é apenas mais um exemplo de quantas dessas discrepâncias podem ser explicadas ou minimizadas com algumas pesquisas históricas ou simplesmente analisando-as com a mente aberta.

---

[7]O estudo do pesquisador Glenn Miller sobre a literatura rabínica apoia isso. Ele explicou: "O rabino Eleazar ben Azariah, o décimo na descendência de Esdras, foi bem específico: "Um dia e uma noite são uma *Onah* ["uma porção de tempo"] e uma porção de *Onah* é considerado como uma porção total" (*Talmude de Jerusalém*, Shabbath 9.3 e *Talmude Babilônico*, Pesahim 4a).

PODEMOS CONFIAR NAS TESTEMUNHAS?

Os evangelhos concordam entre si que o túmulo vazio foi descoberto por mulheres que eram amigas e seguidoras de Jesus. Isso, porém, na opinião de Martin, lança suspeitas sobre o testemunho delas, pois "provavelmente elas não foram observadoras objetivas".

Por isso, coloquei a seguinte pergunta para Craig:

— Será que o relacionamento dessas mulheres com Jesus pode pôr em dúvida a confiabilidade do testemunho delas?

Sem saber, eu tinha ido ao encontro do pensamento dele.

— Na verdade, esse argumento se volta contra as pessoas que o usam — ele respondeu. — Com certeza, essas mulheres eram amigas de Jesus. Mas, para quem conhece o papel das mulheres na sociedade judaica do primeiro século, o simples fato de essa história contar que mulheres descobriram, em primeira mão, o túmulo vazio é algo realmente extraordinário. As mulheres estavam em um nível muito baixo na escala social da Palestina do primeiro século. Há antigas declarações de rabinos dizendo o seguinte: "É preferível que as palavras da *Torá* sejam queimadas do que entregues a mulheres", e: "Feliz é quem tem filhos, mas ai de quem tem filhas". O testemunho das mulheres era considerado tão sem valor que elas não eram nem admitidas como testemunhas em um tribunal judaico.

Craig concluiu:

— Em vista disso, é realmente notável que as principais testemunhas do túmulo vazio sejam essas mulheres que eram amigas de Jesus. Qualquer relato lendário posterior certamente teria colocado os discípulos descobrindo o túmulo: Pedro e João, por exemplo. O fato de mulheres serem as primeiras testemunhas do túmulo vazio é explicado de modo mais plausível em vista de que, quer eles gostassem ou não, *foram elas* que de fato encontraram o túmulo vazio! Isso mostra que os escritores dos evangelhos registraram fielmente o que aconteceu, mesmo sendo-lhes embaraçoso. Isso depõe a favor da historicidade dessa tradição, e não da sua condição de lenda.

POR QUE AS MULHERES FORAM AO TÚMULO?

A explicação de Craig, no entanto, deixou outra pergunta em aberto: por que as mulheres iriam ungir o corpo de Jesus se sabiam que seu túmulo estava bem fechado?

— Essas ações delas realmente fazem sentido? — perguntei.

Craig pensou por um instante antes de responder, dessa vez não usou o tom em que costuma falar em debates, e sim um tom mais brando.

— Lee, eu realmente acho que os pesquisadores que não fazem ideia do amor e da devoção que essas mulheres tinham por Jesus não deveriam emitir juízo sobre a verossimilhança do que elas queriam fazer. Em relação a pessoas que estão de luto, que perderam alguém que seguiam e amavam desesperadamente, a ponto de quererem visitar o túmulo na última esperança de ungir o corpo, eu simplesmente não creio que um crítico posterior possa tratá-las como robôs e dizer: "Elas não deviam ter ido".

Ele deu de ombros:

— Quem sabe elas achassem que haveria homens por perto que poderiam remover a pedra. Se havia guardas, pode ser que contassem com eles. Eu não sei. Com certeza, a ideia de visitar um túmulo para derramar óleo sobre um corpo é uma prática judaica antiga comprovada; a única pergunta é quem elas achavam que poderia tirar a pedra. E não creio que tenhamos condições de emitir algum juízo se elas não deviam simplesmente ter ficado em casa.

POR QUE OS CRISTÃOS NÃO FALAVAM DO TÚMULO VAZIO?

Ao me preparar para a entrevista com Craig, ouvi várias afirmações céticas dizendo que um dos argumentos principais contra o túmulo vazio é que nenhum dos apóstolos, Pedro incluso, incomodou-se ao ponto de falar do túmulo vazio nas suas pregações. Craig arregalou os olhos quando lhe coloquei a questão.

— Acho que isso não corresponde aos fatos — ele respondeu, com certa perplexidade na voz, apanhando sua Bíblia e abrindo no segundo capítulo de Atos, que registra o sermão de Pedro durante o Pentecostes. — O túmulo vazio *está* no discurso de Pedro — insistiu. — Ele proclama no versículo 24 que "Deus o ressuscitou dos mortos, rompendo os laços da morte". Em seguida, ele cita um salmo que diz que Deus não permitiria que seu Santo sofresse decomposição. Isso fora escrito por Davi, e Pedro diz: "Irmãos, posso dizer-lhes com franqueza que o patriarca Davi morreu e foi sepultado, e o seu túmulo está entre

AS PROVAS DO CORPO DESAPARECIDO

nós até o dia de hoje". Porém, diz ele, Cristo "não foi abandonado no sepulcro, e seu corpo não sofreu decomposição. Deus ressuscitou este Jesus, e todos nós somos testemunhas deste fato".

Craig levantou os olhos da Bíblia.

— Esse discurso contrasta o túmulo de Davi, que existia até aquela época, com a profecia em que Davi diz que Cristo seria levantado: sua carne não se decomporia. Está claramente implícito que o túmulo ficou vazio.

Então, virou as páginas até um capítulo posterior de Atos.

— Em Atos 13.29-31, Paulo diz: "Tendo cumprido tudo o que estava escrito a respeito dele, tiraram-no do madeiro e o colocaram num sepulcro. Mas Deus o ressuscitou dos mortos, e, por muitos dias, foi visto por aqueles que tinham ido com ele da Galileia para Jerusalém". Sem sombra de dúvida, o túmulo vazio está implícito aqui.

Craig fechou a Bíblia e acrescentou:

— Creio que é bastante fraco e injustificado alegar que esses primeiros pregadores não se referiram ao túmulo vazio, só porque não usaram as palavras exatas *túmulo vazio*. Não há dúvida de que eles sabiam, e seus ouvintes entenderam assim, que o túmulo de Jesus estava vazio.

EXISTEM PROVAS AFIRMATIVAS?

Eu tinha passado a primeira parte da nossa entrevista bombardeando Craig com objeções e argumentos que questionavam o túmulo vazio. Mas de repente percebi que não lhe dera a oportunidade de defender sua posição com argumentos afirmativos. Enquanto ele aludia a várias razões para acreditar que o túmulo de Jesus estava desocupado, eu disse:

— Por que você não me mostra o seu melhor argumento? Convença-me com suas quatro ou cinco principais razões para crer que o túmulo vazio é um fato histórico.

Craig aceitou o desafio. Um por um, ele formulou seus argumentos, de modo conciso e convincente.

— Em primeiro lugar, o túmulo vazio está claramente implícito na tradição antiga que é transmitida por Paulo em lCoríntios 15, que é uma fonte de informações históricas sobre Jesus muito antiga e confiável.

"Segundo, o lugar em que Jesus fora sepultado era conhecido tanto pelos cristãos quanto pelos judeus. Portanto, se o túmulo não estivesse vazio, seria impossível criar um movimento fundado a partir da crença na ressurreição, na mesma cidade onde esse homem fora publicamente executado e sepultado.

"Terceiro, podemos dizer, pela linguagem, pela gramática e pelo estilo literário, que Marcos obteve sua história do túmulo vazio (na verdade, toda sua narrativa da Paixão) de uma fonte anterior. Na verdade, há evidências de que essa fonte já existia por escrito antes do ano 37 d.C., que é uma data muito precoce para que a fonte tenha sido corrompida seriamente por uma lenda. A. N. Sherwin-White, o renomado historiador greco-romano clássico da Universidade de Oxford, disse que teria sido sem precedentes em qualquer lugar da história que uma lenda surgisse tão rapidamente e distorcesse os evangelhos de modo tão significativo.

"Quarto, temos a simplicidade da história do túmulo vazio em Marcos. Relatos de ficção apócrifos do século 2 contêm todos os tipos de floreios narrativos, em que Jesus sai do túmulo em glória e poder, e todos o veem, desde sacerdotes e autoridades judaicas até os guardas romanos. Assim são as lendas, mas elas só surgem gerações após os eventos, quando todas as testemunhas oculares já morreram. Em contraste, o relato que Marcos faz da história do túmulo vazio chama a atenção por sua simplicidade e ausência de comentários da reflexão teológica.

"Quinto, o testemunho unânime de que o túmulo foi encontrado vazio por mulheres fala em favor da autenticidade da história, porque seria embaraçoso para os discípulos admitir tal fato, que muito provavelmente teria sido encoberto se fosse uma lenda.

"Sexto, a polêmica mais antiga com os judeus pressupõe a historicidade do túmulo vazio. Em outras palavras, não havia ninguém que afirmasse que o túmulo ainda continha o corpo de Jesus. A pergunta era sempre: "O que aconteceu com o corpo?". Os judeus propuseram a história ridícula de que os guardas tinham adormecido. É evidente que eles estavam se agarrando a qualquer argumento para se salvar. O que importa é que eles partiram da pressuposição de que o túmulo estava vazio! Por quê? Porque sabiam que estava!"

AS PROVAS DO CORPO DESAPARECIDO

E AS TEORIAS ALTERNATIVAS?

Fiquei ouvindo com atenção enquanto Craig expunha cada ponto, e para mim os seis argumentos formavam uma defesa definitiva. Todavia, eu ainda queria ver se havia alguns furos, antes de concluir que tudo estava bem vedado.

— Kirsopp Lake propôs, em 1907, que as mulheres simplesmente se dirigiram até o túmulo errado — eu afirmei. — Ele disse que elas se perderam, e um zelador no túmulo errado lhes disse: "Vocês estão procurando por Jesus de Nazaré. Ele não está aqui", e elas saíram correndo, assustadas. Essa não é uma explicação plausível?[8]

Craig suspirou.

— Lake não conseguiu atrair nenhum seguidor com essa afirmação — ele respondeu. — A razão é que o lugar do sepultamento de Jesus era conhecido pelas autoridades judaicas. Mesmo que as mulheres tivessem cometido esse engano, as autoridades teriam tido o prazer de mostrar o túmulo e corrigir o erro dos discípulos quando estes começaram a proclamar que Jesus tinha ressuscitado. Não sei de ninguém que siga a teoria de Lake hoje em dia.

Francamente, as outras opções também não pareciam ser muito plausíveis. Era óbvio que os discípulos não tinham nenhum motivo para roubar o corpo e depois morrer por uma mentira, e certamente as autoridades judaicas não teriam removido o corpo. Então eu disse:

— Resta a teoria de que o túmulo vazio é uma lenda posterior e que, quando foi difundida, ninguém mais pôde provar o contrário, porque sua localização foi esquecida. Esse assunto é debatido desde 1835, quando David Strauss afirmou que essas histórias eram lendárias — respondeu Craig. — É por isso que, em nossa conversa hoje, nós nos concentramos tanto nessa hipótese da lenda, mostrando que a história do túmulo vazio remonta a poucos anos após os eventos. Isso torna a teoria da lenda inútil. Mesmo que haja alguns elementos lendários nos detalhes secundários da história, o cerne está solidamente confirmado.

---

[8]LAKE, Kirsopp. *The historical Evidence for the Resurrection of Jesus Christ*. Londres: William & Norgate, 1907, p. 247-79 apud CRAIG, William Lane. *Knowing the Truth about the Resurrection*. Ann Arbor: Servant, 1988. p. 35, 36.

Sim, havia respostas para essas explicações alternativas. Com um estudo sério, todas as teorias pareciam desmoronar sob o peso das provas e da lógica. A única opção que restava era crer que o Jesus crucificado voltou à vida, conclusão que algumas pessoas consideram extraordinária demais para engolir. Pensei por um momento sobre a maneira de colocar isso para Craig em forma de pergunta. Finalmente, eu disse:

— Mesmo admitindo que essas teorias alternativas têm furos, será que elas não são mais plausíveis do que a ideia totalmente incrível de que Jesus era Deus encarnado que foi levantado dos mortos?

— Creio que essa é a questão principal — ele concordou, inclinando-se para frente. — Creio que as pessoas que vêm com essas teorias alternativas admitem: "Sim, nossas teorias não são plausíveis, mas elas não são tão improváveis como a ideia de que esse milagre espetacular aconteceu". Entretanto, nesse ponto a questão não é mais histórica; já é uma questão filosófica, sobre se milagres são possíveis.

— E o que você diria sobre isso? — perguntei.

— Meu argumento é que a hipótese de que Deus ressuscitou Jesus não é de todo improvável. Na verdade, com base nas evidências, é a melhor explicação para o que aconteceu. O que é improvável é a hipótese de que Jesus ressurgiu naturalmente da morte. Isso, tenho de concordar, seria estranho. Qualquer hipótese seria mais provável do que dizer que o cadáver de Jesus voltou espontaneamente à vida. Mas a hipótese de que Deus ressuscitou Jesus da morte não contradiz a ciência ou qualquer fato experimental conhecido. Ela apenas requer a hipótese de que Deus existe, e creio que há boas razões independentes para crer que isso é um fato.[9]

A isso Craig acrescentou sua palavra final:

— Na medida em que a existência de Deus é possível, também é possível que ele tenha agido na história, levantando Jesus dos mortos.

CONCLUSÃO: O TÚMULO ESTAVA VAZIO

Craig fora convincente: o túmulo vazio, reconhecidamente um milagre de proporções incomparáveis, fazia realmente sentido, à luz das

---

[9]Para as provas científicas a favor da existência de Deus, veja STROBEL, Lee. *The Case for a Creator*. Grand Rapids: Zondervan, 2005.

AS PROVAS DO CORPO DESAPARECIDO   285

provas. E isso é apenas uma parte da defesa da ressurreição. Da casa de Craig em Atlanta, eu estava pronto para ir até o estado da Virgínia para entrevistar um reconhecido especialista nas provas das aparições de Jesus depois de ressuscitar, e dali para a Califórnia, para falar com outro estudioso sobre as consideráveis provas circunstanciais.

Enquanto eu agradecia a Craig e a sua esposa, Jan, por sua hospitalidade, fiquei pensando que, de perto, com a sua calça jeans e as suas meias brancas, Craig não parecia ser o adversário formidável que derrotara os melhores críticos da ressurreição no mundo. Mas eu tinha ouvido pessoalmente as fitas do debate.

Diante dos fatos, eles não conseguem colocar de volta o corpo de Jesus no túmulo. Eles se debatem, lutam, agarram-se a quaisquer argumentos para se salvar, contradizem a si mesmos, perseguem teorias desesperadas e extraordinárias para tentar explicar as evidências. Mas, vez após outra, no fim, o túmulo permanece vazio.

Lembrei-me da avaliação de um dos maiores intelectos na área do direito de todos os tempos, o lorde Norman Anderson, formado em Cambridge e professor na Universidade de Princeton, que foi convidado para ser professor vitalício na Universidade de Harvard e serviu como deão na Faculdade de Direito da Universidade de Londres.

Sua conclusão, depois de uma vida inteira de estudos desse assunto do ponto de vista legal, foi resumida em uma frase: "O túmulo vazio é uma verdadeira rocha contra a qual se despedaçam em vão todas as teorias racionalistas da ressurreição".[10]

REFLEXÕES

PERGUNTAS PARA MEDITAÇÃO OU ESTUDO EM GRUPO

1. Qual é a sua conclusão sobre o túmulo de Jesus estar vazio na manhã da Páscoa? Qual é a prova que você achou mais convincente para chegar a essa conclusão?

---

[10]ANDERSON, J. N. *The Evidence for the Resurrection.* Downers Grove: InterVarsity Press, 1966. p. 20.

2. Como Craig destacou, todos no mundo antigo admitiram que o túmulo estava vazio; a questão era como é que se explica que ele estivesse vazio. Você consegue pensar em alguma explicação lógica para o túmulo vazio, além da ressurreição de Jesus? Em caso afirmativo, como você acha que alguém como Bill Craig responderia à sua teoria?

3. Leia Marcos 15:4—16:8, o relato mais antigo do sepultamento de Jesus e do túmulo vazio. Você concorda com Craig que ele "chama a atenção por sua simplicidade e ausência de comentários da reflexão teológica"? Por que sim ou por que não?

OUTRAS FONTES DE PROVAS

MAIS RECURSOS SOBRE ESSE ASSUNTO

COPAN, Paul; TACELLI, Ronald K. Eds. *Jesus' Resurrection: Fact or Figment? A Debate Between William Lane Craig and Gerd Lüdemann* [A ressurreição de Jesus: fato ou invenção? Um debate entre William Lane Craig e Gerd Lüdemann]. Downers Grove: InterVarsity Academic, 2000.

CRAIG, William Lane. "The Empty Tomb of Jesus." In R. Douglas Geivett; Gary R. Habermas, Eds., *In Defense of Miracles* [Em defesa dos milagres], p. 247-61. Downers Grove: InterVarsity Press, 1997.

_____. "Did Jesus Rise from the Dead?" In Michael J. Wilkins; J. P. Moreland, eds., *Jesus Under Fire* [Jesus criticado], p. 147-82. Grand Rapids: Zondervan, 1995.

_____. "The Resurrection of Jesus." In *Reasonable Faith* [Fé racional]. 3. ed., ed. William Lane Craig, p. 333-400. Wheaton: Crossway, 2008.

_____. *The Son Rises: Historical Evidence for the Resurrection of Jesus* [O filho se levanta: As provas históricas da ressurreição de Cristo]. Reimpressão. Eugene: Wipf & Stock, 2000.

_____. "Objection #2: Since Miracles Contradict Science, They Cannot Be True." In Lee Strobel, *The Case for Faith* [Em defesa da fé], p. 57-86. Grand Rapids: Zondervan, 2000.

EVANS, Craig A. "Getting the Burial Traditions and Evidences Right." In Michael F. Bird; Craig A. Evans; Simon J. Gathercole; Charles

Hill; Chris Tilling. *How God Became Jesus: The Real Origins of Belief in Jesus' Divine Nature* [As origens reais da crença na natureza divina de Jesus], p. 71–93. Grand Rapids: Zondervan, 2014.

MORISON, Frank. *Who Moved the Stone?* [Quem moveu a pedra?] Reimpressão. Grand Rapids: Zondervan, 1987.

CAPÍTULO 13

As provas das aparições

JESUS FOI VISTO VIVO DEPOIS DE SUA MORTE NA CRUZ?

Em 1963, o corpo de Addie Mae Collins, uma menina negra de 14 anos assassinada tragicamente com outras três, quando racistas brancos jogaram uma bomba em sua igreja, foi enterrado em Birmingham, no Alabama. Durante anos, seus familiares visitaram o túmulo para orar e colocar flores. Em 1998, eles tomaram a decisão de desenterrar a menina para transferi-la para outro cemitério.[1]

No entanto, quando os coveiros foram enviados para exumar o corpo, eles retornaram com uma descoberta chocante: o túmulo estava vazio.

De modo compreensível, os familiares ficaram terrivelmente perturbados. Confundidos por registros malfeitos, os funcionários do cemitério se esforçaram para descobrir o que tinha acontecido. Várias possibilidades foram levantadas, das quais a principal foi que sua lápide tinha sido erigida no lugar errado.

Em meio ao afã de determinar o que acontecera, porém, uma explicação nunca foi proposta: ninguém sugeriu que a jovem Addie Mae

---

[1] "Bomb Victim's Body not in Grave". *Chicago Tribune,* January 14, 1998.

ressuscitara para andar novamente pela terra. Por quê? Porque, por si só, o túmulo vazio não prova uma ressurreição.

Minha conversa com o Dr. William Lane Craig já tinha levantado provas convincentes de que o túmulo de Jesus estava vazio no domingo após sua crucificação. Eu sabia que essa era uma evidência importante e necessária da ressurreição, mas eu também tinha a consciência de que um corpo desaparecido não é uma prova conclusiva por si mesma. Mais fatos seriam necessários para afirmar que Jesus realmente retornou da morte.

Foi isso que me levou a pegar um avião até o estado da Virgínia. Enquanto ele descia suavemente sobre colinas arborizadas, eu fazia uma leitura de última hora de um livro de Michael Martin, o professor da Universidade de Boston que tenta desacreditar o cristianismo. Sorri com suas palavras: "Talvez a defesa mais elaborada da ressurreição até hoje tenha sido feita por Gary Habermas".[2]

Olhei para o meu relógio. Eu pousaria bem a tempo de alugar um carro, dirigir até Lynchburg e chegar às duas horas para meu encontro com o próprio Habermas.

DÉCIMA SEGUNDA ENTREVISTA
Gary Habermas, Ph.D., D.D.

Duas fotografias autografadas de jogadores de hóquei, tiradas em meio ao embate sobre o gelo, estavam emolduradas nas paredes do escritório austero de Habermas. Um traz o imortal Bobby Hull, dos Chicago Blackhawks; o outro retrata Dave "Martelo" Schultz, o atacante aguerrido e durão dos Philadelphia Flyers.

— Hull é meu jogador de hóquei favorito — explicou Habermas. — Schultz é meu lutador favorito.

Ele sorriu malicioso e acrescentou:

— Há uma diferença.

Habermas, um homem barbudo, franco e direto, também é um lutador, um *pit bull* acadêmico que mais parece um leão de chácara de

---

[2]MARTIN, Michael. *The Case against Christianity.* Filadelfia: Temple University Press, 1991.

boate do que um intelectual de torre de marfim. Armado com argumentos afiados como navalha e com evidências históricas para fundamentá-los, ele não foge de nenhuma briga.

Antony Flew, um dos principais filósofos ateus do mundo, descobriu isso quando se envolveu com Habermas em um grande debate sobre o tópico: "Será que Jesus ressuscitou?". O resultado foi claramente unilateral. Dos cinco filósofos independentes de diferentes faculdades e universidades que serviram como juízes do debate, quatro concluíram que Habermas vencera. O quinto declarou a disputa empatada. Nenhum votou em Flew. Um dos juízes comentou:

> "Fiquei surpreso (talvez "chocado" seja a melhor palavra) ao ver como a estratégia de Flew era fraca [...]. Só me restou esta conclusão: se o questionamento da ressurreição não era mais forte que o usado por Antony Flew, estava na hora de começar a levar a ressurreição a sério".[3]

Um dos outros cinco juízes profissionais que avaliaram as técnicas de argumentação dos contendores (nas quais Habermas também foi o vencedor) viu-se compelido a escrever:

> "Concluí que as provas históricas, apesar de falhas, são suficientemente fortes para levar as mentes sensatas a concluir que Cristo realmente ressuscitou [...]. Habermas trouxe mesmo 'evidências altamente prováveis' da historicidade da ressurreição, 'sem evidências naturalistas plausíveis contra ela'. Por isso, Habermas, na minha opinião, venceu o debate".[4]

Depois de obter o seu doutorado em filosofia na Universidade Estadual de Michigan, onde escreveu sua dissertação sobre a ressurreição, Habermas obteve o grau de doutor em teologia na Faculdade Emmanuel, em Oxford, Inglaterra. Escreveu quatro livros que tratam da ressurreição

---

[3]HABERMAS, Gary; FLEW, Anthony. *Did Jesus Rise from the Dead? The resurrection debate.* San Francisco: Harper & Row, 1987, xiv.

[4]Ibid., xv. Flew renunciou ao seu ateísmo em 2004 depois de se convencer de que existe um Criador. Ele faleceu em 2010. Veja FLEW, Antony; VARGHESE, Roy Abraham. *There Is a God: How the World's Most Notorious Atheist Changed His Mind.* Nova York: HarperOne, 2008.

de Jesus: *The Resurrection of Jesus: A Rational Inquiry* [A ressurreição de Jesus: uma investigação racional], *The Resurrection of Jesus: An Apologetic* [A ressurreição de Jesus: uma apologética], *The Historical Jesus* [O Jesus histórico] e *Did Jesus Rise from the Dead? The Resurrection Debate* [Jesus ressuscitou dos mortos? Debate sobre a ressurreição].

Além disso, foi coeditor de *In defense of miracles* [Em defesa dos milagres] e contribuiu com *Jesus Under Fire* [Jesus criticado] e *Living your faith: closing the gap between mind and heart* [Colocando a fé em prática: fechando o abismo entre a mente e coração].

Seus mais de cem artigos foram publicados em jornais (como o *Saturday Evening Post* [Mensagens de Sábado à Noite]), revistas (como *Faith and Philosophy* [Fé e Filosofia] e *Religious Studies* [Pesquisas sobre Religião]) e livros de referência (por exemplo, *The Baker Dictionary of Theology* [Dicionário de Teologia Baker]). Também foi presidente da Evangelical Philosophical Society [Sociedade Evangélica de Filosofia].

Não quero dar a entender, pela minha descrição inicial, que Habermas é combativo mais que o necessário; na conversa informal, ele é amistoso e modesto. Eu só não gostaria de ser adversário dele em um jogo de hóquei, ou em uma discussão. Ele possui um radar inato que o ajuda a ir direto aos pontos vulneráveis dos seus opositores. Ainda assim, ele tem o seu lado terno, que eu descobriria, de modo inesperado, antes do fim da nossa entrevista.

Encontrei Habermas em seu escritório bem organizado na Universidade Liberty, onde é atualmente professor titular e diretor do Departamento de Filosofia e Teologia, bem como coordenador do programa de mestrado em apologética. A sala, com seus arquivos de aço preto, mesa de metal com tampo de imitação de madeira, carpete gasto e cadeiras dobráveis para as visitas, certamente não é um lugar vistoso. Como o seu ocupante, a sala é despretensiosa.

"PESSOAS MORTAS NÃO FAZEM ISSO"

Habermas, sentado atrás da sua escrivaninha, arregaçou as mangas da camisa azul enquanto eu ligava meu gravador e começava a nossa entrevista.

— Não é verdade — comecei, direto como um advogado de acusação — que não existe absolutamente nenhuma testemunha ocular da ressurreição de Jesus?

AS PROVAS DAS APARIÇÕES

— Você está absolutamente certo: não existem relatos descritivos da ressurreição — Habermas respondeu, admitindo o que pode surpreender pessoas que têm um conhecimento apenas superficial do assunto. Quando eu era mais novo, li um livro de C. S. Lewis em que ele afirmava que o Novo Testamento não diz nada sobre a ressurreição. Escrevi um grande *Não!* na margem. Então, entendi o que ele estava dizendo: ninguém estava sentado dentro do túmulo para ver o corpo começar a se mexer, pôr-se de pé, tirar as faixas de linho e dobrá-las, empurrar a pedra, afugentar os guardas e ir embora.

Pareceu-me que isso poderia dar lugar a alguns problemas.

— Isso não põe em xeque seu esforço para definir que a ressurreição é um fato histórico? — perguntei.

Habermas empurrou sua cadeira para trás para ficar mais confortável.

— Não, isso não afeta a questão nem um pouco, porque a ciência trata das causas e dos efeitos. Nós não vemos dinossauros; nós estudamos os fósseis. Podemos não saber como uma doença surge, mas estudamos seus sintomas. Talvez ninguém tenha visto um crime, mas a polícia reúne as provas depois do fato.

Ele continuou:

— Portanto, é assim que encaro as provas da ressurreição. Em primeiro lugar, Jesus morreu na cruz? E, em segundo, ele apareceu depois a outras pessoas? Se conseguir determinar essas duas coisas, você provou seu argumento, porque pessoas mortas não costumam fazer isso.

Os historiadores concordam que há muitas provas de que Jesus foi crucificado, e o dr. Alexander Metherell demonstrou em um capítulo anterior que Jesus não poderia ter sobrevivido aos rigores daquela execução. Isso nos deixa com a segunda parte da questão: Jesus realmente apareceu mais tarde?

— Que provas existem de que alguém o viu? — perguntei.

— Começarei com as provas que praticamente todos os estudiosos críticos aceitam — ele disse, abrindo a Bíblia à sua frente. — Ninguém questiona que Paulo escreveu 1Coríntios, e ali ele afirma duas vezes que encontrou o Cristo ressurreto pessoalmente. Ele diz em 1Coríntios 9:1: "Não sou apóstolo? Não vi Jesus, nosso Senhor?". E em 15:8: "Depois destes apareceu também a mim".

Constatei que essa última citação foi acrescentada ao credo da igreja antiga que Craig Blomberg e eu já tínhamos estudado. Como William Lane Craig mostrou, a primeira parte do credo (v. 3,4) se refere à execução, sepultamento e ressurreição de Jesus.

A parte final do credo (v. 5-8) trata das suas aparições após a ressurreição: "[Cristo] apareceu a Pedro e depois aos Doze. Depois disso, apareceu a mais de quinhentos irmãos de uma só vez, a maioria dos quais ainda vive, embora alguns já tenham adormecido. Depois apareceu a Tiago e, então, a todos os apóstolos". No versículo 8, Paulo emenda: "Depois destes apareceu também a mim, como a um que nasceu fora do tempo".

Tomando o texto pelo que diz, isso é um testemunho incrivelmente influente de que Jesus apareceu vivo depois da sua morte. Temos nomes de indivíduos e de grupos de pessoas específicas que o viram, escritos quando ainda era possível conferir com eles a veracidade da afirmação. Como eu sabia que este credo era básico para determinar a ressurreição de Jesus, decidi submetê-lo a uma análise mais profunda. Por que os historiadores têm certeza de que se trata de um credo? Em que medida ele é confiável? Quão antigo é ele?

— Você se importaria se eu lhe fizer um interrogatório sobre esse credo? — perguntei a Habermas.

Ele fez um gesto com a mão, como que me convidando a entrar:

— Por favor — disse ele, educadamente —, vá em frente.

"CONVENÇA-ME DE QUE ISSO É UM CREDO"

Inicialmente, eu queria descobrir a razão pela qual Habermas, Craig, Blomberg e outros estão convictos de que essa passagem é um credo da igreja antiga, e não meras palavras de Paulo, que escreveu a carta à igreja de Corinto, da qual ele fazia parte. Meu desafio para Habermas foi simples e direto:

— Convença-me de que isso é um credo.

— Bem, posso lhe dar várias razões sólidas. Em primeiro lugar, Paulo apresenta o trecho com as palavras "recebi" e "transmiti", que são termos rabínicos que indicam a transmissão de uma tradição. Segundo

AS PROVAS DAS APARIÇÕES

— continuou Habermas, olhando para sua mão enquanto separava um dedo por vez, para enfatizar cada ponto — o paralelismo do texto e seu conteúdo estilizado mostram que se trata de um credo. Terceiro, o texto original usa Cefas para Pedro, que é seu nome aramaico. Na verdade, o próprio uso do aramaico indica uma origem muito antiga. Quarto, o credo contém diversas outras expressões antigas que Paulo não usava costumeiramente, como "aos Doze", "no terceiro dia", "ressuscitou" e outros. E em quinto, certas palavras são usadas no estilo de narrativa do aramaico e do hebraico da *Mishná*.

Quando os dedos da mão acabaram, Habermas levantou os olhos para mim:

— Devo continuar? — ele perguntou.

— Sim, sim — respondi. — Você está dizendo que esses fatos convencem você, um cristão evangélico conservador, de que esse é um credo antigo.

Habermas pareceu um pouco ofendido por essa observação, que eu reconheço ter sido provocadora.

— Não são apenas os cristãos conservadores que estão convencidos disso — ele insistiu, indignado. — Essa é uma constatação partilhada por estudiosos de um leque teológico bem amplo. O destacado pesquisador Joachim Jeremias chama esse credo de "a tradição mais antiga de todas", e Ulrich Wilckens diz que ele "sem sombra de dúvida remonta à fase mais antiga da história do cristianismo primitivo".

Isso suscitou a pergunta sobre o quanto que o credo era antigo:

— Que data no passado pode ser fixada para ele? — perguntei.

— Sabemos que Paulo escreveu 1Coríntios entre 55 e 57 d.C. Em 1Coríntios 15.1-4, ele diz que transmitira, anteriormente, o credo à igreja em Corinto, o que significa que ele deve ser anterior à sua estada ali, no ano 51. Portanto, o credo estava em uso menos de 20 anos após a ressurreição de Jesus, que é uma data bem antiga. No entanto, posso concordar com os vários estudiosos que o colocam ainda antes, entre dois e oito anos após a ressurreição de Jesus, ou seja, entre 32 e 38, sendo que Paulo o recebeu ou em Damasco ou em Jerusalém. Portanto, esse material é incrivelmente antigo, um testemunho dos primórdios, sem floreios, de que Jesus apareceu vivo a céticos como Paulo e Tiago, assim como a Pedro e aos demais discípulos.[5]

Na verdade, posteriormente, eu ficaria sabendo que o renomado especialista do Novo Testamento chamado James D. G. Dunn, da Universidade de Durham, membro da Academia Britânica, disse: "Essa tradição, podemos afirmar com total confiança, foi formulada como tradição *no espaço de meses depois da morte de Jesus*".[6]

— Contudo — protestei —, não se trata, na verdade, de um relato de primeira mão. Paulo está passando uma lista de segunda ou terceira mão. Isso não diminui seu valor como prova?

Não para Habermas.

— Não se esqueça de que Paulo afirma que Jesus também apareceu a ele pessoalmente, portanto, seu testemunho é de primeira mão. E Paulo não repassou simplesmente uma lista de estranhos da rua. A opinião dominante é que ele a recebeu diretamente das testemunhas oculares Pedro e Tiago, e tomou todos os cuidados para confirmar a sua exatidão.

Essa era uma afirmação forte.

— Como você sabe disso? — perguntei.

— Concordo com os estudiosos que acreditam que Paulo recebeu esse material três anos após sua conversão, quando fez uma viagem a Jerusalém, onde se encontrou com Pedro e Tiago. Paulo descreve essa viagem em Gálatas 1:18,19, onde usa uma palavra grega muito interessante: *historeo*.

Eu não sabia o sentido dessa palavra.

— Por que isso é tão importante?

— Porque essa palavra indica que Paulo não ficou com conversa mole quando se encontrou com eles. Mostra que ele fez uma investigação. Paulo fez o papel de pesquisador, alguém que está conferindo cuidadosamente os dados. Portanto, o fato de Paulo confirmar pessoalmente os detalhes com duas testemunhas oculares, que são mencionadas especificamente no credo (Pedro e Tiago), confere peso extra. Um

---

[5]Veja HABERMAS, Gary. "The Resurrection of Jesus Time Line" in *Contending With Christianity's Critics*, editado por Paul Copan e William Lane Craig. p. 113-125 (Nashville: B&H Academic, 2009).

[6]DUNN, James D. G. *Jesus Remembered*, volume 1 de *Christianity in the Making*. Grand Rapids: Eerdmans, 2003. p. 825 (destaque do autor).

AS PROVAS DAS APARIÇÕES

dos poucos judeus estudiosos do Novo Testamento, Pinchas Lapide, diz que as evidências que sustentam o credo são tão fortes que ele "pode ser considerado uma declaração de uma testemunha ocular".[7] Richard Bauckham, pesquisador sênior do Ridley Hall, em Cambridge, disse: "Não pode haver dúvida disso... Paulo está citando o testemunho ocular daqueles que foram beneficiários das aparições da ressurreição".[8]

Antes que eu pudesse interromper, Habermas acrescentou:

— E um pouco mais adiante, em 1Coríntios 15:11, Paulo destaca que os outros apóstolos pregavam o mesmo evangelho, a mesma mensagem da ressurreição. Isso quer dizer que a testemunha ocular Paulo está dizendo exatamente a mesma coisa que as testemunhas oculares Pedro e Tiago.

Tive de admitir: tudo isso parecia muito convincente. Mesmo assim, eu ainda tinha algumas reservas em relação ao credo, e não queria que as afirmações confiantes de Habermas me impedissem de ir mais fundo.

O MISTÉRIO DAS 500 PESSOAS

O credo, em 1Coríntios 15, é o único lugar na literatura antiga em que se afirma que Jesus apareceu a 500 pessoas ao mesmo tempo. Os evangelhos não confirmam o fato. Nenhum historiador secular o menciona. Para mim, isso acende uma luz amarela.

— Se tal fato aconteceu realmente, por que ninguém mais fala sobre o assunto? — perguntei a Habermas. — Os apóstolos o citariam como prova em todo lugar que fossem. O ateu Michael Martin diz: "Temos de concluir que é extremamente improvável que esse incidente realmente tenha acontecido" e que isso, portanto, "indiretamente lança dúvidas sobre Paulo como fonte confiável".[9]

A observação irritou Habermas.

---

[7]LAPIDE, Pinchas. *The Resurrection of Jesus: A Jewish Perspective*. Minneapolis: Augsburg, 1983. p. 99.
[8]BAUCKHAM, Richard. *Jesus and the Eyewitnesses*. Grand Rapids: Eerdmans, 2006. p. 308.
[9]MARTIN, Michael. The Case against Christianity. Filadelfia: Temple University Press, 1991. p. 90.

— Bem, é simplesmente uma tolice dizer que isso lança dúvidas sobre Paulo — ele respondeu, parecendo surpreso e revoltado por alguém afirmar uma coisa dessas. — Quero dizer, fala sério! Em primeiro lugar, mesmo que apenas uma fonte registre o fato, acontece que essa é a passagem mais antiga e mais bem confirmada de todas! Isso tem que ser levado em conta.

"Segundo, Paulo, ao que parece, tinha uma ligação próxima com essas pessoas. Ele diz: "A maioria dos quais ainda vive, embora alguns já tenham adormecido". Paulo ou conhecia algumas dessas pessoas ou foi informado por alguém que as conhecia e sabia que ainda estavam por aí, dispostas a ser entrevistadas.

"Agora, pare e pense um pouco: nunca se acrescentaria essa frase a não ser que se tivesse confiança absoluta de que essas pessoas confirmariam que realmente viram Jesus vivo. Em outras palavras, Paulo estava praticamente convidando os interlocutores a verificarem por si mesmos! Ele não teria dito isso se não tivesse certeza do apoio das testemunhas.

"Terceiro, se você tem apenas uma fonte, pode perguntar: "Por que não há outras?". Mas você não pode dizer: "Esta única fonte é tão medíocre que ninguém mais quis citá-la". Você não pode desvalorizar essa fonte assim, sem mais nem menos. Portanto, isso não lança nenhuma dúvida sobre Paulo. Acredito que Martin gostaria muito de fazer isso, mas não pode fazê-lo legitimamente.

"Esse é um exemplo do modo pelo qual alguns críticos querem sempre ter razão. Via de regra, eles difamam os relatos da ressurreição de Jesus nos evangelhos em favor de Paulo, já que ele é considerado a autoridade principal. Nessa questão, porém, eles duvidam de Paulo, baseando-se em textos em que não confiam! O que isso nos diz sobre a metodologia deles?"

Eu ainda tinha dificuldades para visualizar a aparição de Jesus para tão grande multidão.

— Onde esse encontro com 500 pessoas pode ter acontecido? — perguntei.

— Bem, no interior da Galileia — Habermas especulou. — Se Jesus pôde alimentar 5 mil, também pôde pregar para 500. Mateus diz que Jesus apareceu no alto de um monte; pode muito bem ser que não somente os onze discípulos estivessem ali.

Imaginando a cena, ainda não conseguia compreender por que ninguém mais falou desse evento.

— Não seria de se esperar que o historiador Josefo mencionasse algo dessa magnitude?

— Não, acho que isso não seria provável. Josefo escreveu sessenta anos mais tarde. Durante quanto tempo histórias locais circulam, até começarem a desaparecer? — Habermas perguntou. — Portanto, ou Josefo não conhecia esses fatos, o que é possível, ou decidiu não os mencionar, o que faria sentido, pois sabemos que ele não era um seguidor de Jesus. Não se pode esperar que Josefo iniciasse uma defesa dele.

Como eu não respondi logo, Habermas continuou.

— Veja, eu adoraria ter cinco fontes como essa. Mas não tenho. O que eu tenho é uma fonte excelente, um credo tão bom que o historiador alemão Hans von Campenhausen disse: "Esse relato atende a todas as exigências da confiabilidade histórica que se pode requerer de um texto como esse". Além disso, você não precisa depender da referência aos 500 para comprovar a ressurreição de Jesus. Eu geralmente nem a uso.

A resposta de Habermas tinha a sua lógica. Contudo, havia ainda outro aspecto do credo que me incomodava. Ele diz que Jesus apareceu primeiro a Pedro, enquanto João disse que a primeira pessoa a quem ele se mostrou foi Maria Madalena. Na verdade, o credo não menciona nenhuma mulher, apesar do destaque que elas recebem nas narrativas dos evangelhos.

— Essas contradições não põem em dúvida a sua credibilidade? — perguntei.

— De modo algum — foi a sua resposta. — Antes de qualquer coisa, olhe o credo com atenção: ele não diz que Jesus apareceu primeiro a Pedro. Ele apenas coloca o nome de Pedro no começo da lista. E como as mulheres não eram consideradas capazes como testemunhas na cultura judaica do primeiro século, não é de surpreender que não sejam mencionadas aqui. No contexto do primeiro século, o testemunho delas não teria peso algum. Portanto, colocar Pedro em primeiro lugar indica prioridade lógica, e não prioridade cronológica.

Fez uma pausa e concluiu:

— Mais uma vez a credibilidade do credo continua intacta. Você levantou algumas questões, mas não concordaria que elas não minam as provas persuasivas de que o credo é antigo, livre de contaminação lendária, sem ambiguidades, específico e, em última análise, baseado em relatos de testemunhas oculares?

Somando tudo isso, fui forçado a concordar que ele estava certo. O peso das provas comprova de modo claro e convincente que o credo é uma prova muito forte das aparições de Jesus depois da ressurreição.

Tão forte que William Lane Craig, o especialista em ressurreição que entrevistei no capítulo anterior, disse que Wolfhart Pannenberg, talvez o maior teólogo sistemático vivo hoje, "zombou da teologia alemã moderna, cética, construindo toda sua teologia precisamente sobre as evidências históricas da ressurreição de Jesus fornecidas pela lista de aparições de Paulo".[10]

Satisfeito com a confiabilidade essencial do credo de 1Coríntios, senti que estava na hora de estudar os quatro evangelhos, que narram com mais detalhes as várias aparições de Jesus depois da ressurreição.

O TESTEMUNHO DOS EVANGELHOS

Comecei essa linha de investigação pedindo a Habermas que descrevesse as aparições de Jesus após a ressurreição em Mateus, Marcos, Lucas e João.

— Há várias aparições diferentes a muitas pessoas diferentes nos evangelhos e em Atos: algumas a indivíduos, outras a grupos, às vezes dentro de casa, outras vezes fora, a pessoas receptivas como João e a céticas como Tomé — começou Habermas. — Algumas vezes, as pessoas tocavam em Jesus ou comiam com ele, e os textos ensinam que ele estava fisicamente presente. As aparições ocorreram durante várias semanas. E há bons motivos para confiar nesses relatos: por exemplo, faltam neles muitas tendências míticas típicas.

— Você pode relacionar essas aparições para mim?

De memória, Habermas mencionou-as pela ordem. Jesus apareceu a:

- Maria Madalena, em João 20:10-18;
- outras mulheres, em Mateus 28:8-10;

---

[10]CRAIG, William Lane. *The Son Rises*. Chicago: Moody Pub, 1981. p. 125.

AS PROVAS DAS APARIÇÕES

- Cleopas e outro discípulo na estrada para Emaús, em Lucas 24:13-32;
- onze discípulos e outras pessoas, em Lucas 24:33-49;
- dez apóstolos e outros discípulos, sem a presença de Tomé, em João 20:19-23;
- Tomé e os outros apóstolos, em João 20:26-30;
- sete apóstolos, em João 21:1-14;
- todos os discípulos, em Mateus 28:16-20;
- todos os apóstolos, no monte das Oliveiras, antes da ascensão, em Lucas 24:50-52 e Atos 1:4-9.

— É particularmente interessante — acrescentou Habermas — que C. H. Dodd, famoso professor da Universidade de Cambridge, tenha analisado com cuidado essas aparições e concluído que várias delas se baseiam em material especialmente antigo, como o encontro de Jesus com as mulheres, em Mateus 28.8-10, seu encontro com os onze apóstolos quando ele lhes deu a Grande Comissão, em Mateus 28:16-20 e sua reunião com os discípulos, em João 20:19-23, quando ele lhes mostrou suas mãos e seu lado.

Novamente, temos uma riqueza de informações de pessoas que viram Jesus. Não foram apenas uma ou duas pessoas que observaram uma sombra de passagem. Houve aparições repetidas a numerosas pessoas, e várias delas foram confirmadas em mais de um evangelho ou pelo credo de 1Coríntios 15.

— Existe mais alguma comprovação? — perguntei.

— É só olhar em Atos — respondeu Habermas, referindo-se ao livro do Novo Testamento que registra o início da igreja. — Não somente aparições de Jesus são mencionadas várias vezes, mas também são fornecidos detalhes, de modo que encontramos em quase cada contexto o tema de que os discípulos são testemunhas dessas coisas. A razão por trás disso é que vários relatos em Atos 1—5, 10 e 13 contêm credos como o de 1Coríntios 15, registrando algumas informações muito antigas referentes à morte e ressurreição de Jesus".

Com isso Habermas apanhou um livro e leu a conclusão de John Drane:

302   EM DEFESA DE CRISTO

> As provas mais antigas que temos da ressurreição quase com certeza remontam à época imediatamente posterior àquela em que se supõe que o evento sucedeu. Estas evidências estão contidas nos primeiros sermões em Atos dos Apóstolos [...]. Não pode haver dúvida de que, nos primeiros capítulos de Atos, seu autor preservou material de fontes muito antigas.[11]

De fato, Atos está cheio de referências às aparições de Jesus. O apóstolo Pedro foi especialmente categórico quanto a isso. Ele diz, em Atos 2:32: "Deus ressuscitou este Jesus, e todos nós somos testemunhas desse fato". E repete em Atos 3:15: "Vocês mataram o autor da vida, mas Deus o ressuscitou dos mortos. E nós somos testemunhas disso". Pedro confirma a Cornélio, em Atos 10:41, que ele e outros comeram e beberam com ele "depois que ressuscitou dos mortos".

Sem ficar para trás, Paulo disse em um recurso registrado em Atos 13:31: "Por muitos dias, [ele] foi visto por aqueles que tinham ido com ele da Galileia para Jerusalém. Eles agora são testemunhas dele para o povo".

Habermas afirmou:

— A ressurreição de Jesus foi, com certeza, a proclamação central da igreja primitiva, desde o início. Eles não apenas endossavam os ensinos de Jesus; eles estavam convictos de que o tinham visto vivo depois da crucificação. Foi isso o que mudou a vida deles e deu início à igreja. Certamente, já que essa era sua convicção mais central, devem ter se certificado totalmente que ela era verdade.

Todas as provas nos evangelhos e em Atos, em cada acontecimento, em cada testemunho, em cada detalhe, em cada comprovação, são extremamente impressionantes. Tentei, mas não consegui lembrar nenhum outro evento da história antiga tão bem atestado.

Havia mais uma questão a ser levantada, relacionada ao evangelho, que a maioria dos estudiosos crê ter sido o primeiro relato da vida de Jesus a ser escrito.

---

[11]DRANE, John. *Introducing the New Testament*. San Francisco: Harper & Row, 1986. p. 99.

A CONCLUSÃO QUE FALTA EM MARCOS

Quando comecei a investigar a ressurreição, deparei-me com um comentário intrigante no rodapé da minha Bíblia: "Os manuscritos bíblicos mais confiáveis e antigos e outros documentos antigos não contêm Marcos 16:9-20". Em outras palavras, a maioria dos estudiosos acredita que o evangelho de Marcos termina em 16:8, depois que as mulheres encontraram o túmulo vazio, mas sem Jesus ter aparecido vivo a nenhuma pessoa. Isso me deixou perplexo.

— Não o incomoda que o evangelho mais antigo não registre nenhuma aparição de Jesus depois da ressurreição? — perguntei a Habermas.

Pelo contrário, ele nem pareceu se incomodar.

— Não tenho nenhum problema com isso — ele disse. — É claro que seria interessante se ele tivesse incluído uma lista de aparições, mas tenho algumas coisas para você pensar. Mesmo que Marcos termine em 16:8, o que não é aceito por todos, você ainda tem sua afirmação de que o túmulo estava vazio e um jovem exclamando "Ele ressuscitou!" e dizendo às mulheres que haverá aparições. Assim você tem, primeiro, a proclamação de que a ressurreição aconteceu, e, segundo, a predição de que se seguirão aparições.

E completou:

— Pode-se chegar ao final de um capítulo de uma novela e dizer "Não acredito que o autor não mostrou cenas do próximo capítulo!", mas não se pode dizer "O autor não acredita no próximo capítulo". Marcos sem sombra de dúvida acredita. É evidente que ele crê que a ressurreição de Jesus aconteceu. Ele termina seu livro mostrando que as mulheres são informadas de que Jesus aparecerá na Galileia, e mais tarde outros confirmarão que ele o fez.

De acordo com a tradição da igreja, Marcos foi companheiro de Pedro, que foi testemunha ocular.

— Não é estranho que Marcos não mencione que Jesus apareceu a Pedro, se ele o fez? — perguntei.

— Marcos não menciona aparição alguma, por isso não é estranho que Pedro não seja relacionado — foi a sua resposta. — Todavia, observe que Marcos põe Pedro em evidência. Em 16.7, ele diz: "Vão e digam aos discípulos dele e a Pedro: Ele está indo adiante de vocês para a Galileia. Lá vocês o verão, como ele lhes disse". Isso concorda com 1Coríntios 15:5, que confirma que Jesus apareceu a Pedro, e com Lucas 24:34, outro credo antigo, que diz: "É verdade! O Senhor ressuscitou e apareceu a Simão!", que é Pedro. Portanto, o que Marcos predisse sobre Pedro cumpriu-se, e o verificamos em dois credos antigos e muito confiáveis da igreja, bem como pelas palavras do próprio Pedro descritas em Atos.

EXISTEM ALTERNATIVAS?

Sem dúvida, a quantidade de testemunhos e provas das aparições de Jesus depois da ressurreição é impressionante. Para dar-lhe a perspectiva: se você fosse chamar cada testemunha a um tribunal para ser interrogada por apenas 15 minutos, e fizesse isso sem interrupção, você ficaria ocupado do café da manhã de segunda-feira até o jantar de sexta para ouvir todos. Depois de ouvir 129 horas de testemunhos oculares, quem poderia ficar sem se deixar convencer?

Como fui jornalista de assuntos legais e cobri dezenas de julgamentos, tanto criminais como civis, tive de concordar com a afirmação do lorde Edward Clarke, juiz da suprema corte britânica que fez um estudo legal completo do primeiro domingo de Páscoa: "Para mim as provas são conclusivas, e frequentemente na suprema corte cheguei a um veredicto com provas bem menos convincentes. Como advogado, aceito as provas dos evangelhos sem reservas, o testemunho de homens confiáveis sobre fatos que eles puderam comprovar".[12]

Entretanto, poderia haver alternativas plausíveis que explicassem de outra forma esses encontros com o Cristo ressurreto? Será que esses relatos poderiam ser de natureza lendária? Ou será que as testemunhas poderiam estar alucinadas? Decidi levantar essas questões com Habermas, para obter sua resposta.

Possibilidade 1: As aparições são lendárias

Se for verdade que o evangelho de Marcos, no original, terminou antes dos relatos das aparições, poder-se-ia argumentar que há um

---

[12]GREEN, Michael. *Christ is Risen: so what?* Kent: Sovereign World, 1995. p. 34.

AS PROVAS DAS APARIÇÕES

desenvolvimento evolutivo nos evangelhos: Marcos não relata aparições, Mateus tem algumas, Lucas tem mais e João é o que mais tem.

— Será que isso não demonstra que as aparições não passam de lendas que se formaram com o tempo? — perguntei.

— Não, e por várias razões — Habermas me garantiu.

— Em primeiro lugar, nem todo mundo crê que Marcos seja o evangelho mais antigo. Há estudiosos, que admito serem minoria, que pensam que Mateus foi escrito primeiro.

"Segundo, mesmo que eu aceite a tese deles como verdadeira, ela só explica que, com o passar do tempo, se formaram lendas: ela não consegue explicar os relatos mais antigos de que Jesus ressuscitou. Algo aconteceu que fez os discípulos tornarem a ressurreição de Cristo o centro da proclamação da igreja antiga. A criação de lendas não consegue explicar os relatos iniciais de testemunhas oculares mais antigas. Em outras palavras, as lendas podem explicar como uma história ficou maior; elas não conseguem explicar como ela se originou ou se os participantes eram testemunhas oculares e contaram a história desde o começo.

"Terceiro, você está esquecendo que o credo de 1Coríntios 15 é anterior a todos os evangelhos e faz declarações categóricas a respeito das aparições. Na verdade, a afirmação que contém o maior número, que Jesus foi visto vivo por 500 pessoas ao mesmo tempo, procede dessa fonte primordial! Isso cria problemas para a teoria do desenvolvimento lendário. As melhores razões para rejeitar a teoria da lenda vêm dos credos antigos que encontramos em 1Coríntios 15 e em Atos, ambos anteriores ao material dos evangelhos.

"E, em quarto lugar, e o túmulo vazio? Se a ressurreição de Jesus não passasse de uma lenda, o túmulo estaria ocupado. Contudo, ele estava vazio na manhã da Páscoa. Isso requer uma hipótese adicional."

Possibilidade 2: As aparições foram alucinações

Pode ser que as testemunhas acreditassem seriamente ter visto Jesus. Talvez tenham relatado com exatidão o que aconteceu. Mas será que poderiam ter uma alucinação que as convenceu de que estavam encontrando Jesus, quando na verdade isso não aconteceu?

Habermas sorriu com a pergunta.

— Você conhece Gary Collins? — ele perguntou.

A pergunta me pegou de surpresa. Respondi que obviamente o conhecia:

— Estive no escritório dele há poucos dias, para entrevistá-lo para este mesmo livro — eu disse.

— Você acha que ele é qualificado como psicólogo?

— É claro — respondi, impaciente, pois podia ver que ele estava me aprontando alguma coisa. — Ele fez doutorado, foi professor por 20 anos, escreveu dezenas de livros sobre temas da psicologia, foi presidente de uma associação nacional dos psicólogos. Sim, claro, eu o consideraria qualificado.

Habermas me estendeu uma folha de papel.

— Perguntei a Gary sobre a possibilidade de se tratar de alucinações, e esta é sua opinião profissional, ele disse.

Passei os olhos no documento.

> Alucinações são ocorrências individuais. Pela própria natureza, apenas uma pessoa pode ver uma alucinação em dado momento. Alucinações não são algo que possa ser visto por um grupo de pessoas. Também não é possível que alguém induza outra pessoa a ter uma alucinação. E como uma alucinação só existe neste sentido subjetivo, pessoal, é óbvio que outros não podem testemunhá-la.[13]

— Isso — disse Habermas — é um grande problema para a teoria da alucinação, pois temos relatos repetidos de Jesus aparecendo a várias pessoas que contaram a mesma coisa. E há vários argumentos que demonstram por que alucinações não podem explicar essas aparições. Os discípulos estavam temerosos, cheios de dúvidas e em desespero depois da crucificação, ao passo que pessoas que possuem alucinações têm uma mente fértil, cheia de expectativa. Pedro era um cabeça-dura, Tiago, um cético: certamente não eram bons candidatos a alucinações.

Após uma pausa, ele continuou:

---

[13]HABERMAS, Gary; MORELAND, J. P. *Immortality: The Other Side of Death.* Nashville: Thomas Nelson. 1992, p. 60.

AS PROVAS DAS APARIÇÕES

— Além disso, alucinações são bastante raras. Via de regra, elas são causadas por drogas ou privações físicas. É provável que você não conheça alguém que já teve uma alucinação que não tenha sido provocada por uma dessas duas causas. E querem que aceitemos que, durante muitas semanas, pessoas dos mais diversos contextos, de todos os tipos de temperamentos, em vários lugares, tiveram alucinações? Será que não estão forçando a hipótese? Mais ainda: aceitando os relatos dos evangelhos como confiáveis, como você explica o fato de que os discípulos comeram com Jesus e o tocaram? Como pôde Jesus caminhar com dois deles pela estrada em direção a Emaús? E o túmulo vazio? Se todo mundo apenas imaginava ter visto Jesus, seu corpo ainda estaria no túmulo.

Muito bem, pensei, se não foi uma alucinação, talvez tenha sido algo mais sutil.

— Não teria sido esse um exemplo de pensamento coletivo, em que as pessoas convencem umas às outras de que viram algo que não existe? — perguntei. — Michael Martin disse: "Alguém cheio de zelo religioso pode ver o que quiser, mesmo o que não existe".[14]

Habermas riu.

— Sabe, um dos ateus com quem debati, Antony Flew, disse-me que não gosta quando outros ateus usam esse argumento, porque ele pode ser usado na direção contrária. Suas palavras: "Os cristãos creem porque querem, mas os ateus não creem porque querem!". Na verdade, existem várias razões porque os discípulos não podem ter convencido uns aos outros. Como a crença na ressurreição era o centro da sua fé, havia muita coisa em jogo. Eles não reavaliariam o pensamento coletivo posteriormente, e simplesmente o negariam ou abandonariam secretamente? E o que dizer de Tiago, que não acreditava em Jesus, e de Paulo, que perseguia os cristãos: Quem os teria convencido de ter visto algo? E, mais uma vez, o que dizer do túmulo vazio? Acima de tudo, essa teoria não explica a linguagem direta com que 1Coríntios 15 e outras passagens falam dos que viram Jesus. As testemunhas oculares

---

[14]MARTIN, Michael. *The Case against Christianity*. Filadelfia: Temple University Press, 1991. p. 75.

pelo menos estavam convencidas de ter visto Jesus vivo, e o pensamento coletivo não explica muito bem esse aspecto.

Habermas fez uma pausa para tirar um livro da estante e concluir seu argumento com uma citação do destacado teólogo e historiador Carl Braaten: "Mesmo os historiadores mais céticos concordam que, para os primeiros cristãos [...] a ressurreição de Jesus foi um evento real na história, a própria base da fé, e não uma ideia mítica que brotou da imaginação criativa dos crentes".[15]

— Às vezes — concluiu Habermas —, as pessoas se valem de qualquer argumento, tentando explicar as aparições. Só que nada esclarece melhor as evidências do que a explicação de que Jesus estava vivo.

"NENHUMA DÚVIDA RACIONAL"

Jesus foi morto na cruz — Alexander Metherell deixara isso totalmente claro. Seu túmulo estava vazio na manhã da Páscoa — William Lane Craig não tinha deixado dúvidas quanto a isso. Os discípulos e outras pessoas o viram, tocaram nele e comeram com ele depois da sua ressurreição — Gary Habermas defendera esse ponto com muitas provas. Como mencionou o notável teólogo britânico Michael Green:

> "as aparições de Jesus são tão bem confirmadas como os outros fatos da Antiguidade [...]. Não pode haver dúvida racional de que elas tenham ocorrido e de que a principal razão por que os cristãos tinham certeza da ressurreição nos primeiros dias foi exatamente esta. Eles podiam dizer com certeza: 'Nós vimos o Senhor'. Eles sabiam que era ele".[16]

Tudo o que vimos ainda não esgota todas as provas. Eu já tinha reservado a minha passagem para viajar para o outro extremo do país

---

[15]BRAATEN, Carl. *History and Hermeneutics,* volume 2 de HORDERN, William. *New Directions in Theology Today.* (Filadélfia: Westminster Press, 1966 apud HABERMAS, Gary; FLEW, Anthony. *Did Jesus Rise from the Dead,* Oregon: Wipf & Stock Pub, 1987. p. 24.
[16]GREEN, Michael.*The Empty Cross of Jesus.* Downers Grove: InterVarsity Press, 1984. p. 97 apud ANKERBERG, John; WELDON, John. *Knowing the Truth about the Resurrection,* p. 22 (grifo do autor).

para entrevistar mais um especialista na última categoria de prova de que a ressurreição de Jesus foi um acontecimento real da história.

Antes de sair do escritório de Habermas, porém, eu tinha mais uma pergunta. Para ser franco, hesitei em fazê-la, porque era bastante previsível e eu achava que podia obter uma resposta muito óbvia.

A pergunta dizia respeito à importância da ressurreição de Jesus. Eu pensava que, se perguntasse a Habermas sobre isso, ele daria a resposta-padrão de que ela é o centro da doutrina cristã, o eixo em torno do qual gira a fé cristã. Eu estava certo: ele deu uma resposta-padrão.

O que me surpreendeu foi que isso não foi tudo o que ele disse. Esse estudioso calejado, esse debatedor duro e direto, esse defensor da fé sempre pronto para a batalha, deixou-me olhar dentro de sua alma ao dar uma resposta que brotara do mais profundo vale de desespero pelo qual ele passara.

A RESSURREIÇÃO DE DEBBIE

Habermas acariciou sua barba, que ia ficando grisalha. A cadência rápida da sua voz e as palavras incisivas do debatedor desapareceram. Ele deixou de citar estudiosos, parou de citar a Bíblia, não estava mais defendendo uma tese.

Eu tinha perguntado a ele sobre a importância da ressurreição de Jesus, e Habermas decidiu assumir o risco de voltar a 1995, quando sua esposa, Debbie, estava morrendo lentamente de câncer no estômago. Apanhado de surpresa pela intimidade do momento, tudo o que pude fazer foi ouvir.

— Sentei-me em nossa varanda — ele começou, olhando para o lado, para nada em particular. Suspirou profundamente e depois continuou. — Minha esposa estava lá em cima, morrendo. Exceto durante as primeiras semanas, ela passara todo o tempo em casa. Foi uma época terrível. E a pior coisa que pode acontecer a alguém.

Ele se virou e olhou diretamente em meus olhos:

— Mas você sabe o que foi surpreendente? Meus alunos me telefonavam, não apenas um, mas vários, e diziam: "Numa hora como essa, o senhor não está feliz com a ideia da ressurreição?". Por mais sérias que fossem as circunstâncias, tive de sorrir por dois motivos.

Primeiro, meus alunos tentavam me animar com meu ensino. E o segundo é que funcionou.

"Sentado ali, pensei em Jó, que passou por todas aquelas coisas terríveis e fez perguntas a Deus, até que Deus virou a mesa e fez algumas perguntas a ele. Eu sabia que, se Deus viesse até mim, eu lhe faria somente uma pergunta: "Senhor, por que Debbie está lá em cima naquela cama?". E acho que Deus responderia perguntando com carinho: "Gary, eu não ressuscitei o meu Filho?". Eu diria: "Tudo bem, Senhor. Já escrevi sete livros sobre esse tema! E claro que ele ressuscitou. Eu quero saber é sobre Debbie!".

"Acho que o Senhor ficaria retomando sempre a mesma pergunta: "Eu não ressuscitei o meu Filho? Eu não ressuscitei o meu Filho?" até que eu entendesse: a ressurreição de Jesus significa que, se Jesus ressuscitou 2 mil anos atrás, há uma resposta para a morte de Debbie em 1995. E quer saber de uma coisa? Essa resposta me bastou quando estava sentado naquela varanda, e me basta até hoje."

Fez uma pausa e prosseguiu:

— Emocionalmente foi uma época terrível para mim, mas não pude fugir do fato de que a ressurreição de Jesus *é* a resposta para o sofrimento de Debbie. Eu ainda estava angustiado; ainda me perguntava como criaria quatro filhos sozinho. Mas não houve um só momento em que essa verdade não me confortasse. Perder minha esposa foi a experiência mais dolorosa por que jamais passei, mas se a ressurreição de Jesus pôde me ajudar a passar por ela, pode me fazer passar por qualquer outra coisa. Ela serviu para o ano 30 d.C., serviu para 1995, serve para o século 21 e servirá para o futuro.

Habermas novamente me olhou nos olhos.

— Isso não é um sermão — ele disse calmamente. — Creio nisso de todo o meu coração. Se existe ressurreição, existe o céu. Se Jesus ressuscitou, Debbie ressuscitará. E eu também ressuscitarei um dia. Então verei a ambos.

REFLEXÕES

PERGUNTAS PARA MEDITAÇÃO OU ESTUDO EM GRUPO

1. Habermas reduziu a questão da ressurreição de Jesus a duas perguntas: Jesus morreu mesmo? E depois, foi visto vivo? Baseado nas evidências até aqui, como você responderia a essas perguntas e por quê?

2. Que influência o credo de 1Coríntios 15 tem em sua conclusão sobre se Jesus foi visto vivo? Quais são suas razões para concluir que ele é significativo ou não em sua investigação?

3. Reserve alguns minutos para estudar algumas aparições nos Evangelhos citadas por Habermas. Elas parecem verdadeiras para você? Como você as avaliaria como provas da ressurreição de Jesus?

4. Habermas falou sobre como a ressurreição de Jesus tinha um sentido pessoal para ele. Você já sofreu a perda de um ente querido? Como a fé na ressurreição afetaria a maneira como você a encara?

OUTRAS FONTES DE PROVAS

MAIS RECURSOS SOBRE ESSE ASSUNTO

HABERMAS, Gary R.; LICONA, Michael R. *The Case for the Resurrection of Jesus* [A defesa da ressurreição de Jesus]. Grand Rapids: Kregel, 2004.

HABERMAS, Gary R.; FLEW, Antony. *Did the Resurrection Happen? A Conversation with Gary Habermas and Antony Flew* [A ressurreição realmente aconteceu? Um diálogo entre Gary Habermas e Antony Flew]. Downers Grove: InterVarsity Press, 2009.

HABERMAS, Gary R. *The Risen Jesus and Future Hope* [O Jesus ressuscitado e a esperança futura]. Lanham: Rowman and Littlefield, 2003.

_____. "The Resurrection Appearances of Jesus." In: R. Douglas Geivett e Gary R. Habermas, Eds., *In Defense of Miracles* [Em defesa dos milagres], p. 262-275. Downers Grove: InterVarsity Press, 1997.

_____. "The Resurrection of Jesus Time Line." In: Paul Copan e William Lane Craig, eds., *Contending With Christianity's Critics* [Debatendo com os críticos do crisitanismo], p. 113–125. Nashville: B&H Academic, 2009.

LICONA, Michael R. *The Resurrection of Jesus: A New Historiographical Approach* [A ressurreição de Jesus: Uma nova abordagem historiográfica]. Downers Grove: InterVarsity Press, 2010.

SWINBURNE, Richard. *The Resurrection of God Incarnate* [A ressurreição do Deus feito homem]. Oxford: Oxford Press, 2003.

WRITE, N.T. *A ressurreição do Filho de Deus.* São Paulo: Paulus, 2013.

CAPÍTULO 14

As provas circunstanciais

EXISTEM FATOS SECUNDÁRIOS
QUE APONTAM PARA A RESSURREIÇÃO?

Nenhuma testemunha viu Timothy McVeigh carregar um caminhão alugado com duas toneladas de explosivos. Ninguém o viu dirigir o veículo até a frente do prédio federal na cidade de Oklahoma e detonar a bomba, matando 168 pessoas. Nenhuma câmera de vídeo registrou qualquer imagem dele fugindo da cena do crime.

Entretanto, um júri conseguiu concluir, praticamente sem sombra de dúvida, que McVeigh era culpado do pior ato terrorista interno na história dos Estados Unidos. Por quê? Porque, fato por fato, prova por prova, testemunha por testemunha, os promotores usaram provas circunstanciais para fechar uma acusação contra ele sem margem a falhas.

Nenhuma das 137 pessoas chamadas ao banco das testemunhas vira McVeigh cometer o crime, mas o testemunho delas proveu evidências indiretas da sua culpa: um comerciante viu McVeigh alugar o caminhão, um amigo disse que McVeigh falou em explodir aquele prédio por estar com raiva do governo, e um cientista disse que as roupas de McVeigh continham resíduos de pólvora quando ele foi preso.

Os promotores reforçaram a acusação com mais de 700 provas materiais, desde recibos de hotéis e de taxistas até telefonemas, uma chave de caminhão e a nota fiscal de um restaurante chinês. Durante 18 dias eles habilmente teceram uma rede convincente de provas da qual McVeigh não conseguiu se desvencilhar.

O testemunho ocular das pessoas é chamado de prova direta porque elas, sob juramento, descrevem como pessoalmente viram o acusado cometer o crime. Isso, com frequência, é por si convincente, mas às vezes pode estar sujeito a recordações distorcidas, preconceitos e até à invenção descarada. No entanto, a prova circunstancial é composta de fatos indiretos dos quais se podem retirar conclusões racionais.[1] Seu efeito cumulativo pode ser tão forte quanto os relatos das testemunhas oculares, e às vezes é até mais significativo.

Timothy McVeigh pode ter pensado que tinha cometido o crime perfeito ao evitar testemunhas oculares, mas mesmo assim acabou no corredor da morte e foi executado, por causa de fatos circunstanciais que apontaram para ele de modo tão devastador como uma testemunha de primeira mão.

Depois de estudar as provas persuasivas do túmulo vazio e os relatos das testemunhas oculares do Jesus ressurreto, estava na hora de procurar as provas circunstanciais que poderiam fundamentar a defesa da ressurreição de Jesus. Eu sabia que, já que um acontecimento tão extraordinário como a sua ressurreição tinha acontecido realmente, a história deveria estar repleta de evidências indiretas que a apoiariam.

Essa busca me levou mais uma vez ao Sul da Califórnia, dessa vez ao escritório de um professor que combina de modo magistral a especialização em história, filosofia e ciência.

DÉCIMA TERCEIRA ENTREVISTA

J. P. Moreland, Ph.D.

Moreland é cheio de energia. Falou em tom animado e entusiasmado, com frequência inclinando-se para frente em sua cadeira giratória para destacar o que estava dizendo, na verdade, erguendo-se um pouco às vezes, como se fosse dar um pulo e me esganar com seus argumentos.

---

[1]BLACK, Henry Campbell. *Black's Law Dictionary*. 5. ed. St. Paul: West, 1979. p. 221.

AS PROVAS CIRCUNSTANCIAIS   315

— Gosto muito desse assunto! — ele exclamou durante um breve intervalo, a única vez durante a nossa conversa em que ele afirmou o óbvio.

A mente altamente organizada de Moreland trabalha de forma tão sistemática, tão lógica, que ele parece montar sem esforço sua argumentação, em frases completas e parágrafos inteiros, sem desperdiçar palavras ou incluir pensamentos estranhos ao assunto, em um texto pronto para ser revisado e impresso. Quando meu gravador parava, ele fazia uma pausa, dando-me tempo para inserir uma nova fita, para depois retomar exatamente onde parou, sem perder o ritmo.

Embora Moreland seja um filósofo bastante conhecido (com um doutorado da Universidade do Sul da Califórnia) e se sinta à vontade ao navegar pelos mundos conceituais de Kant e de Kierkegaard, ele não pensa somente em coisas abstratas. Sua formação em ciências (ele é bacharel em química pela Universidade do Missouri) e seu domínio da história (como ficou demonstrado em seu excelente livro *Scaling the secular city* [Escalando a cidade secular]) ancoram-no no mundo real e o impedem de flutuar para o pensamento puramente etéreo.

Moreland, que também é mestre em teologia pelo Seminário Teológico de Dallas, atualmente é professor na Faculdade de Teologia de Talbot, onde leciona no curso de mestrado em filosofia e ética.

Seus artigos foram publicados em mais de trinta revistas profissionais, como *American Philosophical Quarterlys* [Revista trimestral de filosofia]; *Metaphilosophy* [Metafilosofia] e *Philosophy and Phenomenological Research* [Filosofia e pesquisa de fenomenologia]. Ele também escreveu, foi coautor ou editou mais de uma dezena de livros, incluindo *Christianity and the Nature of Science*; [O cristianismo e a natureza da ciência], *Does God Exist?* [Deus existe?] (um debate com Kai Nielsen); *The Life and Death Debate* [O debate sobre a vida e a morte]; *The Creation Hypothesis* [A hipótese da criação]; *Beyond Death: Exploring the Evidence for Immortality* [Além da morte: analisando as provas da imortalidade]; *Jesus under Fire* [Jesus criticado]; e *Love Your God with All Your Mind* [Ame a Deus com todo o seu entendimento].

Sentado com Moreland em seu escritório pequeno, mas aconchegante, eu já sabia que as provas circunstanciais são plurais, e não singulares. Em outras palavras, elas são construídas pedra por pedra até haver um alicerce firme sobre o qual se podem erguer conclusões confiantemente.

Assim, comecei nossa entrevista com um desafio direto:

— Você pode me dar cinco provas circunstanciais que o convencem de que Jesus ressuscitou dentre os mortos?

Moreland ouviu minha pergunta com atenção:

— Cinco exemplos? — ele perguntou. — Cinco coisas que não são discutidas por ninguém?

Fiz que sim com a cabeça. Com isso, Moreland empurrou sua cadeira para longe da mesa e aprofundou-se em sua primeira prova: a vida transformada dos discípulos e a sua disposição de entregar a vida por sua convicção de que Jesus havia ressuscitado.

PROVA Nº 1: OS DISCÍPULOS MORRERAM POR SUAS CRENÇAS

— Quando Jesus foi crucificado — Moreland começou —, seus seguidores estavam desanimados e deprimidos. Eles perderam a certeza de que Jesus tinha sido enviado por Deus, porque criam que toda pessoa crucificada era amaldiçoada por Deus. Eles também tinham recebido o ensino de que Deus não deixaria seu Messias passar pela morte. Assim, dispersaram-se. O movimento de Jesus tinha se frustrado no seu nascedouro.

Após breve pausa, prosseguiu:

— Então, depois de um curto período de tempo, nós os vemos abandonando as suas profissões, reunindo-se e dedicando-se a transmitir uma mensagem bem específica: que Jesus Cristo era o Messias de Deus que tinha morrido em uma cruz, voltado à vida e sido visto vivo por eles. E eles estavam dispostos a passar o resto da sua vida proclamando isso, sem nenhuma vantagem do ponto de vista humano. Não havia nenhuma mansão esperando por eles na margem do Mediterrâneo. Enfrentaram uma vida dura. Muitas vezes ficaram sem comer, dormiram ao relento, foram ridicularizados, surrados, aprisionados. E, por fim, a maioria deles foi executada em meio a torturas. Por qual motivo? Por boas intenções? Não, antes, é porque eles estavam convictos sem sombra de dúvida de que tinham visto Jesus Cristo vivo depois de morto. O que não se consegue explicar é o modo pelo qual esse grupo específico de homens

AS PROVAS CIRCUNSTANCIAIS

se levantaria com essa convicção peculiar sem terem uma experiência com o Cristo ressurreto. Não existe outra explicação adequada.

Interrompi-o com uma objeção:

— Sim — concordei —, eles estavam prontos para morrer por suas convicções. Mas — acrescentei — o mesmo tem feito muçulmanos, mórmons e os seguidores de Jim Jones e David Koresh. Isso pode mostrar que eles eram fanáticos, mas, sejamos sinceros: não prova que aquilo em que eles criam era verdadeiro.

— Espere aí; pense com cuidado na diferença — Moreland insistiu, girando a cadeira para me olhar de frente, com os dois pés firmes no chão. — Os muçulmanos podem estar dispostos a morrer por sua convicção de que Alá se revelou a Maomé, mas essa revelação não foi feita de modo publicamente observável. Eles podem estar enganados. Podem crer sinceramente que isso é verdade, mas não podem ter certeza, porque eles mesmos não presenciaram o fato. Por outro lado, os apóstolos estavam dispostos a morrer por algo que tinham visto com os próprios olhos e tocado com as próprias mãos. Estavam na posição única de não apenas crer que Jesus ressuscitou, mas de saber que era verdade. E se você tem onze pessoas dignas de crédito, sem segundas intenções, sem nada a ganhar e muito a perder, todas concordando em ter visto algo com os próprios olhos, vai ser difícil achar outra explicação para isso.

Sorri porque eu bancara o advogado do diabo ao levantar a minha objeção. Na verdade, eu sabia que ele estava certo. De fato, essa distinção crítica era central em minha jornada espiritual.

A mim tinha sido dito o seguinte: há pessoas que morrem por suas convicções religiosas se crerem sinceramente que são verdadeiras, mas ninguém morre por convicções religiosas que sabe serem falsas.

Enquanto a maioria das pessoas pode apenas ter fé que suas convicções são verdadeiras, os discípulos tinham condições de saber com certeza absoluta que Jesus havia ressuscitado. Eles afirmaram tê-lo visto, conversado e comido com ele. Se não tivessem certeza absoluta, não se deixariam torturar até a morte pela proclamação da ressurreição de Jesus.[2]

---

[2]Veja MCDOWELL, Josh. *Mais que um carpinteiro*. 5. ed. Venda Nova: Betânia, 1989. p. 59-69.

— Está bem, deste ponto você me convenceu! — eu disse.

— O que mais você tem?

PROVA N.° 2: A CONVERSÃO DOS CÉTICOS

— Outra prova circunstancial — Moreland continuou — é que havia determinados céticos que não acreditavam em Jesus antes da sua crucificação e eram, até certo ponto, inimigos do cristianismo que deram meia-volta e abraçaram a fé cristã depois da morte de Jesus. Não há bons motivos para isso, a não ser que tenham experimentado o Cristo ressurreto.

— É evidente que você está falando de Tiago, o irmão de Jesus, e Saulo de Tarso, que veio a ser o apóstolo Paulo — comentei. — Mas você tem realmente uma prova aceitável de que Tiago anteriormente era cético?

— Tenho, sim — ele confirmou. — Os evangelhos nos contam que os familiares de Jesus, incluindo Tiago, sentiam-se pouco à vontade com quem ele dizia ser. Eles não acreditavam nele; confrontavam-no. No judaísmo antigo, era muito embaraçoso quando a família de um rabino não o aceitava. Por isso, os escritores dos evangelhos não teriam motivos para inventar esse ceticismo, se ele não fosse verídico. Mais tarde, o historiador Josefo nos conta que Tiago, o irmão de Jesus, que se tornara líder da igreja de Jerusalém, foi apedrejado até morrer pelo fato de crer em seu irmão. Por que a vida de Tiago mudou? Paulo nos diz: Jesus ressurreto lhe apareceu. Não existe outra explicação.

De fato, nenhuma outra me veio à mente.

— E Saulo? — perguntei.

— Como fariseu, ele odiava tudo o que pudesse corromper as tradições do povo judeu. Para ele, aquele novo movimento contrário chamado cristianismo seria o auge da deslealdade. De fato, ele expressou sua frustração executando cristãos sempre que tinha chance — Moreland respondeu. De repente ele deixa de perseguir os cristãos e se junta a eles! Como isso foi acontecer? Bem, todo mundo concorda que Paulo escreveu a carta aos Gálatas e ele mesmo nos diz nessa carta o que fez com que ele desse uma volta de 180 graus e se tornasse o principal proclamador da fé cristã. De próprio punho ele escreve que viu o Cristo ressurreto e o ouviu convocá-lo para ser seu seguidor.

AS PROVAS CIRCUNSTANCIAIS   319

Eu estava esperando que Moreland chegasse à sua conclusão, para poder desafiá-lo com uma objeção de Michael Martin, um crítico do cristianismo, que disse que, se considerarmos a conversão de Paulo uma evidência da verdade da ressurreição de Cristo, temos de levar em conta a conversão de Maomé ao islamismo como evidência de que Jesus não ressuscitou, já que os muçulmanos negam isso!

— Basicamente, ele diz que o peso da conversão de Paulo e o valor da conversão de Maomé cancelam um ao outro como prova — eu disse a Moreland. — Para ser franco, esse parece um bom argumento. Você não concordaria que ele está certo?

Moreland não mordeu a isca.

— Olhemos mais de perto a conversão de Maomé — ele disse em tom confiante. — Ninguém sabe qualquer coisa sobre ela. Maomé diz ter entrado em uma caverna, onde teve uma experiência religiosa em que Alá lhe revelou o Alcorão. Não há nenhuma testemunha ocular para confirmar isso. Maomé não fez nenhum sinal miraculoso em público para confirmar coisa alguma. Muitas pessoas podiam ter segundas intenções ao seguir Maomé, porque nos primeiros anos o islamismo se expandiu em boa parte por meio da guerra. Os seguidores de Maomé obtiveram influência política e poder sobre os povoados que foram conquistados e "converteram" todos ao islamismo pela espada. Contraste isso com as afirmações dos primeiros seguidores de Jesus, incluindo Paulo. Eles falavam de acontecimentos públicos que outros também tinham presenciado. Eram coisas que tinham acontecido fora da sua mente, não apenas na cabeça deles. Além disso, quando Paulo escreveu 2Coríntios (o que ninguém discute), ele lembrou aos seus leitores que tinha feito milagres quando estivera com eles. Ele certamente não seria tolo de fazer essa afirmação se eles sabiam que não era verdade.

— Onde você quer chegar? — perguntei.

— Lembre-se de que não se trata simplesmente de Paulo mudar de posição — respondeu ele. — É preciso explicar como ele chegou a essa mudança específica de convicção, que foi totalmente contra tudo o que ele aprendera, como ele viu Cristo ressurreto em um acontecimento público que foi testemunhado por outras pessoas, mesmo que elas não tenham entendido nada; e como ele fez milagres para embasar sua afirmação de que era um apóstolo.

— Está bem, está bem — concordei. — Entendo o seu argumento. E é um bom argumento. — Com isso, lhe fiz um gesto de que ele podia passar para sua próxima prova.

PROVA N.º 3: MUDANÇAS EM ESTRUTURAS SOCIAIS FUNDAMENTAIS

A fim de explicar a categoria seguinte de prova circunstancial, Moreland tinha de dar algumas informações importantes sobre o contexto cultural judaico.

— No tempo de Jesus, já fazia 700 anos que os judeus estavam sendo perseguidos por babilônios, assírios, persas, gregos e, então, romanos — Moreland explicou. — Muitos judeus tinham sido espalhados pelo mundo e viviam fora de sua terra. No entanto, ainda vemos judeus hoje, enquanto não vemos hititas, ferezeus, amonitas, assírios, persas, babilônios e outros povos que viviam na época. Por quê? Porque esses povos, ao serem conquistados por outras nações, misturaram-se com elas e perderam sua identidade nacional.

"Por que isso não aconteceu com os judeus? Porque as estruturas sociais que lhes davam identidade nacional, quem faziam com que um judeu fosse judeu, eram incrivelmente importantes para eles. Os judeus passavam essas estruturas aos seus filhos, celebravam-nas em suas reuniões na sinagoga todos os sábados e as praticavam em seus rituais, porque sabiam que, se não o fizessem, em pouco tempo não haveria mais judeus. Seriam assimilados pelas culturas dominantes.

"E há mais uma razão porque essas instituições sociais eram tão importantes: Eles acreditavam que elas lhes tinham sido confiadas por Deus. Ao abandoná-las, acreditavam estar correndo o risco de ver sua alma condenada ao inferno após a morte. Então, vem um rabino de nome Jesus, de uma região de baixo nível social. Ele ensina durante três anos, reúne um grupo de seguidores de classe média e baixa, entra em conflito com as autoridades e é crucificado, assim como outros 30 mil judeus que foram executados no mesmo período. Cinco semanas

AS PROVAS CIRCUNSTANCIAIS

depois de ele ser crucificado, porém, mais de 10 mil judeus o estão seguindo, declarando-o iniciador de uma nova religião. E veja: eles estão dispostos a abrir mão ou a alterar as cinco instituições sociais que, desde a infância, lhes tinham sido ensinadas como fundamentais em termos sociais e teológicos."

— Portanto, a dedução é de que algo importante estava acontecendo! — comentei.

Moreland exclamou:

— Algo *muito* importante estava acontecendo!

Uma revolução na vida judaica

Convidei Moreland a passar pelas cinco estruturas sociais e explicar como os seguidores de Jesus as tinham mudado ou abandonado.

— Em primeiro lugar — ele começou —, eles tinham sido instruídos desde o tempo de Abraão e Moisés de que precisavam oferecer, anualmente, sacrifícios de animais para expiar os seus pecados. Deus transferiria os pecados deles para o animal, e os seus pecados seriam perdoados, para poderem manter um bom relacionamento com Deus. De repente, depois da morte desse carpinteiro de Nazaré, esses judeus deixam de oferecer sacrifícios.

"Segundo, os judeus davam ênfase à obediência às leis que Deus lhes dera como herança por meio de Moisés. Na opinião deles, era isso que os separava das nações pagãs. Pouco tempo depois da morte de Jesus, porém, esses judeus começaram a dizer que ninguém se torna um membro destacado da sociedade simplesmente obedecendo às leis de Moisés.

"Terceiro, os judeus guardavam escrupulosamente o sábado, no qual não faziam estritamente nada que não fizesse parte do culto religioso. É assim que ficavam de bem com Deus, garantiam a salvação da sua família e mantinham a harmonia na nação. Todavia, depois da morte desse carpinteiro de Nazaré, essa tradição de 1500 anos é mudada abruptamente. Os cristãos adoram a Deus no domingo. E por quê? Porque foi nesse dia que Jesus ressuscitou.

"Quarto, os judeus criam no monoteísmo: só existe um Deus. Porém, enquanto os cristãos ensinam uma forma de monoteísmo, eles dizem que Pai, Filho e Espírito Santo são esse único Deus. Isso é radicalmente diferente do que os judeus acreditavam. Eles teriam considerado a heresia das heresias dizer que alguém podia ser Deus e homem ao mesmo tempo. Entretanto, vemos judeus começando a adorar Jesus como Deus na primeira década da religião cristã.

"Em quinto lugar, esses cristãos retratavam o Messias como alguém que tinha sofrido e morrido pelos pecados do mundo, enquanto os judeus tinham sido ensinados a crer que o Messias seria um líder político que destruiria os exércitos romanos."

Com esse contexto definido, Moreland partiu para o golpe retórico final, prendendo-me com seu olhar intenso e inabalável.

— Lee — ele disse —, como explicar que, em um período de tempo tão curto, não apenas um judeu, mas uma comunidade inteira de pelo menos 10 mil judeus estava disposta a desistir desses cinco costumes fundamentais que lhes tinham servido em termos sociológicos e teológicos durante tantos séculos? A minha explicação é simples: eles tinham visto Jesus ressuscitado.

O argumento de Moreland era extremamente convincente, mas eu via um problema para muitas pessoas o compreenderem hoje em dia. Eu lhe disse que é muito difícil que os cidadãos do século 21 entendam a natureza radical dessa transformação.

— Essas pessoas são volúveis em sua fé — expliquei. — Elas vão e vêm entre crenças cristãs e da Nova Era. Envolvem-se com o budismo, misturam, combinam e criam a própria espiritualidade. Para elas, fazer o tipo de mudanças que você mencionou não pareceria grande coisa.

Moreland fez que sim com a cabeça. Ele já devia ter ouvido essa objeção antes.

— Eu perguntaria a uma pessoa como a que você descreveu: "Qual é sua crença mais querida? Que seus pais são pessoas boas? Que assassinato é imoral? Pense em quão radical algo deve ser para fazê-lo desistir dessa crença que você preza tanto. Aí estaremos começando a chegar perto. Tenha em mente que aquela era uma comunidade inteira de pessoas que estão abandonando convicções que lhes eram caras, que lhes tinham sido transmitidas durante séculos e que eles criam terem vindo do próprio Deus. Elas o estavam fazendo, apesar de colocarem em risco seu bem-estar, e também acreditavam que estavam correndo o risco de ter a alma condenada ao inferno se estivessem erradas. Além disso, elas não estavam fazendo isso porque tinham descoberto ideias melhores. Estavam muito contentes com as tradições antigas. Desistiram delas porque tinham visto milagres que não conseguiam explicar e que os forçaram a ver o mundo de outro modo.

— Nós, ocidentais, gostamos de mudanças tecnológicas e sociológicas — observei. — As tradições não têm tanto valor para nós.

— Concordo — Moreland replicou —, mas aquelas pessoas de fato valorizavam a tradição. Elas viviam em uma época em que, quanto mais antigo algo fosse, melhor. De fato, para eles, quanto mais para trás no tempo você conseguisse traçar uma ideia, mais chances ela teria de ser verdadeira. Portanto, vir com ideias novas causava a reação oposta à que vemos hoje em dia.

Após breve pausa, concluiu:

— Confie em mim, essas mudanças nas estruturas sociais dos judeus não foram meros ajustes feitos ao acaso, elas foram monumentais. Foi o equivalente a um terremoto social! E os terremotos não acontecem sem motivo.

PROVA N° 4: A CEIA E O BATISMO

Moreland apontou para o surgimento de sacramentos como a ceia do Senhor e o batismo na igreja antiga como mais uma prova circunstancial de que a ressurreição de Cristo realmente aconteceu. Eu, porém, tinha algumas dúvidas.

— Não é simplesmente natural que as religiões criem seus rituais e costumes? — perguntei. — Todas as religiões os têm. Portanto, como isso prova algo a respeito da ressurreição de Jesus?

— É verdade, mas vejamos a ceia com mais atenção — ele respondeu. — O que é estranho é que esses primeiros seguidores de Jesus não se reuniam para celebrar seus ensinos ou a sua pessoa maravilhosa. Eles se reuniam regularmente para uma refeição de celebração por um motivo: recordar que Jesus fora trucidado de modo grotesco e humilhante. Pense nisso em termos modernos. Se houvesse um grupo de pessoas que amasse John F. Kennedy, elas poderiam se encontrar regularmente para recordar seu confronto com a União Soviética, sua promoção dos direitos civis e a sua personalidade carismática. Mas elas não iriam celebrar que ele foi assassinado por Lee Harvey Oswald!

No entanto, isso é análogo ao que esses primeiros cristãos faziam. Como explicar tal fato? Eu o explico assim: eles entenderam que o assassinato de Jesus foi um passo necessário para uma vitória muito maior. Seu assassinato não tinha sido a última palavra; a última palavra era que ele vencera a morte por todos nós, ressuscitando dos mortos. Eles celebravam sua execução porque estavam convictos de que o tinham visto vivo depois do sepultamento.

— E o batismo? — perguntei.

— A igreja primitiva adotou uma forma de batismo a partir de sua formação judaica, o batismo de prosélitos. Quando um gentio queria adotar as leis de Moisés, os judeus o batizavam na autoridade do Deus de Israel. No Novo Testamento, por sua vez, as pessoas eram batizadas em nome de Deus Pai, Deus Filho e Deus Espírito Santo, o que significava que Jesus tinha sido elevado à plena condição divina. E não apenas isso, mas o batismo era uma celebração da morte de Jesus, assim como a ceia. Ao submergir, a pessoa celebra a morte de Jesus e, ao sair da água, celebra o fato de que Jesus foi ressuscitado para uma nova vida.

Eu o interrompi para dizer:

— Você quer dizer que esses rituais não foram meramente adaptados das chamadas religiões de mistério.

— Exatamente, e por boas razões — assentiu Moreland. — Em primeiro lugar, porque não há provas convincentes de que alguma religião de mistério acreditasse que deuses morrem e ressuscitam, antes do período do Novo Testamento. Portanto, se houve algum empréstimo, foram dessas religiões que os tomaram emprestado do cristianismo. Segundo, a prática do batismo veio do costume judaico, e os judeus eram totalmente contrários a permitir que ideias gentias ou gregas afetassem seu culto. E, em terceiro, essas duas práticas podem ser datadas do início da comunidade cristã, muito cedo para que influências de qualquer religião se intrometessem na sua compreensão acerca do significado da morte de Jesus.

PROVA N.º 5: O SURGIMENTO DA IGREJA

Moreland introduziu este último ponto dizendo:

— Quando ocorre uma mudança cultural importante, os historiadores sempre procuram acontecimentos que possam explicá-la.

— Sim, isso faz sentido — concordei.

— Muito bem, vejamos o começo da igreja cristã. Não há dúvida de que ela teve início logo depois da morte de Jesus e que se espalhou de modo tão rápido que, no período de, talvez, vinte anos, já tinha chegado ao palácio de César em Roma. E não apenas isso, mas esse movimento triunfou sobre várias ideologias que competiam com ele e acabou dominando todo o império romano. Agora, se você fosse um marciano olhando para o primeiro século, quem você acha que sobreviveria: o cristianismo ou o império romano? Você provavelmente não apostaria um vintém furado em um grupo de pessoas insignificantes cuja principal mensagem era que um carpinteiro crucificado, que nascera em povoado obscuro, triunfara sobre morte. No entanto, essa mensagem foi tão bem-sucedida que até hoje chamamos nossos filhos "Pedro" e "Paulo" e nossos cachorros "César" e "Nero"! Gosto da maneira como C. F. D. Moule, professor de Novo Testamento em Cambridge, definiu a questão: "Se o surgimento dos nazarenos, um fenômeno atestado de modo inegável pelo Novo Testamento, faz um buraco enorme na história, um buraco do tamanho e da forma da ressurreição de Jesus, o que o historiador secular propõe para fechá-lo?".[3]

Esse não era o mais forte dos argumentos de Moreland, já que outros movimentos religiosos também irromperam e se espalharam, mas as evidências circunstanciais não se baseiam somente na força de um fato. Elas, antes, são o peso cumulativo de vários fatos que, juntos, mostram o caminho para uma conclusão. E, para Moreland, a conclusão é evidente.

— Veja — ele disse —, se alguém quiser ver essas provas circunstanciais e chegar ao veredito de que Jesus não ressuscitou, tudo bem. Mas terá de propor uma explicação alternativa que responda, de modo

---

[3]MOULE, C. F. D. *The Phenomenon of the New Testament.* Londres: SCM Press, 1967. p. 3.

plausível, a todos os cinco fatos. Lembre-se, não há dúvida de que esses fatos são verdadeiros; a questão é como explicá-los. E eu jamais vi uma explicação melhor que a ressurreição de Jesus.

Revisei mentalmente as provas circunstanciais: a disposição dos discípulos de morrer pelo que tinham experimentado; a vida de céticos como Tiago e Saulo sendo virada do avesso; as mudanças radicais em estruturas sociais prezadas pelos judeus há séculos; o surgimento repentino da ceia do Senhor e do batismo; e o surgimento e o crescimento impressionantes da igreja.

Considerando todos os cinco fatos incontestáveis, tive de concordar com Moreland que a ressurreição de Jesus, e apenas ela, justifica todos eles. Nenhuma outra explicação chega perto. E essas são apenas as provas indiretas. Quando acrescentei a prova poderosa do túmulo de Jesus vazio e o testemunho convincente de suas aparições após a ressurreição, o caso parecia encerrado.

Essa também foi a conclusão de Sir Lionel Luckhoo, o advogado brilhante e inteligente cujas impressionantes e consecutivas 245 absolvições de assassinato lhe valeram um lugar no livro *Guinness de recordes mundiais* como o advogado mais bem-sucedido do mundo.[4]

Feito cavaleiro duas vezes pela rainha Elisabete, este antigo juiz e diplomata submeteu os fatos históricos sobre a ressurreição de Jesus à sua análise rigorosa durante sete anos antes de declarar: "Digo de modo inequívoco que as provas da ressurreição de Jesus Cristo são tão avassaladoras que exigem que as aceitemos sem deixar absolutamente nenhum lugar para dúvidas".[5]

Mas espere. Ainda há mais.

O ÚLTIMO PASSO

Encerrada a entrevista, Moreland e eu ficamos falando de futebol enquanto eu desligava meu gravador e guardava minhas anotações.

---

[4]MCFARLAN, Donald, org. *The Guinness Book of World Records*. Nova York: Bantam, 1991. p. 547.
[5]CLIFFORD, Ross. *The Case for the Empty Tomb*. Tauchnitz: Albatross Book, 1993. p. 112.

AS PROVAS CIRCUNSTANCIAIS

Embora estivesse com um pouco de pressa para pegar meu voo de volta para Chicago, ele me disse algo que me fez parar.

— Há outro tipo de prova sobre a qual você não perguntou — ele observou.

Minha mente repassou nossa entrevista.

— Desisto — eu disse. — Qual é?

— É o encontro contínuo com o Cristo ressuscitado que acontece em todo o mundo, em cada cultura, para pessoas de todas as culturas e personalidades, instruídas ou não, ricas e pobres, os que pensam e os que sentem, homens e mulheres — ele disse. — Todos esses testemunharão que, mais que qualquer outra coisa em sua vida, Jesus Cristo os transformou.

Moreland inclinou-se para frente para destacar o que dizia.

— Para mim, essa é a prova final, não a única, mas a prova definitiva de que a mensagem de Jesus pode abrir as portas para o encontro direto com o Cristo ressurreto.

— Imagino que você teve um encontro desses — eu o incentivei. — Conte-me sobre ele.

— Em 1968, eu era um cínico formando em química, na Universidade do Missouri, quando fui confrontado com o desafio de que, se examinasse as declarações de Jesus Cristo de modo crítico, mas com a mente aberta, encontraria provas mais do que suficientes para crer nele. Assim, dei um passo de fé na mesma direção que as provas estavam indicando, recebendo Jesus como aquele que me perdoa e dirige, e comecei a me relacionar com ele, o Cristo ressurreto, de modo muito real e contínuo.

Nas últimas três décadas, recebi centenas de respostas específicas a orações, vi acontecer coisas que simplesmente não podem ser explicadas de modo natural e experimentei uma vida transformada além de qualquer coisa que eu pudesse ter imaginado.

Mas, protestei, as pessoas experimentam mudança de vida também em outras religiões, cujas bases contradizem o cristianismo.

— Não é perigoso basear uma decisão em experiências subjetivas? — perguntei.

— Deixe-me tornar duas coisas bem claras — rebateu Moreland.

— Em primeiro lugar, não estou dizendo: "Simplesmente confie em sua experiência". Estou dizendo: "Use sua mente de modo tranquilo e avalie as provas, e depois deixe a experiência ser uma prova comprobatória". Em segundo, se o que as provas apontam é verdade, ou seja, se todas essas sequências de provas realmente apontam para a ressurreição de Jesus, as próprias provas exigem um teste da experiência.

— Por favor, defina isso — insisti.

— O teste experimental é: "Ele ainda está vivo, e posso descobrir isso ao me relacionar com ele". Se você estivesse em um júri e ouvisse provas suficientes para se convencer da culpa de alguém, não teria sentido parar um pouco antes do último passo de condená-lo. Do mesmo modo, se alguém aceita as provas da ressurreição de Jesus e não dá o último passo de testá-las por suas experiências está errando em relação à direção em que essas provas estão apontando.

— Então — eu disse —, se as evidências apontam fortemente nessa direção, é simplesmente uma questão racional e lógica fazê-las caminhar para a esfera experimental.

Ele confirmou com a cabeça:

— É exatamente isso. Essa é a confirmação final das provas. Na verdade, eu diria o seguinte: as provas clamam pelo teste experimental.

REFLEXÕES

PERGUNTAS PARA MEDITAÇÃO OU ESTUDO EM GRUPO

1. Os discípulos estavam na posição singular de saber com certeza se Jesus tinha retornado de entre os mortos, e eles estavam dispostos a morrer por sua convicção de que isso aconteceu. Você consegue se lembrar de alguém na história que, consciente e intencionalmente, morreu por uma mentira? Que grau de certeza você precisaria ter para oferecer sua vida por uma convicção? Com que profundidade você investigaria uma questão se fosse para fundamentar sua vida nela?

2. Quais são suas convicções mais valiosas? Quanto lhe custaria abandonar ou repensar radicalmente essas opiniões preciosas — especialmente se você cresse com certeza que estaria arriscando perder a alma no inferno se entrasse por um caminho errado? Que relação sua resposta tem com o fato histórico de que milhares de judeus

AS PROVAS CIRCUNSTANCIAIS

abandonaram de repente cinco estruturas sociais e religiosas fundamentais pouco depois da crucificação de Jesus?

3. Além da ressurreição de Jesus, você consegue pensar em outra explicação que responda ao mesmo tempo por todos os cinco tipos de provas que J. P. Moreland apresentou? Como você acha que alguém como ele responderia à sua hipótese?

4. Moreland terminou sua entrevista falando do teste da experiência. O que teria de acontecer para você se dispor a também dar esse passo?

OUTRAS FONTES DE PROVAS

MAIS RECURSOS SOBRE ESSE ASSUNTO

GROOTHUIS, Douglas. "The Resurrection of Jesus." In *Christian Apologetics: A Comprehensive Case for the Christian Faith* [Apologética cristã: uma defesa abrangente da fé cristã], p. 527-563. Downers Grove: InterVarsity Academic, 2011.

LICONA, Michael R. "New Explanations Have Refuted Jesus' Resurrection" and "The Cross-Examination." In Lee Strobel, *The Case for the Real Jesus*, p. 101-155. Grand Rapids: Zondervan, 2007.

MCDOWELL, Josh; MCDOWELL, Sean. *Evidências da ressurreição*. Rio de Janeiro: CPAD, 2011.

MORELAND, J. P. "The Resurrection of Jesus." In *Scaling the Secular City* [Escalando a cidade secular], p. 159-183. Grand Rapids: Baker, 1987.

METTINGER, Tryggve N. D. *The Riddle of the Resurrection* [O enigma da ressurreição]. Estocolmo: Almqvist & Wiksell International, 2001.

CONCLUSÃO

O veredito final da história

O QUE AS PROVAS INDICAM
E O QUE ELAS SIGNIFICAM HOJE

Em uma tarde de novembro de 1981, tranquei-me no escritório de casa e passei a tarde repassando a peregrinação espiritual que eu tinha feito durante os últimos 21 meses.

Nunca pensei em escrever sobre a minha experiência; na verdade, só anos depois que eu decidi reconstituir e relatar com mais detalhes a minha investigação original, viajando por todo o país para entrevistar os especialistas para este livro. Mesmo assim, a minha investigação de 20 de janeiro de 1980 a 8 de novembro de 1981 tinha sido abrangente e emocionante. Eu tinha estudado a história, garimpado a arqueologia, tirado as minhas dúvidas e analisado as respostas com a mente mais aberta possível. Agora eu tinha chegado ao ponto crítico. As provas pareciam ser claras. A única questão que restava era o que eu faria com elas.

Tomando um bloco de anotações, comecei a relacionar as perguntas que me fizera, quando iniciei a investigação, e alguns dos fatos-chave que descobrira. De modo semelhante, posso resumir agora o essencial do que aprendemos em nossa avaliação das provas.

Pode-se confiar nas biografias de Jesus?

Antes eu pensava que os evangelhos não passavam de propaganda religiosa, comprometidos pela imaginação hiperativa e pelo zelo evangelístico. No entanto, Craig Blomberg, uma das principais autoridades do país sobre o assunto, montou uma convincente defesa de que eles refletem o testemunho ocular direto e indireto e trazem as marcas inconfundíveis da exatidão. Essas biografias são tão próximas dos fatos que não podem ser descartadas como invenções lendárias. De fato, as noções fundamentais dos milagres, ressurreição e divindade de Jesus remontam ao alvorecer do movimento cristão.

As biografias de Jesus resistem a uma investigação minuciosa?

Blomberg argumentou de modo persuasivo que os escritores dos evangelhos tinham o propósito de preservar a história confiável, tinham a capacidade para fazê-lo, eram honestos, estando dispostos a incluir material difícil de explicar, e não permitiram que preconceitos distorcessem indevidamente os seus relatos. A harmonia entre os evangelhos nos fatos essenciais, somada à divergência em alguns detalhes, dá credibilidade histórica aos relatos. Além disso, a igreja primitiva não poderia ter lançado raízes e florescido bem ali em Jerusalém se tivesse ensinado fatos sobre Jesus que seus contemporâneos seriam capazes de denunciar como exagero ou falsidade. Em resumo, os evangelhos conseguiram passar pelos oito testes das provas.

As biografias de Jesus foram preservadas de modo confiável?

O estudioso reconhecido mundialmente Bruce Metzger disse que, comparados com outros documentos antigos, existe um número sem precedentes de manuscritos no Novo Testamento cuja data está extremamente próxima à dos escritos originais. Nenhuma das variantes textuais, que geralmente se tratam de questões ortográficas e gramaticais, coloca em dúvida alguma doutrina cristã principal. Os critérios usados pela igreja

CONCLUSÃO   333

primitiva para determinar quais livros devem receber a autoridade garan-
tiram que possuíssemos os melhores relatos possíveis sobre Jesus.

Existem provas confiáveis a favor da existência de Jesus além de suas biografias?

"Temos uma melhor documentação histórica sobre Jesus do que sobre
o fundador de qualquer outra religião antiga", disse Edwin Yamauchi.
As fontes externas à Bíblia corroboram que muitas pessoas acreditavam que Jesus tinha efetuado curas e era o Messias, que foi crucificado
e que, apesar da sua morte vergonhosa, seus seguidores, que criam que
ele continuava vivo, o adoravam como Deus. Um especialista docu-
mentou 39 fontes antigas que confirmam mais de uma centena de
fatos sobre a vida, os ensinos, a crucificação e a ressurreição de Jesus.
Sete fontes seculares e vários credos antigos falam da divindade de
Jesus, doutrina "evidentemente presente na igreja antiga", segundo o
estudioso Gary Habermas.

A arqueologia confirma ou contradiz as biografias de Jesus?

O arqueólogo John McRay disse que não há dúvida de que as descobertas arqueológicas reforçaram a credibilidade do Novo Testamento.
Nenhuma descoberta jamais pôs em xeque uma referência bíblica.
Além disso, a arqueologia confirmou que Lucas, que escreveu quase
25% do Novo Testamento, era um historiador especialmente cuidadoso. Um especialista concluiu: "Se Lucas era tão exato até nos mínimos detalhes em seus relatos históricos, em que base lógica pode-se
presumir que ele era crédulo ou inexato ao relatar assuntos que eram
bem mais importantes, não apenas para ele, mas também para outros?"
como, por exemplo, a ressurreição de Jesus.

O Jesus da história é o mesmo Jesus da fé?

Gregory Boyd disse que o tão falado Seminário Jesus, o qual coloca
em dúvida que Jesus tenha dito a maior parte do que lhe é atribuído,

representa "um número muito pequeno de estudiosos extremistas que estão bem à esquerda do pensamento do Novo Testamento". O Seminário descartou de antemão a possibilidade de milagres, empregou critérios questionáveis, e alguns dos seus integrantes têm difundido documentos permeados de mitos, de qualidade extremamente duvidosa. Mais que isso, a ideia de que as histórias sobre Jesus surgiram da mitologia sobre deuses que morrem e ressuscitam não resiste à investigação. Boyd disse: "As evidências de que Jesus era quem os discípulos diziam [...] estão a anos-luz de distância da ideia de que os cientistas esquerdistas do Seminário Jesus estão corretos". Em suma, o Jesus da fé é o mesmo Jesus da história.

Jesus estava realmente convicto de que era o Filho de Deus?

Indo até às tradições mais antigas de todas, totalmente seguras quanto ao desenvolvimento lendário, Ben Witherington III pôde demonstrar que Jesus tinha uma compreensão suprema e transcendente de si mesmo. Baseado nas evidências, Witherington disse: "Jesus acreditava ser o Filho de Deus, o ungido de Deus? A resposta é sim. Ele se considerava o Filho do Homem? A resposta é sim. Ele se via como o Messias do fim dos tempos? Sim, ele se via dessa forma. Ele acreditava que alguém menos que Deus poderia salvar o mundo? Não, não creio que ele pensasse isso".

Jesus estava louco quando afirmou ser o Filho de Deus?

O conhecido psicólogo Gary Collins disse que Jesus nunca apresentou nenhuma emoção inadequada, estava em contato com a realidade, era brilhante e tinha uma compreensão impressionante sobre a natureza humana, além de cultivar relacionamentos profundos e duradouros. "Não vejo nenhum sinal de que Jesus sofresse de qualquer doença mental conhecida", ele concluiu. Além disso, Jesus respaldou a sua declaração de ser Deus por meio de feitos milagrosos de curas, por demonstrações surpreendentes de poder sobre a natureza, pelo ensino

CONCLUSÃO   335

incomparável, pelo conhecimento divino das pessoas e pela própria
ressurreição, que foi a autenticação definitiva da sua identidade.

Jesus apresentou os atributos de Deus?

Embora a encarnação — ideia de que Deus se torna um ser humano,
o infinito se torna finito — extrapole a nossa imaginação, o destacado
teólogo D. A. Carson ressaltou que há muitas evidências de que Jesus
demonstrou as características da divindade. Com base em Filipenses 2,
muitos teólogos acreditam que Jesus voluntariamente se esvaziou do uso
independente desses atributos divinos ao executar sua missão de redenção
humana. Mesmo assim, o Novo Testamento confirma especificamente
que Jesus, de fato, possuía todos os atributos da divindade, incluindo
onisciência, onipresença, onipotência, eternidade e imutabilidade.

Jesus, e só ele, se enquadra no perfil do Messias?

Centenas de anos antes de Jesus nascer, os profetas predisseram a
vinda do Messias, do Ungido, que haveria de redimir o povo de Deus.
Na verdade, dezenas dessas profecias do Antigo Testamento criaram
um perfil ao qual somente o verdadeiro Messias poderia corresponder.
Isso deu a Israel um instrumento para descartar impostores e validar as credenciais do Messias autêntico. Mesmo com possibilidades
infinitamente pequenas (uma em um trilhão elevado à décima quinta
potência) Jesus, e apenas ele em toda a história, enquadrou-se nesse
perfil, correspondendo às impressões digitais proféticas. Isso confirma
a identidade de Jesus com um grau incrível de segurança.

A morte de Jesus foi uma fraude
e sua ressurreição, uma farsa?

Analisando os dados médicos e históricos, o Dr. Alexander Metherell concluiu que Jesus não poderia ter sobrevivido à tortura terrível
da crucificação, muito menos à ferida que foi aberta em seu pulmão
e coração. A ideia de que ele, de alguma forma, desmaiou na cruz

e fingiu estar morto não tem nenhuma base factual. Os executores romanos eram horrivelmente eficientes, sabendo que poderiam ser mortos se alguma das suas vítimas descesse viva da cruz. E, mesmo que Jesus tivesse sobrevivido à tortura, sua condição deplorável jamais teria inspirado um movimento mundial baseado na premissa de que ele triunfou gloriosamente sobre o túmulo.

O corpo de Jesus realmente desapareceu do túmulo?

William Lane Craig apresentou provas impressionantes de que o símbolo da Páscoa — o túmulo vazio de Jesus — foi uma realidade histórica. O túmulo vazio é mencionado ou está implícito em fontes extremamente antigas, como o evangelho de Marcos e o credo de 1Coríntios 15, que estão tão próximas do acontecimento que não podem ter sido produto de uma lenda. O fato de os evangelhos informarem que foram mulheres que descobriram o túmulo reforça a autenticidade da história. O lugar onde Jesus foi enterrado era do conhecimento de cristãos e judeus, portanto poderia ser conferido pelos céticos. Na verdade, ninguém, nem mesmo as autoridades romanas ou os líderes judaicos, jamais afirmaram que o túmulo ainda continha o corpo de Jesus. Pelo contrário, eles foram forçados a inventar a história absurda de que os discípulos, apesar de não terem nem motivo nem oportunidade, tinham roubado o corpo: uma teoria em que nem os céticos mais críticos acreditam hoje em dia.

Jesus foi visto vivo depois de sua morte na cruz?

As provas a favor das aparições de Jesus depois da ressurreição não se desenvolveram gradativamente com o passar dos anos, à medida que a mitologia distorcia as lembranças da sua vida. Pelo contrário, como disse o especialista em ressurreição Gary Habermas, a ressurreição de Jesus era "a proclamação central da igreja primitiva desde o princípio". O antigo credo de 1Coríntios 15 menciona indivíduos que se encontraram com o Cristo ressurreto, e Paulo chegou a desafiar os céticos do primeiro século a conversar pessoalmente com eles e que

CONCLUSÃO   337

verificassem por si mesmos a veracidade da história. O livro de Atos
está cheio de afirmações muito antigas da ressurreição de Jesus, e os
evangelhos descrevem numerosos encontros em detalhes. O teólogo
britânico Michael Green concluiu: "As aparições de Jesus são mais
bem autenticadas do que qualquer outro fato da Antiguidade [...]. Não
pode haver dúvidas racionais de que elas aconteceram".

Existem fatos secundários que apontam para a ressurreição?

As provas circunstanciais de J. P. Moreland acrescentaram uma documentação final em favor da ressurreição de Jesus. Em primeiro lugar, os discípulos estavam na condição singular de saber se a ressurreição acontecera, e eles se dispuseram a enfrentar sofrimento e privação para proclamar que ela de fato ocorreu, pois ninguém dá sua vida consciente e intencionalmente por uma mentira. Segundo, além da ressurreição de Jesus não há nenhuma boa razão por que céticos como Paulo e Tiago teriam se convertido e morrido por sua fé. Terceiro, poucas semanas depois da crucificação, milhares de judeus começaram a abandonar costumes sociais que tinham crucial importância sociológica e religiosa havia séculos. Eles sabiam que incorreriam em condenação se estivessem enganados. Quarto, a prática da ceia do Senhor e do batismo, desde o começo, afirmava a ressurreição e divindade de Jesus. E, em quinto lugar, o surgimento milagroso da igreja em meio à perseguição brutal pelos romanos "faz um grande buraco na história, um buraco do tamanho e da forma da ressurreição de Jesus", como disse C. F. D. Moule.

DERROTADO PELO DESAFIO DE MÜLLER

Tenho de admitir: eu estava cercado sem ter para onde correr pela quantidade e qualidade das provas de que Jesus é o Filho especial de Deus. Sentado diante de minha escrivaninha naquela tarde de domingo, balancei a cabeça, atônito. Eu já vira réus serem enviados à câmara de gás com provas muito menos convincentes! Os fatos e dados, somados, apontavam de modo inconfundível para ao veredito ao qual eu não queria chegar.

Para ser sincero, eu queria crer que a divinização de Jesus foi resultado de um desenvolvimento lendário em que pessoas bem-intencionadas, mas iludidas, transformaram um homem sábio no mitológico Filho de Deus. Isso parecia seguro e tranquilizante, afinal de contas, um pregador apocalíptico itinerante do primeiro século não poderia exigir nada de mim. Mas, por mais que eu aprofundasse minha investigação, pensando que essa explicação lendária era intuitivamente óbvia, acabei convencido de que ela era totalmente sem base.

O que resolveu a questão para mim foi o famoso estudo de A. N. Sherwin-White, o grande historiador clássico da Universidade de Oxford, a quem William Lane Craig aludiu em nossa entrevista. Sherwin-White examinou de modo meticuloso à proporção que apareciam lendas no mundo antigo. Sua conclusão foi: nem mesmo duas gerações completas seriam tempo suficiente para que uma lenda se desenvolvesse a ponto de apagar um cerne sólido de verdade histórica.[1]

Então, veja o caso de Jesus. Em termos históricos, as notícias do túmulo vazio, os relatos das testemunhas oculares das suas aparições depois da ressurreição e a convicção de que ele era realmente o Filho único de Deus surgiram praticamente de modo instantâneo.

O credo de 1Coríntios 15, que afirma a morte de Jesus por nossos pecados e relaciona suas aparições após a ressurreição a testemunhas oculares citadas pelo nome, já era recitado pelos cristãos em menos de dois anos após a crucificação. O relato de Marcos do túmulo vazio foi tirado de material que procede de poucos anos após o acontecimento.

Os evangelhos, que atestam o ensino, os milagres e a ressurreição de Jesus, circularam ainda durante a vida de pessoas que conviveram com ele, que teriam o maior interesse em corrigir o relato se ele tivesse sido embelezado ou falsificado. Os hinos cristãos mais antigos afirmam a natureza divina de Jesus.

Blomberg resumiu a questão nestes termos: *"No prazo de dois anos após a sua morte*, portanto, parece que um número significativo de seguidores de Jesus já tinha formulado uma doutrina da expiação,

---

[1]SHERWIN-WHITE, A. N. *Roman society and Roman Law in the New Testament.* Oxford: Clarendon Press, 1963. p. 188-191.

CONCLUSÃO

convencidos de que ele ressuscitara em forma corporal, já haviam associado Jesus com Deus e criam ter encontrado apoio para todas essas convicções no Antigo Testamento".[2]

William Lane Craig concluiu: "O período de tempo necessário para o surgimento de uma lenda convincente em relação aos eventos dos evangelhos nos colocaria no século 2 d.C., *exatamente a época em que os evangelhos apócrifos lendários foram escritos*. Esses são os relatos lendários procurados pelos críticos".[3]

Simplesmente não havia tempo suficiente em nenhum lugar para que a mitologia corrompesse totalmente o registro histórico de Jesus, especialmente em meio a testemunhas oculares que ainda tinham lembranças pessoais dele. Quando o teólogo alemão Julius Müller, em 1844, desafiou qualquer pessoa a encontrar um único exemplo de desenvolvimento lendário com rapidez em qualquer período da história, a resposta dos estudiosos do seu tempo — e até hoje — foi um silêncio total.[4]

Em 8 de novembro de 1981, compreendi que minha maior objeção a Jesus também tinha sido solucionada pela história. Vi-me rindo de como tudo acabara dando um resultado contrário.

À luz dos fatos convincentes que descobrira na minha investigação, à luz dessa avalanche de provas em defesa de Cristo, a grande ironia era esta: eu precisaria de muito mais fé para manter meu ateísmo do que para confiar em Jesus de Nazaré!

AS CONSEQUÊNCIAS DAS PROVAS

Você se lembra da história de James Dixon, na introdução deste livro? As evidências indicavam fortemente sua culpa de atirar em um sargento da polícia de Chicago. Ele até admitiu tê-lo feito!

No entanto, quando uma investigação mais profunda foi feita, de repente ocorreu uma mudança: o cenário que melhor combinou com

---

[2]BLOMBERG, Craig. "Where do we start studying Jesus?" in MORELAND, J. P.; WILLKINS, M. J. *Jesus under Fire*. Grand Rapids: Zondervan, 1996. p. 43 (grifo do autor).
[3]CRAIG, William Lane. *The Son Rises*. Chicago: Moody Pub, 1981. p. 102 (grifo do autor).
[4]MÜLLER, Julius. *The Theory of Myths, in its Application to the Gospel History, Examined and Confuted*. Londres: John Chapman, 1844. p. 26 apud CRAIG, William Lane. *The Son Rises*. Chicago: Moody Pub, 1981. p. 101.

os fatos foi que o sargento tinha incriminado Dixon, que era inocente. Dixon foi libertado, e o policial se viu condenado. Ao concluirmos nossa investigação do caso de Cristo, vale a pena rever as duas grandes lições desta história.

A coleta das provas realmente foi completa?

Sim, foi. Escolhi especialistas que podiam formular sua posição e defendê-la com evidências históricas que eu podia testar confrontando-as através do interrogatório. Eu não estava simplesmente interessado nas opiniões deles; queria fatos.

Desafiei-os com as teorias contemporâneas de ateus e professores liberais. Considerando seu contexto, suas credenciais, sua experiência e seu caráter, esses estudiosos estavam mais que qualificados para trazer informações históricas confiáveis sobre Jesus.

Qual explicação atende melhor ao conjunto das provas?

No dia 8 de novembro de 1981, a minha tese da lenda, à qual eu me agarrara com força durante tantos anos, foi totalmente desmantelada. Além disso, meu ceticismo jornalístico diante do sobrenatural se dissolvera à luz das evidências históricas emocionantes de que a ressurreição de Jesus fora um evento real, histórico. De fato, minha mente não conseguiu recorrer a uma única explicação que atendesse às evidências históricas tão bem quanto aquela que conclui que Jesus era quem afirmava ser: o único Filho de Deus.

O ateísmo que eu adotara por tanto tempo se encurvou sob o peso da verdade histórica. Era um resultado surpreendente e radical, certamente não o que eu previra quando embarquei nesse processo investigativo. Mas era, em minha opinião, uma decisão imposta pelos fatos.

Tudo isso me levou à pergunta: "E daí?". Se isto é verdade, que diferença faz? Havia várias implicações óbvias:

• Se Jesus é o Filho de Deus, seus ensinos são mais que simples ideias corretas de um mestre sábio; são posições divinas sobre as quais posso com confiança edificar minha vida.

CONCLUSÃO

- Se Jesus estabelece o padrão da moralidade, posso agora ter um fundamento inabalável para minhas escolhas e decisões, em vez de baseá-las na areia movediça dos interesses próprios e do egocentrismo.
- Se Jesus ressuscitou, ele ainda está vivo nos dias de hoje e disponível para que eu o encontre pessoalmente.
- Se Jesus derrotou a morte, ele pode abrir a porta da vida eterna para mim também.
- Se Jesus tem poder divino, ele tem a capacidade sobrenatural de me guiar, ajudar e transformar enquanto eu o sigo.
- Se Jesus conhece pessoalmente a dor da perda e do sofrimento, ele pode me consolar e encorajar em meio à turbulência que ele avisou que seria inevitável em um mundo corrompido pelo pecado.
- Se Jesus me ama como ele diz, ele sabe em seu coração quais são os meus melhores interesses. Isso significa que nada tenho a perder e tudo a ganhar ao comprometer-me com ele e seus propósitos.
- Se Jesus é quem afirma ser (e lembre-se de que nenhum líder de qualquer outra religião importante jamais disse ser Deus), como meu Criador, ele merece por direito minha lealdade, obediência e adoração.

Lembro-me de ter escrito essas implicações em meu bloco de notas e depois ter me reclinado na cadeira. Eu chegara ao clímax de minha peregrinação de quase dois anos. Finalmente estava na hora de encarar a pergunta mais premente de todas: "E agora?".

A FÓRMULA DA FÉ

Depois de uma investigação pessoal que durou mais de 600 dias, e horas incontáveis, minha própria decisão final no caso de Cristo estava clara. Entretanto, sentado à minha escrivaninha, constatei que precisava de mais que uma decisão intelectual. Eu queria dar o passo experimental que J. P. Moreland descrevera na última entrevista.

Procurando uma maneira de fazer isso, apanhei uma Bíblia e a abri em João 1:12, um versículo que eu tinha encontrado durante a minha investigação: "Aos que o receberam, aos que creram em seu nome, deu-lhes o direito de se tornarem filhos de Deus".

Os verbos-chave nesse versículo exprimem com precisão matemática o que é preciso para ir além da mera concordância mental com a divindade de Jesus e entrar em um relacionamento permanente com ele e ser adotado na família de Deus: crer + receber = tornar-se.

1. Crer

Sendo alguém formado em jornalismo e em direito, eu tinha sido ensinado a corresponder aos fatos, não importa em que direção eles levassem. Para mim, os fatos demonstravam de modo convincente que Jesus é o Filho de Deus, que morreu como meu substituto para pagar a pena que eu merecia pelas minhas transgressões.

E havia muitos males. Vou poupar a mim mesmo o embaraço de entrar em detalhes, mas a verdade é que eu levava uma vida profana, bêbada, egoísta, imoral. Em minha carreira, traíra colegas para obter vantagens para mim e violara regularmente padrões legais e éticos em busca de reportagens. Na vida pessoal, estava sacrificando a minha esposa e filhos no altar do sucesso. Eu era mentiroso, trapaceiro, enganador.

Meu coração encolhera até se transformar em uma pedra em relação a todo mundo. Minha motivação principal era o prazer pessoal — e, ironicamente, quanto mais eu o buscava, mais ilusório e destruidor ele se tornava.

Quando li na Bíblia que esses pecados me separavam de Deus, que é santo e moralmente puro, compreendi que isso era verdade. Com certeza, Deus, cuja existência eu tinha negado durante anos, parecia estar muito distante, e ficou claro para mim que eu precisava da cruz de Cristo para transpor esse abismo. O apóstolo Pedro disse: "Cristo sofreu pelos pecados de uma vez por todas, o justo pelos injustos, para conduzir-nos a Deus" (1Pedro 3:18).

Em tudo isso eu acreditava agora. As provas da história e da minha experiência eram fortes demais para ser ignoradas.

2. Receber

Todos os outros sistemas de fé que estudei durante a minha investigação se baseavam no "fazer". Em outras palavras, era necessário que as

CONCLUSÃO   343

pessoas fizessem alguma coisa. Por exemplo, orar com a ajuda de uma
roda de oração tibetana, dar esmolas, fazer peregrinações, passar por
reencarnações, compensar carmas de ações más do passado, melhorar
o caráter: enfim, tentar, de algum modo, conquistar o caminho de volta
para Deus. Apesar dos seus melhores esforços, as multidões de pessoas
sinceras simplesmente não conseguem.

O cristianismo é único. Ele se baseia no que "foi feito". Jesus fez
por nós na cruz o que não podemos fazer por nós mesmos: ele pagou
a pena de morte que nós merecemos por nossa rebelião e vida errática,
para podermos ser reconciliados com Deus.

Não precisei lutar e me esforçar para tentar fazer o impossível de
me tornar digno. A Bíblia diz repetidamente que Jesus oferece perdão
e vida eterna de graça, como um presente que não pode ser adquirido
(veja Romanos 6:23; Efésios 2:8,9; Tito 3.5). Isso se chama graça: a graça
maravilhosa, o favor imerecido. Ela está disponível para todos os que a
recebem em oração sincera de arrependimento. Mesmo alguém como eu.

Sim, eu tinha de dar um passo de fé, como fazemos em cada decisão que tomamos na vida. Mas esta é a distinção crucial: eu não mais
tentava nadar rio acima, contra a correnteza forte das evidências; pelo
contrário, escolhi nadar na mesma direção que a torrente de fatos me
levava. Isso era razoável, racional e lógico. Além disso, de maneira interior e inexplicável, também era o que eu sentia que o Espírito de Deus
me impulsionava a fazer.

Por isso, no dia 8 de novembro de 1981, conversei com Deus em oração
sincera e não programada, admitindo meus erros e renegando-os, e recebi
a dádiva do perdão e da vida eterna por meio de Jesus. Eu lhe disse que,
com sua ajuda, queria segui-lo e andar em seus caminhos dali em diante.

Não houve relâmpagos, nem respostas audíveis, nem sensações táteis.
Sei que algumas pessoas sentem uma forte emoção em um momento
como esse; para mim, porém, ocorreu outra coisa que me encheu de
alegria da mesma forma: um profundo entendimento.

3. Tornar-se

Depois de ter dado tal passo, eu sabia, com base em João 1:12, que tinha
cruzado a fronteira para uma nova experiência. Tinha me tornado em

uma pessoa diferente: um filho de Deus, adotado para sempre em sua família por meio do Jesus histórico e ressurreto. O apóstolo Paulo disse: "Se alguém está em Cristo, é nova criação. As coisas antigas já passaram; eis que surgiram coisas novas!" (2Coríntios 5:17).

Realmente, com o tempo, enquanto eu me dedicava a seguir os ensinos de Jesus e a me abrir ao seu poder transformador, as minhas prioridades, os meus valores e o meu caráter foram (e continuam a ser) gradualmente transformados. Cada vez mais quero que a motivação e a perspectiva de Jesus sejam também minhas. Parafraseando Martin Luther King Jr., posso ainda não ser o homem que deveria ser ou o homem que, com a ajuda de Cristo, um dia serei, mas, graças a Deus, não sou mais o homem que eu era!

Talvez isso soe místico para você. Há algum tempo teria soado para mim. Contudo, é muito real para mim agora, assim como para os que estão ao meu redor. De fato, a diferença em minha vida foi tão radical que, alguns meses depois de eu me tornar um seguidor de Jesus, nossa filha Alison, de cinco anos de idade, voltou-se para a minha esposa e disse: "Mamãe, eu quero que Deus faça por mim o que fez pelo papai".

Tratava-se de uma menininha que só conhecera um pai mundano, irado, verbalmente grosseiro e muito ausente. E, apesar de nunca ter entrevistado um catedrático, nunca ter estudado as informações, nem investigado as evidências históricas, ela vira de perto a influência que Jesus pode ter sobre a vida de uma pessoa. Na verdade, ela estava dizendo: "Se é isso o que Deus faz com uma pessoa, é isso que eu quero para mim".

Quando recordo de todos esses anos, posso ver com clareza que o dia em que me decidi quanto a defesa de Cristo foi nada menos que o momento principal de toda a minha vida.

CHEGANDO AO SEU PRÓPRIO VEREDITO

Agora você. No começo, eu o incentivei a ver as provas neste livro o mais próximo possível de um jurado justo e imparcial, tirando suas conclusões com base no peso das provas. No final, a decisão é sua e somente sua. Ninguém pode votar por você.

CONCLUSÃO 345

Talvez depois de ler a entrevista com um especialista após outro, observando argumento após argumento, vendo as respostas de pergunta após pergunta e testando as provas com sua lógica e bom senso, você tenha descoberto, como eu, que a defesa de Cristo é conclusiva.

A parte de João 1:12, que fala sobre crer, está firme no lugar, tudo o que falta é receber a graça de Jesus, para, então, tornar-se seu filho, e se envolver em uma trajetória espiritual que tem o potencial de florescer para o resto de sua vida e até para a eternidade. Para você, a hora do passo experimental chegou, e não há mais como encorajá-lo além do que já fiz para dar esse passo com entusiasmo.

Por outro lado, talvez algumas questões ainda estejam em aberto para você. Talvez eu não tenha tratado da objeção que é a mais importante em sua mente. Está certo. Nenhum livro pode tratar de todas as nuanças. Entretanto, tenho certeza de que a quantidade de informações relacionadas nestas páginas, pelo menos, terá convencido você de que é razoável (na verdade, é urgente) que você continue sua investigação.

Marque onde você entende que as provas precisam ser mais investigadas e procure respostas adicionais de especialistas de renome. Se você crê que encontrou um cenário que explica melhor os fatos, disponha-se a sujeitá-lo ao estudo crítico. Use os recursos sugeridos neste livro para cavar mais fundo. Estude a Bíblia por si mesmo. (Sugestão: use a Bíblia *The Journey* [A jornada], destinada a pessoas que ainda não creem que ela é a palavra de Deus.)[5]

Decida só chegar a um veredito quando tiver reunido uma quantidade suficiente de informações, sabendo que nunca terá a solução para todas as questões menores. Talvez até você queira ensaiar uma oração ao Deus que você não tem certeza de que existe, pedindo-lhe que o guie à verdade sobre ele. E, em tudo isso, você tem meu incentivo sincero enquanto avança em sua busca espiritual.

Ao mesmo tempo, sinto uma forte obrigação de insistir que você faça dessa questão um ponto primordial em sua vida. Não a encare de modo superficial ou leviano, porque muita coisa depende da sua conclusão. Como Michael Murphy disse, com muita propriedade, "nós

---

[5] *The Journey Bible*. Grand Rapids: Zondervan, 1996.

mesmos, e não simplesmente as declarações da verdade, é que dependemos da investigação".[6] Em outras palavras, se a conclusão de meus argumentos em favor de Cristo está correta, seu futuro eterno depende de como você responde a Cristo. Jesus disse: "Se vocês não crerem que Eu Sou, de fato morrerão em seus pecados" (Jo 8:24).

Essas são palavras sérias, ditas com preocupação autêntica e amorosa. Eu as cito para sublinhar a grandiosidade da questão e na esperança de que elas o incentivarão a examinar ativa e profundamente a questão de Cristo.

No fundo, todavia, lembre-se de que algumas alternativas simplesmente não são viáveis, pois foram excluídas do conjunto das provas. Veja o que observou C. S. Lewis, o brilhante e anteriormente cético professor da Universidade de Cambridge que acabou sendo conquistado para Jesus pelas evidências:

> Quero evitar aqui que alguém diga a enorme tolice que muitos costumam dizer a respeito dele: "Estou pronto para aceitar a Jesus como um grande mestre de moral, mas não aceito sua reivindicação de ser Deus". Esse é o tipo de coisa que não se deve dizer. Um homem que fosse meramente um ser humano e dissesse o tipo de coisa que Jesus disse não seria um grande mestre de moral. De duas uma, ou ele seria um lunático — do nível de alguém que afirmasse ser um ovo frito —, ou então seria o diabo em pessoa. Faça a sua escolha. Ou esse homem era, e é, o Filho de Deus; ou então um louco ou algo pior. Você pode descartá-lo como sendo um tolo ou pode cuspir nele e matá-lo como a um demônio; ou, então, poderá cair de joelhos a seus pés e chamá-lo de Senhor e Deus. Mas não me venha com essa conversa mole de ele ter sido um grande mestre de moral, pois ele não nos deu essa alternativa, nem tinha essa pretensão.[7]

---

[6]MURPHY, Michael. "The Two-Sided Game of Christian Faith". In. MONTGOMERY, John Warwick, org., *Christianity for the Tough-Minded*. Minneapolis: Bethany House, 1973. p. 125 apud ANKERBERG, John; WELDON, John. *Knowing the Truth about the Resurrection*. Eugene: Harvest House, p. 44.

[7]LEWIS, C. S. *Cristianismo puro e simples*. Rio de Janeiro: Thomas Nelson Brasil, 2017. p. 86.

APÊNDICE

Entrevista com Lee Strobel

Quando os vinte anos do lançamento de *Em defesa de Cristo* estavam se aproximando, Mark Mittelberg, um dos escritores mais vendidos, tomou o lugar de Lee Strobel, entrevistando-o sobre o legado do livro, o desafio por parte dos críticos e o modo pelo qual a sua vida pessoal foi transformada. Mittelberg, cujos livros incluem *The Questions Christians Hope No One Will Ask* [As perguntas que os cristãos esperam que ninguém faça] e *Confident Faith* [Fé confiante], acompanha Strobel bem de perto no ministério desde 1987.

Mark: *Quanto você acha que o impacto do livro **Em defesa de Cristo** o surpreendeu desde que ele foi lançado pela primeira vez, em 1998? Tenho certeza de que você nunca pensou que ele venderia quase dez milhões de exemplares nos seus vários formatos, ou que seria traduzido para vinte idiomas.*

Lee: Fiquei pasmo, de verdade. Já que sou fã do Chicago Cubs, gosto de fazer a comparação com Wrigley Field. Geralmente, o batedor rebate uma bola rasteira, e ela é agarrada pelo campista central. Mas, às vezes, se o vento estiver soprando na direção certa, a brisa faz a bola subir para fora dos limites do campo. Não é que o batedor tenha exercido uma força maior, foram as circunstâncias que acabaram levando a uma batida perfeita que permite um *home run*. É assim que eu me sinto sobre *Em defesa de Cristo*. Eu bati a bola: em outras palavras, eu pesquisei e escrevi o livro da melhor maneira, mas Deus o exaltou e o levou para longe, bem mais longe do que os meus pequenos esforços poderiam alcançar.

Mark: *Sei que você tem bons testemunhos de pessoas que foram influenciadas pelo livro. Há algum que se destaca na sua memória?*

Lee: Isso me quebranta e me incentiva. Por todos esses anos, recebi uma infinidade de e-mails, de mensagens no Twitter, de cartas, e de telefonemas de pessoas que passaram a crer em Jesus depois de lerem o livro. Alguns acabaram estudando teologia e sendo consagrados ao ministério. Alguns se tornaram defensores influentes da fé porque esse foi o primeiro livro a lhes despertar o interesse pela apologética cristã.

Lembro-me de que recebi uma carta logo após o lançamento do livro de um ateu que tinha ido à livraria comprar uma revista de astronomia. Ele se sentou em um banco para folheá-la e percebeu que tinha sentado em cima de alguma coisa: era um exemplar de *Em defesa de Cristo*. Ele deu uma olhada e disse a si mesmo: "Não acredito nesse negócio", e a jogou para o lado. Ele disse que algo como uma voz dentro dele disse que ele deveria ler o livro, então ele o comprou, leu, e veio a crer em Cristo! Na verdade, recebi uma carta dele um dia desses. Ele continua firme com Cristo!

Há pouco tempo, um cristão me disse que tinha encomendado *Em defesa de Cristo* de uma página de venda de livros pela Internet. Quando ele foi entregue em sua casa, o seu pai, que era um cético espiritual, atendeu a porta. Ele achou que o pacote era para ele, então o abriu. Ele viu o livro e o estava quase deixando de lado, mas ficou admirado com o título. Ele o leu de capa a capa e acabou vindo a crer em Cristo.

No estado do Colorado, havia um engenheiro da computação ateu que leu o livro para contestá-lo. Ele verificou todas as notas, leu todas as referências e finalmente concluiu que a defesa do cristianismo era irrefutável. Ele colocou sua fé em Jesus e depois foi até uma grande

APÊNDICE

igreja no domingo seguinte. No momento em que o pastor incentivou que todos se cumprimentassem, ele se virou e estendeu a sua mão a ninguém menos que *eu*. Eu tinha me mudado para Colorado e estava visitando aquela igreja. Por coincidência, fiquei sentado ao lado dele. Quando ele me contou sua história, ficamos admirados com essa "coincidência". Desde aquela época, eu e Doug nos tornamos bons amigos.

Eu poderia citar muito mais gente. Sempre que sou convidado a fazer uma palestra, as pessoas me contam vários testemunhos sobre o modo pelo qual Deus tem usado o livro em sua vida, do seu pai ou de seu amigo. É muito inspirador! Gosto de pensar que mesmo enquanto estou dormindo, alguém na China, na Índia ou na Indonésia esteja lendo o livro e refletindo sobre a defesa do cristianismo.

Mark: *Tem também a história de Evel Knievel...*

Lee: Sim, o saltador atrevido de motocicleta e ícone cultural que viveu uma vida louca e narcisista. Ele estava na praia num dia bem triste e sentiu que Deus falava com ele: "Robert, você não tem noção de quantas vezes eu o salvei. Agora quero que você se aproxime de mim através do meu filho Jesus". Ele ficou espantado. Ele chamou os únicos cristãos que conhecia e perguntou a eles sobre Jesus. Eles o recomendaram o livro *Em defesa de Cristo*. Ele o leu e disse que Deus o usou para firmar a sua nova fé em Jesus.

Deus transformou radicalmente seus valores, seu caráter e sua moralidade. Quando foi batizado, ele contou sua história, e centenas de pessoas foram tocadas recebendo a Cristo e sendo batizadas na hora. Nós nos tornamos bons amigos. Ele costumava telefonar e tirar dúvidas históricas e teológicas. Ele morreu alguns anos depois e no seu túmulo, a pedido seu, foram gravadas as seguintes palavras: *Creia em Jesus.*

Mark: *O livro tem sido tão bem recebido por uma ampla variedade de pessoas: homens e mulheres, religiosos e céticos, pessoas de várias raças e culturas. De que modo as pessoas mais jovens o têm recebido?*

Lee: Isso tem me surpreendido de um modo especial. Quando eu estava entrevistando um dos especialistas para o livro...

Mark: *Qual deles?*

Lee: Bem, acho melhor não contar. Mas, durante um intervalo na nossa conversa, enquanto colocava uma nova fita cassete no meu gravador, ele disse: "Acho que ninguém lerá o seu livro". Fiquei surpreso e perguntei: "Por que não"? Ele disse: "Nós vivemos em uma cultura pós-moderna. Ninguém mais está *interessado nas provas históricas a favor do cristianismo, especialmente os mais jovens"*. Lembro de ter ficado bem desanimado e ido para casa me lamentar com a Leslie dizendo: "Ninguém lerá o meu livro".

Mark: *O que aconteceu depois?*

Lee: Fomos impactados quando o livro foi lançado, porque o maior retorno que recebemos foi das pessoas na faixa entre os dezesseis e os dezoito anos. Este era o grupo dentre o qual o número maior de pessoas recebeu a Cristo depois da leitura do livro. Acontece que eles estavam muito interessados na defesa da fé. Na verdade, isso é o que me levou a trabalhar junto com a Jane Vogel para escrever a edição de estudante do livro.

Mark: *Nosso amigo, Cliffe Knechile, disse: "Uma pessoa que recebe a fé é como uma corrente com muitos elos. Existe o primeiro elo, o elo intermediário e o elo final". O que você diz aos leitores para os quais este livro é apenas o começo de sua jornada espiritual ou talvez um passo a mais em direção de um longo caminho?*

Lee: Sei como é estar no processo de busca espiritual. É emocionante, é interessante, é desafiador, é frustrante e, às vezes, é confuso, mas acaba valendo a pena. Meu conselho é perseverar, eliminar ao máximo os preconceitos, e seguir as provas onde quer que elas levem, e continuar tirando as dúvidas. Ah, e também pedir a Deus, mesmo que não tenha certeza de que ele exista, para o conduzir à verdade. Então, no momento em que chegar a prova, chegue a uma decisão final.

Mark: *Existem aspectos de **Em defesa de Cristo** que se fortaleceram depois de o livro ter sido lançado?*

APÊNDICE   351

Lee: Uma tendência é que os especialistas estão levando o Novo Testamento bem mais a sério atualmente. Mark D. Roberts, que fez o seu doutorado em Novo Testamento em Harvard, observou que "alguns dos especialistas mais brilhantes e mais influentes do Novo Testamento têm argumentado que os evangelhos do Novo Testamento são fontes confiáveis de informações históricas sobre Jesus". E ele acrescentou: "Se você observar objetivamente os fatos como eles são amplamente compreendidos e não os distorcer com viés pejorativo ou pressuposições ateístas, descobrirá que é razoável crer no que dizem os evangelhos".[1]

Um dos especialistas mais respeitados é Craig A. Evans, que já escreveu ou foi editor de cinquenta livros e lecionou em Cambridge, Oxford e Yale. Ele me disse: "Eu diria que os evangelhos são em sua essência confiáveis e há um grande número de estudiosos que concorda. Há várias razões que levam a concluir que os evangelhos relataram de forma justa e precisa os elementos essenciais do ensino, da vida, da morte e da ressurreição de Cristo. Eles têm a proximidade suficiente e estão baseados nas correntes que vêm diretamente de Jesus e das pessoas originais. Há continuidade, intimidade, verificação de certas características através da arqueologia e de outros documentos, e, além disso, há coerência interna".[2]

Houve também avanços na pesquisa sobre a ressurreição. Alguns anos atrás, Michael Licona escreveu uma obra de referência de 718 páginas chamada *The Resurrection of Jesus: A New Historiographical Approach* [A ressurreição de Jesus: uma nova abordagem historiográfica], enquanto N. T. Wright escreveu uma obra ambiciosa chamada *A ressurreição do Filho de Deus*. Como o estudo acadêmico está crescendo nessas áreas, a defesa do cristianismo tem crescido juntamente com ele.

Mark: *Com certeza a área da apologética cristã, ou da defesa da fé, mudou desde a época que o seu livro foi lançado.*

---

[1] ROBERTS, Mark D. *Can We Trust the Gospels?* Wheaton: Crossway, 2007. p. 20.
[2] STROBEL, Lee. *The Case for the Real Jesus: A Journalist Investigates Current Attacks in the Identity of Christ.* Grand Rapids: Zondervan, 2007. p. 58.

Lee: Sim, mudou bastante. Quando eu escrevi *Em defesa de Cristo*, não existiam muitos livros populares à disposição sobre as provas em favor da fé. Atualmente, há uma variedade de bons livros, programas acadêmicos, sites da Internet, blogs, vídeos e disciplinas acadêmicas. Além disso, cada vez se prega mais sobre o assunto nas igrejas.

Mark: *Você acha que o seu livro ajudou a incentivar um pouco disso tudo?*

Lee: Acho que tem muito a ver com as mudanças na cultura que estão exigindo cada vez mais as respostas que se encontram na apologética cristã. Apesar do volume crescente de provas que apoiam o cristianismo, cada vez mais pessoas duvidam dele. Em 2014, eu promovi uma enquete nacional e descobri que 82% das pessoas na faixa dos 50 aos 68 anos têm certeza de que Deus existe, enquanto somente 62% das pessoas na faixa dos 18 aos 30 anos disseram o mesmo.[3] O pesquisador David Kinnaman descobriu que três das seis razões que os jovens dão para sair da igreja estão relacionadas a questões e dúvidas intelectuais.[4] Então, existe uma grande necessidade da apologética, e estou feliz em ver mais e mais materiais serem produzidos para suprir essa demanda.

Mark: *Por causa da sua posição de destaque, o livro* **Em defesa de Cristo** *tem atraído muita atenção, inclusive de alguns críticos.*

Lee: Tenho sido bem incentivado pela reação que o livro tem tido por parte da maioria dos céticos porque suas objeções me parecem bem pouco convincentes. Um crítico rotulou os especialistas que eu entrevistei de "supostos estudiosos", como se Bruce Metzger, William Lane Craig, D. A. Carson, Ben Witherington III, Craig Blomberg, Edwin Yamauchi, J. P Moreland e os outros, com doutorados em Cambridge, Princeton, Brandeis, e em outros lugares de destaque, e com centenas de publicações acadêmicas não tivessem a qualificação necessária. Outros

---

[3]A enquete do Barna Group consistiu em 1.001 entrevistas telefônicas realizadas dentro de uma amostra representativa norte-americana de adultos com 18 anos ou mais. As entrevistas foram feitas de 25 de Agosto a 10 de setembro de 2014. A margem de erro é de mais ou menos 3,1% com 95% de confiança. O nível de cooperação foi de 78%.
[4]Veja: KINNAMAN, David, *You Lost me: Why Young Christians are Leaving Church . . . and Rethinking Faith.* Grand Rapids: Baker, 2011.

APÊNDICE   353

críticos têm sido mais cuidadosos, mas sempre fico aliviado quando leio os seus pareceres, porque eles podem ser respondidos de forma bem fácil.

Mark: *Alguns críticos afirmam que você não era um ateu de verdade quando você escreveu o livro.*

Lee: Bem, eles estão certos! Nunca afirmei isso. É verdade que eu fui ateu em boa parte da minha vida, até que a conversão ao cristianismo da minha esposa Leslie me levasse a usar a minha formação no jornalismo e no Direito para investigar se existe alguma credibilidade no cristianismo ou em alguma outra religião mundial. Fiz isso por um ano e nove meses.

Mark: *O que aconteceu depois disso?*

Lee: Em 8 de novembro de 1981, sozinho no meu quarto, resumi as provas a favor e contra o cristianismo em um bloco de notas amarelo. Baseado na avalanche de provas que apontavam tão poderosamente na direção da verdade do cristianismo, concluí que precisaria de mais fé para manter o meu ateísmo do que para me tornar um cristão. Somente no final da década de noventa escrevi *Em defesa de Cristo*. Como eu disse na introdução, este livro reconstitui e amplia a minha investigação original.

Mark: *Por que você sentiu necessidade de fazer isso?*

Lee: Porque no momento em que fiz a minha investigação pessoal, não tinha a mínima intenção de escrever sobre isso. Não fazia anotações muito boas; na verdade, até hoje não consigo achar aquele bloco de notas amarelo! De fato li muitos livros, tanto a favor quanto contra o cristianismo. Tirei minhas dúvidas com os especialistas. Estudei a fundo a história antiga e a arqueologia, mas estava fazendo tudo isso a título de curiosidade própria. Anos depois, quando decidi escrever *Em defesa de Cristo*, eu quis abordar a questão de um modo mais sistemático e conduzir entrevistas totalmente documentadas com especialistas mundialmente respeitados para reunir as provas mais atuais e avançadas que estavam disponíveis. Deste modo, consegui organizar os fatos em um formato mais lógico e acessível.

354 EM DEFESA DE CRISTO

Mark: *Já que você não tinha planejado escrever um livro enquanto levava adiante sua investigação pessoal, o que o acabou levando a fazer isso?*

Lee: Depois que vim a crer em Cristo, em 1981, prossegui na minha carreira jornalística por um tempo, mas, finalmente, a deixei para fazer parte da equipe da Willow Creek Community Church, onde eu e você nos conhecemos. Lá fui orientado na teologia, ordenado, e me tornei um pastor da área do ensino. Um dia, recebi a responsabilidade de fazer uma série de sermões de três semanas e decidi chamá-la de "Em defesa de Cristo". Arrumei o púlpito como se fosse um tribunal e chamei especialistas para o banco das testemunhas, mostrando vídeos das entrevistas que eu fiz com eles.

Alguns meses depois, eu estava fazendo uma caminhada com a Leslie e ela me sugeriu que eu fizesse dessa série um livro. A princípio não me importei com essa ideia, dizendo que ela era baseada em vídeos. Mas em um dado momento eu parei de caminhar (eu posso até te mostrar o lugar da calçada) e disse: "Espere um pouco! Isso pode funcionar"! Foi nesse momento que decidi passar a ideia do livro para a Zondervan. Achei que eles rejeitariam a ideia, porque na época os livros de apologética raramente vendiam bem, mas eles me surpreenderam dando um sinal verde para o projeto.

Mark: *Eles lhe disseram a razão de o terem aprovado?*

Lee: Eles disseram que era porque conseguiam perceber o meu entusiasmo óbvio pelo projeto. Além disso, acho que eles acreditaram que o livro teria uma perspectiva diferenciada por causa da minha formação como ateu e como jornalista.

Mark: *Foi difícil fazer as entrevistas com os especialistas?*

Lee: Essa foi realmente uma surpresa! Não foi não! Todos os especialistas com quem entrei em contato telefônico concordaram imediatamente com a entrevista, mesmo não tendo a mínima ideia de quem eu fosse. Essas pessoas passam suas vidas examinando os detalhes da pesquisa acadêmica, e, sinceramente, eles se animam com frequência quando alguém lê seus livros com cuidado e quer conversar com eles sobre o que eles escreveram. No final das contas, acabou levando cinco

APÊNDICE 355

meses, passando fins de semana inteiros, noites e tempo de férias, para escrever *Em defesa de Cristo*.

Mark: *Foi bem rápido!*

Lee: Olhar para trás é uma forma de ver a mão de Deus sobre esse projeto. E não vejo o quanto seria possível ter feito isso com tanta rapidez.

Mark: *Você enfrentou algum desafio enquanto escrevia o livro?*

Lee: Sim, um desafio bem assustador. A princípio, a minha ideia era dar ao livro um formato de perguntas e respostas, sem recorrer a nenhum material descritivo. Mas o meu editor, John Sloan, me pediu para escrever o livro como uma narrativa, conduzindo o leitor enquanto eu entrevistava os especialistas. Ele queria que eu descrevesse o ambiente, falasse sobre as minhas emoções, e elaborasse um retrato da maneira pela qual essa aventura se passou.

Mark: *Que ideia ótima! Você estava disposto a fazer isso?*

Lee: Com certeza não. Eu já tinha escrito o primeiro capítulo em formato de perguntas e respostas e sentia a necessidade de manter o meu ritmo. No entanto, Sloan se prontificou a reescrever parte dele como uma narrativa. Mostrei as duas versões para a Leslie e perguntei: "Qual é a melhor"? Ela disse: "A versão dele". Em meu coração eu sabia que ela estava certa, mas eu duvidava de que tivesse habilidade literária para dar conta do projeto. Agradeço ao Sloan por ter sido o meu mentor em meio a isso tudo.

Mark: *Você não entrevistou nenhum cético para o livro. Alguns o têm criticado por isso.*

Lee: Acho que eles não entendem a minha abordagem. Era eu que fazia o papel de cético. Como o subtítulo diz, esta era "a jornada *pessoal* de um jornalista em busca das provas a favor de Cristo". Eu estava expressando as dúvidas que eu tinha no tempo em que eu era ateu. Obviamente, pelo que se pode perceber pelas notas e por muitas perguntas que fiz, eu tinha resumido as obras de especialistas céticos. Depois confrontei os especialistas cristãos com as objeções que considerei mais fortes, com as quais também tinha dificuldades, para ver se eles poderiam fornecer respostas irrefutáveis e convincentes. Depois eu relatava as suas respostas de modo que os leitores pudessem chegar a sua própria decisão final.

Mark: *Agora vou interrogá-lo, destacando uma crítica comum ao seu livro. Para o seu capítulo intitulado "A prova da contestação", você entrevistou um crítico do Seminário Jesus, e mesmo assim você não consultou ninguém do próprio Seminário Jesus. Algumas pessoas disseram que isso foi injusto.*

Lee: Não há segredo algum sobre o que o Seminário Jesus acreditava. Eles definiram claramente a sua metodologia nos seus escritos. Como você sabe, o Seminário foi fundado pelo finado Robert Funk, um especialista liberal do Novo Testamento, e ele se tornou famoso por declarar que Jesus nunca disse 82% do que os evangelhos relatam que ele disse. O Seminário era formado por especialistas de esquerda e por leigos que afirmaram que estavam fazendo uma investigação isenta sobre a pessoa de Jesus. Mesmo assim, ninguém os critica por não terem dado aos especialistas conservadores espaço nos seus livros para refutar as suas declarações.

Mark: *Você entrevistou o crítico do Seminário Jesus, Gregory Boyd. Ele disse que o Seminário adotou o naturalismo, a crença de que todo acontecimento possui uma causa natural, e que ele de cara rejeitava a possibilidade do sobrenatural. Ainda assim, os críticos assinalam que Funk uma vez disse, "Nada é impossível, a menos que deixemos de fora as impossibilidades lógicas, como círculos quadrados".[5] Também, outro líder do Seminário, John Dominic Crossan disse: "Deixo sempre em aberto o que Deus poderia fazer".[6]*

Lee: Deixe-me contar o resto da história. Em primeiro lugar, Funk foi bem claro em suas crenças fundamentais. Ele disse: "O Deus da era metafísica está morto. Não existe um Deus pessoal por aí, externo aos

---

[5]FUNK, Robert. *Honest to Jesus.* San Francisco: HarperCollins, 1996. p. 60.
[6]CROSSAN, John Dominic. *Who Is Jesus?* Nova York: HarperCollins, 1996. p. 96.

APÊNDICE   357

seres humanos e ao mundo material". Ele acrescenta: "A noção pela qual Deus interfere na ordem da natureza de tempos em tempos para ajudar ou punir não é mais crível... Os milagres só podem ser vistos como aquilo que é inexplicável; de outro modo, eles contradizem a regularidade da ordem do universo físico". Além disso, Funk disse: "Devemos rebaixar a Jesus. Não se pode mais crer em Jesus como Deus".[7]

Quanto a Crossan, ele realmente negou ser um naturalista em um debate com William Lane Craig.[8] Mas ele admitiu que tem "um pressuposto teológico" de que Deus não interfere diretamente nos acontecimentos.[9] Ele disse: "O sobrenatural sempre (pelo menos isso é questionável para mim) opera através da tela do natural".[10] E ainda, como Craig destacou, "isto é naturalismo", a crença de que Deus age no mundo apenas mediado por causas naturais.[11] Na verdade, apesar da provocação de Craig, Crossan se recusou a afirmar que Deus realmente existe fora da esfera da nossa imaginação.[12]

O pressuposto de Crossan sobre o sobrenatural tem consequências gigantescas. "Bem simplesmente", disse Craig, "ele descarta de cara a historicidade de acontecimentos como a ressurreição".[13]

Francamente, a introdução do livro do Seminário Jesus *The Five Gospels* [Os quatro evangelhos] diz: "nesta era científica... o Cristo do

---

[7]FUNK, Robert W. "The Coming Radical Reformation: Twenty-One Theses". *The Fourth R*, Volume 11–4 (July–August 1998).

[8]CRAIG, William Lane; CROSSAN, John Dominic. *Will the Real Jesus Please Stand Up?* Grand Rapids: Baker, 1999. p. 45.

[9]Ibid., 61. Também em um diálogo pelo rádio em março de 1995 no *The Milt Rosenberg Show*, pela WGN, em Chicago, Crossan disse: "Deus não age de forma direta ... física, no mundo no mesmo sentido pelo qual os milagres vistos de forma literal poderiam dar a entender".

[10]CRAIG, William Lane; CROSSAN, John Dominic. *Will the Real Jesus Please Stand Up?* Grand Rapids: Baker, 1999. p. 45.

[11]Ibid., p. 169.

[12]Ibid., p. 49-51. Craig também perguntou em um momento: "E a frase 'Deus existe'? É uma declaração de fé ou um fato?" Crossan respondeu: "É uma declaração de fé para todos os que a praticam". Veja p. 49.

[13]Ibid., p. 169. Craig acrescentou: "Portanto, a sua oposição ao sobrenatural determina o seu ceticismo com relação à historicidade do testemunho do Novo Testamento sobre a ressurreição de Jesus". Veja p. 170.

credo e do dogma... não pode mais exigir o consentimento daqueles que enxergam os céus através do telescópio de Galileu".[14] O primeiro "pilar da sabedoria acadêmica" do Seminário é a distinção entre o Jesus histórico e o Jesus da fé: em outras palavras, citando o especialista alemão D. F. Strauss, entre o Jesus natural e o Jesus sobrenatural.[15] "O Jesus dos evangelhos", disse o Seminário Jesus, "é um construto teológico imaginário".[16]

William Lane Craig foi franco em um artigo acadêmico que ele escreveu depois do seu debate com Crossan. Ele disse: "O Seminário Jesus é extremamente transparente quanto ao seu pressuposto do naturalismo... Se você começa pressupondo o naturalismo, então, com certeza, chegará ao resultado de um Jesus puramente natural! Este Jesus reconstruído e naturalista não está baseado nas provas, mas na definição. O que é impressionante é que o Seminário Jesus nem se dá ao trabalho de defender esse naturalismo, ele só fica subentendido. Mas este pressuposto é totalmente ilegítimo... Rejeite esse pressuposto e toda a construção vai abaixo".[17]

O especialista Mark Roberts era um colega dos sete participantes do Seminário Jesus em Harvard. Ele escreveu: "Ainda que alguns colegas sejam bons especialistas bíblicos, o Seminário em si não é um exercício verdadeiramente acadêmico. Ele foi, na verdade, um esforço cuidadosamente arquitetado para desgastar a fé cristã clássica... Funk foi bem claro sobre o seu plano anticristão... Era óbvio desde o início que o propósito para o Seminário Jesus não tinha coerência com o cristianismo clássico".[18]

---

[14]FUNK, Robert W.; HOOVER, Roy W. The Jesus Seminar. *The Five Gospels*. San Francisco: HarperSanFrancisco, 1997. p. 2.

[15]Não é só Strauss que é citado em apoio do primeiro pilar do Seminário Jesus, mas o livro *The Five Gospels* é dedicado a ele, Galileu Galilei, e a Thomas Jefferson, "que ajudaram a compilar os Evangelhos".

[16]FUNK, Robert W.; HOOVER, Roy W.; SEMINÁRIO JESUS. *The Five Gospels*. San Francisco: HarperSanFrancisco, 1997. p. 4.

[17]CRAIG, William Lane. "Rediscovering the Historical Jesus: The Presuppositions and Presumptions of the Jesus Seminar". *Faith and Mission* 15 (1998): 3-15.

[18]ROBERTS, Mark D. "Unmasking the; SEMINÁRIO JESUS. A Critique of its Methods and Conclusions" *Patheos*. Disponível em: <http://www.patheos.com/blogs/markdroberts/series/unmasking-the-jesus-seminar/>.

APÊNDICE

Sem dúvida, havia algumas diferenças entre as crenças dos vários membros do Seminário. Eu sei pelo menos de um que chega ao ponto de dizer que não há provas suficientes de que Jesus existiu, o que, em minha opinião, é absurdo.[19] Mas, como grupo, o Seminário divulgou claramente suas posições, e, por isso, ele deve esperar que seja sujeito a críticas, como todos os outros escritos são.

Mark: *Algumas pessoas criticaram o seu livro dizendo que você se deixava convencer de um modo fácil demais pelas pessoas que você entrevistou.*

Lee: Cada pessoa aborda a questão sobre Jesus com o seu próprio conjunto de perguntas ou objeções. Não é possível lidar com todas as questões possíveis em um livro. Qualquer um pode dizer: "Você poderia ter se aprofundado mais nesse ou naquele assunto", mas a composição do miolo de *Em defesa de Cristo* já tinha chegado a quatrocentas páginas. Então, decidi continuar a me concentrar nos assuntos que mais me preocupavam. Eles, provavelmente, são os mesmos que estão na mente da maioria dos leitores, mas outras pessoas podem ter dúvidas diferentes. Não há problema nisso.

Para aqueles que desejam mais informações, acabei de atualizar a lista de recomendações ao final de cada capítulo. Estes recursos podem ser um ótimo caminho a seguir. Também, o meu livro posterior *The Case for the Real Jesus* [Em defesa do Jesus real] se aprofunda mais em alguns assuntos como a ressureição, a mitologia, a confiabilidade do texto do Novo Testamento, as profecias que se cumpriram, e as declarações sobre evangelhos alternativos.

Mark: *No que se refere ao cristianismo, você acha que algumas pessoas criam barreiras que elas geralmente não criam em outras áreas de sua vida?*

Lee: A maioria dos buscadores espirituais que encontro é sincera e tem um interesse verdadeiro em encontrar respostas, o que é ótimo.

---

[19]Até mesmo o especialista agnóstico Bart Ehrman disse: "A declaração *de que Jesus foi inventado* não tem base alguma.... Quer nós gostemos ou não, Jesus existiu com certeza". Veja EHRMANN, Bart D. "Did Jesus Exist?". *HuffPost Religion*. Disponível em: <http://www.huffingtonpost .com/bart-d-ehrman/did-jesus-exist_b_1349544.html>.

Mas também há aqueles que parecem querer aumentar seu ceticismo de propósito. Às vezes, quando uma pessoa me faz uma pergunta bem capciosa, eu quero dizer: "Primeiro, mostre-me quem você é. E não tente me mostrar uma carteira de motorista, nós sabemos que elas podem ser falsificadas. Nem tente me mostrar uma certidão de nascimento. Como eu posso saber que ela é verdadeira? Não chame um amigo ou cônjuge para confirmar a sua identidade, porque todos nós sabemos que as pessoas podem mentir". Veja, é muito fácil cruzar os braços de forma teimosa e levantar muito alto a barreira do nosso ceticismo. Mas não é esse o modo que convivemos em outras áreas. Quando nós recorremos ao nosso bom senso e avaliamos as provas a favor do cristianismo, como fazemos para todas as coisas, acho que ele é bem convincente.

Mark: *Você deve estar animado com a notícia de que* **Em defesa de Cristo** *foi recentemente traduzido para o árabe!*

Lee: Sim, a minha esperança é que ele alcance um público muçulmano que nunca alcançou antes. Afinal de contas, o livro traz provas fortes de vários pontos fundamentais que o islamismo nega: que Jesus é o Filho único de Deus, que ele foi morto através de uma crucificação e que ele ressuscitou dentre os mortos. Quem sabe ele incentive os muçulmanos a investigar para que lado a história realmente aponta.

Mark: *Tenho constatado, a exemplo do meu próprio amigo Fayz, o modo pelo qual* **Em defesa de Cristo** *consegue ajudar os muçulmanos a encontrarem o Jesus real. Você pensa em escrever mais livros?*

Lee: Como você sabe, já existem vários livros na série. *The Case for a Creator* [Em defesa do Criador] examina as provas científicas que apontam em direção de um Criador que tem uma semelhança incrível com o Deus da Bíblia. *The Case for Faith* [Em defesa da fé], que começa com uma entrevista com um cético bem sincero, analisa as oito maiores objeções ao cristianismo. Já mencionei *The Case for the Real Jesus* [Em defesa do Jesus real], que aborda muitas objeções atuais às declarações de Cristo. Ele está sendo reimpresso com o título *In Defense of Jesus*. E o livro *The Case for Grace* [Em defesa da graça] traz

APÊNDICE   361

evidências a partir de experiências contadas por pessoas cuja história foi transformada de forma tão radical que a melhor explicação parece ser o próprio Deus. Também produzi a *The Case for Christ Study Bible* [Bíblia de Estudo Em Defesa de Cristo] e livros para presente chamados *The Case for Hope* [Em defesa da esperança] e *The Case for Christianity Answer Book* [O livro de respostas em defesa do cristianismo]. Estou trabalhando com vários outros projetos no momento, mas ainda não gostaria de falar muito sobre eles.

Mark: *Como sua vida mudou desde que foi lançado o livro **Em defesa de Cristo**?*

Lee: Eu e você escrevemos um livro juntos chamado *The Unexpected Adventure* [A aventura inesperada], e esse título consiste em uma descrição muito boa de como a vida tem sido para mim. Tive o prazer de apresentar um programa de televisão em rede nacional chamado *Faith Under Fire* [A fé criticada], durante o qual fui moderador de debates entre cristãos, ateus, muçulmanos, hindus, membros da seita Bahai, e outros, sobre uma infinidade de assuntos religiosos e sociais. Tenho falado em palestras, seminários e igrejas ao redor do mundo. E atualmente sou professor de Pensamento Cristão na Universidade Batista de Houston.

Mark: *Em suas palestras, você é dolorosamente sincero sobre o modo pelo qual sua vida como ateu influenciou negativamente seus filhos quando eles eram pequenos. Você admite ter adotado um estilo de vida imoral, bêbado e narcisista.*

Lee: Não quero dar a entender que todos os céticos espirituais vivem dessa maneira. Com a maior certeza acredito que não. Mas, em minha opinião, quando não se acredita que Deus existe ou que haja uma prestação de contas final, a maneira mais lógica de se viver é o hedonismo, ser alguém que busca somente o prazer. E foi isso que eu fiz, prejudicando a mim mesmo e a minha família.

Mark: *De que maneira seus filhos foram impactados pela diferença na sua vida desde que você se tornou um seguidor de Cristo?*

Lee: Eles testemunharam as mudanças que Deus causou em meu caráter, nos meus valores e no meu senso de moral, e agradeço a Deus que atualmente os dois são fiéis seguidores de Jesus. Alison escreveu vários romances com temática cristã, e ela e o seu marido, Dan, que é formado em apologética, escreveram dois livros infantis sobre Deus.

Kyle recebeu o seu doutorado da Universidade de Aberdeen e atualmente é professor da Faculdade de Teologia de Talbot, na Universidade de Biola. Escreveu livros populares e acadêmicos, e a sua obra acadêmica foi publicada no *Harvard Theological Review* [Revista Harvard de teologia] e em outros periódicos. Além disso, fui abençoado com três netas maravilhosas e um neto, Oliver Lee Strobel.

Mark: *Reparei que você mencionou o seu nome completo.*

Lee: Sim, eu tinha que falar do seu sobrenome. Tenho muito orgulho dele.

Mark: *Você disse no livro **Em defesa de Cristo** que, depois que a sua investigação terminou, você teria de ter mais fé para manter o seu ateísmo do que para se tornar um cristão. Você ainda passa por questionamentos?*

Lee: Claro que sim. Há momentos difíceis em que chego a questionar alguns aspectos da minha fé, mas eles passam logo. Sempre me volto para as provas da ciência: a cosmologia, a física, a bioquímica, a genética, e a consciência humana apontam de forma poderosa para a existência de um Criador. E recorro ao testemunho da história: Jesus declarou ser Deus e depois confirmou essa afirmação ressuscitando dentre os mortos. Além disso, a minha fé não para por aí.

Mark: *O que você quer dizer?*

Lee: William Lane Craig esclareceu esta questão para mim. Ele me disse: "De um modo conclusivo, o modo pelo qual o cristão realmente sabe que o cristianismo é verdade é através da confirmação do Espírito de Deus. O Espírito Santo sussurra no nosso espírito que nós pertencemos a Deus. Este é um dos aspectos de sua função. As outras provas, ainda que sejam válidas, são basicamente confirmatórias".

APÊNDICE

Ele deu o seguinte exemplo:

"Digamos que você esteja indo para o escritório para ver se o seu patrão está. Você vê o seu carro no estacionamento. Você pergunta à secretária se ele está, e ela diz: 'Sim, acabei de falar com ele'. Você vê a luz por baixo da porta do seu escritório. Você ouve a sua voz e escuta algumas palavras dele ao telefone. Com base em todas essas evidências, você tem uma base sólida para concluir que o seu chefe está no escritório.

Porém, você poderia fazer algo bem diferente. Você poderia ir até a porta, bater nela, e encontrá-lo face a face. A essa altura, as evidências do carro no estacionamento, o testemunho da secretária, a luz por baixo da porta, a voz no telefone, tudo isso continuaria sendo válido, mas assumiria uma função secundária, porque agora você encontrou o chefe pessoalmente.

E, da mesma maneira, quando encontramos a Deus, por assim dizer, face a face, todos os argumentos e evidências a favor de sua existência, ainda que sejam perfeitamente válidos, assumem um papel secundário. Elas agora se tornam uma confirmação do que o próprio Deus se manifestou a nós de modo sobrenatural através do testemunho do Espírito Santo em nosso coração".[20]

Por isso, eu sou grato pelas provas descritas no livro *Em defesa de Cristo*, porque foram bem importantes para derrubar as barreiras entre eu e Cristo. Mas se você me perguntar, atualmente, como tenho certeza de que Jesus está vivo e de que ele é o Filho de Deus, eu diria: "Porque eu o conheço pessoalmente. Por que agora ele é meu amigo".

Isso é algo que todos nós podemos experimentar quando nos aproximamos dele com arrependimento e fé. E, deixe-me ser totalmente transparente: essa é a minha esperança para todo aquele que lê *Em defesa de Cristo*.

---

[20]Craig atribui essa ilustração ao apologista e palestrante Peter Grant. Veja STROBEL, Lee. *The Case for Faith: A Journalist Investigates the Toughest Objections to Christianity.* Grand Rapids: Zondervan, 1998. p. 84, 85.

SOBRE O AUTOR

Conheça Lee Strobel

Lee Strobel, que possui o título de Mestre de Estudos em Direito pela Faculdade de Direito de Yale e de jornalismo pela Universidade de Missouri, é um escritor dos mais aclamados, que já publicou mais de vinte livros. Foi editor jurídico do jornal *Chicago Tribune* e recebeu muitas homenagens tanto pelas reportagens investigativas quanto pelo jornalismo de utilidade pública da United Press International.

A jornada de Lee do ateísmo para a fé foi registrada nos livros *Em defesa de Cristo*, *The Case for Faith* [Em defesa da fé], *The Case for a Creator* [Em defesa do Criador], *The Case for the Real Jesus* [Em defesa do Jesus real] e *The Case for Grace* [Em defesa da graça]. Atualmente, ele atua como professor de Pensamento Cristão na Universidade Batista de Houston e como pastor mestre na Woodlands Church, uma das maiores igrejas dos Estados Unidos. Lee também escreveu *The Case for Hope* [Em defesa da esperança], *The Case for Christianity Answer Book* [Livro de respostas Em Defesa do Cristianismo], *God's Outrageous Claims* [Declarações chocantes de Deus], *Reckless Homicide* [Homicídio irresponsável], *The Unexpected Adventure* [A aventura inesperada] (com Mark Mittelberg), *Inside the Mind of Unchurched*

Harry and Mary [Dentro da mente dos desigrejados Harry e Mary], *What Jesus Would Say* [O que Jesus diria] e o seu primeiro romance, *The Ambition* [A ambição]. Ele é o editor geral da *The Case for Christ Study Bible* [Bíblia de Estudo Em Defesa de Cristo], que contém centenas de notas e artigos.

Anteriormente, Lee ensinou Direito Civil na Universidade Roosevelt e apresentou o programa nacional de televisão *Faith under Fire* [Fé criticada], que apresentava debates entre ateus, cristãos, muçulmanos, hindus e outros sobre uma variedade de assuntos sociais e espirituais. Ele também foi pastor mestre em duas das maiores e mais influentes igrejas: a Willow Creek Community Church e a Saddleback Church. Em 2007, Lee foi honrado pelo Seminário Teológico do Sul com o diploma de doutor em Teologia.

Ele foi entrevistado por redes de TV como ABC, Fox, Discovery, PBS, e CNN, e os seus artigos foram publicados em uma infinidade de periódicos, inclusive nas edições online do *Wall Street Journal* e da *Newsweek*.

Lee e Leslie, casados há quarenta e três anos, escreveram juntos o livro *Surviving a Spiritual Mismatch in Marriage* [Sobrevivendo à incompatibilidade espiritual no casamento]. A filha Alison é uma escritora de ficção e escreveu (com seu marido Daniel) dois livros infantis. Com doutorado em teologia, seu filho Kyle é professor de teologia espiritual na Faculdade de Teologia Talbot, da Universidade de Biola. Ele escreveu vários livros acadêmicos e populares, bem como publicou artigos acadêmicos na *Harvard Theological Review* e em outros periódicos.

O site de Lee é www.LeeStrobel.com. A conta dele no Twitter é @LeeStrobel.

Este livro foi impresso em 2025, pela Vozes,
para a Thomas Nelson Brasil.
O papel do miolo é ivory 65g/m².